# Empoderar Ciudadanos Globales
## *El Curso Mundial*

Fernando M. Reimers,

Vidur Chopra,

Connie K. Chung,

Julia Higdon y

E. B. O'Donnell

**Traducción al español**

Ana María Restrepo Sáenz, Nicolás Riveros Medelius y

Ana Teresa del Toro Mijares

© 2018 Fernando M. Reimers, Vidur Chopra, Connie K. Chung, Julia Higdon, y E. B. O'Donnell. Este trabajo está licenciado bajo la Licencia Internacional de Creative Commons, Attribution 4.0. Para ver una copia de esta licencia, visite http://creativecommons.org/licenses/by/4.0/.

Todos los derechos reservados.

ISBN-13: 978-0692139240 (Fernando Reimers)
ISBN-10: 0692139249
Número de Control de la Biblioteca de Congreso: 2018906916

Traducción y Adaptación al Español: Ana Teresa del Toro Mijares, Ana María Restrepo Sáenz y Nicolás Riveros

Aportes a la traducción al español:

Daniela Medina Sánchez, Wendy D. Espinoza Bonilla, Mariana Cárdenas Abedrop, Ana Patricia Gómez Valdés, Luz Magda Javier Escobedo, Diana Cecilia de las Fuentes Cepeda, Anna Verónica Clifford Raz-Guzmán y Emanuel Garza Fishburn, **Harmony School, Saltillo, México**

Rita Elaine Fishburn Olson, **Comunidad Montessori del Cabo, San José del Cabo, México**

Andrea Montalvo Gray, Ángela Patricia Heredia Pineda, Luis Daniel León Barrera y Fernando Díaz del Castillo, **Gimnasio La Montaña, Bogotá, Colombia**

Elisa Guerra y Lorena Valdivia, **Colegio Valle de Filadelfia, Aguascalientes, México**

Liliana Arango, Marta Salamanca, Julián Castillo, Clemencia Medrano, Gilberto Forero, Liliana Soto, Jorge Luis Benavides, Martín Rodríguez, Circe Márquez y Álvaro Herrera, **Colegio Santa Francisca Romana, Bogotá, Colombia**

## SOBRE LOS AUTORES

**Fernando M. Reimers** es el Profesor de la Fundación Ford para la Práctica de la Educación Internacional y el director de la Iniciativa de Innovación para la Educación Global y del Programa de Política Educativa Internacional en la Universidad de Harvard.

El profesor Reimers es un experto en el campo de la política educativa global y la innovación. Su investigación y enseñanza examinan cómo la política educativa, el liderazgo escolar, la instrucción y la innovación preparan a los niños, niñas y jóvenes para desarrollar las habilidades necesarias para prosperar en el siglo XXI. Como director de la Iniciativa de Innovación en Educación Global, junto a sus colegas terminó recientemente un estudio comparativo de los objetivos educativos que se encuentran en los currículos nacionales de Chile, China, India, México, Singapur y Estados Unidos. Los resultados de este trabajo se pueden encontrar en el libro *Enseñanza y aprendizaje para el siglo XXI: objetivos educativos, políticas y currículos de seis países* publicado por la Harvard Education Press en inglés y por el Fondo de Cultura Económica en una edición en español. Este libro también está disponible en ediciones en mandarín y portugués. Otro libro recientemente publicado, *Quince cartas sobre la educación en Singapur*, examina las lecciones que se pueden aprender de los esfuerzos realizados en Singapur para consolidar la enseñanza como una profesión robusta, y está disponible tanto en versión rústica, así como en libro electrónico. Además, ha escrito, editado o coeditado catorce libros y noventa artículos de investigación y capítulos sobre educación.

Enseña cursos de posgrado sobre política educativa e innovación educativa en la Escuela de Posgrados en Educación de la Universidad de Harvard. Estos cursos también se ofrecen en línea a través de la Escuela de Extensión de Harvard. También dirige una serie de programas cortos de desarrollo de liderazgo ofrecidos por la Escuela de Posgrados en Educación de la Universidad de Harvard, incluyendo un programa anual para líderes educativos interesados en avanzar la educación para la ciudadanía global.

Asesora a gobiernos, organizaciones de desarrollo internacional, universidades, escuelas públicas y privadas, fundaciones y otras instituciones educativas. Es miembro del Consejo de Educación Superior de Massachusetts, donde preside el comité de planificación estratégica, que trabaja con todas las universidades públicas del estado para alinear sus planes estratégicos con el Proyecto de Visión del estado.

Asesora a formuladores de política pública en Estados Unidos, Asia, América Latina y Oriente Medio.

En reconocimiento a su liderazgo educativo global, fue nombrado como CJ Koh Profesor Visitante del Instituto Nacional de Educación de Singapur y recibió un doctorado honoris causa en letras del Emerson College. Recibió su licenciatura en psicología de la Universidad Central de Venezuela y su maestría y doctorado en educación de la Universidad de Harvard.

**Vidur Chopra** es doctor en la Escuela de Posgrados en Educación de la Universidad de Harvard. Su investigación se centra en la capacidad de agencia cívica de los jóvenes en el mundo en desarrollo y, en particular, en los países que atraviesan escenarios de post-conflicto. Está interesado en estudiar el papel de las oportunidades educativas formales y no formales en la comprensión que tienen los jóvenes acerca de sus roles en el proceso de reconstrucción de las sociedades desgarradas por los conflictos. De igual forma, su trabajo se aproxima al potencial y la oportunidad que tiene la educación para la construcción de la paz. Ha sido consultor del Fondo Internacional de Emergencia de las Naciones Unidas para la Infancia (UNICEF) y la Oficina del Alto Comisionado de las Naciones Unidas para los Refugiados y también trabajó para organizaciones internacionales como Save the Children y RET International. También ha trabajado en temas relacionados con el desarrollo de la primera infancia en el mundo en desarrollo y su experiencia laboral a nivel internacional incluye trabajos en Bhután, Burundi, Etiopía, India, Líbano, Ruanda, Siria y Estados Unidos. Vidur también tiene un título de maestría del

Programa de Política Educativa Internacional de la Escuela de Posgrados en Educación de la Universidad de Harvard, un título de maestría en economía internacional y desarrollo de la Universidad de Yale, y un título de pregrado en economía de la Universidad de Delhi, en la India.

**Connie K. Chung** es investigadora educativa y fue la directora de investigación de la Iniciativa de Innovación para la Educación Global en la Escuela de Posgrados en Educación de la Universidad de Harvard entre el año 2013 y el año 2017. En su trabajo busca desarrollar la capacidad de colaboración de las organizaciones y las personas con el objetivo de que éstas puedan proporcionar una educación poderosa, relevante, rigurosa y significativa para todos los niños y niñas, a través de la cual no solo se asegure su crecimiento individual, sino también el desarrollo de sus comunidades. Es coeditora del libro _Enseñanza y aprendizaje para el siglo XXI: objetivos educativos, políticas y currículos de seis países._

Como parte de su trabajo investigativo en torno a las formas en las que personas de diversos orígenes pueden aprender a trabajar juntas y aprovechar su poder colectivo para lograr un cambio positivo en sus comunidades, estuvo involucrada en un estudio de varios años sobre reforma educativa y organización comunitaria en los Estados Unidos, cuyos resultados se publicaron en el libro _A Match on Dry Grass: Community Organizing as a Catalyst for School Reform_ (Oxford University Press, 2011). Ha trabajado como funcionaria, consultora y ponente en varias organizaciones de derechos humanos y educación cívica. Actualmente hace parte de la junta directiva de dos organizaciones sin fines de lucro, entre las que se encuentra Aaron's Presents, una organización que otorga becas a estudiantes hasta el octavo grado para fomentar su desarrollo y el de sus comunidades. Siendo profesora de inglés de secundaria en el sector público, fue nominada por sus estudiantes para varios premios de enseñanza. Ha enseñado sobre temas de gestión de organizaciones sin fines de lucro y educación multicultural. La Dra. Chung recibió su título de pregrado en Literatura Inglesa de Harvard College y sus maestrías en Enseñanza y Currículo (1999) y Política Educativa Internacional (2007) de la Escuela de Posgrados en Educación de la Universidad de Harvard. Su doctorado también lo obtuvo en esta misma institución.

Su mayor satisfacción la encuentra en el trabajo con jóvenes. Uno de éstos le escribió al final de un año escolar: "Creo que aprendí más sobre la vida en esta clase que en cualquier otra parte de la escuela secundaria. Gracias, no solo por enseñarnos a pensar críticamente, sino también humanamente, como ciudadanos de este mundo. Cuando compartí mi visión de crear un programa de mentores, realmente me escuchaste. Ahora me siento entusiasmado para hacer que esto suceda antes del final de mi último año en la escuela y también para hacer que las cosas sucedan por el resto de mi vida."

**Julia Higdon** recibió su doctorado de la Escuela de Posgrados en Educación de la Universidad de Harvard en mayo de 2015. En su tesis doctoral, Julia utilizó los datos del ICCS 2009 (Estudio Internacional de Educación Cívica y Ciudadana) para examinar los determinantes de las actitudes interculturales entre adolescentes (n = 16.847) en siete países de toda Europa -el Reino Unido (sólo Inglaterra), Suecia, Suiza, España, Bulgaria, Polonia y Grecia- centrándose en contextos culturales y climas escolares. Julia estableció la invarianza de medida de una variedad de medidas de actitudes interculturales para apoyar la validez de la comparación intercultural, utilizando un nuevo enfoque en el marco bayesiano. Julia también examinó las formas en que el contacto intergrupal, el género y el clima escolar se asocian con actitudes intergrupales en estos siete países. Encontró evidencia limitada de una asociación entre el contacto entre los nativos y los inmigrantes y las actitudes interculturales positivas. Sin embargo, encontró que las actitudes interculturales positivas estaban constantemente asociadas con climas escolares positivos y democráticos, así como con el género y las actitudes hacia la igualdad de género. Julia estaba trabajando en su disertación al momento de escribir este libro.

Julia está interesada en temas de medición y promoción del uso de métodos estadísticos de vanguardia en la investigación educativa aplicada. Julia es actualmente la investigadora principal en el Equipo de Investigación y Desarrollo Tiger Works en Avenues: The World School.

**E. B. O'Donnell** está culminando estudios de doctorado en la Escuela de Posgrados en Educación de la Universidad de Harvard y es consultora en temas de educación. Tiene más de diez años de experiencia trabajando con organizaciones sin fines de lucro, organizaciones no gubernamentales internacionales y escuelas. Sus áreas particulares de interés y experiencia incluyen el desarrollo curricular, la educación global, las creencias de los padres, la atención y educación de la primera infancia y la alfabetización y la aritmética emergentes. Obtuvo una licenciatura en estudios internacionales y francés de la Universidad de Washington en Saint Louis, Missouri, y una maestría del Programa de Política Educativa Internacional en la Escuela de Posgrados en Educación de la Universidad de Harvard.

Educación global para el siglo XXI

# Empoderar Ciudadanos Globales

## COMENTARIOS SOBRE EMPODERAR CIUDADANOS GLOBALES

En 2015, la comunidad internacional trazó un nuevo curso para las personas, el planeta y la prosperidad, por medio de la definición de los 17 Objetivos de Desarrollo Sostenible. Estos conforman una agenda universal, basada sólidamente en los derechos humanos, la cual invita al espíritu de solidaridad y responsabilidad de todos, a no dejar a nadie atrás. La educación - el cuarto objetivo - es la fuerza con mayor potencial de transformación para nutrir las mentalidades, los valores y las habilidades que necesitamos para dar forma a nuestro futuro común, fundamentado en la conciencia de nuestra humanidad común, el respeto por nuestra formidable diversidad y la certeza de que, en todas las edades, tenemos la capacidad de iniciar acciones que son beneficiosas para nosotros mismos y para los demás. No es por casualidad que la educación para la ciudadanía global esté incluida en esta meta. La UNESCO ha estado dirigiendo distintas acciones para aclarar este concepto y demostrar la importancia crucial que juega en todas las sociedades en el logro del objetivo de aprender a vivir juntos. Nuestro reto es dar vida a este concepto en las aulas del siglo XXI, en la práctica docente, en las escuelas y en las comunidades. Con este espíritu, felicito al Profesor Reimers y a su equipo por mostrar cómo se puede hacer esto con este "Curso Mundial" que proporciona un currículo estimulante, interactivo y basado en proyectos que funciona durante todo el ciclo escolar, empezando desde el nivel prescolar. Su perspectiva internacional, su enfoque humanista, su visión histórica y sus actividades creativas interdisciplinarias proporcionan un recurso extremadamente rico y completo para educar a los ciudadanos globales que tienen los valores y las competencias interculturales para ser artesanos de la paz y el desarrollo sostenible. Espero que sea ampliamente compartido y que también sea fuente de inspiración para lograr una mayor colaboración global.

> Irina Bokova, Directora-General, Organización para la Educación, la Ciencia y la Cultura de las Naciones Unidas (UNESCO)

Cada vez más, las escuelas necesitan preparar a los jóvenes para un mundo interconectado, en el cual vivirán y trabajarán con personas de diferentes orígenes y culturas. Este libro contribuye a este noble esfuerzo, estableciendo las bases para un currículo integral para formar ciudadanos globales capaces de enfrentar los desafíos y oportunidades del siglo XXI. Celebramos esta iniciativa que busca reforzar las actitudes, los valores y los conocimientos de las generaciones futuras sobre asuntos globales —algo que la propia OCDE está promoviendo activamente a través de los estudios PISA y la iniciativa de Competencia Global para un Mundo Incluyente pues contribuirá significativamente a que nuestros hijos puedan prosperar en un mundo rápidamente cambiante.

Ángel Gurría, Secretario General, Organización para la Cooperación y el Desarrollo Económico

Más que nunca, nuestro mundo necesita ciudadanos y líderes que sean capaces de ser empáticos de manera informada. Esto significa que una educación moderna debe ir más allá de proporcionar a los estudiantes los conocimientos y las habilidades tecnológicas que necesitarán para prosperar en un mundo cada vez más conectado. También debemos ayudar a los estudiantes a desarrollar capacidades sociales y emocionales, las cuales les permitan escuchar las perspectivas de los demás y abordar los problemas de manera colaborativa y concienzuda. *Empoderar Ciudadanos Globales: El Curso Mundial* es una herramienta maravillosa, que los educadores pueden usar para crear este tipo de ambiente de aprendizaje para sus estudiantes. Es alentador y emocionante imaginar lo que una generación de estudiantes preparados con este tipo de educación será capaz de lograr en el futuro.

Yo-Yo Ma, Chelista

## Empoderar Ciudadanos Globales

El futuro de la industria y de las empresas depende cada vez más de personas con talento que puedan comprender y generar oportunidades en medio de la complejidad creada por un mundo profundamente interdependiente y en constante evolución. Este libro provocativo explica cómo tal talento puede ser sistemáticamente cultivado, desde una edad temprana, con programas innovadores de educación global. Cualquier persona interesada en la competitividad futura de industrias y naciones debe leer este libro.

Jorge Paulo Lemann, Empresario Suizo-Brasileño

*Empoderar Ciudadanos Globales. El Curso Mundial* es el tipo de currículo que el mundo necesita para alcanzar los Objetivos de Desarrollo Sostenible para todos y lograr la paz. El currículo promueve diversas características que los estudiantes —quienes, finalmente, son nuestros futuros ciudadanos del mundo—, necesitan hoy en día: pensamiento crítico, cooperación, ética, competencia intercultural, conciencia y sensibilidad y mucho más. Este debería ser un currículo requerido para cada estudiante en cada escuela.

Sakena Yacobi, Fundadora y Directora, Afghan Institute of Learning

A medida que el mundo se vuelve un poco más ocupado, conectado y complejo, la necesidad de enseñar y entender los principios de la Ciudadanía Global se convertirá en el lenguaje común y un requisito intelectual para poder generar un bien global más grande. ¡La madre naturaleza no tiene compasión, pero los seres humanos sí y debemos cultivar esa capacidad! En mi condición de finalista del concurso Global Teacher Prize y siendo promotor del aprendizaje basado en proyectos, creo que la empatía, la compasión, el sentido de pertenencia, la voz y la capacidad de elección impulsarán a la próxima generación de maestros y estudiantes, constructores y hacedores, innovadores y pulidores, disruptores y agentes de cambio, hacia un mundo más justo, robusto y equitativo. El profesor Reimers y su equipo han compilado un plan general de acción integral para educar y capacitar a una legión de creadores de cambios profundos, para estas y futuras generaciones. *Empoderar Ciudadanos Globales: El Curso Mundial* es una lectura obligada para maestros, estudiantes y aquellos que luchan por la equidad alrededor del mundo para que juntos, ¡todos podamos prosperar y crecer hacia algo más grande!

> Stephen Ritz, Green Bronx Machine, Maestro, Public School 55, El Bronx, Nueva York

En mi rol de empresario de la Internet, habiendo construido una de las redes sociales más populares del mundo, veo cada día lo importante que es tener las habilidades del siglo XXI de alfabetización digital, ciudadanía global y responsabilidad social. Felicito al Profesor de la Escuela de Posgrados en Educación de la Universidad de Harvard, Fernando Reimers, y a todo su equipo, por diseñar un currículo completo e integrado sobre cómo desarrollar las habilidades cognitivas, intrapersonales e interpersonales necesarias para trabajar en el mundo tecnológico y global del siglo XXI y, además, por compartirlo gratuitamente para que todos lo podamos leer y disfrutar. Esta no es sólo una guía útil para los educadores que quieren educar a sus estudiantes para ser agentes de cambio. La lectura de este currículo ha sido esencial para mí, y me ha enseñado a diseñar mejor los programas de capacitación corporativa de mis empleados, así como a ampliar mis propios horizontes culturales.

> Pony Ma, Fundador y CEO, Tencent Inc.

Para que nuestra sociedad pueda afrontar los retos y aprovechar las oportunidades del próximo siglo, necesitaremos una nueva definición de ciudadanía, que anime y capacite a los ciudadanos a pensar y actuar más allá de sus propias fronteras. Este libro presenta un currículo del grado Kínder al grado 12, innovador e integral, diseñado para preparar ciudadanos verdaderamente globales. Es un manual oportuno y esencial para los educadores que buscan tener un impacto en todo el mundo.

> James E. Ryan, Decano y Profesor Charles William Eliot, Escuela de Posgrados en Educación de la Universidad de Harvard

*Empoderar Ciudadanos Globales* es un recurso de gran valor para los educadores que entienden que el único camino hacia un mundo inclusivo, pacífico y sostenible es formar a los estudiantes de hoy como líderes equipados para trabajar colaborativamente en búsqueda de un cambio positivo a través de la diferencia. El Profesor Reimers y sus colegas presentan los argumentos a favor del desarrollo de ciudadanos globales, así como las herramientas prácticas para el desarrollo de la competencia intercultural, la orientación ética, y el conocimiento, las habilidades y las actitudes mentales necesarias para llevarnos adelante en nuestro mundo interconectado y lleno de desafíos.

> Wendy Kopp, Founder, Teach for America, y CEO y co-Fundadora, Teach for All

Una reforma educativa de raíz determinará si y cómo nos adaptaremos a una sociedad global cada vez más tecnológica e interconectada. La educación para la ciudadanía global será un componente clave de esta reforma y el *Curso Mundial* proporciona un camino importante y práctico para el desarrollo de futuros currículos.

> Klaus Schwab, Fundador y Presidente, Foro Económico Mundial

Los inmensos desafíos a los que nos enfrentamos en la actualidad requieren un esfuerzo colectivo que vaya más allá de las fronteras de cualquier comunidad o país. La educación para la ciudadanía global es reconocida en el Objetivo 4 de la Agenda de Desarrollo Sostenible —la "meta de la educación"—, como herramienta fundamental para poder situar a los estudiantes en el camino que les permita enfrentar los retos transnacionales modernos y contribuir a construir un mundo más pacífico y sostenible. A medida que nos embarcamos en una nueva agenda educativa, la educación para la ciudadanía global es de suma importancia. A través de *Empoderar Ciudadanos Globales: El Curso Mundial*, Fernando Reimers y sus colegas ofrecen una contribución oportuna y pertinente a este respecto. Su trabajo no sólo detalla los fundamentos de la educación para la ciudadanía global y la urgente necesidad de su amplia adopción, sino que también sirve de valiosa guía para aquellos que buscan traducir estos principios en prácticas concretas en todos los niveles educativos, permitiendo así sembrar las semillas para alcanzar el futuro sostenible y pacífico que todos deseamos.

> Gwang-Jo Kim, Director, UNESCO - Delegación Regional para la Educación de Asia y el Pacífico

Es maravilloso encontrar esta propuesta bien elaborada a favor de una educación rigurosa y un currículo detallado orientado a cultivar la comprensión y las habilidades necesarias para resolver los problemas globales y promover los derechos humanos. Al hacer sus ideas y recursos disponibles a través de la licencia Creative Commons, los autores inspiran la discusión y la colaboración con compromiso.

> Martha Minow, Decana y Profesora Morgan and Helen Chu, Escuela de Derecho de la Universidad de Harvard

Ojalá hubiésemos tenido acceso a este libro cuando yo estaba creciendo. *Empoderar Ciudadanos Globales* ofrece un enfoque visionario y práctico para ayudar a los estudiantes a entender las complejidades, interdependencias y oportunidades que existen en nuestro mundo en rápida globalización.

> John Wood, Fundador, Room to Read

## TABLA DE CONTENIDOS

## Educación global para el siglo XXI: el diseñao de un Currículo para la Ciudadanía Global

### El Curso Mundial: desde preescolar hasta octavo grado

| | |
|---|---|
| *Preescolar* | *Nuestro mundo es diverso y hermoso* |
| *Primer grado* | *Somos personas con necesidades humanas universales* |
| *Segundo grado* | *Nosotros mismos y los demás* |
| *Tercer grado* | *Entendiendo la interdependencia global a través de un emprendimiento en la manufactura de chocolate* |
| *Cuarto grado* | *El ascenso (y la caída) de las civilizaciones antiguas y modernas* |
| *Quinto grado* | *La libertad y los derechos de las personas: El cambio social en torno a los derechos de las personas* |
| *Sexto grado* | *Cómo los valores y las identidades forman personas e instituciones* |
| *Séptimo grado* | *Impulsar el cambio en la sociedad organizándose colectivamente y mediante el estudio de individuos que son agentes de cambio* |

*Octavo grado*            *Migración*

## El Curso Mundial: de noveno grado a doceavo grado cursos semestrales

*El medio ambiente*

*Sociedad y Salud Publica*

*Conflictos globales*

*Desarrollo económico: crecimiento y desarrollo en América Latina*

*Tecnología, innovación y globalización*

## Conclusión y nuevos comienzos

# Educación global para el siglo XXI:
# El diseño de un currículo para la ciudadanía global

## Fernando M. Reimers,

### Vidur Chopra, Connie K. Chung, Julia Higdon, y E. B. O'Donnell

La educación para la ciudadanía global es esencial para crear un mundo con una paz sostenible: un mundo sin pobreza o hambre, en donde todos tengan salud y educación. Un mundo donde las mujeres y los hombres tienen las mismas oportunidades, donde todos tienen acceso a agua limpia y saneamiento, donde usamos energías renovables, donde hay buenos empleos para todos y donde hay crecimiento económico y prosperidad creados por la industria y la innovación. Un mundo donde reducimos las desigualdades y creamos ciudades y comunidades sostenibles y donde consumimos responsablemente y en el que dejamos atrás aquellos comportamientos que inducen al cambio climático o dañan la vida en este planeta. Un mundo donde honramos y protegemos la vida bajo el agua y sobre la tierra. Un mundo de paz y justicia para todos. Este mundo es el que proponen los Objetivos de Desarrollo Sostenible (ODS), el pacto adoptado por las Naciones Unidas en 2015 para promover el bienestar mundial sostenible (Naciones Unidas, 2015). Una educación de calidad para todos no es sólo uno de esos objetivos, sino que también es una pieza fundamental para el logro de todos los demás ODS (Reimers & Villegas-Reimers, 2015).

Si el propósito de la educación es empoderar a todos los estudiantes para que puedan convertirse en ciudadanos globales, es imperativo elevar nuestras aspiraciones acerca de lo que significa educar bien a los niños y las niñas. La urgente necesidad de educar a todos los estudiantes para que se conviertan en ciudadanos globales nos exige contar con planes de estudio innovadores que puedan apoyar nuevas formas de enseñanza y aprendizaje. Estos planes de estudio también deben brindar a todos los estudiantes oportunidades efectivas para desarrollar las disposiciones, los conocimientos y las capacidades necesarias para comprender el mundo en el que viven, dar sentido a la forma en que la globalización da forma a sus vidas y ser buenos garantes y contribuyentes al logro de los Objetivos de Desarrollo Sostenible. Con todo, es bueno reconocer que los planes de estudios, por supuesto, no se ejecutan por sí solos. Para dar forma a una posibilidad de aprendizaje significativo de los estudiantes a través de los currículos, necesitamos, además, maestros que estén bien calificados y preparados para enseñarles: maestros que tienen materiales de instrucción adecuados y recursos que permiten personalizar el aprendizaje, que trabajan en escuelas y sistemas que establecen asociaciones adecuadas con padres, madres comunidades, y que son apoyados por un liderazgo eficaz que apoya las culturas de mejora continua y aprendizaje (Reimers, 2009; Powell & Kusuma-Powell, 2011; Kay Greenhill, 2013). Todos estos elementos son importantes porque juntos, forman un sistema con bases sólidas para el aprendizaje y la enseñanza significativas. Ahora bien, un plan de estudios, aunque no sea el único elemento de ese sistema, es un componente particularmente importante. Dado que los Objetivos de Desarrollo Sostenible requieren una conversación nueva y urgente sobre la educación para la ciudadanía global, tal conversación debe comenzar con una discusión acerca de los planes de estudios o currículos.

Este libro presenta un currículo para la ciudadanía global. Ofrecemos un currículo integral, riguroso y coherente, que ha sido intencionalmente diseñado para educar ciudadanos globales y que se podrá implementar desde el preescolar hasta el nivel de la escuela secundaria. También proporcionamos una justificación para la educación para la ciudadanía global; realizamos una revisión de sus raíces históricas y un examen de los diferentes enfoques de la educación global para todos, discutiendo el papel del aprendizaje experiencial, el aprendizaje centrado en el estudiante y la relación entre la educación global para todos y la educación del siglo XXI. Finalmente, presentamos los fundamentos conceptuales del currículo que desarrollamos. Esperamos que este libro sirva como una provocación y estimule la innovación curricular y pedagógica y las adaptaciones de las ideas que ofrecemos aquí, que están alineadas con las metas y los fundamentos conceptuales de nuestro trabajo.

Originalmente diseñamos este plan de estudios con la esperanza de que fuese adoptado por Avenues: The World School, una escuela de élite innovadora que actualmente opera en las ciudades de Nueva York y Sao Paulo y que planea establecer varios campuses en distintas ciudades principales alrededor del mundo. Después de este capítulo, presentamos el currículo tal y como lo diseñamos antes de que Avenues: The World School comenzara a funcionar. Este plan de estudios es la base para el Curso Mundial, que es uno de los componentes destacados dentro de la oferta educativa de Avenues. El Curso Mundial ha ido cambiando y desarrollándose en Avenues desde que la escuela abrió sus puertas; sin embargo, esos cambios no son el foco de este libro. Dado que desarrollamos este plan de estudios para una escuela bien equipada, que se establecería y entraría en funcionamiento en la ciudad de Nueva York, algunas de las actividades y recursos que presentamos aquí pueden requerir una adaptación para su uso en otros contextos. Por ejemplo, algunas actividades implican explorar la ciudad de Nueva York o visitar el Museo Metropolitano de Arte, o invitan a entrevistar a miembros de las familias que probablemente tienen trabajos u ocupaciones que reflejan las características de los estudiantes de la escuela Avenues. Si bien puede ser que las mismas actividades no sean factibles en otras geografías, los principios que subyacen a la elección de éstas pueden generalizarse. Recurrir a recursos e instituciones locales como museos, involucrar a los padres, madres, encargados y miembros de la comunidad como fuentes de conocimiento y experiencia, o explorar cada una de las ciudades en específico en las que pueda usarse este equipo, son todas experiencias que se pueden replicar en distintos lugares del mundo. La versión original de este libro es en inglés y, por tanto, los recursos enumerados en el currículo original son todos en el idioma inglés. Por esta razón, los usos de este currículo en escuelas donde se hablan otros idiomas necesitarían identificar los recursos apropiados para cada uno de sus casos. Es aquí donde se pensó en la pertinencia de tener una versión del currículo en español.

La traducción del libro "Empowering Global Citizens: A World Course" al español es el resultado del esfuerzo y trabajo de un conjunto de educadores que, a pesar de estar separados por kilómetros de distancia, colaboraron con el propósito común de hacer accesible esta herramienta para todos los países y comunidades de habla hispana.

Este proyecto, que en principio parecía relativamente sencillo y, hasta cierto punto, mecánico, poco a poco se convirtió en un rico y cuidadoso proceso de reflexión y creación colectiva. Mantener el espíritu original del texto, mientras se identificaban los recursos más adecuados para el contexto de quienes leerán y aprovecharán el texto, fue el derrotero común de todas las personas que contribuyeron con la causa de esta traducción.

*Empoderar Ciudadanos Globales: El Curso Mundial*, es una realidad gracias al liderazgo del profesor Fernando Reimers y el compromiso y la generosa colaboración de: los maestros de Harmony School y la Comunidad Montessori del Cabo, en México, quienes trabajaron los grados preescolar a segundo; los maestros del Gimnasio la Montaña, en Colombia, quienes fueron los encargados de traducir los materiales de tercero a quinto grado; los maestros de la red Colegio Valle de Filadelfia, quienes desde México, contribuyeron con los grados de sexto a octavo; y el apoyo de los maestros del colegio Santa Francisca Romana, de Colombia, quienes hicieron un cuidadoso ejercicio de curaduría de recursos para los grados de noveno a duodécimo. El trabajo de traducción lo completó un grupo de tres graduados de la maestría en educación de la Escuela de Posgrados en Educación de la Universidad de Harvard: Ana María Restrepo Sáenz, Nicolás Riveros Medelius y Ana Teresa del Toro Mijares asumieron la responsabilidad de traducir la introducción y el contenido de los grados noveno a duodécimo, así como de realizar la edición final del libro.

El objetivo de este libro es hacer disponible este currículo a todos los educadores del mundo con la esperanza de que lo usen de la manera que ellos consideren apropiada con el fin de apoyar a sus estudiantes en el proceso de convertirse en ciudadanos globales. Creemos que estamos en los albores de una nueva era, en la que la educación global será parte de la transformación significativa que tendrá lugar en la educación en el siglo XXI. Tal transformación no requerirá una prolongación orgánica de lo que se ha enseñado en el pasado o de las formas en que se ha enseñado, sino un replanteamiento fundamental del proceso de enseñar y aprender. Una innovación de tal alcance y profundidad requerirá los esfuerzos de muchas personas y organizaciones diferentes. Esperamos que muchos de esos líderes de innovación educativa trabajen para crear modalidades más efectivas y relevantes de educación para la ciudadanía global. Para facilitar esa elaboración creativa a partir de nuestro trabajo, hemos utilizado la licencia Creative Commons menos restrictiva; hemos impreso este libro y también se encuentra publicado como libro electrónico. Esperamos que los que usen este plan de estudios realicen adaptaciones y modificaciones a lo que aquí proponemos para servir mejor a sus contextos locales, tal y como lo hicieron los educadores de la escuela Avenues que recibieron este plan de estudios por primera vez. Esperamos, genuinamente, que el uso global del Curso Mundial requiera de su adaptación a contextos particulares, así como la actualización de los recursos de instrucción incluidos en el libro a medida que se disponga de nuevos recursos. Nuestra meta al presentar un currículo completamente desarrollado que refleje los principios articulados en este capítulo es ilustrar un currículo riguroso y coherente, diseñado con el objetivo de desarrollar ciudadanos globales. Vemos estos principios simplemente como generadores, y esperamos que permitan a otros desarrollar un plan de estudios apropiado a sus entornos y circunstancias particulares, aprovechando lo que hemos ofrecido, pero adaptándolo y reinventándolo según sea necesario.

## 1. Las profundas raíces de la educación cosmopolita

La idea de que las escuelas deben ayudar a los estudiantes a aprender sobre diferentes personas y culturas es tan antigua como el campo de la educación en sí y puede ser rastreada a través de la historia y la educación moderna. Históricamente, la educación tenía como objetivo ayudar a las personas a trascender sus propias circunstancias inmediatas para adoptar una perspectiva más cosmopolita. El cosmopolitismo es la noción de que los seres humanos están unidos a los demás a través de un conjunto de valores compartidos, es decir, por características comunes que trascienden otros aspectos socialmente construidos de nuestra identidad. Esta idea tiene por lo menos dos mil años de antigüedad y se expresa en la declaración "Homo sum: humani nil a me alienum puto" (Nada humano es ajeno a mí) dada por Terencio, un dramaturgo en la República Romana.[1]

La resistencia de varios líderes religiosos a la violenta colonización de América Latina por parte de los conquistadores españoles desarrolló aún más este interés por el cosmopolitismo. Por ejemplo, los frailes dominicos Antón de Montesinos y Bartolomé de las Casas desafiaron la violencia contra las poblaciones indígenas con el argumento de que los indígenas tenían los mismos derechos y dignidad que los conquistadores. El sermón de Montesinos, "Yo soy una voz que llora en el desierto", dado en la República Dominicana en 1511, diecinueve años después de que Colón desembarcara en la isla, influyó tanto en las nuevas leyes de las Indias que la corona llegó a censurar y castigar el abuso, la esclavitud y el asesinato de indígenas (Fajardo, 2014; Jay, 2002). De las Casas, quien presenció y escuchó el sermón de Montesinos y fue influenciado por él, desafió la institución de la esclavitud y la violencia contra los pueblos indígenas y argumentó que toda la humanidad era una sola (Hanke, 1994; Huerga, 1998). La noción de los "derechos naturales" de las personas y la idea de que toda la humanidad es una, ambas difundidas a principios del siglo XVI, son piedras angulares de la idea de los derechos humanos.

---

[1] Terencio, cuyo nombre complete era Publius Terentius Afer, fue un autor de comedias de la República Romana (195-159 AC). Nacido en el norte de África, fue llevado a Roma como esclavo para un senador de la República. Este senador, eventualmente, lo liberó.

Tanto la aspiración cosmopolita de construir la humanidad como una sola, así como la idea entera de los derechos humanos, se beneficiaron de un nuevo ímpetu durante la Ilustración, el movimiento filosófico que propulsó la noción que los individuos podrían mejorar sus circunstancias individuales y colectivas gracias al cultivo de la razón humana y el desarrollo de la ciencia (Reimers, 2013a). Estas ideas fueron fundamentales para la creación de sociedades democráticas, que reconocen los derechos y las responsabilidades de los individuos, y fueron fundamentales para la creación de la educación pública. Durante esta era, Hobbes argumentó que el Estado tenía que justificar el ejercicio del poder a cada miembro de la comunidad política, y Locke veía los derechos humanos como las protecciones que los individuos necesitaban contra los abusos por parte del Estado (Reynolds & Saxonhouse, 1995; Goldie, 1997). Rousseau, el primer filósofo de la Ilustración que escribió explícitamente sobre los derechos humanos, argumentó que, puesto que los seres humanos son naturalmente libres e iguales, el contrato social debía preservar esa igualdad entre todos los pueblos (Rousseau, 1974). Kant propuso la necesidad de que el derecho cosmopolita impida la guerra, idea que se basa éticamente en el derecho compartido de los seres humanos, incluso pertenecientes a diferentes jurisdicciones, a los recursos naturales (Kant, 1795).

En el siglo XX, el genocidio perpetrado por los nazis causó, al final de la Segunda Guerra Mundial, dos importantes avances en la búsqueda del cosmopolitismo. Los juicios a los autores del Holocausto, realizados en Nuremberg, institucionalizaron la noción de que hay obligaciones éticas a la humanidad que trascienden las leyes nacionales. Esta idea fue el fundamento del concepto de crímenes contra la humanidad. Estos puntos de vista sobre las obligaciones compartidas y los derechos humanos que la gente tiene por encima de sus derechos y deberes para los Estados-nación y los cánones jurídicos nacionales, formaron el fundamento de la creación de las Naciones Unidas y de la Declaración Universal de Derechos Humanos.

## Educación global para el siglo XXI

Las Naciones Unidas, la arquitectura global construida después de la Segunda Guerra Mundial para promover la paz y la seguridad, es una clara expresión del ideal cosmopolita que reconoce que el avance de los derechos humanos y la paz es una empresa que requiere cooperación a través de las fronteras de los Estados-nación. Los Objetivos de Desarrollo Sostenible, aprobados en la 70ª Asamblea General de las Naciones Unidas en septiembre de 2015, son la expresión más reciente de esa aspiración cosmopolita.

Como institución de la Ilustración, la educación pública es, en su esencia, una creación para promover la idea cosmopolita de la humanidad como una sola y los derechos humanos como una responsabilidad compartida (Reimers, 2015a; 2015b).

El carácter cosmopolita de la educación se refleja en la forma en que las ideas sobre los propósitos de la educación y sobre el plan de estudios y las pedagogías utilizadas para lograr esos propósitos han viajado generalmente a través de las fronteras nacionales. La expansión de la educación pública en particular se benefició de múltiples formas de intercambio entre educadores a través de las fronteras nacionales y de extensos préstamos y transferencias de enfoques y prácticas educacionales de un contexto cultural a otro. En los primeros años de la República Francesa, por ejemplo, Marc Antoine Jullien propuso que el estudio comparativo sistemático y la difusión de la innovación educativa fuera una forma de promover la educación pública. En los primeros años de la experiencia americana, John Quincy Adams documentó extensamente las prácticas educativas de Silesia, donde sirvió como embajador, para el beneficio de sus contemporáneos. Horace Mann, fundador de la educación pública en los Estados Unidos, se benefició del estudio sistemático de los sistemas educativos de Prusia y Francia. El fundador de la educación pública en Suramérica, Domingo Faustino Sarmiento, se benefició de intercambios con Horace Mann y su esposa, Mary Tyler Peabody Mann, así como del estudio de la incipiente experiencia americana con la educación pública (Reimers, 2016).

Este intercambio internacional tan extenso y las mismas raíces del sistema escolar público en la Ilustración, imprimieron un carácter cosmopolita al movimiento global que surgió como resultado con el propósito de expandir la educación para todos. El griego y el latín eran contenidos de los planes de estudios de muchas universidades y escuelas de Europa y de América, a fin de permitir el acceso de los estudiantes a contenidos compartidos.

Con la creación de los primeros sistemas de educación pública hace doscientos años, concebidos en parte para avanzar la consolidación de los Estados-nación, la educación escolar agrega a la aspiración cosmopolita de la educación el propósito de consolidar la identidad nacional a través de la enseñanza de un lenguaje común, un conjunto de saberes y conocimientos culturales comunes y la elaboración de una historia nacional compartida. Sin embargo, a pesar de este nuevo conjunto de objetivos educativos de carácter nacionalista, el currículo escolar común también incluía la geografía, y la estructura y el contenido de los planes de estudios estaban influenciados por ejemplos tomados de otros países. En ese sentido, la educación tradicional era cosmopolita en la medida en que los "clásicos" definían lo que se debía aprender mucho más que la experiencia regional o local. En los Estados Unidos, por ejemplo, fue sólo hasta principios del siglo XX cuando la literatura local se incluyó en el currículo universitario, que estaba compuesto en gran parte por textos clásicos.

La educación global también fue adelantada por todos los movimientos que lucharon por la promoción de la paz, los cuales surgieron a finales de 1800 y principios de 1900. Estos movimientos recurrieron a menudo a la educación como una forma de compartir el conocimiento sobre los peligros de la guerra y ayudar a evitarla. Muchos de estos esfuerzos de educación estaban dirigidos a adultos y no implicaban la educación formal en las escuelas; pero a principios del siglo XX, el movimiento para la paz incluyó el apoyo a la educación para la paz en las escuelas.

En 1912, una liga de paz escolar tenía capítulos en casi todos los estados de los Estados Unidos que "promovían a través de las escuelas ... los intereses de la justicia y la fraternidad internacionales" (Scanlon, 1959, p.214). Tenían ambiciosos planes para familiarizar a más de quinientos mil maestros con las condiciones para la paz (Stomfay-Stitz, 1993). En el período entre la Primera y la Segunda Guerra Mundial, los profesores de estudios sociales empezaron a enseñar relaciones internacionales para que sus estudiantes no quisieran hacer la guerra contra los extranjeros. Convencidos de que las escuelas habían alentado y permitido la guerra mediante el adoctrinamiento de la juventud en el nacionalismo, los educadores de la paz contribuyeron a una reforma progresista de la educación en la cual las escuelas eran vistas como un medio para promover el progreso social, mediante la generación de conciencia en los estudiantes acerca de la humanidad compartida de todos y la remoción de las barreras nacionales que conducen a la guerra (Harris, 2008).

Un número de educadores progresistas en Teachers College en la Universidad de Columbia abogó por la educación para la comprensión global, haciendo hincapié en la cooperación en lugar de la competencia como la meta. James Earl Russell, el tercer presidente de Teachers College, ofrecía una clase sobre "sistemas de educación extranjeros" desde 1898, con el propósito de ayudar a los candidatos a ser profesores a desarrollar una conciencia global. Russell apoyó la creación del primer centro universitario de educación comparada en Teachers College, donde profesores como John Dewey estudiaron sistemas educativos de otros países y desarrollaron ideas para el avance de la educación pública en el extranjero.

Una figura destacada en el Centro de Educación Comparada del Teachers College fue el profesor Isaac Kandel. En una conferencia dada a la Asociación Nacional de Directores de Escuelas Secundarias en 1925, Kandel abogó por la incorporación de información en los currículos de las escuelas secundarias que preparara a los estudiantes para la comprensión internacional (Kandel, 1930). Kandel definió el entendimiento internacional como "aquella actitud que reconoce las posibilidades de servicio de nuestra propia nación y de otras naciones en una causa común, la causa de la humanidad, la disposición a darse cuenta de que otras naciones junto con las nuestras tienen en virtud de su humanidad común, la capacidad de contribuir algo de valor al progreso de la civilización" (Kandel, 1930: 228). Diferenciaba el entendimiento internacional del comunismo y también lo definía como antitético al nacionalismo. Para fomentar la comprensión internacional en el nivel de la escuela secundaria, Kandel propuso no una nueva asignatura, sino un énfasis especial en las dimensiones internacionales de los temas existentes, incluyendo las artes, la ciencia, la geografía, la literatura y la historia. Kandel vio que el plan de estudios existente tenía el potencial de fomentar la comprensión internacional si se hacía un énfasis específico en destacar los vínculos cosmopolitas entre las personas. De hecho, abogaba por la incorporación de la educación global en el currículo existente de otras disciplinas.

Una alternativa a la idea de que la educación global podría ser infundida en los planes de estudios de otras disciplinas era la noción de que la educación global requería un estudio específico de materias con contenidos internacionales. Otra opinión sobre la educación global enfatizó la importancia de las experiencias e interacciones con personas de diversas procedencias culturales y orígenes nacionales que se pueden lograr a través de los intercambios y estudios en el extranjero.

Stephen Duggan, primer presidente del Instituto para la Educación Internacional - el cual fundó junto con los premios Nobel Elihu Root, ex secretario de guerra de Estados Unidos, y Nicholas Murray Butler, el presidente de la Universidad de Columbia - fue un contemporáneo de Kandel que también abogó por la educación global como una forma de fomentar la comprensión internacional. Duggan, que era conocido como el apóstol del internacionalismo, fue también el primer presidente del Consejo de Relaciones Exteriores. El Instituto de Educación Internacional fue creado para apoyar la comprensión internacional como una forma de lograr una paz duradera. Los fundadores del instituto creían que los intercambios de estudiantes y maestros eran una valiosa manera de fomentar esa comprensión internacional. El instituto también patrocinó la creación de clubes de relaciones internacionales en los campus universitarios. Además, en los años veinte, algunas universidades de los Estados Unidos, incluida la Universidad de Harvard, ofrecieron a sus estudiantes la oportunidad de participar en simulaciones de la Liga de las Naciones (una sociedad internacional creada al término de la Primera Guerra Mundial para establecer las bases para la paz) con el propósito de educarlas sobre asuntos globales, la interdependencia y los factores que amenazaban la paz y la seguridad.

Después de la Segunda Guerra Mundial, la creación de las Naciones Unidas y la adopción de la Declaración Universal de los Derechos Humanos, que incluyó a la educación como uno de los derechos fundamentales cuya búsqueda ayudaría a lograr la paz, la aspiración cosmopolita de la educación fue acentuada. En otras palabras, se expresó a través de ella que la educación ayudaría a los estudiantes a descubrir su humanidad común con y junto a los demás. El preámbulo de la constitución de la UNESCO, la institución que fue creada para avanzar en el logro del derecho a la educación, hace referencia explícita a la necesidad de educar a los estudiantes sobre el enfoque de las Naciones Unidas y sobre el avance de los derechos humanos. Esta idea dio impulso a la visión de la educación global como un tema específico que requeriría el estudio directo y la interacción con diversos compañeros y colegas, y no la infusión indirecta en otras disciplinas. En colaboración con gobiernos de todo el mundo, la UNESCO adelantó una serie de iniciativas programáticas para promover la educación global, la educación para la paz y la educación en materia de derechos humanos. En 1953 se trabajó con treinta y tres escuelas afiliadas, en quince países, cuyo objetivo era "fomentar el desarrollo de la educación en los objetivos y actividades de las Naciones Unidas y de sus agencias especializadas y en los principios de la Declaración Universal de los Derechos Humanos." La UNESCO también contribuyó al desarrollo de planes de estudios para la educación para la paz y los derechos humanos.

En la década de 1960 surgieron dos importantes programas de educación para promover la comprensión global. Uno de ellos, la Organización del Bachillerato Internacional (IB), se estableció en 1968 en Ginebra para desarrollar y apoyar un programa de preparación para estudios universitarios —un programa de diploma— para estudiantes que tenían que trasladarse entre países como resultado de las ocupaciones de sus padres y madres. Al elaborar este plan de estudios, la organización se basó inicialmente en un manual de la UNESCO publicado en 1948 que presentaba un marco para la educación para la paz (Maurette, 1948). Con el paso del tiempo, la IB creció hasta ofrecer un programa de primaria, un programa para escuelas intermedias y un diploma de escuela secundaria. Los componentes principales del programa de diploma para las escuelas secundarias incluyen: un proyecto de investigación independiente que los estudiantes realizan finalizando en la elaboración de un documento integral que refleja una comprensión profunda de un tema y una clase llamada "teoría del conocimiento", que fue diseñada para ayudar a los estudiantes a comprender la relación entre las distintas áreas de estudio y a reflexionar sobre formas alternativas de conocimiento, con un enfoque en las áreas de ciencias naturales, ciencias humanas, artes, matemáticas, ética e historia.

El programa para escuelas intermedias enfatiza el aprendizaje holístico, la conciencia intercultural y la comunicación. El enfoque se centra en los enfoques del aprendizaje, la comunidad y el servicio, el ingenio humano, la salud y la educación social y los entornos (Hayden & Thompson, 2011).

El programa de primaria enfatiza la interdisciplinariedad en los estudios de identidad, ubicación en el espacio y el tiempo, comunicación, comprensión del mundo, comprensión de la organización humana y la comprensión del planeta. Estos temas se exploran a través del estudio de seis materias: lenguas, estudios sociales, matemáticas, artes, ciencias, y educación personal y física.

En 1962 Kurt Hahn, un educador alemán, estableció el United World College (UWC) del Atlántico en el sur de Gales. Su objetivo era fomentar la comprensión internacional entre estudiantes de entre dieciséis y veinte años de edad de diversos países, a través de una educación preuniversitaria residencial compartida. El objetivo explícito del UWC es fomentar la paz y la sostenibilidad. La organización se ha ampliado y ahora cuenta con catorce institutos ubicados en diferentes partes del mundo. El currículo va más allá de impartir conocimientos a sus estudiantes y promueve activamente una serie de valores alineados con la comprensión internacional, incluyendo la valoración de las diferencias, la responsabilidad personal y la integridad, la responsabilidad mutua y el respeto, la compasión y el servicio, el respeto al medio ambiente, el idealismo y la acción personal. El desarrollo temprano del Bachillerato Internacional se entrelazó con el desarrollo temprano del UWC, ya que las experiencias de los estudiantes del UWC de Gales fueron estudiadas por quienes se encontraban desarrollando el programa para el diploma del IB. No sorprende, así mismo, que fuera UWC uno de los primeros adoptantes del IB en sus escuelas.

## 2. Enfoques alternativos a la educación global

Los enfoques que se desarrollaron en el siglo veinte para la educación global varían por lo menos en dos dimensiones relacionadas: los propósitos de la educación global y la definición de "la competencia global".

Los propósitos de la educación global han incluido el avance de objetivos personales y nacionales a través de una mejor comprensión de los demás, así como de la cooperación internacional para el avance de intereses compartidos. Diferentes planes de estudio surgieron a partir de estos diversos fines, incluyendo la educación de la historia del mundo o la geografía, la educación para los negocios internacionales, la educación para el avance de los derechos humanos, la educación para la paz, la educación para la resolución de conflictos, y el estudio de temas internacionales, regionales, de seguridad y sobre la paz, por ejemplo.

Más recientemente, investigadores han observado que la mayoría de los planes de estudio de educación para la ciudadanía global fomentan que los estudiantes entiendan la globalización, que adopten un enfoque de auto-crítica de cómo ellos y su país están implicados en los problemas locales y globales, que conozcan perspectivas interculturales y la diversidad (Pashby, 2008 ), y que reconozcan y utilicen su acción política para efectuar el cambio y promover la justicia social y ambiental (Eidoo et al., 2011). Schurgurensky (2005, en Eidoo et al., 2011) observa que "el aprendizaje ciudadano para la transformación consiste en la crianza de ciudadanos solidarios y críticos que plantean importantes cuestiones y problemas en forma abierta" y quienes "sondean el *statu quo*" (Eidoo et al., 2011). Andreotti (2006) señala la distinción entre la educación para la ciudadanía global "suave" y "crítica" y utiliza la alfabetización crítica como un enfoque pedagógico que "da prioridad a la reflexión crítica y pide a los estudiantes reconocer su propio contexto y sus suposiciones epistemológicas y ontológicas, al igual que las de los otros." Por otra parte, sostiene que para lograr "pensar de otra manera" y transformar puntos de vista y relaciones, los estudiantes deben interactuar con sus propias perspectivas y las de los demás. El modelo de la ciudadanía de Andreotti promueve la acción ciudadana como "una elección de una persona después de un cuidadoso análisis del contexto de la intervención, de diferentes puntos de vista, de relaciones de poder (especialmente de la posición de quién está interviniendo) y de las consecuencias a corto y largo plazo (positivas y negativas) de objetivos y estrategias" (p. 7). Los conceptos clave de la educación para la ciudadanía global crítica incluyen "la transformación, la criticidad, la auto-reflexividad, la diversidad, la complicidad, y la agencia" (Eidoo et al., 2011).

También ciñendo estos diferentes enfoques de la educación global están diversas ideas acerca de lo que implica la competencia global. Un enfoque considera la competencia global como el conocimiento y, en cierta medida, como la capacidad de utilizar el conocimiento o las habilidades para resolver problemas. Esta idea se traduce en gran medida en *los enfoques curriculares* que se centran en dar a los estudiantes el acceso a contenidos específicos y por asignatura, tales como la geografía o la historia del mundo o el estudio de las organizaciones internacionales. Además, estos enfoques se centran en los esfuerzos para infundir programas existentes de disciplinas más establecidas, como la ciencia o la historia o la literatura, con temas que son de naturaleza global, como Kandel sugirió en 1928. Ejemplos de temas mundiales por esencia, incluyen planes de estudios específicos sobre la educación global, tales como estudios de desarrollo o los asuntos internacionales y el Currículum para la Ciudadanía Global de Oxfam, una iniciativa de Oxfam en el Reino Unido que consiste en una serie de lecciones (además de apoyo a los docentes) que fomentan el desarrollo de la ciudadanía global (Oxfam, 2015)[2]. En los Estados Unidos, la infusión de la educación global en los temas más establecidos de un plan de estudios, tales como las ciencias sociales, la historia, la lengua, o las ciencias naturales, es el enfoque predominante de la educación global. Algunos estados, como Wisconsin, han desarrollado mapas curriculares que identifican explícitamente las oportunidades de infusión de temas globales en todo el marco curricular para el estado. Más recientemente el Departamento de Instrucción Pública de Wisconsin creó un Certificado de Logro en Educación Global para estimular y reconocer el trabajo riguroso de los estudiantes en la educación global (Wisconsin Departamento de Instrucción Pública, 2005; 2008; 2011). Otro ejemplo reciente a destacar es el de Asia Society, quienes publicaron un marco para infundir la educación global en los programas existentes en las escuelas y distritos (Boix Mansilla & Jackson, 2011).

---

[2] Oxfam Intermón en 2005 publicó un informe en español titulado "Hacia una Ciudadanía Global: Propuesta de Competencias Básicas" que se puede consultar en:
https://www.oxfamintermon.org/es/documentos/20/09/05/hacia-una-ciudadania-global-propuesta-de-competencias-basicas

Un enfoque alternativo para la educación global considera la competencia global como una disposición, es decir, como una manera de pensar y hacer, y como un valor. Esta idea se traduce en *enfoques pedagógicos* para la educación global. Los siguientes educadores reflejan esta perspectiva: el énfasis de Maria Montessori en la pedagogía como esencial para el desarrollo de disposiciones pacíficas y democráticas, en contraste con las pedagogías autoritarias que creía que reflejan y refuerzan una mentalidad de aceptación de los regímenes autoritarios; el énfasis de John Dewey en la pedagogía como la manera de cultivar la autonomía de la mente; y el énfasis del programa del Bachillerato Internacional en la interdisciplinariedad y la investigación. Un estudio de los efectos de un marco pedagógico cosmopolita utilizado en tres programas educativos en las escuelas públicas de Chicago demuestra que se puede enseñar competencias globales que abarcan la esperanza, la memoria, el diálogo, y otros valores cosmopolitas de estudiantes marginados (Sobré-Denton, Carlsen & Gruel, 2014). El énfasis en la experiencia y, por lo tanto, en la pedagogía, era un principio clave del movimiento de educación progresista, del cual Dewey y Kandel eran defensores. Los siguientes principios fundamentales del movimiento fueron adoptados en la fundación de la Asociación norteamericana de la Educación Progresista (conocida como la Progressive Education Association, en inglés), en 1919:

- libertad para desarrollarse de forma natural,
- el interés como la fuente de motivación de todo el trabajo,
- el profesor como una guía, no un director del trabajo,
- el estudio científico del desarrollo del alumno,
- mayor atención a todo lo que afecta el desarrollo físico del niño,
- la cooperación entre la escuela y el hogar para satisfacer las necesidades de los niños,
- la escuela progresista como líder en los movimientos educativos (Little, 2013).

Algunos enfoques enfatizan el papel de *la experiencia para el aprendizaje* sobre el compromiso intelectual con el conocimiento cosmopolita exclusivamente. Estudiar en el extranjero y los intercambios académicos, por ejemplo, reflejan este énfasis en dar a los estudiantes un entorno cultural diferente con el fin de exponerlos a las interacciones con personas de diferentes orígenes culturales, que puede ser un camino hacia el desarrollo de mejor entendimiento intercultural. Enraizada en esta concepción de la importancia de la experiencia social con diferencias culturales están una serie de programas que se centran en *la estructura del contexto social* que los estudiantes experimentarán en sus escuelas y salones de clase o en actividades particulares, diseñadas para exponerlos a contextos culturalmente diversos. Estos programas y actividades se basan en la suposición de que los intercambios entre las diversas culturas de los estudiantes y profesores les permitirá descubrir la humanidad común que comparten con otros a través de diferencias. Este punto de vista es fundamental para el enfoque que se refleja en los programas de intercambio para estudiantes y maestros de, por ejemplo, el Instituto Internacional para la Educación, los United World Colleges, los Programas de Intercambio Fulbright, el Cuerpo de Paz, el sinnúmero de programas de estudios en el extranjero con el apoyo de instituciones de educación superior, y otros programas que reúnen intencionalmente a estudiantes o profesores de diversos orígenes. Una de las áreas de experimentación actual implica el uso de la tecnología para facilitar la colaboración a distancia entre estudiantes de diferentes países, un esfuerzo hecho por primera vez por iEarn, una organización que opera en más de 140 países que conecta a más de treinta mil escuelas en proyectos donde colaboran los estudiantes y profesores. Se ha encontrado que este tipo de colaboraciones son de beneficio para el desarrollo de la competencia global. Por ejemplo, una intervención que utiliza la colaboración virtual entre estudiantes de China y los Estados Unidos en estudios de negocio internacional, resultó en aumentos en la competencia global de ambos grupos de estudiantes (Li, 2013). Intercambios virtuales de aprendizaje se han utilizado para promover la colaboración entre estudiantes de primaria y secundaria con sus pares alrededor todo el mundo, lo que les permite compartir información sobre sus culturas, historias, religiones y geografías locales; discutir cuestiones de derechos civiles, el cambio climático, la poesía, la química, las matemáticas y los temas de derechos civiles de Estados Unidos; jugar partidas de ajedrez; y debatir temas globales contemporáneos (Roemer, 2015).

## ¿Por qué es importante la ciudadanía global en el siglo XXI?

Además de las profundas raíces que subyacen al deseo de ayudar a los estudiantes a desarrollar el cosmopolitismo, hay nuevas y emergentes motivaciones. Esta sección amplía y profundiza las razones para la educación global presentadas en la sección anterior: la promoción de la paz y la sostenibilidad, el sustento de pactos mundiales, y la generación de oportunidades para los individuos y las naciones, que van desde la posibilidad de acceder a la herencia cultural de la humanidad hasta la oportunidad de prepararse para obtener puestos de trabajo en una economía altamente globalizada. Posteriormente, en una nueva subsección, se examinarán las nuevas razones para promover la ciudadanía global en la actualidad.

*Los ciudadanos globales mitigan los riesgos globales*

Después de la Segunda Guerra Mundial, después de que más de cincuenta millones de vidas se habían perdido, después de los primeros y únicos casos de guerra nuclear, y después de que los vencedores, en lugar de forjar lazos aún más estrechos, comenzaran a repartirse el mundo a ambos lados de la cortina de hierro, un grupo de individuos—representantes de más de cincuenta países—se reunieron para imaginar una serie de instituciones que ayudarían a asegurar que otra guerra de esta magnitud devastadora nunca volviera a ocurrir (ONU, 2012). Las Naciones Unidas (ONU) nacieron de una esperanza para sembrar semillas de paz y cooperación entre los países del mundo y para unir a la humanidad en una causa común. Los que lideraron su creación expresaron el deseo de un nuevo tipo de ciudadano global—un ciudadano que equilibraría sus intereses personales y de su país con las necesidades y los aspectos prácticos de un orden mundial global. Las Naciones Unidas para la Educación, la Ciencia y la Cultura (UNESCO) cristalizan, en el preámbulo de su constitución, la idea de que la paz y la estabilidad se garantizan no sólo por los tratados y el poder militar, sino también y principalmente, por las actitudes y creencias de los individuos: "puesto que las guerras nacen en la mente de los hombres, es en la mente de los hombres que las defensas de la paz deben construirse" (UNESCO, 2012).

La necesidad de contar con ciudadanos del mundo que sean defensores de la paz no ha disminuido en las décadas desde entonces. Las guerras de hoy no son ni fáciles de definir, ni limitadas por las fronteras nacionales. Nuevas organizaciones se han unido a las Naciones Unidas para reconocer tanto la necesidad duradera para la cooperación con el fin de lograr la paz como los nuevos retos para la estabilidad global que enfrenta la humanidad hoy en día. La educación global sigue siendo uno de los antídotos para el conflicto y uno de los remedios durante y después del conflicto (Reimers & Chung, 2010).

Cada año, el Foro Económico Mundial (FEM) publica un Informe Global de Riesgos que identifica los riesgos más importantes y las tendencias que amenazan la estabilidad global. Los riesgos, que se identifican por un grupo de más de 750 expertos, deben ser globales en su alcance, deben afectar por lo menos tres industrias distintas, deben tener potencial impacto económico sustancial, deben incluir algún elemento de incertidumbre (es decir, la probabilidad de que ocurran en los próximos diez años y el alcance del impacto del riesgo deben ser inciertos), y deben requerir una variedad de partes interesadas en trabajar juntos para mitigar el riesgo (WEF, 2016). Los riesgos se dividen en cinco categorías: ambientales, tecnológicos, sociales, económicos y geopolíticos. Además de identificar los riesgos, el informe también cuantifica y describe la interconexión de los mismos riesgos (WEF, 2016).

El mundo de hoy necesita líderes que sean pensadores versátiles e interdisciplinarios, capaces de trabajar para la búsqueda de soluciones a estas amenazas perniciosas y conectadas entre sí, así como ciudadanos informados que sean conscientes de estos riesgos y de la forma en que sus propias acciones pueden minimizar su impacto. La aspiración de construir los baluartes de la paz en la mente de las personas, como se refleja en los estatutos de la UNESCO, por lo tanto, se ha vuelto más compleja. La iniciativa especial del secretario general de la ONU Education First, que fue lanzada en 2012, tiene un enfoque específico en el fomento de la ciudadanía global: "La educación es mucho más que una entrada en el mercado de trabajo. Tiene el poder para dar forma a un futuro sostenible y a un mejor mundo. Las políticas educativas deben promover la paz, el respeto mutuo y el cuidado del medio ambiente" (Ban Ki-moon, 2012). Los Objetivos de Desarrollo Sostenible (ODS) recientemente aprobados representan una manera positiva en la cual se aspira a abordar y superar estos riesgos, y la noción de ciudadanía global que emana de ese pacto es la que refleja las habilidades y disposiciones que podrían abordar eficazmente esos riesgos.

*Ciudadanos globales protegen los pactos globales*

Además de ayudar a la gente a entender y mitigar los riesgos globales, la ciudadanía global puede apoyar a las instituciones que permiten la gobernabilidad global a hacer frente a esos riesgos. Poco después de la fundación de la ONU, el organismo internacional adoptó y ratificó un documento legal sin precedentes que define y afirma los derechos de todos los hombres y mujeres a través de la Declaración Universal de Derechos Humanos. En palabras de Hernán Santa Cruz de Chile, un miembro de la comisión que redactó este documento, la Declaración garantiza "el valor supremo de la persona humana, un valor que no se originó en la decisión de un poder terrenal, sino más bien en el hecho de existir" (Naciones Unidas, 2012b). La declaración afirma el derecho a la dignidad, el empleo, la educación, la religión, la libertad y más para todos los hombres y mujeres del mundo. Este documento trascendental requiere ciudadanos del mundo que actúen en su nombre para asegurar que los derechos universales de cada hombre, mujer, niño y niña estén protegidos.

De manera similar, mientras se aproximaba el cambio de milenio, los estados miembros de las Naciones Unidas reafirmaron su dedicación a la promoción de la paz y la cooperación mediante el establecimiento de otro pacto global que identifica una serie de objetivos globales para el desarrollo humano, la reducción de la pobreza, y la justicia social. Los siguientes objetivos componen los Objetivos de Desarrollo del Milenio, que debían alcanzarse para 2015 (Naciones Unidas, 2012c):

Objetivo 1. Erradicar la pobreza extrema y el hambre.
Objetivo 2. Lograr la educación primaria universal.
Objetivo 3. Promover la igualdad de género y la autonomía de la mujer.
Objetivo 4. Reducir la mortalidad infantil.
Objetivo 5. Mejorar la salud materna.
Objetivo 6. Combatir el VIH / SIDA, la malaria y otras enfermedades.
Objetivo 7. Garantizar la sostenibilidad del medio ambiente.
Objetivo 8. Desarrollar un pacto mundial para el desarrollo.

En septiembre de 2015, se aprobó un nuevo pacto global para el desarrollo—Los Objetivos del Desarrollo Sostenible (ONU, 2015)— por parte de las Naciones Unidas en la septuagésima reunión de la Asamblea General:

Meta 1. Poner fin a la pobreza en todas sus formas en todo el mundo.
Meta 2. Poner fin al hambre, lograr la seguridad alimentaria y la mejora de la nutrición, y promover la agricultura sostenible.
Meta 3. Garantizar una vida sana y promover el bienestar para todos en todas las edades.
Meta 4. Garantizar una educación inclusiva, equitativa y de calidad y promover oportunidades de aprendizaje durante toda la vida para todos.
Meta 5. Lograr la igualdad entre los géneros y empoderar a todas las mujeres y las niñas.

Meta 6. Garantizar la disponibilidad de agua y su gestión sostenible y el saneamiento para todos.

Meta 7. Garantizar el acceso a una energía asequible, segura, sostenible y moderna para todos.

Meta 8. Promover el crecimiento económico sostenido, inclusivo y sostenible, el empleo pleno y productivo, y el trabajo decente para todos.

Meta 9. Construir infraestructuras resilientes, promover la industrialización inclusiva y sostenible y fomentar la innovación.

Meta 10. Reducir la desigualdad en y entre países.

Meta 11. Lograr que las ciudades y los asentamientos humanos sean inclusivos, seguros, resilientes y sostenibles.

Meta 12. Garantizar modalidades de consumo y producción sostenibles.

Meta 13. Adoptar medidas urgentes para combatir el cambio climático y sus efectos.

Meta 14. Conservar y utilizar en forma sostenible los océanos, loa mares y los recursos marinos para el desarrollo sostenible.

Meta 15. Gestionar sosteniblemente los bosques, luchar contra la desertificación, detener e invertir la degradación de las tierras y detener la pérdida de biodiversidad.

Meta 16. Promover sociedades justas, pacíficas e inclusivas.

Meta 17. Revitalizar la Alianza Mundial para el Desarrollo Sostenible.

El logro de estos objetivos ambiciosos requiere de trabajo duro, conocimiento experto, y colaboración de los grupos de entidades supranacionales, públicas y privadas, y de individuos de todas las naciones. Se requiere la cooperación de los gobiernos, organizaciones internacionales y organizaciones no gubernamentales (ONG) locales y otras instituciones globales y nacionales. La ciudadanía global es una condición de apoyo a la labor de esas instituciones, ya sea expresada en la forma de funcionarios elegidos dedicando fondos de los contribuyentes a la asistencia internacional para el desarrollo o esfuerzos de diplomacia pública, en forma de personas que apoyan financieramente a las organizaciones no gubernamentales internacionales, o en las muchas formas en que la gente común puede ahora tomar responsabilidad para hacer frente a algunos de los desafíos globales y objetivos mencionados anteriormente.

*La ciudadanía global beneficia a los individuos*

Las ventajas individuales del cosmopolitismo han sido evidentes durante siglos. La globalización, que se discutirá más adelante, ha mejorado esas ventajas. A través de sus cadenas de suministro, su amplia base de clientes y la proliferación de grandes conglomerados, las empresas cada vez están más inmersas tanto en lo global como en lo local. Se podría argumentar que la heredera de la edad de los imperios, en la que unos pocos países controlaban gran parte del mundo, es la edad de la corporación multinacional, en la que empresas operan presupuestos más grandes que el PIB de algunos países. De cierta manera, Yahoo es más grande que Mongolia, Nike es más grande que Paraguay, y Amazon es más grande que Kenia (Trivett, 2011).

McDonalds, por ejemplo, opera en más de sesenta países—más países que los que ratificaron inicialmente la carta de la ONU (McDonalds, 2012). No sólo su equipo de liderazgo, sino también una proporción significativa de sus empleados comunes y corrientes necesitan fuertes habilidades inter e intrapersonales, competencias interculturales, conocimiento de los diferentes países y sus culturas empresariales y de los alimentos, y una actitud positiva y buena disposición hacia los demás. Estas habilidades, actitudes y conocimientos se están volviendo más y más importantes para un empleo remunerado si uno trabaja para una corporación o busca tener actividades empresariales.

Incluso para las personas cuya ambición es vivir la vida y trabajar en su propia ciudad natal, lo local se está convirtiendo cada vez más global. Un artículo publicado en el *New York Times* describe como "glocales" a los estudiantes que cursan una carrera mundial mediante el aprovechamiento de las oportunidades locales, como lo son instituciones locales de educación superior que son cada vez más diversas (Saalfield y Appel, 2012).

Tony Wagner, un defensor de la educación para el siglo XXI, argumenta a favor de la competencia global de la siguiente manera: "la habilidad de las personas que trabajan con redes de personas a través de fronteras y de diferentes culturas se ha convertido en un requisito esencial para un número cada vez mayor de empresas multinacionales" (Wagner, 2008).

Reconociendo la importancia de las competencias mundiales en el siglo XXI, la Organización para la Cooperación y el Desarrollo Económico (OCDE) tiene previsto añadir a sus pruebas periódicas —que cubren las áreas de lectura, matemáticas y ciencia— la evaluación de la competencia global (OCDE, 2016; Reimers, 2013b).

En los Estados Unidos hay más estudiantes internacionales inscritos en colegios y universidades de dicho país que nunca antes. Aproximadamente el 3,7 por ciento de todos los estudiantes universitarios en los Estados Unidos son estudiantes internacionales. Aunque este porcentaje parece pequeño, representa a más de setecientas mil personas, y si las tendencias actuales continúan, este número se duplicará en los próximos cinco años (IIE, 2012). Sin embargo, a pesar del hecho de que lo local es cada vez más global, todavía hay una gran necesidad para que los estudiantes tengan la oportunidad de aprender y practicar cómo ser ciudadanos en el nuevo clima mundial. Un estudio de 454 estudiantes internacionales inscritos en diez universidades públicas encontró que el 38 por ciento de los estudiantes extranjeros "no tenía fuertes lazos de amistad con estudiantes de los Estados Unidos" (Marklein, 2012). Esa estadística apunta hacia una deficiencia en la teoría de la acción de estos programas, que supone que simplemente reunir a las personas ya contribuye y fomenta una mayor comprensión internacional.

## 3. Los nuevos llamados para la educación global en los Estados Unidos hoy en día

El mediocre desempeño de los estudiantes estadounidenses en las evaluaciones comparativas internacionales de sus conocimientos y habilidades tales como las pruebas de Tendencias Internacionales en Matemáticas y Ciencias y el Programa para la Evaluación Internacional de Estudiantes (TIMSS y PISA por sus siglas en inglés, respectivamente) junto con la aceleración de la globalización, han dado lugar a la evolución de un discurso de la educación global que busca hacer que los niños y los salones de clase estadounidenses estén más orientados al orden mundial, conscientes y preparados para los desafíos de la ciudadanía del siglo XXI y de los lugares de trabajo (Consejo de Asuntos Exteriores relaciones, 2012; Di Giacomo, Fishbein, Monthey, & Pack, 2013). Gran parte de este discurso se ha traducido en la internacionalización de las normas estatales y el *núcleo común* (*Common Core*), y en asegurar que los graduados estadounidenses estén tan bien —si no es que más— preparados como sus pares de otros países en las materias básicas de lenguaje, matemáticas y ciencias (Reimers & Villegas-Reimers, 2014). Esto también ha dado lugar al creciente interés en apoyar a que los estudiantes tengan un mayor conocimiento sobre el mundo y sobre la globalización enseñándoles habilidades relevantes, como se refleja en una acción sin precedentes por el Departamento de Educación de Estados Unidos, que adoptó una estrategia de educación internacional. Esta estrategia define un "estudiante competente a nivel mundial" como alguien que puede investigar el mundo, comparar perspectivas, comunicarse de manera efectiva con diversos públicos, y tomar acción (US Department of Education, 2012).

Haciendo eco de temas similares, un informe reciente del College Board llama la atención a

> lo que puede ser el mayor desafío que enfrentará Estados Unidos en las próximas décadas. A medida que otros países se vuelven cada vez más competitivos a través del incremento en su nivel de interacción en la economía globalizada, los EE.UU.

se enfrentan con el reto de mantener la ventaja competitiva que se ha construido a través de décadas de crecimiento económico. Si los EE.UU. no promulgan medidas para contrarrestar esta creciente competencia, se enfrentan al riesgo de ser superados por países que tienen la capacidad de adaptarse a las siempre crecientes tasas de cambio constante, algo que caracterizará a los mercados globales en el futuro previsible. Con el fin de lograr este objetivo, los EE.UU. deben tener una ciudadanía que demuestre un nivel suficiente de competencia, que sea global, que tengan las habilidades, aptitudes y disposiciones adecuadas y necesarias para navegar y sobresalir en un ambiente de gran fluidez, globalizado y cada vez más competitivo. (Balistreri et al., 2012)

El Consejo de Relaciones Exteriores emitió un informe sobre la educación que pone en relieve las deficiencias en la competencia global de los estudiantes estadounidenses:

Profesores, administradores, hacedores de política pública y padres de familia estadounidenses necesitan pensar acerca de cómo preparar mejor a los estudiantes para la vida en un mundo que les afectará, directa e indirectamente, de innumerables maneras. Los jóvenes necesitan no sólo las habilidades descritas aquí, sino también una profunda y diversa base de conocimientos sobre el mundo que les rodea. Las historias y las políticas exteriores de los otros países, la naturaleza y la función del sistema internacional, y una comprensión de los desafíos y oportunidades que la globalización ofrece—todos éstos podrían ser elementos de un programa dedicado a la formación de los ciudadanos globalmente capaces que nuestra administración pública, nuestras fuerzas militares, nuestra economía y nuestra sociedad en general van a necesitar. (Klein & Rice, 2012, p. x-xi)

En los últimos años, la Asia Society y la Fundación Longview han trabajado con más de veinticinco estados a través de la Red Internacional de Educación en las Escuelas. Esta red tiene como objetivo apoyar a los estados en el desarrollo de sus capacidades para hacer que los estudiantes tengan mayor competencia global y para hacer que las escuelas estén mejor preparadas para implementar un programa de educación mundial (Asia Society, 2008). Esta red se basa en los esfuerzos anteriores de la Asia Society para identificar y difundir las buenas prácticas en la educación internacional a través de un concurso, los Premios Goldman Sachs de la Fundación para la Excelencia en Educación Internacional. Esta competencia que se realizó durante varios años, permitió a la Asia Society identificar y analizar las buenas prácticas en cada nivel de educación, incluso a nivel de distrito y estado. Más recientemente, la Asia Society produjo una serie de publicaciones que describen métodos para globalizar la educación, así como un marco para infundir la educación global en un plan de estudios (Asia Society, 2016).

Esfuerzos similares han tomado lugar en el nivel terciario. Éstos incluyen un concurso anual organizado por la Asociación Nacional de Asesores de Estudiantes Extranjeros, el "Premio Senador Paul Simon por la Internacionalización del Campus", que cada año reconoce varios colegios y universidades por su éxito demostrado en el fomento de la internacionalización de sus programas (NAFSA, 2016). Una publicación reciente del Consejo Nacional de Investigación presenta los resultados de una evaluación realizada por la Academia Nacional de Ciencias a petición del Congreso. La Academia Nacional de Ciencias evaluó el programa de Título VI y el programa de Lenguas Extranjeras y Programas de Estudios de Áreas, entre otros programas financiados con fondos federales que apoyan los estudios internacionales y la instrucción de idiomas extranjeros en los colegios y universidades (O'Connell & Norwood, 2007).

*Preparación del maestro y desarrollo profesional*

Varios programas se centran en el apoyo a la competencia global de los docentes, ya que es un aspecto crítico de la educación global (O'Connor & Zeichner, 2011; Zhao, 2010). Universidades y departamentos de formación han estado intencionadamente integrando módulos internacionales en los cursos de educación general. Por ejemplo, en la Universidad William Paterson en Nueva Jersey, futuros docentes deben tener al menos doce créditos de cursos en educación global o internacional. Del mismo modo, en la Universidad de Carolina del Norte en Charlotte, los estudiantes deben tomar al menos un curso no-occidental para graduarse, con el objetivo de que los estudiantes que decidan convertirse en maestros en el futuro habrán tenido alguna exposición básica o mínima con una base de conocimiento no-occidental que apoya el desarrollo de la competencia global (Fundación Longview, 2008). Se puede argumentar que la ampliación de cursos de educación general puede despertar el interés en la comprensión internacional entre los candidatos a maestros. Sin embargo, dado el bajo umbral en los créditos mínimos requeridos en este tipo de cursos, es necesario un conjunto más riguroso y definido de requisitos para desarrollar el conocimiento de los profesores.

Otras estrategias de apoyo a los maestros en la educación global han incluido la contratación de formadores de docentes que han viajado internacionalmente, que tienen cierta experiencia global o específica para cada zona, y que están comprometidos con traer esa experiencia internacional a su enseñanza. Por ejemplo, las universidades regionales en Oklahoma requieren específicamente "experiencia global" en puestos para los nuevos empleados. Del mismo modo, en la Universidad de la Escuela de Liderazgo y Ciencias de la Educación de San Diego, se pregunta a los candidatos sobre su dominio de algún idioma extranjero y las contribuciones que podrían hacer hacia la internacionalización de currículo de la escuela (Fundación Longview, 2008). Al examinar las estrategias para reforzar la competencia internacional entre los maestros de pregrado, Schneider (2007) recomienda la colaboración entre los profesores de los departamentos de las facultades de educación y las facultades de las artes y las ciencias. Schneider encontró que una fuente importante de experiencia regional se encuentra frecuentemente en los centros de estudios de área que se alojan dentro de los departamentos de las artes y las ciencias. Traer este conocimiento a las escuelas de educación permitiría mayor diversidad en la selección de cursos ofrecidos y resultaría también enriquecedor para los cursos existentes. Un acercamiento entre estas facultades podría contribuir a hacer las escuelas de educación menos parroquiales en su acercamiento a la competencia global. Universidades como la Universidad de Indiana y la Universidad de Maryland, College Park, han establecido fondos e incentivos para apoyar el desarrollo curricular que se centra en la conciencia global, en algunos casos específicamente para educadores (Longview Foundation, 2008).

Una estrategia bastante común para ampliar la comprensión global de los profesores ha sido, al menos desde el establecimiento del Instituto de Educación Internacional, apoyar a los maestros a través de programas de estudios en el extranjero. Estos pueden variar desde pasar una semana en el extranjero observando clases y buscando las mejores prácticas que sean transferibles (Stewart, 2012) hasta a pasar un semestre en el extranjero, en el caso de profesores en formación. Por ejemplo, la Universidad de Minnesota, Morris, exige que los candidatos a ser maestros completen sus prácticas profesionales en entornos que sean culturalmente diferentes de los que conocen de cerca. Del mismo modo, Michigan State University y la Universidad de Carolina del Norte en Chapel Hill tienen asociaciones en Sudáfrica y Alemania, respectivamente, donde profesores en formación pueden cumplir algunos requisitos de los cursos en el extranjero. Otras universidades, como la Universidad del Estado de Ohio, la Universidad de Oklahoma, la Universidad de San Diego, la Universidad de Wisconsin-Madison y la Universidad de Miami, ofrecen oportunidades para que los estudiantes practiquen la enseñanza en un salón de clases fuera de los Estados Unidos (Fundación Longview, 2008).

Dada la escasa base de evidencia en torno a la eficacia de los programas de estudios en el extranjero, no se sabe si la euforia inicial de un programa de estudios en el extranjero dura el tiempo suficiente para traducirse en beneficios demostrables en el conocimiento y las habilidades de los maestros para implementar un programa de educación global. Además, parece que algunos de estos programas no tienen suficiente dirección o foco, o más bien son ofrecidos de manera más amplia a la población estudiantil en general, con la esperanza de que aquellos estudiantes que se conviertan en maestros se graduarán con un poco de experiencia o conocimientos globales.

Yendo más allá de la preparación y certificación de maestros, algunos estados han llevado a cabo actividades de desarrollo profesional para preparar a los profesores para enseñar sobre el mundo. El Proyecto Internacional de Estudio de California apoya a los maestros en las escuelas de bajo rendimiento para desarrollar su competencia y para mejorar sus habilidades en la enseñanza de materias que tienen específicamente una dimensión internacional, como la historia mundial y la geografía. Del mismo modo, la Universidad de Programa de Extensión de Estudios de Asia de Vermont implementa un programa en todo el estado que presenta el estudio de Asia para escuelas Vermont (Asia Society, 2008). Organizaciones como Primary Source, World Savvy, iEARN, y otros centros de estudios regionales dentro de las universidades típicamente ofrecen planes de estudio y oportunidades de desarrollo profesional para docentes que buscan integrar contenido internacional a sus planes de estudio existentes.

*Estudio de idiomas*

Una investigación sobre el estudio de idiomas en escuelas primarias y secundarias en los Estados Unidos realizado por el Centro de Lingüística Aplicada (CAL) (Rhodes & Pufahl, 2009), encontró un descenso del 6 por ciento en primarias y del 17 por ciento en secundarias que ofrecían cursos de idiomas entre 1997 y 2008. Mientras que el español es el idioma más comúnmente enseñado (en el 88 por ciento de las escuelas primarias y en el 93 por ciento de las escuelas secundarias), la enseñanza del francés, alemán, japonés y ruso disminuyó durante este periodo en escuelas primarias y secundarias. Aproximadamente 4 por ciento de todas las escuelas primarias y secundarias ofrecen el estudio del mandarín. Entre 1997 y 2008, hubo un aumento drástico (14%) en el porcentaje de maestros de lengua extranjera no certificados a nivel de escuela primaria. Esta estadística no es alarmante, dada la recomendación de dominar idiomas como el mandarín, el árabe, el ruso, y el coreano, que son difíciles de aprender para los nativos de habla inglesa (Longview Foundation, 2008).

Entre 2005 y 2008, hubo un aumento del 200 por ciento en el número de escuelas enseñando mandarín, y cuarenta y cuatro estados ahora ofrecen programas de mandarín (Asia Society, 2008). La Fundación Longview (2008) también señala que prácticamente no hay graduados de secundaria que hayan estudiado los idiomas menos enseñados como el mandarín, el árabe, el ruso, el coreano y el hindi/urdú, que son cada vez más importantes para la seguridad estratégica y los intereses económicos de los Estados Unidos. Si bien hay un reconocimiento de que las escuelas están ampliando sus ofertas en lenguas extranjeras, el impulso unilateral para ofrecer el mandarín en los salones de clase también es consecuencia de la iniciativa del gobierno chino de enviar docentes de China a Estados Unidos para enseñar la cultura y el idioma del país, pagando parte de sus sueldos y minimizando, por ende, el gasto de las escuelas en Estados Unidos (Dillon, 2010).

La legislatura de Wyoming aprobó una ley que exige que los estudiantes de prescolar hasta octavo grado tengan la oportunidad de estudiar una lengua extranjera y en 2004 canalizó $5 millones USD para financiar el desarrollo del programa de lengua de prescolar hasta sexto grado para ser probado en 50 escuelas primarias en Wyoming por cinco años (Asia Society, 2008). Nueva Jersey implementó un programa piloto de cuatro años (2009-2013) para mejorar la competencia lingüística y poner a prueba la reforma de la enseñanza secundaria de idiomas junto con el desarrollo de mejores estándares de evaluación y medición (Global Washington, 2011). STARTALK!, un componente de la Iniciativa de Lenguaje para la Seguridad Nacional, busca mejorar la enseñanza y el aprendizaje de los idiomas que son estratégicamente importantes para los Estados Unidos y que usualmente no se enseñan en las escuelas tradicionales. Ofrece a estudiantes y docentes desde el prescolar hasta el término de la universidad alrededor del país la oportunidad de aprender árabe, chino, darii, hindi, persa, portugués, ruso, swahili, turco y urdu durante el verano (https://startalk.umd.edu/public/about). Sin embargo, dado que algunos de estos programas son residenciales, existe desigualdad en el acceso de los estudiantes y maestros a estos recursos, ya que no han sido escalados sistemáticamente dentro de los distritos escolares. Otros estados, como Virginia Occidental, Ohio y Nueva York, han elaborado extensos y estratégicos planes lingüísticos que articulan sus visiones para la adquisición de un segundo idioma (Asia Society, 2008). Wilkinson (1998) identifica la necesidad de desarrollar más investigación orientada a explorar vías para la enseñanza del idioma dentro del salón de clase y a través de estudios en el extranjero, que superen las limitaciones de la simple "charla del docente" y de los comportamientos sancionatorios en el aula mientras se enseñan los idiomas extranjeros.

*Intercambio internacional, asociaciones y estudios en el extranjero*

Se cree que los estudiantes que participan en programas de estudio en el extranjero desarrollan un mayor respeto y comprensión de los problemas mundiales, una mayor capacidad de comunicación intercultural, mejores habilidades en el idioma extranjero y una mejor imagen de sí mismos (Norris & Gillespie, 2009). Si bien ha habido un aumento exponencial en las oportunidades para las experiencias internacionales de pregrado (Salisbury, Umbach, Paulsen & Pascarella, 2008), las evaluaciones de los efectos del estudio en el extranjero en los estudiantes son escasas.

Uno de los propósitos de los programas de estudio en el extranjero es proporcionar una experiencia de inmersión que apoye la adquisición de lenguas extranjeras. Sin embargo, Wilkinson (1998) encontró que el aumento de las interacciones no-escolares no siempre da como resultado ganancias lingüísticas significativas o un entendimiento cultural más profundo. Otros factores que influyen en los beneficios de las experiencias de estudio en el extranjero incluyen el aumento de las interacciones con las familias que reciben al estudiante (Schmidt-Rinehart, 2004), la duración del programa de estudio en el extranjero

(Wikinson, 1998; Rivers, 1998), y los objetivos del estudiante para estudiar en el extranjero (Kitsantas, 2004). Existen también varias limitaciones metodológicas en estos estudios, tales como su dependencia de encuestas retrospectivas (Norris & Gillespie, 2009), la falta de un grupo de comparación adecuado y los tamaños pequeños de las muestras (Wilkinson, 1998; Williams, 2005). Dada la débil base de evidencia sobre los impactos de los estudios en el extranjero, específicamente sobre los estudiantes de la escuela, debemos ser cautelosos con respecto a los resultados anticipados de tales programas.

Connecticut estableció recientemente ochenta y cinco relaciones de "escuelas hermanas" con escuelas en la provincia de Shandong en China. Este arreglo ofrece viajes de intercambio de maestros, maestros y estudiantes (Asia Society, 2008; Global Washington, 2011). Estados como Carolina del Norte, Virginia y Wisconsin también han enviado delegaciones de políticos, líderes empresariales y educadores en viajes a India, China, México, Japón, Alemania, Tailandia y Francia para establecer la educación del distrito y asociaciones entre escuelas (Asia Society, 2008).

## Empoderar Ciudadanos Globales

*Aprovechando la tecnología en el aula*

El desarrollo de la tecnología de la información ha aumentado tanto la cantidad de oportunidades disponibles para llevar el mundo al aula como la "intensidad de interconexión" (Fujikane, 2003, p.144). Por ejemplo, el Global Scholars Program de la Fundación Bloomberg es una iniciativa en línea de educación para la concientización global que involucra a estudiantes entre las edades de diez y trece en las ciudades globales de todo el mundo en el estudio de un riguroso currículo de un año sobre temas de relevancia global.

Para examinar la eficacia de la integración de la tecnología en un currículo de estudios sociales, Johnson, Boyer y Brown (2011) emprendieron una evaluación de GlobalEd, una simulación de aprendizaje basada en escenarios reales y problemas que aprovecha la tecnología para facilitar las comunicaciones entre grupos de estudiantes de escuelas secundarias y preparatorias en lugares geográficamente diversos. En su estudio de 260 participantes en escuelas intermedias en Connecticut, Maryland, Nuevo Hampshire y Massachusetts, los autores encontraron que estas simulaciones proporcionaron a los estudiantes el andamiaje necesario para trabajar colaborativamente en la construcción de nuevos conocimientos y habilidades relevantes para la resolución global de problemas, la comunicación y la toma de decisiones. Sin embargo, esta ganancia de habilidades fue específica para las alumnas, y en cambio hubo una disminución en el nivel de habilidades de los estudiantes varones.

Dada la promesa de la tecnología para la construcción de puentes geográficos y en el trabajo conjunto con diversas poblaciones estudiantiles, la Asia Society (2008) ha documentado la integración de la tecnología en el plan de estudios de educación global en las aulas. Varios estados han ampliado la disponibilidad de cursos internacionales en línea y han creado asociaciones virtuales escuela-escuela con escuelas en otras partes del mundo. Por ejemplo, los departamentos de educación de Delaware, Nueva Jersey, Ohio y Washington se han asociado con iEARN para ofrecer apoyo de desarrollo profesional para profesores en torno a proyectos en línea con escuelas de otras geografías. Del mismo modo, las escuelas a nivel de preparatoria en Florida y Michigan ofrecen cursos en línea a los estudiantes en culturas del mundo, historia, estudios globales y mandarín. Indiana y Kentucky también han desarrollado recientemente cursos de aprendizaje a distancia en mandarín para sus estudiantes. Sin embargo, queda por ver si estas intervenciones serán escaladas en todo el estado o si son sólo pequeñas burbujas de innovaciones cuyo éxito aún está por determinar. Además, según lo identificado por Patterson, Carrillo y Salinas (2011), existen varios desafíos logísticos, técnicos e interculturales para implementar con éxito las aulas virtuales de aprendizaje global, y hay que considerarlas antes de escalar dichos programas.

En esta sección, hemos resumido varios programas, estrategias e innovaciones que están siendo implementados en el tema de la educación global a nivel estado con el propósito de ilustrar la amplia variación en los enfoques de uso, en lugar de ser exhaustivos al examinar cada programa disponible. Encontramos que, aunque estos enfoques representan pasos positivos hacia el desarrollo de competencias globales, en su mayor parte son apuestas autónomas que se enfocan en dimensiones particulares de la competencia global y que abarcan un periodo corto en las trayectorias de los estudiantes. Mientras estos diferentes enfoques podrían ser integrados dentro de una estrategia comprehensiva de educación global que apoye al desarrollo continuo de la ciudadanía global durante el trayecto de escolaridad de los estudiantes, los ejemplos de programas extendidos y comprehensivos de educación global son menos comunes. Es probable que cada una de las estrategias discutidas pueda proporcionar sinergias manteniendo el desarrollo de la competencia global en las aulas de Estados Unidos; por ejemplo, los intercambios entre estudiantes en línea podrían motivar el estudio de un segundo idioma, y programas de intercambio podrían profundizar significativamente el valor del estudio en línea y del estudio de idiomas. Por ejemplo, un estudio demostró una relación positiva entre la competencia global y la motivación por estudiar un segundo idioma en estudiantes universitarios (Semaan & Yamazaki, 2015).

Además, si bien existen focos de excelencia e innovación en cada estado, hay mucho que aún se desconoce sobre la efectividad de estos enfoques y sobre cómo estas estrategias se expandirán y se generalizarán a diferentes entornos. Un estudio etnográfico de los esfuerzos de una escuela secundaria en los suburbios de Pensilvania que buscó integrar la educación global dentro de su plan de estudios a través de una iniciativa de estudios globales demostró que sólo benefició a un pequeño grupo de estudiantes. Además, los esquemas de rendición de cuentas que generan presión por mostrar resultados en el sistema en asignaturas básicas, limitan el potencial para que este programa logre llegar a un número significativo de estudiantes (Cozzolino, 2014).

## 4. Repensando la educación global

La educación siempre ha tenido aspiraciones cosmopolitas, pero la aceleración de la globalización y los nuevos avances en nuestra comprensión del desarrollo humano exigen que la educación global tenga un enfoque nuevo y más intencional que refleje oportunidades más ambiciosas y transformadoras.

### *La globalización*

Además de las razones históricas para fomentar el cosmopolitismo que se discutieron anteriormente, la aceleración de la globalización ha aumentado la importancia de educar a los estudiantes en la ciudadanía global.

Durante las últimas décadas del siglo XX, varios académicos argumentaron que la aceleración de una serie de procesos de cambio social fue el resultado del crecimiento y la intensificación de las relaciones entre las personas que trascienden las fronteras nacionales. La combinación de estos procesos se llamó "globalización". La globalización incluye la creación de una sociedad global, el desarrollo de la conciencia global, y el aumento de la interdependencia global, lo que significa que los eventos locales se ven significativamente afectados por acontecimientos remotos y globales. Si bien existe algún grado de acuerdo sobre la idea de que, en el pasado, se dieron u observaron otros procesos de globalización, es cierto que existe un consenso emergente, con respecto a que la globalización se está intensificando (Albrow, 1990; Giddens, 1990; Held et al., 1999; Robertson, 1992; Scholte, 2000; Waters, 2001).

La globalización y la aceleración de la integración global crean una razón renovada para una educación global con el objetivo de preparar a los estudiantes para entender el proceso en sí y para vivir y funcionar en contextos cada vez más globalizados. La globalización está haciendo que todos los ciudadanos seamos cada vez más globales, en el sentido de que gran parte de nuestras vidas y circunstancias están conformadas por acontecimientos que son globales. Al igual que la mayoría de las personas no tienen mucha elección con respecto a ser un sujeto con derechos y responsabilidades del estado nacional (aunque algunos individuos pueden elegir a cuál estado nacional prefieren pertenecer), tampoco tenemos mucha elección en cuanto al hecho de que todos somos afectados por regulaciones y procesos internacionales, que también nos otorgan oportunidades, retos, derechos y responsabilidades. El desplazamiento forzado generalizado causado por conflictos y desastres naturales, las epidemias de salud que abarcan continentes, y las preguntas en torno a la ética de la denuncia y de los límites del desarrollo tecnológico, han obligado a los educadores y a la sociedad en general a hacer frente a nuevos retos dentro y fuera de los estados nacionales que antes eran inimaginables. Estos retos han comenzado a verse en las escuelas y en las aulas, y a afectar a los mismos procesos de enseñanza y aprendizaje. Al igual que la ciudadanía nacional, como señalaba Kandel hace un siglo, no es la antítesis de la ciudadanía global, las personas pueden ser preparadas para ser más efectivas en el ejercicio de tales derechos y responsabilidades, en aprovechar las oportunidades, y en comprender y hacer frente a estos retos. Como ciudadanos del mundo, podemos contribuir a la mitigación de los riesgos globales, a la creación y el mantenimiento de los pactos mundiales para avanzar intereses compartidos, y al avance de los intereses personales y nacionales. En este sentido, la nueva educación global difiere de la educación tradicional para el cosmopolitismo ya que ahora hay una mayor necesidad no sólo para la comprensión internacional con el fin de mantener las relaciones pacíficas entre las naciones, sino también para la comprensión del proceso de la globalización en sí y para la capacidad para vivir y para ser efectivo en sociedades e instituciones más vez más globalmente integradas.

*Nuevas formas de pensar sobre el desarrollo humano y el aprendizaje*

Durante las últimas décadas, el estudio del desarrollo humano ha contribuido a una concepción ampliada de la humanidad que va más allá del conocimiento y las disposiciones, y por lo tanto da camino a una nueva forma de pensar sobre el aprendizaje y la enseñanza. En el campo de la educación, estos desarrollos han encontrado su expresión en un movimiento para avanzar lo que se llaman las "habilidades del siglo XXI" (Reimers & Chung, 2016). Existen claros paralelismos entre el énfasis que se ha dado al movimiento para las habilidades del siglo XXI y al movimiento para la educación progresista, del cual Dewey y Kandel eran partidarios (Little, 2013). Tom Little (2013) ha trazado los paralelos entre los principios de la educación progresista articulados por la Red de Educadores Progresistas en 1987 y el enfoque de la educación del siglo XXI en una serie de temas. Los principios de la educación progresista según la definición de la Red de Educadores Progresistas incluyen los siguientes:

- un plan de estudios adaptado a estilos de aprendizaje, necesidades de desarrollo e intereses intelectuales individuales,
- el estudiante como un ente activo en el proceso de aprendizaje,
- las artes, las ciencias y las humanidades teniendo el mismo valor en un programa interdisciplinario,

- el aprendizaje a través de la experiencia directa y el material primario,
- un enfoque en la multiculturalidad y las perspectivas globales,
- la escuela como un modelo de la democracia,
- la escuela como un entorno humano,
- el compromiso con la comunidad más allá de la escuela,
- el enfoque en un cuerpo sano a través de los deportes y juegos al aire libre.

La educación del siglo XXI hace hincapié en lo siguiente:

- aprendizaje basado en proyectos,
- pensamiento crítico,
- aprendizaje cooperativo,
- instrucción individualizada,
- autodirección e independencia,
- competencia y conciencia global,
- el uso de la tecnología como una herramienta de aprendizaje.

Una revisión reciente de la evidencia de la investigación en las competencias del siglo XXI, clasifica éstas como cognitivas, interpersonales e intrapersonales (Pellegrino & Hilton, 2012). Las competencias cognitivas abarcan procesos y estrategias cognitivas, el conocimiento y la creatividad; las competencias intrapersonales incluyen la apertura intelectual, la ética de trabajo / la escrupulosidad, y el núcleo de la auto-evaluación positiva; y las competencias interpersonales incluyen el trabajo en equipo y la colaboración, así como el liderazgo (Pellegrino & Hilton, 2012). Es importante observar que esta revisión no incluye la competencia global como una competencia distinta, lo cual es consistente con la opinión de algunos de que los asuntos mundiales y la globalización representan simplemente un dominio en el cual las habilidades de siglo XXI pueden ser desarrolladas o aplicadas (Boix Mansilla & Jackson, 2011). Nuestra opinión es que, aunque el estudio de la globalización efectivamente ofrece un contexto único y valioso en el que se pueden desarrollar habilidades del siglo XXI, hay determinadas competencias necesarias para entender y funcionar eficazmente en contextos globales. Por ende, la competencia global abarca, por ejemplo, una capacidad particular para la empatía con personas de diferentes orígenes culturales, así como la competencia intercultural necesaria para colaborar con colegas de distintos orígenes nacionales, religiosos, étnicos y culturales. De manera similar incluye una profunda comprensión y un interés en los temas que son de naturaleza global, incluyendo, por ejemplo, los desafíos de los recursos naturales compartidos, la preocupación por los conflictos globales y la paz, la comprensión de las fuentes históricas de este tipo de conflictos, y el conocimiento de instituciones internacionales. La competencia global requiere igualmente una comprensión de los riesgos mundiales señalados anteriormente, las habilidades necesarias para educarse a sí mismo sobre estos riesgos, y la capacidad de vivir y actuar de manera que contribuya a la mitigación de esos riesgos.

*Educación global: Currículo y pedagogía*

Después de nuestra definición de competencia global que la diferencia de los conocimientos o las disposiciones que sólo pueden desarrollarse infundidos en un plan de estudios existente, y basándonos también en la noción de Dewey que señala que la *forma* en que enseña también *es* lo que se enseña, nosotros concebimos la educación global como un conjunto tanto de planes de estudios como pedagogías específicas. Estos planes de estudio y pedagogías están entrelazados y se refuerzan mutuamente, y no pueden lograr el objetivo de la competencia global por sí solos. Por estas razones, el plan de estudios que presentamos en este libro proporciona actividades que, en efecto, son ejemplos de una pedagogía de la educación global.

## 5. El diseño del Curso Mundial

En los años 2011 y 2012, diseñamos un plan de estudios de educación para la ciudadanía global para ser enseñado en una asignatura independiente que requeriría de seis a ocho horas a la semana desde el preescolar hasta la secundaria. Nuestra propuesta era crear un nuevo marco básico en torno al cual se integrarían todas las otras materias del plan de estudios. Llamamos a este curso el "Curso Mundial" y fue desarrollado inicialmente para ser enseñado en Avenues: The World School, una innovadora red global de escuelas de élite independientes, ninguna de las cuales había comenzado a operar cuando desarrollamos el curso. El primer campus de Avenues fue establecido en la ciudad de Nueva York. Acordamos con la dirección de Avenues que se desarrollaría este curso con su apoyo financiero, ya que ellos tenían la intención de utilizar el curso. También acordamos que se publicara posteriormente el plan de estudios de tal manera que pudiera ser utilizado por otras escuelas y maestros fuera de la red de Avenues, tanto en los Estados Unidos como en el extranjero.

Durante el desarrollo de este plan de estudios, nos hemos beneficiado de presentaciones periódicas de nuestro trabajo con los co-líderes del campus de Avenues de Nueva York, con los jefes de división del centro del aprendizaje temprano, de la escuela primaria, de la secundaria y de la preparatoria, y con el director de diseño educativo de la escuela. También nos hemos beneficiado de conversaciones con estos individuos al inicio de esta colaboración y una vez concluido el plan de estudios. La retroalimentación que recibimos en estos intercambios con estos educadores con tanta experiencia nos ha ayudado a aterrizar nuestro diseño curricular en los aspectos prácticos y los desafíos de la implementación del plan de estudios, y también nos ha ayudado a equilibrarlo con las otras demandas que existen en una nueva escuela, tales como enseñar otros temas y preparar a estudiantes para la admisión a la universidad. Estas conversaciones nos ayudaron a apreciar los desafíos de negociar las dimensiones innovadoras de la nueva asignatura que proponíamos con las demandas, expectativas y capacidades de los estudiantes, profesores y padres. Nos ayudaron aún más a anticipar las formas en que Avenues integraría nuestro plan de estudios en su currículum, que tendría que ser sensible al contexto único que surgió mientras la escuela se desarrollaba y evolucionada en maneras que implicaron modificaciones a nuestros diseños iniciales. Es probable que el mismo proceso suceda en cualquier escuela que intente poner en práctica el plan de estudios presentado en este libro.

Estas adaptaciones o desviaciones de los diseños iniciales son conocidas en la literatura especializada como la distinción entre la fidelidad de la implementación y la integridad de la implementación. Los defensores de la *integridad de la implementación* reconocen que los actores locales darán prioridad a lo que sea más importante para su escuela específica, integrando lo que funcione mejor dadas las circunstancias locales y las necesidades específicas de cada escuela. Esta idea desafía la expectativa de la *fidelidad de la implementación*, o la ejecución de un programa según su diseño previsto: "El verdadero reto de la aplicación, entonces, es encontrar la manera de acomodar cuidadosamente los contextos locales sin dejar de ser fiel a las ideas centrales para asegurar mejoras en la práctica que conducen a la eficacia" (LeMahieu, 2011; Bryk et al., 2015). Debido a que estamos más interesados en la integridad que en la fidelidad de la implementación, explicaremos qué objetivos y principios guiaron el diseño de nuestro plan de estudios en el resto de este capítulo, para que aquellos que necesitan hacer adaptaciones pueden hacerlo de una manera que preserve la integridad de la propuesta.

Como se explicó anteriormente, el objetivo general de nuestro plan de estudios es apoyar el desarrollo de la ciudadanía global, lo que se entiende como el resultado de competencias para la comprensión, el cuidado sobre y la capacidad para influir en asuntos mundiales y para promover los derechos humanos. Nos hemos basado en una conceptualización de la competencia global que incluye el conocimiento, las actitudes y habilidades (Reimers, 2009; 2010.) La noción de la agencia individual —el empoderamiento— es central a nuestra concepción de la competencia global, y por lo tanto tratamos de cultivar la mentalidad de que los individuos pueden hacer una diferencia, el deseo de tomar la iniciativa, la capacidad de tener roles de liderazgo, y una comprensión de la responsabilidad.

Los principios que guiaron nuestro diseño curricular fueron definiendo objetivos claros para el conocimiento, las actitudes, y la acción, y se centran en unidades interdisciplinarias que se alinean con temas coherentes en cada grado, así como con un alcance y secuencia total. Por último, revisamos todo el plan de estudios para verificar la existencia de oportunidades adecuadas para el desarrollo de las competencias indicadas. Equilibramos estos mapeos del currículo con diferentes características diseñadas para apoyar la personalización, es decir, proporcionar a los estudiantes con oportunidades para desarrollar sus propios intereses, para descubrir sus pasiones, y para aprender profundamente sobre cuestiones que son de interés para ellos. En particular, nos apoyamos del aprendizaje basado en proyectos, la colaboración de los estudiantes, la participación de los padres y los miembros de la comunidad, y la agencia del estudiante en la configuración del plan de estudios a nivel de preparatoria como formas de personalizar el aprendizaje.

Uno de los principios pedagógicos en los que está cimentado este diseño es el de depender en gran medida en el aprendizaje basado en proyectos y en las metodologías de aprendizaje activo, tales como el "Pensamiento de diseño" ("Design Thinking", en inglés), que conciben al estudiante como el centro del aprendizaje. También buscamos dar a los estudiantes abundantes oportunidades para demostrar su comprensión a través de productos y trabajos que podrían ser compartidos con sus compañeros, profesores y otros públicos, incluyendo estudiantes de otros grados de la escuela y padres de familia.

También hemos tratado de crear múltiples oportunidades para que los estudiantes colaboren directamente con pares de otros países con el uso de la tecnología para el trabajo basado en proyectos y la comunicación a distancia. Vimos esta colaboración como una forma de ayudarles a descubrir su humanidad común con estudiantes de lugares y orígenes diferentes al suyo.

El programa también proporciona múltiples oportunidades para que los estudiantes colaboren directamente con sus colegas, profesores, padres de familia y miembros de la comunidad que puedan contribuir conocimientos y experiencia directamente para apoyar la educación global y por ende pueden ayudar a los estudiantes a identificar conexiones auténticas entre lo local y lo global.

A lo largo de todo el programa de K-12, pero particularmente en los grados noveno a duodécimo, hay oportunidades para que los estudiantes sigan sus intereses personales con mayor intensidad, y para que construyan colaborativamente junto con sus profesores una porción significativa del plan de estudios.

A medida que diseñamos el Curso Mundial, hemos tratado de usar un marco de habilidades del siglo XXI para guiar el desarrollo del plan de estudios, y de incluir en él oportunidades para desarrollar competencias globales específicas. La primera consecuencia de este objetivo es que es necesario dedicar tiempo para el plan de estudios, mientras que también se debe reconocer que el intento de alcanzar un conocimiento global a través de la infusión curricular podría, en el mejor de los casos, producir resultados sólo parciales e insuficientes. La segunda consecuencia de este enfoque es que el diseño del plan de estudios tiene que comenzar con la identificación explícita de las competencias que definen un egresado globalmente competente. Esas competencias se pueden utilizar para trazar la secuencia del plan de estudios y las pedagogías que apoyan al desarrollo de esas competencias.

Definimos esas competencias como aquellas que abarcan competencia intercultural, la orientación ética, el conocimiento y las habilidades, y los hábitos de trabajo y mentales:

1. **Competencia intercultural (referenciada a lo largo del plan de estudios, específicamente en las unidades, como *CIC*)**

   Incluye la capacidad para interactuar con éxito con personas de diferentes identidades culturales y orígenes. Abarca las habilidades interpersonales, así como las habilidades intrapersonales y formas de gobernarse a sí mismo frente a diferencias culturales.

   a) Habilidades interpersonales

      i. Trabajar de forma productiva y dirigir con eficacia equipos interculturales, incluidos los equipos distribuidos en diferentes zonas geográficas a través del uso de tecnologías de telecomunicación.

      ii. Demostrar empatía hacia otras personas de diferentes orígenes culturales.

      iii. Demostrar cortesía y normas de interacción apropiada para diversos entornos culturales.

      iv. Resolver los desacuerdos culturales a través de la negociación, la mediación y la resolución de conflictos.

   b) Habilidades intrapersonales

      i. Curiosidad por los asuntos globales y culturas del mundo.

      ii. Capacidad de reconocer y ponderar las diversas perspectivas culturales.

      iii. Comprensión de la propia identidad, de otras identidades, de cómo otras culturas forman su propia identidad y la de otros, y de dónde se encuentra uno en el espacio y el tiempo.

iv. La capacidad de reconocer y examinar sus supuestos cuando se enfrentan a diferencias culturales.

v. El reconocimiento de los prejuicios culturales (sobre civilizaciones, religiones, o etnias) y la capacidad de minimizar sus efectos en la dinámica entre grupos.

vi. La comprensión y apreciación de la variación cultural en las normas básicas de interacción, la capacidad de ser cortés, y la capacidad de encontrar y aprender sobre las normas apropiadas en entornos específicos y tipos de interacción.

2. **Orientación ética**

    a. Apreciación de los marcos éticos en diversos sistemas religiosos.

    b. Compromiso con la igualdad básica de todas las personas.

    c. Reconocimiento de los valores comunes y la humanidad común en todas las civilizaciones.

    d. Apreciación del potencial de cada persona, independientemente de sus circunstancias socioeconómicas o de origen cultural.

    e. Apreciación del papel de los pactos mundiales, tales como la Declaración Universal de los Derechos Humanos, en la orientación de la gobernabilidad mundial.

f. Compromiso de apoyar a los derechos humanos universales, a la reducción de la pobreza mundial, a la promoción de la paz, y a la promoción de formas sostenibles de interacciones humanas-ambientales.

g. Capacidad de interactuar con personas de diversos orígenes culturales al tiempo que demuestra humildad, respeto, reciprocidad e integridad.

h. Comprensión del papel de la confianza en promover y sostener relaciones humanas, así como las instituciones globales; el reconocimiento de las formas en que la confianza puede perderse; la corrupción institucional y sus causas.

## 3. Conocimientos y habilidades

Además de destacar los vínculos cosmopolitas infundidos en el plan de estudios, como Kandel recomendó hace un siglo, un programa de educación global debería proporcionar a los estudiantes los conocimientos y las habilidades necesarias para comprender los diversos vectores de la globalización. Estos incluyen la cultura, la religión, la historia y la geografía, la política y el gobierno, la economía, la ciencia, la tecnología y la innovación, la salud pública, y la demografía.

   a. La cultura, la religión y la historia y la geografía

   i. La historia del mundo y la geografía, subrayando el papel de la globalización en el cambio cultural.

   ii. El estudio de las religiones como instituciones poderosas que organizan la actividad humana.

   iii. El conocimiento histórico, que incluye diversas perspectivas y una comprensión del papel de los ciudadanos ordinarios en la historia.

iv. La geografía del mundo, incluyendo las diferentes áreas del mundo, lo que las une, las diferencias que existen, y cómo los humanos han cambiado la geografía del planeta.

   v. Las religiones del mundo, la historia y los puntos de contacto entre civilizaciones en el tiempo.

   vi. Las principales tradiciones filosóficas y sus puntos de conexión.

   vii. Las artes escénicas y visuales (por ejemplo, teatro, danza, música, artes visuales, etc.) como medio para encontrar la humanidad común.

   viii. Diferentes artes y la capacidad de ver conexiones.

   ix. La habilidad para ver el arte como expresión, para usar el arte para la expresión, y para entender la globalización y el arte.

b. Política y gobierno

   i. Gobierno comparativo.

   ii. Cómo los gobiernos trabajan en diferentes sociedades.

   iii. Las principales instituciones internacionales y su papel en asuntos globales.

   iv. Retos globales contemporáneos en la interacción humana-ambiental.

   v. Las raíces de estos desafíos, opciones para hacerles frente, y el papel de las instituciones globales en hacer frente a estos retos.

vi. La historia de los conflictos globales contemporáneos y el papel de las instituciones globales en hacer frente a estos retos.

c. La economía, los negocios y el emprendimiento

  i. Las teorías del desarrollo económico y cómo explican las diferentes etapas del desarrollo económico de las naciones, la pobreza, y la desigualdad.

  ii. Las instituciones que regulan el comercio mundial y el trabajo para promover el desarrollo internacional.

  iii. La literatura contemporánea sobre la eficacia y las limitaciones de esas instituciones.

  iv. El impacto del comercio mundial.

  v. Las consecuencias de la pobreza global y la capacidad de agencia de los pobres.

  vi. La demografía y los factores que influyen en las tendencias demográficas, y sus implicaciones para el cambio global.

d. La ciencia, la tecnología y la innovación, y la globalización.

e. La salud pública, la población y la demografía.

## 4. Hábitos de trabajo y mentales

Demostrar la innovación y la creatividad en la formulación de soluciones a problemas globales y para aprovechar oportunidades globales; buscar e identificar las mejores prácticas a nivel mundial; y transferirlas en diferentes contextos geográficos, disciplinarios y profesionales.

a. Identificar diferentes perspectivas culturales a través de las cuales se pueden pensar en los problemas.

b. Entender el proceso del cambio cultural y que existe una variación individual dentro de grupos culturales.

c. Llevar a cabo proyectos de investigación independiente.

d. Presentar los resultados de los proyectos de investigación independiente por escrito, verbalmente, y con la utilización de la tecnología.

*¿Cómo están relacionas estas características de un egresado globalmente competente con las habilidades del siglo XXI?*

Las características mencionadas anteriormente incluyen competencias cognitivas, intrapersonales, e interpersonales. Son, sin embargo, más específicas que —y distintas de— las habilidades del siglo XXI. Por ejemplo, se define de la siguiente manera "capacidad global": Demostrar la innovación y la creatividad en la formulación de soluciones a problemas globales y para aprovechar oportunidades globales; buscar e identificar las mejores prácticas a nivel mundial; y transferirlas en diferentes contextos geográficos, disciplinarios y profesionales. Mientras que la innovación y la creatividad son habilidades "generales" del siglo XXI, la capacidad de identificar soluciones en un contexto global y de manera adecuada transferir soluciones a través de contextos geográficos involucra la habilidad analítica para reconocer similitudes y diferencias entre contextos interculturales.

En la creación del plan de estudios del Curso Mundial, hemos tratado de crear algo diferente a los enfoques predominantes de la educación global examinados en las secciones anteriores de este capítulo. Hemos tratado de crear un plan de estudios que encarna principios y marcos específicos. En nuestra opinión, la educación global no es sólo informar a los estudiantes de los problemas globales, pero también se trata de apoyarlos en adoptar y asumir la responsabilidad de los principios de humanidad común y de los riesgos globales compartidos. Como tal, nuestro plan de estudios se centra no sólo en el conocimiento y las ideas, sino también en el desarrollo de las habilidades necesarias para poner ese conocimiento en acción y las actitudes necesarias para inspirar la acción significativa en la búsqueda de la estabilidad global y la paz. Esta combinación de conocimientos, habilidades y actitudes se resume en nuestro uso del término "competencia global" en toda esta discusión. Por otra parte, teniendo en cuenta la historia de la educación global, así como de la situación de la educación global de hoy, hemos tomado la decisión de unir la educación global al marco ético reflejado en la Declaración Universal de los Derechos Humanos y para el objetivo específico de poder contribuir a la solución de los riesgos actuales del mundo, tales como los definidos por los ODS. Cuando desarrollamos el Curso Mundial, el pacto de desarrollo se reflejaba en los Objetivos de Desarrollo del Milenio, y los Objetivos de Desarrollo Sostenible aún no habían sido aprobados por la ONU. En este libro hemos actualizado las referencias a los ODM con referencias a los ODS.

Anclar nuestro diseño curricular en estos marcos es fundamental por tres razones. En primer lugar, una humanidad compartida, que se ejemplifica por un compromiso compartido con los derechos humanos universales, une a las personas a través de fronteras y límites. La capacidad de reconocerse a sí mismo como un ser humano y merecedor de derechos inalienables—y de reconocer a otros como humanos y también merecedores de derechos inalienables—subyace la voluntad de tomar medidas cuando se violan los derechos humanos. Por otra parte, los derechos humanos universales son la base filosófica de las sociedades democráticas y una filosofía que se comparte a través de muchas culturas. En segundo lugar, la educación global debe ser notable de la misma forma en que la educación disciplinaria ha sido sobresaliente, y estos marcos proporcionan fuerza a través de su definición de la teoría y el propósito de la educación global. En tercer lugar, los propios problemas, tanto los que ya existen como los que surgirán en el futuro, son complejos, serios, y no anticipados. La solución de estos problemas por ende es fundamental, y la adopción de la resolución de problemas como la meta de la educación global la infunde con urgencia, propósito y significado. La educación global es óptima como un método para resolver estos problemas, ya que requiere la innovación y la colaboración de todas las culturas, sociedades y disciplinas. Debido a que la educación global es óptima como un método para resolver los urgentes problemas del mundo, debería ser una prioridad en los sistemas educativos, una idea que se refleja en la adopción de los programas de educación global que son claros en filosofía y en metas, como lo es el Curso Mundial.

Las dificultades en el área de la educación global se centran en torno a una falta de claridad conceptual y operativa. Una dificultad importante en la creación de un programa de educación global, en lugar de un plan de estudios de una disciplina específica, es que la educación global como idea carece de la claridad necesaria para generar el tipo de comprensión común y el consenso necesario para poner en práctica la idea en cualquier contenido curricular. Una dificultad adicional radica en la falta de claridad en torno a la idea de la ciudadanía global, así como en la falta de claridad en torno a la filosofía subyacente y los objetivos de la educación global. En este capítulo, se intenta resolver esta falta de claridad.

Una forma en que la educación global carece de claridad se refiere al hecho de que la ciudadanía global comparte similitudes con la ciudadanía nacional; sin embargo, es distinta en que el ser un ciudadano global cruza las fronteras nacionales. La ciudadanía nacional, desde el Tratado de Westfalia hace más de 350 años, es un estatus ligado al estado nación que es a la vez incluyente y excluyente. Es incluyente porque define quién califica como miembro, o ciudadano, y es excluyente ya que también define quién no lo es. La ciudadanía global, por el contrario, pasa por varias fronteras—la política, cultural, social e histórica—y es enteramente incluyente. Los límites y las fronteras, aspectos que algunas veces están claramente establecidos en el contexto de la ciudadanía nacional, se desvanecen en el contexto de la ciudadanía global de tal manera que la ciudadanía global corre el riesgo de convertirse en un concepto sin sentido. Hay una base legal para la ciudadanía nacional que no existe en la actualidad para la ciudadanía global, aunque las normas de los derechos humanos internacionales proporcionan algún fundamento jurídico de los derechos y obligaciones que trascienden los que son estipulados a nivel nacional. Sin embargo, la ciudadanía nacional y global son similares en que el énfasis no está en la *definición* sino en el *propósito*. La ciudadanía nacional y la ciudadanía global son conceptos pragmáticos, ya que son garantías de derechos y de acceso a recursos. Sin embargo, los derechos de la ciudadanía global hacen hincapié en los derechos humanos, los cuales son compartidos por todos. Debido a que los derechos pertinentes se comparten atravesando fronteras nacionales, étnicas y lingüísticas, conllevan éstos una responsabilidad que también atraviesa estas líneas. Esta responsabilidad es el corazón del pragmatismo de la ciudadanía global.

El trabajo de Westheimer y Kahne (2004) en el desarrollo de una tipología de la ciudadanía también es útil como base para la conceptualización de la ciudadanía global. Identifican tres tipos de ciudadanos: un ciudadano personalmente responsable (un miembro responsable de una comunidad que, por ejemplo, obedece al estado de derecho y ayuda a los demás de forma voluntaria); un ciudadano participativo (un participante activo en esfuerzos para remediar la injusticia y para hacer mejoras en la comunidad); y un ciudadano orientado hacia la justicia (un miembro crítico de una comunidad que busca entender las causas de los problemas y la injusticia). La ciudadanía global debe abarcar estas expresiones de la ciudadanía. Para lograr un cambio mundial, uno debe ser personalmente responsable, debe participar en esfuerzos para remediar la injusticia, y debe tratar de entender las causas de los problemas y la injusticia alrededor del mundo. Para responder adecuadamente a los desafíos globales, la participación debe ser innovadora y debe incluir colaboración que atraviesa fronteras políticas, culturales y otras. Por lo tanto, a esta tipología añadimos la innovación y la colaboración como componentes de nuestro marco de referencia para la ciudadanía global. El ciudadano colabora atravesando fronteras para trabajar con sus compañeros y, concretamente, con la intención de trabajar con compañeros que tienen diferentes perspectivas, para resolver problemas mundiales. El ciudadano global innovador sintetiza el conocimiento de múltiples disciplinas para desarrollar nuevos enfoques, nuevas formas de ver los problemas y nuevas soluciones.

Una dificultad adicional existe a nivel de la educación, en que la educación global debe incluir competencias complejas que son a la vez interdisciplinarias y disciplinarias. Esta idea representa un alejamiento del enfoque disciplinar de los sistemas educativos actuales y presenta un verdadero desafío en el campo de la educación global. Parte de lo que hace que la educación dentro de cada disciplina sea comparativamente más sobresaliente es que las ideas detrás de cada una de las disciplinas son claras, y que por ende la creación de contenido curricular es directo y fácil en el sentido que el currículum debe reflejar esas ideas. Adicionalmente, la historia de la disciplina se conoce y se puede trazar, como se puede hacer con el futuro de la disciplina, con objetivos específicos. Tomemos como ejemplo la disciplina de la historia. Esta disciplina tiene un conjunto de conocimientos y habilidades concretas, como el conocimiento de las raíces históricas de conflictos y la habilidad para revisar documentos primarios y secundarios para construir este conocimiento, respectivamente. También tiene metas, como lo son evitar conflictos a futuro a través de ayudar a los estudiantes a comprender y ser capaces de articular la historia que comparte una nación o un pueblo, y a través de la existencia de diversas narrativas históricas.

La educación global debe alcanzar la misma claridad en conocimiento y objetivos, que el Curso Mundial logra a través de su unión con el marco de los derechos humanos universales, los conocimientos y las habilidades articuladas claramente, y la meta de resolver los problemas más importantes a nivel mundial.

*La creación del Curso Mundial*

Para crear el Curso Mundial, primero definimos el perfil de un egresado globalmente competente, como describimos anteriormente.

Para lograr eso utilizamos una gama de literatura, incluyendo marcos como el de la Declaración de los Derechos Humanos, y de estudios y análisis de riesgos mundiales del futuro como los que son descritos por el Foro Económico Mundial y en el desarrollo de las metas promocionadas por las Naciones Unidas. También utilizamos nuestro conocimiento de la historia de los diferentes enfoques utilizados en este campo que son revisados en este capítulo. Posteriormente hicimos una recopilación de los planes de estudio existentes de educación global, que son descritos en la literatura anterior.

Encontramos que los programas de educación global existentes se concebían de una de dos maneras: ya sea que se infunden en otros planes de estudio—es decir, se encuentran oportunidades para incluir el contenido global dentro del contenido curricular ya existente y se hacen las adecuaciones necesarias—o se consideran como un currículum separado e independiente. Los enfoques actuales en materia de educación cívica nacional han caído en estas mismas categorías, y hay diferencias entre los países con respecto a si la educación se debe infundir al plan de estudios que ya existe o si se debe enseñar por separado como una asignatura distinta (véase Schulz, Ainley, Fraillon, Kerr, & Losito, 2009). Nosotros consideramos que ambas maneras, tanto la infusión como un plan de estudios independiente, son necesarias para lograr la competencia mundial de manera profunda y compleja. La infusión es necesaria porque la competencia desarrollada dentro de las disciplinas debe incluir contenido global. Sin el contenido global, las disciplinas son simplemente incompletas y no pueden preparar a los estudiantes para tener éxito en las sociedades cada vez más globalizadas. No estamos argumentando en contra de la infusión, y consideramos que es necesaria por esta razón. Sin embargo, consideramos que el desarrollo de un plan de estudios por separado también es necesario. Esto se debe a que hay ciertas competencias que no están incluidas en los programas escolares tradicionales, tales como la demografía, y temas que no están organizados, tales como el estudio de la pobreza en el mundo. La naturaleza compleja de estas competencias requiere que se dedique tiempo a ellas de manera sostenida. Por ende, el Curso

Mundial se presenta aquí como un plan de estudios completo para niños de prescolar a duodécimo grado que debe enseñarse por separado, pero junto con la revisión de los programas de las disciplinas tradicionales que incluyan contenido global. Estos dos enfoques se refuerzan mutuamente.

Hemos desarrollado nuestro plan de estudios a partir de la revisión de los programas existentes y de la definición de un egresado globalmente competente. Una vez que acordamos el perfil de egreso presentado anteriormente, nos propusimos identificar el contenido curricular que apoyaría el desarrollo de esas competencias.

En el marco de los derechos humanos universales, y para lograr avances reales y significativos en la solución de los problemas mundiales más urgentes, hemos creado un plan de estudios completo que (1) es *profundo y riguroso*, es decir que es *coherente y continuo* desde el preescolar hasta la graduación, desarrolla *profundidad* de competencia, así como la amplitud y aumenta en complejidad con el progreso del estudiante; (2) *unifica competencia disciplinaria e interdisciplinaria* así como *la competencia intercultural*; y (3) apoya *la acción transformadora a lo largo de toda la vida* por los egresados que ejercerán muchas ocupaciones y caminos diferentes.

Hemos diseñado el Curso Mundial para ser profundo y riguroso con esos fines. Es coherente tanto vertical como horizontalmente. Es coherente verticalmente en que el contenido de cada grado se unifica a través de un tema particular, y horizontalmente coherente en que el contenido particular y los temas se sostienen a lo largo de la secuencia entera. Por ejemplo, el tema del quinto grado es la libertad y los derechos de las personas, y los estudiantes participan en el estudio del cambio social en torno a los derechos de las personas. Este tema se basa en la creación de una comunidad en el salón de clase y luego considera exploraciones históricas a través de la investigación de varios movimientos por la independencia (por ejemplo, los movimientos de la independencia de los Estados Unidos, Francia, Haití y los movimientos en Sudáfrica en contra de la opresión). Como un curso de un año, se basa en la idea de los derechos humanos universales, a la vez que también considera los contextos locales de los estudiantes al igual que sus experiencias y su historia compartida tanto nacional como internacional. El Curso Mundial también es coherente horizontalmente ya que hay temas que se traslapan año con año. Por ejemplo, decidimos que la comprensión de la identidad es fundamental para la competencia intercultural, y por lo tanto entrelazamos el tema de la identidad en el plan de estudios en cada grado de maneras cada vez más complejas. Por ejemplo, a nivel preescolar, los estudiantes examinan su propia cultura y costumbres al igual que las de los que los rodean en su salón de clase y en su vecindario. Más tarde, en sexto grado, los estudiantes comienzan a considerar la manera en que los valores y la identidad dan forma a los individuos y a las instituciones, incluyendo a los gobiernos. En preparatoria (escuela superior/escuela secundaria), en el curso de *Conflictos globales y sus soluciones*, los estudiantes examinan las identidades étnicas que separan a los grupos como una de las maneras (entre otras) de entender el conflicto de Palestina e Israel.

Además de la coherencia, hemos desarrollado un plan de estudios que es continuo desde el preescolar hasta la graduación de duodécimo grado por dos razones. En primer lugar, un currículum continuo refleja la profundidad y la complejidad de los asuntos globales, al igual que la profundidad de la competencia necesaria para resolverlos. Es difícil imaginar el desarrollo de la competencia matemática en un año o en una sola unidad de un plan de estudios, pero ésa es la expectativa que se asume cuando los cursos de educación global se presentan en un plazo de tiempo tan corto. El estudio continuo permite que la complejidad y la profundidad aumenten con el tiempo. Esto es mejor que estudiar temas complejos demasiado rápidamente    de manera que se vuelven abrumadores. En segundo lugar, debemos ser exitosos en el desarrollo de un compromiso por vida con los derechos humanos universales y la competencia requerida para resolver problemas urgentes del mundo con estudiantes que tienen *diferentes orígenes, experiencias y planes para el futuro*, no únicamente entre los estudiantes que ya tienen esta inclinación y se encuentran en un ambiente que ya promueve estos objetivos. El desarrollo de la competencia en asuntos globales a través de poblaciones enteras de estudiantes, lo cual debería ser la meta de la educación, requiere el desarrollo sistemático de estas competencias en estudiantes que tienen inclinaciones muy diferentes y que se sitúan en entornos muy diversos. Consideremos por ejemplo el tema de la pobreza global como un problema de importancia mundial. Para resolver el problema de la pobreza global, la competencia de los egresados no solo debe reflejar la profunda complejidad del tema, sino que el asunto debe ser entendido tanto por los estudiantes que serán profesionales en el campo del desarrollo internacional, como también por aquellos que estudiarán negocios, medicina, educación, ingresarán al área de servicios, y otros campos. La habilidad de entender cómo se toman decisiones a nivel local e individual tiene implicaciones para la pobreza a nivel de grupo y a nivel global, y se requiere de un análisis continuo de este tema que aumenta en complejidad en cuanto los estudiantes adquieren competencias en el tiempo.

El Curso Mundial unifica la competencia disciplinaria e interdisciplinaria, así como la competencia intercultural. Como argumentamos anteriormente, la competencia interdisciplinaria es importante para resolver los problemas globales, sin embargo, debe ser reforzada mutuamente por la competencia disciplinaria que también tiene naturaleza global. Esta unificación es más evidente cuando se examina la coherencia vertical y horizontal también. El conocimiento disciplinario es un enfoque vertical; por ejemplo, tanto los cursos de cuarto y quinto grado cuentan con un enfoque en la historia y en el desarrollo de las habilidades de un historiador o de un arqueólogo. La disciplina de la historia también se toca horizontalmente a lo largo del plan de estudios con un enfoque, por ejemplo, en agentes de cambio históricos dentro de cada tema. Cada año incluye contenido que cruza y combina disciplinas, lo cual es más evidente en los proyectos discutidos a detalle en la sección de este documento referente a la pedagogía. Los estudiantes están obligados a recurrir a los conocimientos de todas las disciplinas en la creación de un producto como puede ser una presentación multimedia o una simulación. No sería posible crear estos proyectos únicamente dentro de una clase de ciencias o una clase de historia, por ejemplo, ya que ambas disciplinas, junto con otras, deben ser utilizadas para tratar el tema. Un enfoque clave del Curso Mundial es la acción transformadora, que se aborda tanto a través de la pedagogía como el plan de estudios. Las prácticas pedagógicas que apoyan la acción transformadora, por ejemplo, el poder de elección que tiene el estudiante, se discuten en detalle en la sección de pedagogía. Sin embargo, la acción transformadora se aborda también en el plan de estudios a través de un análisis de personajes, tanto históricos como contemporáneos, que son agentes de cambio, al igual que a través de la introspección y la auto-reflexión sobre cómo cada estudiante es también un agente de cambio.

Con el fin de innovar y colaborar a nivel mundial, los jóvenes necesitan desarrollar las habilidades para entender perspectivas y prácticas distintas de las propias y para operar entre los niveles locales y globales. Apoyar a los estudiantes a salir fuera de sí mismos y desarrollar la capacidad de comprender múltiples perspectivas en múltiples niveles contextuales es complejo y retador. Parte del desafío es que se requiere tanto la exploración de sí mismo y de los temas, al igual que la exploración de comunidades locales y globales. Además de estas exploraciones, otra parte del desafío consiste en navegar los vínculos entre sí mismo y los demás, y entre lo local y lo global. Una tercera parte del desafío consiste en la exploración de los vínculos a través del tiempo con una perspectiva histórica, del presente y futura.

La educación global debe estar ligada a marcos y objetivos defendibles con el fin de ser clara y accesible. Aquí hemos argumentado que la humanidad que compartimos subyace el proyecto de educación global como un compromiso con el marco de los derechos humanos universales. Por otra parte, el objetivo de la educación global es hacer un progreso significativo en la solución de los problemas mundiales más urgentes, que infunda la educación global con urgencia y propósito. Como tal, el Curso Mundial es profundo y riguroso; unifica la competencia disciplinaria e interdisciplinaria, así como la competencia intercultural; establece vínculos entre sí mismo y los demás, al igual que entre lo local y lo global, y apoya la acción transformadora a lo largo de la vida de los egresados que ejercerán ocupaciones distintas. Con este fin, nos imaginamos que el egresado del Curso Mundial es una persona que es un experto en el trabajo en equipos que cruzan fronteras y que es capaz de utilizar la competencia disciplinaria e interdisciplinaria para resolver problemas, que tiene la competencia intercultural para unir a personas con orígenes diversos para estos propósitos, y que tiene un compromiso de por vida con los derechos humanos.

## 2. ¿Cómo es el Curso Mundial un enfoque adaptativo de la educación para la ciudadanía global en el siglo XXI?

Como se discutió en la sección anterior, vemos las demandas creadas por la globalización como procesos que requieren una instrucción específica que permita a los estudiantes entender y estar preparados para la globalización. Los enfoques basados en la simple infusión son insuficientes porque en la práctica, diluyen la responsabilidad de dicha instrucción y reducen al mínimo las posibilidades de exhaustividad, claridad, rigor y progresión adecuada y suficiente para apoyar el desarrollo de la ciudadanía global. En este sentido, estamos en desacuerdo con la opinión expuesta por Isaac Kandel hace un siglo sobre cómo la comprensión intercultural se puede fomentar únicamente como resultado del énfasis que se haga en ella en las áreas ya existentes.

Por consecuencia, si un currículo específico es necesario para desarrollar el conocimiento global, ¿cuál es ese currículo que se debería enseñar? Opciones existentes incluyen unas que son secuencias curriculares relativamente cortas y fragmentarias, como las lecciones de UNICEF y de sus socios sobre los Objetivos de Desarrollo Sostenible; la Lección Más Grande del Mundo; el currículo de Oxfam de Ciudadanía Global; y unas materias del programa de Advanced Placement (AP)—materias de nivel universitario enseñadas en la preparatoria—tales como la historia mundial, la geografía o la economía.

Si bien el plan de estudios AP enfatiza la amplitud de conocimientos y el movimiento de los estándares de Estados Unidos enumera habilidades discretas, conocimientos y actitudes que las personas desean impartir a los estudiantes, el plan de estudios del Curso Mundial busca desarrollar una profundidad de conocimiento y el tipo de pensamiento "experto" requerido para resolver problemas. En nuestro deseo de integrar en el currículum el conocimiento, las habilidades y las actitudes—no únicamente impartir conocimiento sino también enfocarse en la enseñanza de las habilidades y actitudes—que prepararían a los estudiantes para el siglo XXI, encontramos que se requería un enfoque interdisciplinario al desarrollo curricular. Por ejemplo, cuando consideramos el currículum AP como un marco posible para el diseño de nuestro currículum, estábamos impresionados por la amplitud de conocimientos requeridos por el programa. Sin embargo, en última instancia, queríamos hacer hincapié en la profundidad del conocimiento, dado el tipo de pensamiento "experto" necesario para resolver problemas. Llegamos a la conclusión de que también los cursos de AP disponibles eran insuficientes para enseñar los conocimientos básicos que requiere la ciudadanía global; por ejemplo, no hay cursos de AP en salud pública, demografía, tecnología o innovación, todos los cuales, en nuestra opinión, son componentes indispensables de una comprensión adecuada de la globalización.

Además, en lugar de imponer a los estudiantes una lista de las habilidades, los conocimientos y las actitudes discretas que deseamos impartirles, queríamos que los estudiantes se encontrasen e hicieran sentido de su aprendizaje. Por ende, el currículum del Curso Mundial se centra en el aprendizaje integrado y aterrizado en temas sociales, políticos, económicos actuales y, específicamente, en asuntos que son complejos y no tienen respuestas simples o soluciones fáciles. Creemos que los estudiantes encontrarán valor de entrada y desearán comprometerse con temas que son "reales" y auténticos; del mismo modo, creemos que, al pedirles un compromiso concreto frente a estos problemas de la vida real, los estudiantes estarán más motivados para aprender las habilidades y los conocimientos necesarios para comprender y resolver estos problemas. Por ejemplo, el plan de estudios se centra en temas como la inmigración y el impacto de la migración humana en el medio ambiente y sobre los tipos de conocimientos, habilidades y actitudes que son necesarias para abordar estas cuestiones. Este enfoque nos llevó a campos como la demografía, una materia que no se enseña en muchas escuelas, a pesar de ser un tema esencial para el aprendizaje de cómo abordar las cuestiones sobre el crecimiento de la población y su impacto en la sostenibilidad. Otra diferencia entre los programas de educación más tradicionales de la ciudadanía global y el Curso Mundial es el enfoque de nuestro plan de estudios hacia el emprendimiento social; mientras que algunas clases de negocios pueden ser enseñadas en las preparatorias, nosotros queríamos integrar este tema en los grados anteriores y juntarlo con el desarrollo del entendimiento de los estudiantes de temas como el desarrollo internacional y nociones de justicia y equidad.

En nuestra revisión de los programas del IB, apreciamos el énfasis en la interdisciplinariedad y en el desarrollo de habilidades analíticas y de investigación, pero consideramos que falta una secuencia curricular explícita y el tipo de contenido que proporcionaría a todos los estudiantes con conocimientos básicos sobre la globalización y los asuntos globales.

Al igual que otros programas de educación global, nos hemos centrado en las competencias interculturales para desarrollar los valores, las actitudes y las percepciones de los estudiantes. Por ejemplo, queríamos que los estudiantes entendieran cómo las culturas pueden dar forma a las identidades, incluyendo la suya. Con nuestro plan de estudios, hemos tratado de desarrollar la empatía en los estudiantes a través de ejercicios de toma de perspectiva. También nos basamos en la literatura y las artes para fomentar la expresión creativa en el curso de los estudios globales. A medida que los estudiantes aprenden sobre otras culturas a través de sus tradiciones artísticas—música, danza, teatro, y otras formas de la narración y la comunicación emocional—pueden experimentar conexiones emocionales que trascienden las barreras lingüísticas. Muchas formas de arte, especialmente las artes escénicas, requieren de la colaboración, la creatividad y la aceptación de la incertidumbre, lo cual las hace un medio potencialmente efectivo para cultivar en los estudiantes la capacidad de apreciar y comprometerse con lo desconocido, por ende, enseñándoles a ser más empáticos y de mente abierta. Es más probable que participar en una representación artística deje una impresión en los estudiantes que aprender sobre otras culturas en un libro de historia que describe la cultura, ya que las artes involucran las emociones, el cuerpo y los sentidos, además de la mente.

Además del desarrollo individual, nos hemos centrado en el desarrollo de los estudiantes como miembros de un equipo que deben tener las condiciones para trabajar de forma productiva y eficaz en dirigir equipos interculturales. Construimos oportunidades curriculares para que los estudiantes desarrollen habilidades de negociación, mediación y resolución de conflictos.

*Agentes de cambio*

Nos hemos enfocado en la introducción de la elección, el desarrollo de la capacidad para resolver problemas y hacer una diferencia, y motivar a los estudiantes a contribuir al mundo que les rodea en formas pequeñas y grandes. Hemos tratado de cultivar en los estudiantes un enfoque en ser innovadores y creativos en la formulación de soluciones a problemas mundiales reales y aprovechar las oportunidades globales. Con este fin, el plan de estudios está en gran parte basado en proyectos, con una secuenciación de unidades dentro y a través de cada grado. Se incluyen discusiones sobre cómo los contextos geográficos, disciplinarios y profesionales importan en el desarrollo de soluciones eficaces a los retos globales. En particular, buscamos que los estudiantes aterricen a la realidad del mundo, pero también queremos infundir en el plan de estudios las nociones de la agencia y posibilidad, junto con habilidades concretas y proyectos que les enseñen a ser agentes de cambio.

Además de poner énfasis curricular en la equidad y la ciudadanía global, queríamos también asegurarnos que los estudiantes sintieran que tenían la libertad de escoger cómo relacionarse con estos temas, y no que este énfasis era obligatorio. Por ejemplo, en el nivel de secundaria, los proyectos finales son ampliamente concebidos y abiertos a las propias concepciones de los estudiantes de cómo quieren aplicar estas habilidades y conocimientos, si quieren ser científicos, artistas o políticos. Queríamos desarrollar un núcleo fuerte de conocimientos y habilidades que podrían ser utilizadas hábilmente por los estudiantes que han desarrollado una actitud de compasión, responsabilidad y eficacia para cambiar el mundo que les rodea. Aunque los estudiantes serán cuidadosamente guiados por sus profesores en el desarrollo de estos proyectos, en última instancia serán capaces de —y serán motivados a— llevar a cabo sus proyectos de forma independiente.

*Aprendizaje basado en proyectos y aprendizaje grupal*

Haciendo hincapié en el desarrollo de conocimientos, habilidades y actitudes a través de proyectos y de secuencias acumulativas de unidades dentro y a través de los grados, nuestras unidades sobre las diferentes culturas y regiones del mundo tienen el objetivo de cultivar la habilidad de los estudiantes para no sólo buscar e identificar las mejores prácticas globales y transferirlas a través de contextos geográficos, disciplinarios y profesionales, sino también para reconocer cómo estas diferentes perspectivas geográficas, culturales y otras son importantes en el desarrollo de soluciones efectivas a retos globales. En lugar de que se les pida que simplemente aprendan individualmente, los estudiantes son invitados a interactuar con otros, a aprender con otros y a influenciar a otros. Por ejemplo, en el quinto grado se les pide desarrollar un proyecto de concientización sobre los ODS, y a continuación en el sexto grado, se les pide implementar un proyecto de incidencia sobre los ODS.

# Educación global para el siglo XXI

*La evaluación: Más que un número*

Desde el preescolar, los estudiantes no sólo aprenden sino también se dedican a *demostrar* su comprensión de lo que han aprendido a lo largo del año. Hemos integrado las evaluaciones formativas y sumativas en el curso porque creemos que la competencia global y el aprendizaje del siglo XXI requieren formas auténticas de evaluación (Greenstein, 2012). Más que simplemente mostrar los conocimientos, se les pide a los estudiantes que participen en la creación de un producto, que bien puede ser un espectáculo de marionetas (preescolar), un libro (primer grado), un plan de negocios (tercer grado), un juego (cuarto grado), o una empresa social (octavo grado). El aprendizaje se construye de manera *acumulativa*, con el conocimiento sumando a la experiencia y al conocimiento previo. Por ejemplo, en el tercer grado, los estudiantes aprenden a entender la interdependencia global a través de su participación en la creación de un proyecto social-empresarial relacionado a la fabricación de chocolate. El objetivo de aprendizaje es la construcción del espíritu emprendedor en los niños pequeños a través de la comprensión de las cadenas mundiales de alimentos y la ética del libre comercio y del trabajo infantil utilizando el caso del chocolate. El enfoque geográfico principal está los países de África Occidental que fabrican chocolate.

El año culmina con una actividad que da a los estudiantes la oportunidad de participar en tareas complejas, basadas en actividades que incorporan las habilidades, conocimientos y actitudes que han aprendido durante el año. La actividad de culminación para el tercer grado es crear una campaña de marketing para el chocolate que han hecho y para diferenciar su producto basado en la cultura de su mercado objetivo. Ellos se preparan para esta actividad a través de las siguientes unidades: *1. Preparando el escenario para la vida de un chocolate; 2. La vida de un chocolate y su historia; 3. Vamos a hacer nuestro propio chocolate; 4. Entender la cultura de mi mercado; 5. La mercadotecnia de mi chocolate en la escuela; 6. El trabajo infantil; 7. Llevando mi chocolate al mercado; 8. Más allá del chocolate.*

Otras actividades culminantes incluyen las siguientes: estudiantes de preescolar desarrollan un espectáculo de marionetas sobre la comprensión de las diferencias; estudiantes de primer grado crean un libro titulado "Yo y mi historia"; estudiantes de segundo grado educan a otros; estudiantes de tercer grado crean una empresa de chocolate; estudiantes de cuarto grado crean un juego sobre las civilizaciones; estudiantes de quinto grado desarrollan un proyecto de sensibilización sobre los ODS; estudiantes de sexto grado implementan un proyecto de incidencia alrededor de un ODS; estudiantes de séptimo grado participan en un proyecto de servicio extendido; y estudiantes de octavo grado crean una empresa social en torno a un ODS. En muchos casos, las actividades de culminación se construyen sobre otras; en quinto grado, por ejemplo, se les pide a los estudiantes crear un proyecto de sensibilización para informar a otros sobre los ODS, y en el sexto grado, se les pide que pongan en práctica un proyecto de incidencia sobre los ODS.

Nuestro objetivo es permitir a los estudiantes demostrar la innovación y la creatividad en la formulación de soluciones a problemas mundiales reales, y aprovechar las oportunidades globales. Nuestras diferentes unidades sobre las culturas y regiones del mundo están enfocadas en fomentar la capacidad de los estudiantes no sólo para buscar e identificar las mejores prácticas globales y transferirlas a diferentes contextos geográficos, disciplinarios y profesionales, sino también a reconocer cómo estas diferentes perspectivas geográficas, culturales y otras son importantes para desarrollar soluciones efectivas a retos globales.

# Referencias

Martin Albrow, *The Global Age*. (Stanford, Estados Unidos: Stanford University Press, 1996).

Vanessa Andreotti, "Soft versus critical global citizenship education," *Policy & Practice: A Development Education Review*, Vol. 3, Otoño (2006): 40–51.

Asia Society, Center for Global Education, How-to Guides. (2016). Recuperado de http://asiasociety.org/education/how-to-guides.

Sarah Balistreri, Sarah, F. Tony Di Giacomo, Ivanley Noisette, y Thomas Ptak, *Global Education, Connections, Concepts and Careers*. (Nueva York, Estados Unidos: The College Board, 2012).

Ban Ki-moon, *Statement from the Secretary General on the Global Education First Initiative*. (2012) Recuperado de http://www.unesco.org/new/en/gefi/about/an-initiative-of-the-sg/.

Veronica Boix Mansilla y Anthony Jackson, *Educating for Global Competence: Preparing Our Youth to Engage the World*. (New York: Council of Chief State School Officers (CCSSO) & Asia Society— Partnership for Global Learning, 2011).

Anthony S. Bryk, Louis M. Gomez, Alicia Grunow, y Paul G. LeMahieu, *Learning to Improve: How America's Schools Can Get Better at Getting Better*. (Cambridge, Estados Unidos: Harvard Education Press, 2015).

Maria Cozzolino, *Global Education, Accountability, and 21st Century Skills: A Case of Curriculum Innovation*. (Disertación doctoral, Universidad de Pittsburgh, 2014).

Joel Klein y Condoleezza Rice, *US Education Reform and National Security*. Council of Foreign Relations Independent Task Force Report

No 68. (Washington DC, Estados Unidos: Council of Foreign Relations, 2012).

Tony Di Giacomo, Bethany Fishbein, Wanda Monthey, y Catherine Pack, *Global Competency Education: Research Brief.* (Nueva York, Estados Unidos: The College Board, 2013-1).

Sam Dillon, *Foreign Languages Fade in Class, Except Chinese.* The New York Times. 20 de enero, 2010. Recuperado de http://www.nytimes.com/2010/01/21/education/21chinese.html?_r=1.

Sameena Eidoo, Leigh-Anne Ingram, Angela MacDonald, Maryam Nabavi, Karen Pashby, y Saskia Stille, "Through the Kaleidoscope: Intersections between Theoretical Perspectives and Classroom Implications in Critical Global Citizenship Education," *Canadian Journal of Education*, Vol. 34(4), 2011.

Luis Fajardo, "Fray Antón de Montesinos: su narrativa y los derechos de los pueblos indígenas en las constituciones de Nuestra América," *Hallazgos*, 01 Enero, 2013(20) *Directory of Open Access Journals* (DOAJ, 2013).

Anthony Giddens, *The Consequences of Modernity* [Consecuencias de la modernidad]. (Cambridge, Reino Unido: Polity, 1990).

Mark Goldie, (Ed.), *Locke: Political Essays* [Ensayos Políticos]. (Cambridge y Nueva York, Estados Unidos: Cambridge University Press, 1997).

Laura Greenstein, *Assessing 21st Century Skills: A Guide to Evaluating Mastery and Authentic Learning.* (Thousand Oaks, Estados Unidos: Corwin, 2012).

Lewis Hanke, *All Mankind Is One: A Study of the Disputation between Bartolomé de Las Casas and Juan Ginés de Sepúlveda in 1550 on the*

*Intellectual and Religious Capacity of the American Indians.* (DeKalb, Estados Unidos: Northern Illinois University Press 1994, circa 1974).

Ian Harris, "History of Peace Education" en *Encyclopedia of Peace Education*. (Teachers College, 2008.) Recuperado de http://www.tc.columbia.edu/centers/epe/entries.html.

Mary Hayden y Jeff Thompson, *Taking the MYP Forward*. (Melton, Reino Unido: John Catt Educational Ltd, 2011).

David Held, Anthony McGrew, David Goldblatt, y Jonathan Perraton, *Global Transformation* [Transformaciones globales: Política, economía y cultura]. (Stanford, Estados Unidos: Stanford University Press, 1999).

Álvaro Huerga, *Fray Bartolomé de las Casas, vida y obras*. (Madrid, España: Alianza, 1998).
Institute of International Education, "International Student Enrollment Trends, 1949/50-2011/12." *Open Doors Report on International Educational Exchange*. (2012) Recuperado de http://www.iie.org/opendoors.

Feliz Jay, *Three Dominican Pioneers in the New World: Antonio de Montesinos, Domingo de Betanzos, Gonzalo Lucero*. (Lewiston, Estados Unidos: E. Mellen Press, 2002).

Isaac Kandel, "International understanding and the schools. Address delivered before the National Association of Secondary School Principals" en Isaac Kandel, *Essays in Comparative Education* (pp. 228-235). (Nueva York, Estados Unidos: Teachers College, 1930).

Ken Kay y Valerie Greenhill, *The Leader's guide to 21$^{st}$ Century Education: 7 Steps for Schools and Districts*. (Boston, Estados Unidos: Pearson, 2013).

Joel Klein y Condoleezza Rice, *US Education Reform and National Security* Council of Foreign Relations. Independent Task Force Report

Número 68. (Washington DC, Estados Unidos: Council of Foreign Relations, 2012).

Paul LeMahieu, *What We Need in Education Is More Integrity (and Less Fidelity) of Implementation*. Carnegie Foundation for the Advancement of Teaching. 2011. Recuperado de http://www.carnegiefoundation.org/blog/what-we-need-in-education-is-more-integrity-and-less-fidelity-of-implementation/.

Yulong Li, "Cultivating Student Global Competence: A Pilot Experimental Study," *Decision Sciences Journal of Innovative Education*, 11 (2013): 125–143.

Tom Little, "21st Century Learning and Progressive Education: An Intersection." *International Journal of Progressive Education*, Vol. 9(1), 2013.

Mary Beth Marklein, "Record number of foreign students in U.S," *USA Today*. Noviembre 12, 2012. Recuperado de www.usatoday.com/story/news/nation/2012/11/12/record-number-of-international-students-enrolled-in-colleges/1698531/.

Marie Therese Maurette, *Is There a Way of Teaching for Peace?* (París, Francia: UNESCO, 1948).

McDonalds, "Where We Operate." (2012) Recuperado de http://aboutmcdonalds.com/country/map.html.

National Association of Foreign Student Advisors (2016) Premios Paul Simon. Recuperado de http://www.nafsa.org/Explore_International_Education/For_The_Media/Press_Releases_And_Statements/NAFSA_Presents_2016_Simon_Award_Winners/.

Karen Pashby, "Demands on and of Citizenship and Schooling: 'Belonging' and 'Diversity' in the Global Imperative" En Michael O'Sullivan and Karen Pashby (Eds.), *Citizenship Education in the Era of*

*Globalization: Canadian Perspectives.* (Rotterdam, Países Bajos: Sense Publishing, 2008).

Mary Ellen O'Connell y Janet L. Norwood, (Eds.), *International Education and Foreign Languages: Keys to Securing America's Future.* (Washington, DC: National Research Council, 2007).

Oxfam Education for Global Citizenship, "A Guide for Schools." (2015) Recuperado de http://www.oxfam.org.uk/education/global-citizenship/global-citizenship-guides.

OECD, "Global Competency for an Inclusive World." (2016) Recuperado de http://www.unesco.org/new/en/gefi/about/an-initiative-of-the-sg/.

James W. Pellegrino y Margaret L. Hilton (Eds.), *Education for Life and Work: Developing Transferable Knowledge and Skills in the 21st Century.* (Washington DC, Estados Unidos: National Research Council, 2012.) Páginas 1–67. http://www.nap.edu/catalog.php?record_id=13398.

William Powell y Ochan Kusuma-Powell, *How to Teach Now: Five Keys to Personalized Learning in the Global Classroom.* (Alexandria, Estados Unidos: ASCD, 2011).

Fernando Reimers, "Introduction: How Learning from Singapore Can Support Improvement at Home" En Fernando Reimers y Eleanor B. O'Donnell (Eds.), *Fifteen Letters on Education in Singapore.* (Raleigh, Estados Unidos: Lulu Publishing, 2016).

Fernando Reimers, 2015a, "Educating the Children of the Poor: A Paradoxical Global Movement" En William Tierney (Ed.), *Rethinking Education and Poverty.* (Baltimore, Estados Unidos: Johns Hopkins University Press, 2015).

Fernando Reimers, 2015b, "Making Democracy Work: A Civic Lesson for the Twenty-First Century" En Dan Eshet y Michael Feldberg (Eds.), *Washington's Rebuke to Bigotry: Reflections on Our First President Famous 1790 Letter to the Hebrew Congregation in Newport, Rhode*

*Island.* (Brookline, Estados Unidos: Facing History and Ourselves National Foundation, Inc., 2015).

Fernando Reimers, 2013a, "Education for Improvement: Citizenship in the Global Public Sphere," *Harvard International Review*, Verano (2013): 56–61.

Fernando Reimers, 2013b, *Assessing Global Education: An Opportunity for the OECD.* Preparado para la junta directiva de PISA. Octubre 2013. Mimeog.

Fernando Reimers, *The Three A's of Global Education.* (Londres, Reino Unido: Oxfam, 2010).

Fernando Reimers, "Educating for Global Competency" En Joel E. Cohen and Martin B. Malin (Eds.), *International Perspectives on the Goals of Universal Basic and Secondary Education.* (Nueva York, Estados Unidos: Routledge Press, 2010).

Fernando Reimers, "Leading for Global Competency," *Education Leadership* Septiembre 2009. Vol 67 (1).

Fernando Reimers y Connie K. Chung, "Teaching Human Rights in Times of Peace and Conflict," *Development*, Vol. 53(4), 2010.

Fernando Reimers y Connie Chung (Eds.), *Teaching and Learning for the Twenty-First Century* [Enseñanza y aprendizaje en el siglo XXI: Metas, políticas educativas y currículo en seis países]. (Cambridge, Estados Unidos: Harvard Education Press, 2016).

Fernando Reimers y Eleonora Villegas-Reimers, "Getting to the Core and Evolving the Education Movement to a System of Continuous Improvement," *New England Journal of Public Policy,* Vol. 26, Otoño/Invierno (2014).(1): 186–205.

Fernando Reimers y Eleonora Villegas-Reimers, "Taking Action on Global Education," (UNESCO Bangkok Office News, 2015.) Recuperado de http://www.unescobkk.org/education/news/article/taking-action-on-global-education/.

Noel Reynolds y Arlene W. Saxonhouse (Eds), *Thomas Hobbes: Three Discourses. A Critical Modern Edition of Newly Identified Work of the Young Hobbes.* (Chicago, Estados Unidos: University of Chicago Press, 1995).

Roland Robertson, *Globalization.* (Londres, Reino Unido: Sage, 1992).

Michael Roemer, "The Internet & Internationalization in Primary through Secondary Schools," *Journal of the European Teacher Education Network,* Vol. 10, 2015. Pp. 47-56.

Jean Jacques Rousseau, *The Essential Rousseau: The social Contract, Discourse on the Origin of Inequality, Discourse on the Arts and Sciences, The Creed of a Savoyard priest.* Traducción de Lowell Bair. (Nueva York, Estados Unidos: New American Library, 1974).

Saalfield, P. y Appel, R., "Business Schools: Looking Local for a Global Reach," *The New York Times.* Mayo 17, 2012. Recuperado de www.nytimes.com/2012/05/18/world/asia/18iht-sreducbric18.html.

Jan Aart Scholte, *Globalization: A Critical Introduction.* (Nueva York, Estados Unidos: Palgrave MacMillan. 2000).

Wolfram Schulz, John Ainley, Julian Fraillon, David Kerr, y Bruno Losito, *ICCS 2009 International Report: Civic knowledge, attitudes and engagement among lower secondary school students in thirty-eight countries.* (Amsterdam, Países Bajos: International Association for the Evaluation of Educational Achievement (IEA), 2009).

Gaby Semaan y Kasumi Yamazaki, "The Relationship Between Global Competence and Language Learning Motivation: An Empirical Study in

Critical Language Classrooms," *Foreign Language Annals*, Vol. 48, (2015): 511–520.

Miriam Sobré-Denton y Nilanjana Bardhan, *Cultivating Cosmopolitanism for Intercultural Communication.* (Florence, Kentucky: Routledge. 2013).

Miriam Sobré-Denton, Rob Carlsen, y Veronica Grueal, "Opening doors, opening minds: A cosmopolitan pedagogical framework to assess learning for global competency in Chicago's underserved communities," *International Journal of Intercultural Relations*, Vol. 40 (Mayo 2014): 141–153.

Vivien Stewart, *A World-Class Education.* (Alexandria, Estados Unidos: ASCD, 2012).

Vincent Trivett, "25 US mega corporations: Where They Rank if They Were Countries," *Business Insider.* 27 de junio, 2011. Recuperado de www.businessinsider.com/25-corporations-bigger-tan-countries-2011-6?op=1.

United Nations. "UN at a glance." Recuperado de http://www.un.org/en/aboutun/index.shtml.

United Nations, "The Universal Declaration of Human Rights: History." Recuperado de http://www.un.org/en/documents/udhr/history.shtml.

United Nations, "Millennium Development Goals." Recuperado de www.un.org/millenniumgoals/global.shtml.

United Nations (2015). Asamblea General. Sesión Setenta. Resolución adoptada por la Asamblea General el 25 de septiembre 2015.

http://www.un.org/sustainabledevelopment/sustainable-development-goals/

http://www.un.org/ga/search/view_doc.asp?symbol=A/RES/70/1&Lang=E

United Nations Educational, Scientific, and Cultural Organization (UNESCO). Recuperado de http://portal.unesco.org/en/ev.php-URL_ID=15244&URL_DO=DO_TOPIC&URL_SECTION=201.html

Departamento de Educación de Estados Unidos, "Succeeding Globally Through International Education and Engagement." (2012) Recuperado de http://www2.ed.gov/about/inits/ed/internationaled/international-strategy-2012-16.html.

Tony Wagner, *The Global Achievement Gap.* (Nueva York, Estados Unidos: Basic, 2008).

Malcolm Waters, *Globalization* (Segunda edición). (Londres, Reino Unido: Routledge, 2001).

Joel Westheimer y Joseph Kahne, "What kind of citizen? The politics of educating for democracy," *American Educational Research Journal*, Vol. 41 (2004): 237–269.

Wisconsin Department of Public Instruction.
http://dpi.wi.gov/international-education
International Education Recommendations:
Global Literacy for Wisconsin (2005),
Pathways to Global Literacy‖ (2008).
The Wisconsin Global Education Achievement Certificate (2011).

World Economic Forum (WEF) [Foro Económico Mundial], *The Global Risks Report.* (2016) Recuperado de

https://www.weforum.org/reports/the-global-risks-report-2016/.

Yong Zhao, "Preparing Globally Competent Teachers: A New Imperative for Teacher Education," *Journal of Teacher Education*, Noviembre/Diciembre 2010 Vol. 61 (5).

**El Curso Mundial**

**Preescolar: Nuestro mundo es diverso y hermoso**

**Tema**

Nuestro mundo es diverso y hermoso, y podemos aprender acerca de él de diferentes maneras, como contar, hacer entrevistas, describir, contar cuentos y observar fotografías.

**Descripción**

En este grado, los niños se exploran a sí mismos, a sus familias y al mundo a su alrededor. El enfoque está en la exploración, experimentación, la experiencia y en los diferentes métodos de conocimiento y de aprendizaje.

Cada unidad se enfoca en una pregunta central que abarca todas las disciplinas (literatura, ciencias, arte, geografía, etc.). Las unidades se conectan entre sí, pasando de la exploración del ser a la exploración de su contexto.

A lo largo de las unidades, los estudiantes aprenden acerca de la belleza de la diferencia y el hecho de que esta existe en todo nuestro alrededor. La última unidad es sobre cuentos populares con un enfoque en el concepto de justicia en medio de las diferencias.

La actividad culminante es un show de marionetas presentando todos los diferentes materiales y productos que los estudiantes crearon a lo largo del año.

Se invitará a los padres de los estudiantes a hablar con el grupo acerca de sus experiencias en diferentes países y contextos, en el que se relacionan los varios temas vistos durante el año. Se espera que al involucrar a los padres explícitamente en preescolar, se fomente una cultura escolar que promueva y abarque la colaboración con padres y madres de familia.

**Viendo hacia delante**

Somos personas con necesidades humanas universales

**Descripción general de las unidades**

1) Conociéndote: colores, vestimenta y elecciones.

2) ¿Dónde vivimos? ¿Qué hay a nuestro alrededor?

3) ¿Dónde vivimos? ¿Cómo nos movemos de un lado a otro?

4) ¿Qué hacen las diferentes personas en mi escuela y en mi barrio? ¿Cómo nos ayudamos unos a otros?

5) ¿Qué, cuándo, quién, cómo y por qué celebramos?

6) Si las cosas se ven diferentes, ¿cómo podemos ser justos?

**Evaluación**

Crea un show de marionetas que refleje una comprensión de la diversidad.

Empoderar Ciudadanos Globales

| | |
|---|---|
| **Unidad** | K.1 |
| **Tema** | Conociéndote: Colores, vestimenta y decisiones. Esta unidad es un repaso de los colores y la ropa, con discusión sobre los factores que influyen las decisiones detrás de lo que las personas deciden ponerse. |
| **Subtemas** | CIC: interpersonal; cultura: artes, música, y literatura; riesgo global: el ambiente. |
| **Región** | Todas/cualquiera |
| **Duración** | Cinco semanas |

## Metas y objetivos

1. **Aprender** a describir los diferentes tipos y colores de ropa usada por ellos mismos y por sus compañeros.
2. **Motivar** a los estudiantes a ser curiosos sobre las demás personas.
3. **Actuar** haciendo preguntas y aprendiendo acerca de las cosas favoritas de sus compañeros de clase.

## Habilidades y conocimientos

1. Los estudiantes aprenderán a hacer diferentes tipos de preguntas.
2. Los estudiantes aprenderán que las elecciones de atuendo son influenciadas por una variedad de factores.
3. Los estudiantes aprenderán que una prenda de ropa puede ser diferente en diferentes partes del mundo.

## Resumen

Los estudiantes empiezan el año conociéndose unos a otros y hablando sobre el significado de su nombre. Aprenden sobre sus compañeros haciendo preguntas unos a otros acerca de sus cosas favoritas y empiezan a reconocer que cada quien tiene diferentes preferencias, que los colores pueden tener diferente significado en diferentes partes del mundo, y que incluso la misma prenda de ropa (ej. pantalones) puede verse diferente dependiendo del clima, temporada del año, cultura y región del mundo.

**Actividad K.1.1**
**La historia detrás de nuestros nombres**

Los estudiantes se llevan a casa un cuestionario y con la ayuda de sus padres contestan las siguientes preguntas:

1. ¿Cuál es tu nombre?
2. ¿Qué significado tiene tu nombre?
3. ¿Por qué tienes ese nombre?
4. ¿Quién te dio tu nombre?
5. ¿Quién fue la primera persona en tu familia en tener ese mismo nombre?
6. ¿Cuáles personas famosas tienen tu nombre?
7. ¿Tienes un apodo? ¿Cuál es?

Los estudiantes pueden crear diferentes visualizaciones de su nombre (ej. cartulina, manualidades, dibujos, etc.). Después lo presentarán a sus compañeros.

En los contextos que sea adecuado, los estudiantes también podrán, con ayuda de sus maestros, escribir un blog para compartir información sobre su nombre usando iEARN, una herramienta en inglés.

**Recursos K.1.1**

*Los recursos a continuación se encuentran en inglés, como referencia para los maestros que podrán adaptar lo que consideren pertinente para sus contextos:*

- https://iearn.org/cc/space-2/group-115

- https://www.oxfam.org.uk/education/resources/your-world-my-world (lección 2)

**Actividad K.1.2**
**Mis cosas favoritas: ¿Cuál es mi color favorito? ¿Cuáles son mis cosas favoritas?**

- Los estudiantes repasan los colores cantando canciones relacionadas y buscando objetos en el salón con colores específicos.
- Después, recortan fotos de revistas de diferentes países de cosas que tengan o sean de ese color específico. También podrán aprender a decir los colores en diferentes idiomas (ej. mandarín o inglés).
- Al final los estudiantes se preguntan unos a otros, "¿cuál es tu color favorito?" Después se dirán unos a otros sus colores favoritos, harán huellas en su color favorito, comparan sus trabajos y hablarán de las semejanzas y diferencias entre las huellas digitales.
- Repasan los números contando a cuantos compañeros les gusta el mismo color. Esta misma encuesta en el salón de clases puede repetirse durante el año con otros tipos de preguntas para fomentar el pensamiento sobre patrones y la recolección de datos.
- Una actividad opcional puede ser comenzar a enseñarles el significado de los colores en diferentes culturas (ej. rojo puede significar "peligro", puede ser una advertencia, o significar buena suerte, y el blanco y negro son colores de duelo en diferentes culturas).
- Esta actividad puede ser extendida de tal manera que los estudiantes pueden hacer listas y preguntarse entre ellos acerca de sus cosas favoritas como la comida, animales y actividades (para ayudar a incrementar su vocabulario). Para agregar un contexto global, el docente puede dar ejemplos de diferentes partes del mundo y culturas para cada categoría (ej.

comida de diferentes culturas o animales que hay en diferentes continentes). Al final, las paredes del salón de clases pueden ser cubiertas con la fotografía de cada alumno con su nombre y una lista de sus cosas favoritas.
- El grupo puede conectarse con un salón de clases de kínder de otra parte del mundo y los estudiantes pueden compartir sus cosas favoritas usando listas sencillas, fotografías o videos.
- También pueden aprender la canción "My Favorite Things" de la película "La Novicia Rebelde" (The Sound of Music).

**Recursos K.1.2**

*Los recursos a continuación se encuentran en inglés, como referencia para los maestros que podrán adaptar lo que consideren pertinente para sus contextos:*

- http://www.songsforteaching.com/colorssongs.htm
- http://www.pbs.org/kcts/preciouschildren/diversity/read_activities.html
- http://www.drjean.org/html/activityPg.html
- *Children Just Like Me,* por Susan Elizabeth Copsey, Barnabas Kindersley, Anabel Kindersley, y Harry Belafonte: https://www.amazon.com/Children-Just-Like-Me-Celebration/dp/0789402017/ref=sr_1_1?s=books&ie=UTF8&qid=1466791758&sr=1-1&keywords=children+just+like+me

## Actividad K.1.3
## Las cosas favoritas de mi familia

- Los estudiantes les preguntan a los miembros de su familia acerca de sus colores favoritos y actividades favoritas para después dibujar a los miembros de su familia en esos colores haciendo esas actividades. Comparan a sus familias con las de sus compañeros y hablan de lo que les gusta hacer con su familia.
- Los estudiantes leen cuentos sobre familias alrededor del mundo y discuten las semejanzas y diferencias.
- Pueden ver películas que traten de familias (por ejemplo, películas sobre cómo cuidan a los bebés en diferentes lugares).

## Recursos K.1.3

*Los recursos a continuación se encuentran en inglés, como referencia para los maestros que podrán adaptar lo que consideren pertinente para sus contextos:*

- http://www.focusfeatures.com/babies
- Una lista de libros para niños acerca de la familia: http://www.amazon.com/Childrens-books-about-family-Kindergarten/lm/R2SCJ07NE3LZYE
- *Families: Around the world, One Kid at a Time* por Sophie Furlaud y Pierre Verboud http://www.amazon.com/Families-Around-World-One-Time/dp/0789310090)
- Una lista de libros sobre la diversidad familiar: http://www.brighthorizons.com/family-resources/e-family-news/2014-how-to-help-children-understand-diverse-families/
- *Grandfather's Journey*, por Allen Say

## Actividad K.1.4
**La ropa que uso**

¿Qué traigo puesto hoy? ¿Qué traes puesto hoy? ¿Cómo es el clima el día de hoy, y cómo se relaciona con lo que traemos puesto? ¿Qué haremos hoy, y cómo se relaciona con lo que traemos puesto? ¿Por qué te pusiste esta ropa hoy?

- Al final de la actividad de los colores/familia, se les pide a los estudiantes que vengan a la escuela usando una prenda de ropa de su color favorito. Los estudiantes repasan e identifican diferentes prendas de ropa (como pantalones, camisas, faldas, calcetas, blusas, etc.). Hablan sobre la razón por la cual escogieron ponerse las prendas que están usando.

- Los estudiantes aprenderán acerca de los diferentes tipos de clima y de las estaciones del año. Usando fotos y recortes de revistas, observan las diferentes prendas de ropa que usan durante el año dependiendo de la temporada y el clima. Esta actividad introduce la idea de que la misma persona puede lucir diferente en ocasiones y que incluso puede haber cambios dentro de una persona. Como referencia se puede consultar el siguiente recurso (en inglés)
    - http://www.newhavenscience.org/01weather.pdf

- También aprenden sobre las diferentes actividades/verbos (ej. actividades/verbos que se relacionen con deportes, conciertos, fiestas, actividades al aire libre, etc.) y los diferentes tipos de ropa relacionados con ellos. Aprenderán que, por ejemplo, los pantalones pueden lucir diferente dependiendo del clima, la estación del año, o la actividad que se esté haciendo.

- Los estudiantes empiezan a formar una nube de imágenes en las paredes del salón de clases. Ponen el nombre de una prenda de ropa —por ejemplo, "pantalones"— en el centro de la nube y pegan imágenes que evidencien las diversas maneras que se pueden ver los pantalones según el contexto. También aprenden los diferentes tipos de prendas de ropa utilizadas en diferentes países y culturas alrededor del mundo y agregan imágenes que los representan a la nube. Los estudiantes también aprenden las diferencias entre trajes tradicionales/vestuarios (ej. vestuarios de teatro) y ropa de uso diario. Se empiezan a familiariza con las diferencias en apariencias y comprenden que esas diferencias son parte de vivir en un mundo diverso.

- Una actividad opcional es aprender sobre los diferentes tipos de telas (ej. algodón, seda, lana, etc.), cómo se sienten, y de dónde vienen (ej. plantas, lombrices, animales, etc.).

**Recursos K.1.4**

*Los recursos a continuación se encuentran en inglés, como referencia para los maestros que podrán adaptar lo que consideren pertinente para sus contextos:*

- *Hands Around the World: 365 Creative Ways to Encourage Cultural Awareness and Global Respect,* por Susan Milord de la serie Williamson Kids Can!
- Planeaciones de clase del Discovery Channel: http://www.discoveryeducation.com/teachers/free-lesson-plans/around-the-world.cfm

# El Curso Mundial: Preescolar

Empoderar Ciudadanos Globales

**Unidad**        K.2
**Tema**          ¿Dónde vivimos? ¿Qué nos rodea?
**Subtemas**      Riesgo global: medio ambiente; artes: otros / arquitectura; y geografía
**Región**        India y más allá
**Duración**      Seis semanas

## Metas y objetivos

1. **Aprender** a describir su barrio y a identificar objetos, tanto hechos por el hombre (ej. edificios) como naturales (ej. árboles, flores, animales, etc.). Los estudiantes aprenden sobre los diferentes tipos de casas en las que las personas y los animales pueden vivir y sobre cómo esas estructuras pueden ser influenciadas por el clima y la cultura.
2. **Motivar** a los estudiantes a ser observadores y curiosos acerca de su entorno.
3. **Actuar** iniciando una colección de artículos diferentes, vivos y no vivos (ej. insectos y rocas) e intercambiando esos artículos con niños de otras escuelas alrededor del mundo.

## Habilidades y conocimientos

1. Los estudiantes aprenderán a describir su entorno.
2. Los estudiantes describirán los factores ambientales básicos que contribuyen a determinar los materiales de construcción y los tipos de hogares en los que viven las personas.
3. Los estudiantes usarán vocabulario básico relacionado con el clima y las estaciones que contribuyen a los materiales para hacer ropa y los tipos de ropa que usan las personas.

## Resumen

Los niños aprenden a describir su barrio y los objetos hechos por el hombre (ej. edificios) y naturales (ej. árboles, flores, animales, etc.). Harán una colección de diferentes elementos vivos y no vivos (ej. insectos y rocas), e intercambian estos artículos con niños de otras escuelas alrededor del mundo. También pueden construir sobre la unidad anterior e intercambiar fotos de ropa y sus familias, por ejemplo. Siguen dándose cuenta de que la comida, el refugio, el agua y las prendas de vestir pueden tener un aspecto diferente en diferentes lugares. También hay un énfasis continuo sobre la climatización y el clima —por ejemplo, en el hecho de que los árboles, las flores, los edificios y las prendas de vestir pueden diferir entre culturas debido a las diferencias en el clima o el contexto.

## Actividad K.2.1
## Hogares alrededor del mundo

- A los estudiantes se les dan fotos de casas y cuartos de diferentes lugares alrededor del mundo, y se les pide que las agrupen de acuerdo a las similitudes y diferencias que observan.
- Los estudiantes también leen dos libros fotográficos, uno sobre la ropa y el otro sobre las casas alrededor del mundo. En cada caso, se pide a los estudiantes que respondan a las siguientes preguntas como parte de una discusión en grupo:

    o  ¿Qué tienen en común las casas?
    o  ¿Por qué las casas parecen diferentes en diferentes lugares?
    o  ¿Qué es conocido acerca de las casas?
    o  ¿Qué no es conocido acerca de las casas?
    o  ¿En qué tipo de casa vives? ¿Qué te gusta de ella? ¿Qué es lo que no te gusta de ella?

- A través de estas actividades, aprenden sobre las casas, las diferentes habitaciones en las casas y las funciones de las habitaciones. Aprenden acerca de los diferentes tipos de edificios

donde viven las personas (por ejemplo, departamentos, casas, condominios, cabañas, etc.) y cómo esos edificios varían alrededor del mundo.
- Pueden repasar el abecedario y aprender sobre los diferentes tipos de edificios para cada letra (ej. d es para "departamento", c es para "cobertizo" o "castillo", etc.). Vea los listados en "Recursos" abajo.

**Recursos K.2.1**

*Los recursos a continuación se encuentran en inglés, como referencia para los maestros que podrán adaptar lo que consideren pertinente para sus contextos:*

- *Houses and Homes*, de Ann Morris, Ken Heyman (ilustrador) y Ken Hayman (fotógrafo) de la serie Around the World: http://www.amazon.com/Homes-Around-World-ABC-Alphabet/dp/0736836659/ref=sr_1_2?ie=UTF8&qid=1306891959&sr=8-2)
- Una lista de otros libros sobre hogares alrededor del mundo: http://www.amazon.com/s/ref=pd_lpo_k2_dp_sr_sq_top?ie=UTF8&keywords=homes%20around%20the%20world%20kindergarten%20books&index=blended&pf_rd_p=486539851&pf_rd_s=lpo-top-stripe-1&pf_rd_t=201&pf_rd_i=0736836659&pf_rd_m=ATVPDKIKX0DER&pf_rd_r=0Q6BD6H5MHM87K5JEAAP
- *Los Tres Cochinitos*
- *Wonderful Houses Around the World,* por Yoshio Komatsu
- *Imagine a House*, por Angela Gustafson
- *Homes in Many Cultures*, por Heather Adamson *Clothes in Many Cultures*, por Heather Adamson
- *Children Just Like Me: A Celebration of Children Around the World,* por Anabel Kindersley y Barnabas Kindersley

## Actividad K.2.2
## Haciendo modelos de la casa

Como parte de esta unidad, los estudiantes revisan y aprenden sobre las figuras simples (ej. círculos, rectángulos, cuadrados, etc.) y aprenden a usar estas formas para hacer representaciones de donde viven. Por ejemplo, pueden hacer representaciones en papel de construcción de su hogar; utilizar diferentes formas hechas de pan de jengibre para hacer una casa de pan de jengibre; o usar arcilla, paja, cartón y otros materiales para construir un modelo de su hogar. Idealmente, deben hacer varios tipos de casa que provienen de una misma parte del mundo.

## Actividad K.2.3
## Animales, plantas y sus casas

- Como parte de esta unidad, los estudiantes también aprenden sobre los animales y sus hábitats y aprenden a identificar a los animales que viven en su región del mundo.

- Sería una buena idea incluir un viaje a un zoológico durante esta unidad.

- También aprenden sobre los diferentes tipos de flores y plantas que se encuentran en su colonia.

- Comienzan a aprender sobre invernaderos y sobre cómo una "casa" o refugio puede permitir que las plantas vivan en circunstancias diferentes a las de su hábitat natural.

- Los estudiantes se asocian con estudiantes mayores y toman fotografías. Reúnen algunos artículos que tienen a su alrededor y los intercambian con niños en otros lugares. Una plataforma, en inglés, que permite intercambios de estudiante a estudiante es Touchable Earth (http://www.touchableearth.org/)

**Recursos K.2.3**

*Los recursos a continuación se encuentran en inglés, como referencia para los maestros que podrán adaptar lo que consideren pertinente para sus contextos:*

- http://www.education.com/activity/article/Animal_Habitat_Game/
- *I See a Kookaburra! Discovering Animal Habitat Around the World*, por Steve Jenkins y Robin Page
- *In A Small, Small Pond*, por Denise Fleming
- *Magic School Bus Hops Home: A Book About Animal Habitats*, por Joanna Cole
- http://www.amazon.com/Wanna-Take-Me-Picture-Photography/dp/0807031410
- http://www.42explore2.com/sheltr.htm
- *Children from Australia to Zimbabwe: A Photographic Journey Around the World*, por Maya Ajmera, Anna Rhesa Versola, y Marian Wright Edelman

El Curso Mundial: Preescolar

Empoderar Ciudadanos Globales

**Unidad**　　K.3
**Tema**　　¿Dónde vivimos? ¿Cómo nos movemos?
**Subtemas**　Geografía: artes, música y literatura; y CIC interpersonal (trabajo en equipo)
**Región**　　Todas/ cualquiera
**Duración**　Seis semanas

**Metas y objetivos**
1. **Aprender** que el transporte puede ser en diferentes formas (por ejemplo, transporte vía terrestre, acuática o por aire) dependiendo de función, la región de uno y otros factores.
2. **Motivar** a los estudiantes a apreciar la inventiva de las personas en movimiento cuidando y llevando personas y cosas que quieran intentar experiencias de las diferentes maneras de transportación (ahora y en el futuro).
3. **Actuar** trabajando juntos con otros para crear modelos y collages de diferentes formas de transportación.

**Habilidades y conocimientos**

1. Los estudiantes identificarán las diferentes formas de transporte (ejemplo, tierra, agua, y aire).
2. Los estudiantes reconocerán que las formas de transporte varían según su función, región, cultura y otros factores.
3. Los estudiantes aprenderán el significado detrás de los diferentes tipos de señalamientos viales (incluyendo cómo pueden variar por región, país y lenguaje, pero también como estos señalamientos pueden ayudar aun cuando no sepan el lenguaje del país en los que la señalización se encuentra).

El Curso Mundial: Preescolar

**Resumen**

Los niños aprenden sobre diferentes formas de transporte en todo el mundo y a identificar cómo varían en propósito y contexto. También son introducidos al concepto del simbolismo al aprender sobre los diferentes tipos de señales de caminos; como son similares y diferentes entre las culturas.

**Actividad K.3.1.**

- Se les pide a los estudiantes que compartan cómo llegan a la escuela (ej. autobús, automóvil, metro, caminando, en bicicleta, etc.). De tarea, los estudiantes preguntan a sus padres cómo van a trabajar, y luego informan a la clase lo que aprendieron.
- Los estudiantes leen libros sobre el transporte (vea los recursos enumerados abajo) y aprenden a cantar canciones sobre el movimiento (ej. "Las ruedas en el autobús girando van").
- Leen libros como *Transportation in Many Cultures*, de Martha E.H. Rustad, y el libro de Ann Morris llamado *On the Go* de la serie Around the World para hacer la conexión global que, por ejemplo, los "barcos" pueden verse diferentes en diferentes partes del mundo, pero pueden tener funciones similares.
- Se pueden incorporar diversas actividades en las lecciones para facilitar el aprendizaje y promover el trabajo cooperativo:
    - Por ejemplo, cada niño dibuja un vagón de tren, y luego todos unen los vagones para formar un collage del tren en su conjunto para el salón de clases.
    - Cada niño selecciona su tipo de transporte favorito. Los niños que comparten el mismo medio de transporte favorito pueden trabajar juntos para hacer un collage sobre esa forma de transporte en particular, buscando y recortando fotos o imágenes diferentes (entonces, los que elijan los automóviles puedan recortar imágenes de distintos autos deportivos, camionetas, coches eléctricos, coches de carrera,

limosinas, etc.). Después podrán compartirlo con los otros niños de la clase.

**Recursos K.3.1**

*Los recursos a continuación se encuentran en inglés, como referencia para los maestros que podrán adaptar lo que consideren pertinente para sus contextos:*

• El video de Sesame Street de Zoe Saldana explicando la palabra "Transporte": https://www.google.com/?gws_rd=ssl-q=sesame+street+zoe+saldana+transportation
• *Transportation in Many Cultures*, por Martha E.H. Rustad
• *On the Go*, de Ann Morris de la serie Around the World
• *Red, Stop! Green, Go!*, por P. D. Eastman.
• *Go, Train, Go!* de la serie de Thomas & Friends, por el reverendo W. Awdry
• *The Big Book of Transportation*, por Caroline Bingham
• *On the Go!*, de Teresa Imperato

**Actividad K.3.2**

Mientras observan los collages, los estudiantes empiezan / continúan preguntando y aprenden por qué necesitamos tantos tipos diferentes de transporte.

- Aprenden sobre los diferentes propósitos que tiene cada forma de transporte (ej. transportar personas, animales, productos, cosas etc.) y cómo el propósito de los vehículos puede tener un impacto sobre su tamaño y forma.
- También comienzan a aprender sobre los diferentes tipos de agua (ej. ríos, lagos, océanos, etc.) y diferencias geográficas de cada lugar (ej. desiertos, bosques, montañas, etc.) Comienzan a aprender que los diferentes tipos de transporte son buenos para viajar en diferentes tipos de terreno. Pueden, por

ejemplo, trabajar con modelos de varios tipos de ruedas en varias superficies como una forma de explorar qué tipos de ruedas funcionan mejor en diferentes tipos de superficies.
- Aprenden sobre las diferentes palabras y actividades asociadas con las diferentes formas de transporte y movimiento y sobre cómo esas palabras y actividades pueden ser diferentes en diferentes partes del mundo.
- Otra vez, el tema de las diferencias y similitudes se explora al observar las diferentes representaciones de un concepto similar (ej. al mirar barcos en diferentes culturas y distintos usos).

**Actividad K.3.3**

- Los niños aprenden sobre diferentes tipos de transporte, señales de seguridad y el significado de los colores que tienen los señalamientos viales (ej. rojo significa "parar ", amarillo significa "con cautela", verde significa "avanza", naranja indica construcción y azul indica información). Pueden jugar a el semáforo "luz verde - luz roja" para reforzar los significados de rojo y verde.
- Leen libros como *I Read Signs* de Tana Hoban.
- Aprenden reglas básicas de seguridad, como los que son relevante para cruzar la calle.
- Hacen señalizaciones para comunicar lo que quieren decir.
- Pueden jugar juegos como "Pictionary" para continuar con el tema de aprender a comunicarse de manera no verbal utilizando imágenes y movimientos.
- También pueden buscar otros letreros que no están relacionados con los medios de transporte y explicar a la clase qué significan (ej. "No molestar" o "Peligro").

**Recursos K.3.3**

*Los recursos a continuación se encuentran en inglés, como referencia para los maestros que podrán adaptar lo que consideren pertinente para sus contextos:*

• La explicación de las señales de tráfico/ la señalización de transito de alrededor del mundo:
http://www.elve.net/rcoulst.htm

El Curso Mundial: Preescolar

Empoderar Ciudadanos Globales

| | |
|---|---|
| **Unidad** | K.4 |
| **Tema** | ¿Qué hacen las diferentes personas en mi escuela y en mi barrio? ¿Cómo nos ayudamos los unos a otros? |
| **Subtema** | Ética: confianza en las instituciones y humildad y respeto; CIC interpersonal: etiqueta |
| **Región** | Todas / cualquiera |
| **Duración** | Cuatro semanas |

## Metas y objetivos

1. **Aprender** sobre los diferentes trabajos que las personas realizan en el barrio y la escuela, y cómo esos trabajos pueden ser similares o diferentes según el contexto y el lugar que ocupe uno en el mundo.
2. **Motivar** a los estudiantes a apreciar los papeles que otros juegan en la comunidad.
3. **Actuar** tomando un papel en el salón de clases y ayudando con el funcionamiento diario del salón.

## Habilidades y conocimientos

1. Los estudiantes conocerán los diferentes papeles que juegan las personas en la comunidad (ej. bombero, policía, maestro, alcalde, etc.).
2. Reconocerán que se necesitan muchas personas para ayudar a que una comunidad funcione.
3. Los estudiantes aprenderán reglas de etiqueta útiles para interactuar con los demás.

## Resumen

Al final de la unidad anterior sobre transporte, los niños aprenden sobre camiones de bomberos, automóviles de policía, camiones de basura, ambulancias, taxis, vagones de metro y otras formas de transporte que pueden ver de manera frecuente en las calles de la ciudad en donde residen. En esta unidad, aprenden más sobre las personas que manejan y usan esas formas de transporte y sobre cómo ayudan a la ciudad.

Los estudiantes también aprenden y revisan las habilidades básicas de entrevista y las reglas de etiqueta social, y escuchan y hacen preguntas a los oradores invitados (ej. bomberos, policías, padres que vienen a hablar sobre sus trabajos, etc.). Para conectar estos conceptos con la idea de la ciudadanía global, pueden invitar a un orador que haya viajado a otra parte del mundo para trabajar en programas de ayuda humanitaria (ej. como voluntario del Cuerpo de Paz, o de otro organismo con presencia internacional) para hablarles sobre cómo él o ella ayudaron a una comunidad en el exterior. También aprenden sobre los diferentes papeles que juegan diferentes personas alrededor de la escuela (ej. el director de la escuela, los conserjes, el personal de soporte tecnológico, etc.) y enumeran los diferentes trabajos que hacen que el salón funcione (ej. repartiendo y recogiendo papeles).

**Actividad K.4.1**

- Los niños revisan las formas de transporte que ayudan a la comunidad, como los camiones de bomberos, los autos de policía, los camiones de basura, las ambulancias, los taxis y los vagones del metro, por ejemplo.
- Aprenden sobre los deberes básicos de las personas que conducen estos vehículos y cómo ayudan a la ciudad.
- Aprenden a hacer preguntas para una entrevista y luego se las preguntan a los oradores invitados (a quién preguntar, incluyendo a los padres, está a la discreción del profesor).

**Recursos K.4.1**

*Los recursos a continuación se encuentran en inglés, como referencia para los maestros que podrán adaptar lo que consideren pertinente para sus contextos:*

- Hay canciones y hojas de actividades disponibles en línea (http://www.amazon.com/Big-Book-Neighborhood-vecindario-Foundations/dp/193139881X/ref=sr_1_3?s=books&ie=UTF8&qid=1306892652&sr=1-3 and http://www.first-school.ws/theme/commhelpers.htm).

**Actividad K.4.2**

- El maestro puede guiar a la clase a través de una serie de lecciones relevantes del Cuerpo de Paz (https://sharemylesson.com/partner/peace-corps-world-wise-schools), incluyendo las siguientes:
  1) "La siguiente lección involucra a los niños pequeños en ideas y conceptos relacionados con la comunidad con una exploración de los diversos factores que influyen en cómo vive la gente, los papeles que juegan los adultos y niños, y la interacción de las personas que viven y trabajan dentro de una comunidad".

  2) "Asha, una joven que vive en India, lleva al lector en un viaje virtual por su pueblo. Ella ofrece una visión de los aspectos de su cultura y de su vida diaria al presentar una variedad de palabras en hindi. Al ver los componentes de un pueblo en India, los estudiantes pueden comparar y contrastar la vida cotidiana de la India con la suya. Al hacerlo, pueden ver que, aunque las personas pueden tener diferencias en el país de

origen, los alimentos o el idioma, somos más parecidos que diferentes".

- El maestro luego invita a un ex voluntario del Cuerpo de Paz a venir a hablar en la clase. Los niños le hacen al voluntario las preguntas que han creado basados en estas lecciones y en los antecedentes y la experiencia del voluntario en particular.

**Actividad K.4.3**

- Los estudiantes hacen una lista de todos los adultos que conocen dentro de la escuela, incluyendo los papeles que piensan que desempeñan. Junto con su docente, identifican de tres a cinco personas y hacen un pequeño recorrido para localizar a los diferentes miembros del personal y sus lugares de trabajo (ej. a la cafetería o a las oficinas administrativas). Realizando el recorrido de los espacios dentro de la escuela, aprenderán la manera en que estas personas ayudan a la comunidad escolar y cómo son de suma importancia para el aprendizaje de los propios estudiantes.
- Después los estudiantes aprenderán cómo estas funciones pueden ser similares o diferentes en diferentes partes del mundo. Pueden considerar utilizar las siguientes planeaciones del Cuerpo de Paz: "La siguiente planeación involucra a los estudiantes en la investigación sobre los conceptos de escuela y educación con la exploración de diferentes factores que influencian el acceso de los estudiantes a una escolaridad formal, las materias enseñadas y aprendidas y los roles del alumno dentro de su salón de clases".

**Actividad K.4.4**

- Los estudiantes aprenden diferentes maneras en las que pueden ayudar a que su salón de clases se convierta en un lugar en el cual ellos son responsables del bienestar de otros, aprenden y se ayudan entre sí. Con ayuda de la maestra, crean una lista de roles y realizan las tareas rotando constantemente.
- Después ellos se conectan a otro salón de kínder en otra parte del mundo y comparan notas de los diferentes tipos de roles que cada alumno tiene dentro del salón de clases.

El Curso Mundial: Preescolar

Empoderar Ciudadanos Globales

**Unidad**       K.5
**Tema**        ¿Qué, cuándo, quién, cómo y por qué celebramos?
**Subtemas**    CIC: interpersonal; cultura: arte y música; y ética: diversidad religiosa.
**Región**      Todas/ cualquiera
**Duración**    cuatro semanas

**Metas y objetivos**

1. **Aprender** a reconocer las diferentes formas y ocasiones en que las personas celebran alrededor del mundo.
2. **Motivar** a los estudiantes a tener alegría y gratitud como parte de sus vidas.
3. **Actuar** creando una celebración para alguien o un grupo de personas que les gustaría celebrar, escribiendo una tarjeta de agradecimiento y celebrando a esa persona o grupo de otras maneras.

**Habilidades y conocimientos**

1. Los estudiantes sabrán que las fiestas que hay en común (ej. el día de Año Nuevo) se pueden celebrar de manera diferente y similar en diferentes regiones y culturas.
2. Los estudiantes podrán usar formas comunes de saludo y celebración en diferentes idiomas.

**Resumen**

Como una forma de transición de la unidad anterior, los estudiantes aprenden sobre celebraciones en toda la ciudad (ej. celebraciones específicas de diferentes épocas del año, o las fiestas nacionales del país donde viven) y también sobre cómo y qué celebra su propia familia. Hablan sobre lo que sienten cuando forman parte de una fiesta de cumpleaños y también identifican a una persona o un grupo de personas que desean celebrar (y explican por qué). Escriben una tarjeta de agradecimiento/celebración y crean otras formas de celebrar a esa persona o grupo (esta celebración puede vincularse con el Día del Padre o el Día de la Madre, por ejemplo). La clase también puede estudiar cómo se celebra el Día del Niño en diferentes partes del mundo y tener su propia celebración del Día del Niño.

**Actividad K.5.1**

- Durante el año, la clase podrá participar al celebrar diferentes días festivos y eventos especiales.
- Los niños podrán dibujar y hablar acerca de las diferentes cosas que celebran dentro del salón de clases y con sus familias (ej. el nacimiento de un hermano/ hermana; un trabajo bien hecho; celebraciones religiosas, etc.).
- Leen acerca de celebraciones diferentes de alrededor del mundo (ej. celebraciones de Año Nuevo, cumpleaños, casamientos, nacimientos de niños, etc.).

**Actividad K.5.2**

- Aprenden saludos sencillos y mensajes de felicitación en diferentes idiomas. Podrán aprender a enunciar, leer, o escribir estos mensajes y hasta aprender el alfabeto en diferentes idiomas.
- El juego de reto del Cuerpo de Paz (recurso en inglés) - Saludos Tradicionales:
  https://sharemylesson.com/teaching-resource/peace-corps-challenge-game—traditional-greetings-247925

**Actividad K.5.3**

- Aprenden diferentes cantos para celebrar (ej. de cumpleaños o canciones para días festivos) y bailables y juegan con diferentes instrumentos, examinando los sonidos diferentes que hace cada instrumento. Podrán aprender acerca de las orquestas, escuchar música, y aprender cómo cada instrumento contribuye a hacer un grupo más grande, con un sonido cada vez más sonoro. Luego, podrán aprender acerca de los instrumentos musicales de diferentes culturas.

**Actividad K.5.4**

- Aprenden a cómo se celebra el Día del Niño alrededor del mundo (https://es.wikipedia.org/wiki/D%C3%ADa_del_Ni%C3%B1o ).
- Podrán diseñar su propia celebración del Día del Niño y/o identificar a una persona o grupo de personas que quisieran celebrar. Después, explican sus razones de por qué desean celebrar a esa persona o grupo y crear una tarjeta de agradecimiento y/o diferentes maneras para celebrar. Es fácil celebrar y dar gracias a los abuelos o padres de familia, así como también a personas que conocieron durante el recorrido por la escuela y a personas que los han visitado (personas que sirven en la comunidad) a quienes conocieron en la unidad previa.

**Recursos K.5**

*La mayor parte de los recursos a continuación se encuentran en inglés, como referencia para los maestros que podrán adaptar lo que consideren pertinente para sus contextos:*

- Una explicación del Año Nuevo: https://es.wikipedia.org/wiki/Nochevieja
- *Celebrations Around the World: A Multicultural Handbook*, por Carole S. Angell
- *Children Just Like Me: Celebrations!*, por Anabel Kindersley (contribuyente) y Barnabas Kindersley (fotógrafo): http://www.amazon.com/Children-Just-Like-Me-Celebrations/dp/0789420279/ref=sr_1_1?s=books&ie=UTF8 &qid=1306523549&sr=1-1

- http://www.amazon.com/DK-Readers-Holiday-Celebration-Beginning/dp/0789457113
- Preescolar/Kinder- El bailable Mundial Malay: http://www.youtube.com/watch?v=1ZZL3Ynujxs&feature=related
- https://www.putumayo.com/shop/
- Una lista de una variedad de planes de lecciones sobre días festivos: http://www.cloudnet.com/~edrbsass/edholiday.htm

Empoderar Ciudadanos Globales

**Unidad** K.6
**Tema** Si las cosas se ven diferentes, ¿cómo podemos ser justos?
**Subtema** Las artes: literatura y drama y comunicación creativa
**Región** Todas / cualquiera
**Duración** Cinco semanas

## Metas y objetivos

1. **Aprender** a familiarizarse con diferentes cuentos para niños, cuentos de hadas y cuentos populares de todo el mundo.
2. **Motivar** a los estudiantes a tratar a las personas de manera justa.
3. **Actuar** creando sus propios cuentos para niños o cuentos de hadas sobre el tema de la equidad.

## Habilidades y conocimientos

1. Los estudiantes aprenderán los componentes de cuentos para niños o cuentos de hadas comunes y cuentos populares de alrededor del mundo.
2. Los estudiantes hablarán de sus pensamientos sobre la justicia y por qué es importante.
3. Los estudiantes escribirán e ilustrarán cuentos para niños o cuentos de hadas originales.

## Resumen

Los niños leen cuentos para niños, cuentos populares y cuentos de hadas, cuyo tema es la justicia, provenientes de todo el mundo; los cuentos populares también sirven como una revisión de las diferencias y similitudes entre personas, comunidades y culturas aprendidas con anterioridad en el curso (ej. diferencias y similitudes en vestimenta, edificios, climas, contextos, animales, celebraciones, familias, casas, etc.). Los estudiantes luego escriben e ilustran sus propios cuentos para niños o cuentos de hadas. Aprenden sobre diferentes títeres de alrededor del mundo y componen un espectáculo de títeres con marionetas y accesorios que ellos crean para representar lo que han aprendido sobre diferentes vestimentas, refugios, animales, instrumentos musicales y cuentos populares de alrededor del mundo.

**Actividades y recursos**

Se pueden tomar lecciones de los siguientes recursos para reconocer los componentes de los cuentos para niños y cuentos de hadas de todo el mundo. Pueden servir también de referencia para que los niños puedan crear sus propios cuentos para niños o cuentos de hadas:

*Los recursos a continuación se encuentran en inglés, como referencia para los maestros que podrán adaptar lo que consideren pertinente para sus contextos:*
- http://edsitement.neh.gov/lesson-plan/fairy-tales-around-world
- Recursos sobre títeres de todo el mundo: https://makingvisualnarratives.com/
- Una lista de enlaces a sitios que describen títeres en Japón, Vietnam e Indonesia: http://score.rims.k12.ca.us/activity/puppets/
- One World, One Sky: Big Bird's Adventure: https://www.youtube.com/watch?v=E1D7xXLO8yk
- La serie The *Global Grover* (dirigido a niños de edad preescolar)
    - https://www.youtube.com/watch?v=H-XJV9feNOI
    - https://www.youtube.com/watch?v=DAburU-d_s
    - https://www.youtube.com/watch?v=qdFgpMj9o0o
    - https://www.youtube.com/watch?v=5XTtrwnPPcA
    - https://www.youtube.com/watch?v=gqPaWJe99PY
    - https://www.youtube.com/watch?v=xJvkmcyC2uo
    - https://www.youtube.com/watch?v=TMYzKA4Es-I
    - https://www.youtube.com/watch?v=VC5HDLvrNGY
    - https://www.youtube.com/watch?v=VgCVh7e4E5Y
    - https://www.youtube.com/watch?v=F3WMks6MotE

- https://www.youtube.com/watch?v=tPVgxbmOhbs
- https://www.youtube.com/watch?v=NWP42HDsV2M
- https://www.youtube.com/watch?v=CwDN2hF2bmU
- https://www.youtube.com/watch?v=Rjr2A9jLRGQ
- https://www.youtube.com/watch?v=FCMTvep1_A4
- https://www.youtube.com/watch?v=rqz7nFiyAw8
- https://www.youtube.com/watch?v=wRjl6T_n0Ds

## El Curso Mundial
## Primer grado: Somos personas con necesidades humanas universales

**Tema**

Entendiendo la humanidad común a través de varias diferencias culturales y necesidades comunes de todas las personas.

**Descripción**

El curso de primer grado se enfoca en las similitudes que compartimos todos los humanos través de una investigación de las necesidades humanas universales. Los estudiantes aprenden sobre qué comida, agua, ropa, refugio y relaciones respetuosas son parecidas alrededor del mundo, con un énfasis especial en India. Los estudiantes también toman turnos cuidando las plantas y mascotas del salón de clase, lo cual aumenta su comprensión de lo que significa cuidarse el uno al otro. Al principio del año, a los estudiantes se les otorga un mapa en blanco que llenarán a través del ciclo escolar con la información geográfica, histórica y cultural que aprendieron. El ciclo escolar termina con un proyecto en el cual los estudiantes crean un libro titulado "Yo y mi historia" que incluye fotos, poemas y ensayos sobre sí mismos, sus casas, los alimentos que comen, su ropa, sus familias y sus propias necesidades y deseos.

**En retrospectiva**

Nuestro mundo es diverso y hermoso, y nosotros podemos aprender sobre él de diferentes maneras.

**Viendo hacia adelante**

¿Quiénes somos, de dónde venimos, que tenemos en común y como nos diferenciamos de los demás? Explorando personas, cultura y el mundo.

**Descripción general de las unidades**

1) Necesidades humanas

2) Agua y alimento
3) Ropa y refugio
4) Relaciones respetuosas

**Evaluación**

Los estudiantes crean el libro "Yo y mi historia", un texto o álbum de recortes sobre sí mismos, parecido a los que se presentan en la publicación de Oxfam, "Tu Mundo, Mi Mundo". Incluyen fotos de sí mismos, sus familias, los alimentos que comen, su ropa y otros elementos que determinan sus necesidades y deseos. El libro puede también ser un portafolio del trabajo que los estudiantes crearán durante el ciclo escolar, como poemas, dibujos y otros materiales.

Empoderar Ciudadanos Globales

**Unidad** 1.1
**Tema** Necesidades humanas
**Subtemas** CIC: interpersonal (perspectivas culturales diversas, identidad y cultura propias e identidad y cultura de los demás); ética: valores comunes; hábitos de trabajo y mente: innovación y creatividad; cultura: geografía; artes: literatura y visual; habilidades analíticas y de investigación: enlace local-global y comunicación creativa.
**Región** Brasil, India, Rusia, Etiopía
**Duración** Dos semanas

**Metas y objetivos**

1. **Aprender** sobre algunas de las cosas que unen a los humanos —tales como la necesidad de alimento, agua, ropa, refugio y relaciones respetuosas— mientras que al mismo tiempo se aprende sobre las perspectivas culturales propias y de otros.
2. **Motivar** a los estudiantes a reflexionar sobre cómo las plantas y animales necesitan muchas de las mismas cosas que los humanos.
3. **Actuar** identificando algunas de las formas en las que es evidente que todos los seres humanos son iguales.

**Habilidades y conocimientos**

1. Los estudiantes serán capaces de ubicar a Brasil, India, Rusia, y Etiopía en un mapa y de nombrar el continente en el que cada uno se encuentra.
2. Los estudiantes identificarán al menos 4 necesidades básicas de los humanos que reflejen valores comunes.
3. Los estudiantes se describirán a sí mismos (su propia identidad) y verán conexiones entre ellos mismos y los demás, al mismo tiempo que desarrollan habilidades interpersonales.
4. Los estudiantes discutirán el significado y la importancia de sus nombres; de este modo profundizarán en su conocimiento de valores comunes.

5. Los estudiantes harán comparaciones entre dos cosas que inicialmente pueden parecer desconocidas y diferentes, de este modo desarrollarán habilidades para la toma de diferentes perspectivas.
6. Los estudiantes escribirán su propia poesía y harán arte visual mismo que luego compartirán con niños en otras partes del mundo.

**Resumen**

En esta unidad, los estudiantes aprenderán sobre esas necesidades que unen a toda la humanidad, así como la diferencia entre necesidades y deseos. Ellos comenzarán por ser presentados a niños de diferentes partes del mundo a través del plan de estudios de Oxfam, "Tu Mundo, Mi Mundo". Examinarán el tema de las necesidades humanas a través de las artes y la poesía.

**Actividad 1.1.1**
**"Tu Mundo, Mi Mundo"**

Los estudiantes completan esta serie de actividades de Oxfam, prestando particular atención a lo que las fotos e historias muestran a la clase sobre lo que las personas alrededor del mundo necesitan. Ubicarán las ciudades y países mencionados en sus mapas. Después de completar sus lecciones, los estudiantes crean una "foto instantánea" y una colección de fotografías de sí mismos. De esta manera, los estudiantes aprenderán sobre los demás en la clase. Esta serie de lecciones se puede extender por todo el año.

Recurso en inglés:
http://www.oxfam.org.uk/education/resources/your-world-my-world

**Actividad 1.1.2**
**Deseos y necesidades**

Los estudiantes completan esta actividad (o una similar) sobre las diferencias entre querer y necesitar https://educators.brainpop.com/bp-jr-topic/needs-and-wants/ (recurso en inglés).

Presentarán lo siguiente: 1) agua, 2) alimento, 3) ropa, 4) refugio, 5) aire, 6) educación, y 7) amor/relaciones respetuosas.

### Actividad 1.1.3
**Seis billones de personas, seis billones de posibilidades**

A los estudiantes se les da la instrucción de encontrar un objeto que represente cada una de las siete necesidades humanas universales que encontraron y se les pide realizar algo que provenga de ese objeto. Por ejemplo, un estudiante puede recolectar una botella de agua (agua), una caja vacía de cereal (alimento), un calcetín viejo (ropa), unos cuantos bloques de Lego (refugio), un globo (aire), un clip para papel (educación), y una foto de su familia (amor). Después crearán una escultura con esos objetos. Cada niño comparte su escultura y el maestro guía la clase a una discusión de cómo a pesar de que todos necesitamos las mismas cosas, esas cosas son diferentes para cada persona.

### Actividad 1.1.4
**Qué hace a un buen amigo**

El docente pide a los estudiantes que piensen en lo que es un buen amigo y en lo que hace un buen amigo. Los estudiantes escriben un acróstico usando una palabra y descripciones de amistad.

Consideren el siguiente ejemplo:

**A**migos buenos hay muchos
**M**uy especial es tenerlos
**I**ncluso en los malos momentos
**G**ozar de su compañía
**O** ayudarlos cuando nos necesitan
**S**iempre es buena la verdadera amistad

Ellos volverán a revisar estos poemas más adelante en al año.

## Recursos 1.1.4

*Los recursos a continuación se encuentran en inglés, como referencia para los maestros que podrán adaptar lo que consideren pertinente para sus contextos:*

- iEARN: www.iearn.org
- Oxfam Educational Resources: www.oxfam.org.uk/education
- Mapas útiles: http://education.nationalgeographic.com/education/mapping/outline-map/?map=Africa
- Historias de niños y niñas alrededor del mundo: http://www.oxfam.org.uk/education/resources/your-world-my-world

## Empoderar Ciudadanos Globales

**Unidad** 1.2
**Tema** Agua y alimento
**Subtemas** CIC: interpersonal (perspectivas culturales diversas, identidad y cultura propios, identidad y cultura de otros, y trabajando en equipos interculturales); CIC: intrapersonal (minimización de los efectos del prejuicio; ética: valores comunes, compromiso a la igualdad, el valor del potencial humano, la importancia de los acuerdos globales); hábitos de trabajo y mente: apropiación de perspectivas transculturales; cultura: geografía; riesgo global: medio ambiente; artes: literatura y visual; y habilidades analíticas y de investigación: enlace local-global y comunicación creativa.
**Región** Ghana, India, Uganda, y México
**Duración** Ocho semanas

### Metas y objetivos

1. **Aprender** sobre el agua y los alimentos alrededor del mundo.
2. **Motivar** a los estudiantes a pensar sobre cómo todas las formas de vida, humanas y no humanas, necesitan de agua y alimento.
3. **Actuar** describiendo para qué se necesita el agua y cómo acceder a ella.

### Habilidades y conocimientos

1. Los estudiantes aprenderán la diferencia entre agua salada y dulce (geografía).
2. Los estudiantes aprenderán de los océanos y los ubicarán en un mapa (geografía).
3. Los estudiantes serán capaces de ubicar a India, Ghana, y Uganda en un mapa (geografía).
4. Los estudiantes aprenderán sobre los múltiples usos del agua (valores comunes).
5. Los estudiantes estudiarán poesía relacionada con el agua (artes) y escribirán su propia poesía.

6. Los estudiantes aprenderán sobre los alimentos que la gente come alrededor del mundo, tanto de los que son diferentes y de los que son similares (perspectivas culturales diversas).
7. Los estudiantes aprenderán sobre las necesidades de las plantas (y tal vez animales) y cómo son diferentes de las necesidades de los humanos (valores comunes).
8. Los estudiantes leerán versiones de la historia "Sopa de piedras" ("Stone Soup") desde muchos diferentes países y culturas.

**Resumen**

En esta unidad, los estudiantes aprenderán sobre dos de las necesidades humanas universales: agua y alimento. Ellos aprenden sobre geografía y la diferencia entre agua salada y dulce, y cómo otras culturas acceden al agua, y sobre qué alimentos comen otras personas. Compararán la comida que comen con la comida que los demás comen, con el objetivo de que la comida "extranjera" parezca menos "extranjera". Finalmente, examinarán diferentes versiones de la fábula "Sopa de piedras".

(En la clase de ciencia, los estudiantes pueden aprender sobre cómo hacer agua, el ciclo del agua, y otra información sobre el agua. Con el fin de aprender sobre el ciclo del agua, los estudiantes pueden utilizar el siguiente experimento – recurso en inglés: https://www3.epa.gov/safewater/kids/)

**Actividad 1.2.1**
**Agua dulce contra agua salada**

El docente pregunta a los estudiantes sobre las diferencias entre océanos, ríos y lagos. En sus mapas, los estudiantes colorean el agua salada en azul fuerte y el agua dulce en azul claro. Ellos hablan sobre las partes del mundo que tienen menos agua dulce que las otras. Los estudiantes también nombran los océanos en sus mapas.

## Actividad 1.2.2
**El agua tiene muchos usos**

Los estudiantes reflexionan sobre las maneras en las que utilizan el agua, cómo otros en su familia la usan, y por qué el agua es importante, utilizando la sección 4 del siguiente plan de estudios (recurso en inglés): http://static.water.org/docs/curriculums/WaterOrg%20ElemCurricFULL.pdf.

## Actividad 1.2.3
**El agua es vida, el agua es poesía**

Los estudiantes ilustrarán poemas sobre el agua alrededor del mundo y escribirán su propio poema sobre el agua (recurso en inglés): http://static.water.org/docs/curriculums/WaterOrg%20ElemCurricFULL.pdf.

## Actividad 1.2.4
**Planeta hambriento**

Los estudiantes leerán *Planeta Hambriento* o *Hungry Planet*, un libro escrito por Peter Menzel que muestra la comida que una familia come en una semana. Luego ellos compararán la cantidad y tipos de comida que las familias de todo el mundo comen. Buscarán similitudes y diferencias entre lo que comen. Se les puede pedir encontrar por lo menos una comida que su familia coma.

## Actividad 1.2.5
**Nuestro propio planeta hambriento**

Los estudiantes se coordinan con un salón de clase en otra parte del mundo, y cada clase registra lo que comieron en un día o una semana (lo que prefiera el docente). Deben preguntar a sus padres/cuidadores qué hay en la comida y tomar nota de quién preparó los alimentos. Consideren el siguiente ejemplo:

El Curso Mundial: Primer grado

| Alimento ingerido | ¿Quién lo preparó? |
|---|---|
| Espagueti | Mamá o papá |
| Papas Fritas | Empaquetadas |
| Helado | Empaquetado |

Primero los estudiantes compararán lo que comieron con lo que otros miembros de su clase comieron, y después compararán los tipos de comidas que comieron con los tipos de comidas que sus compañeros de otro país comieron. Ellos también ubicarán el país de sus compañeros en su mapa.

**Actividad 1.2.6**
**Sopa de piedras**

Los estudiantes leerán varias versiones de la fábula "Sopa de piedras". Ellos compararán cada versión y piensan sobre por qué pueden ser diferentes y cómo son similares. Ellos marcan en su mapa el origen de cada versión de la fábula.

Recomendamos las siguientes versiones del cuento:
- La versión de "Sopa de piedras" de Marcia Brown de 1947 que ganó el Premio Caldecott
- La versión de "Sopa de piedras" de Jon J. Muth del 2003, situada en China.
- Las versiones enlistadas en la página web de la Universidad de Pittsburgh (recurso en inglés):
  http://www.pitt.edu/~dash/type1548.html

## Actividad 1.2.7
### Nuestra comida, nuestro mundo

Los estudiantes completarán la serie de lecciones de Oxfam "Nuestra comida, Nuestro Mundo". Aprenderán sobre qué alimentos comen los niños de India y México, así como qué tienen en común con los niños de esos países. Agregarán información que aprendieron de Yamini y Luis, dos personajes en sus lecciones, a sus mapas (recurso en inglés): https://www.oxfam.org.uk/education/resources/our-food-our-world

## Actividad 1.2.8
### Nuestro jardín global

Al principio del año, los estudiantes plantarán plantas de algunos de los países que están estudiando. Evaluarán qué condiciones existen en el país de origen de cada planta con el objetivo de ver qué necesita para sobrevivir. Serán introducidos al concepto de plantas nativas y no-nativas y monitorearán el progreso de las plantas en clase. Si es posible, estudiantes de otra escuela de otro país harán lo mismo, y las dos clases compartirán sus notas sobre el progreso de las plantas. Cada alumno puede tener una planta de la cual cuidará durante todo el año, o los estudiantes pueden tomar turnos siendo responsables de una planta. Cada uno tendrá un diario sobre lo que la planta necesita para crecer, de cómo él o ella proporciona las necesidades de la planta, y las razones por las cuales la planta está o no creciendo.

(Tome nota que la clase tal vez quiera investigar sobre adoptar una mascota indígena de uno o más de los países que están siendo estudiados. Pueden investigar el tipo de hábitat que el animal necesita, qué clase de cosas come, y nombres para el animal. Pueden también reflexionar sobre si lo que necesita la mascota es lo mismo o diferente de lo que la planta y los humanos necesitan. Los pollos pueden ser una elección ideal para este proyecto.)

**Actividad opcional**
**Calculadora de goteo**

Los estudiantes usan esta calculadora de goteo para investigar sobre el desperdicio de agua (recurso en inglés):
http://www.awwa.org/resources-tools/public-affairs/public-information/dripcalculator.aspx.

**Actividad opcional**
**Uso de calculadora para agua de casa**

Los estudiantes usan esta forma para calcular la cantidad de agua utilizada en sus casas (recurso en inglés):
http://www.waterbudgets.com/ConserVision/CUWCC/DataInput.htm

**Recursos:**

*Los recursos a continuación se encuentran en inglés, como referencia para los maestros que podrán adaptar lo que consideren pertinente para sus contextos:*

- The Environmental Protection Agency: water.epa.gov
- WaterAid: www.wateraid.org
- iEARN: www.iearn.org

# Empoderar Ciudadanos Globales

**Unidad** 1.3
**Tema** Ropa y refugio
**Subtemas** CIC: interpersonal (identidad y cultura propios e identidad y cultura de otros); ética: valores comunes; hábitos de mente y trabajo: innovación y creatividad; y artes: literatura y visual
**Región** India y más allá
**Duración** Ocho semanas

## Metas y objetivos

1. **Aprender** sobre la ropa que usan las personas alrededor del mundo y las casas en donde viven.
2. **Motivar** a los estudiantes a reflexionar sobre el significado cultural detrás de las diferentes opciones de ropa y tipos de casas.
3. **Actuar** identificando culturas basadas en el tipo de ropa y casa.

## Habilidades y conocimientos

1. Los estudiantes aprenden sobre los tipos de casas en los que vive la gente alrededor del mundo.
2. Los estudiantes son capaces de describir los factores básicos ambientales que contribuyen a los materiales de construcción y tipos de casas en los que vive la gente.
3. Los estudiantes aprenden sobre los tipos de ropa que la gente usa alrededor del mundo.
4. Los estudiantes son capaces de describir los factores básicos ambientales que contribuyen a los tipos de ropa que la gente usa y los materiales de los que están hechos.
5. Los estudiantes son capaces de pensar reflexivamente sobre el tipo de casas en el que viven y sobre qué aspectos de su casa reflejan los deseos de su familia y cuales reflejan sus necesidades.

El Curso Mundial: Primer grado

**Resumen**

En esta unidad los estudiantes aprenden sobre necesidades adicionales de los humanos: ropa y refugio. Ellos aprenden sobre qué tipos de ropa y refugio alrededor del mundo hay en común con su tipo de ropa y casa, respectivamente.

**Actividad 1.3.1**
**Libros sobre ropa y casas**

Los estudiantes leen dos libros de fotos, uno de ropa y el otro sobre casas alrededor del mundo. En cada caso, se les pide que contesten las siguientes preguntas como parte de una discusión en grupo:
1. ¿Qué tienen en común las casas/ropa?
2. ¿Por qué las casas/ropa se ven diferentes en diferentes lugares?
3. ¿Qué es familiar sobre las casas/ropa?
4. ¿Qué no es familiar sobre las casas/ropa?
5. ¿Qué tipo de ropa usa cada uno? ¿Por qué?
6. ¿En qué tipo de casa vive cada uno? ¿Por qué?
7. ¿Sólo usan un tipo de ropa, o usan más de un estilo de ropa? ¿Por qué?
8. ¿Creen que los niños de otros países solo usen un estilo o tipo de ropa cada día? ¿Por qué sí o por qué no?

El docente también puede usar esta guía para dirigir a una lección sobre el libro *Houses and Homes* de Morris y Heyman.

**Libros recomendados**

*Los recursos a continuación se encuentran en inglés, como referencia para los maestros que podrán adaptar lo que consideren pertinente para sus contextos:*

- *"Houses and Homes"* de Morris and Heyman (ISBN 978-0688135782)
- *"Wonderful Houses Around the World"* de Komatsu (ISBN 978-0936070346)

- *"Imagine a House"* de Gustafson (ISBN 978-0972684903)
- *"Homes in Many Cultures"* de Adamson (ISBN: 978-1429633802)
- *"Clothes in Many Cultures"* de Adamson (ISBN: 978-1429633826)
- *"Children Just Like Me: A Celebration of Children around the World"* de Kindersley (ISBN: 978-0789402011)

**Actividad 1.3.2**
**Haciendo modelos de casas**

Los estudiantes hacen modelos de casas de diferentes partes del mundo utilizando arcilla, paja, cartulina y otros materiales. Idealmente, deberán hacer diferentes tipos de casas de la misma parte del mundo.

**Recursos**

*Los recursos a continuación se encuentran en inglés, como referencia para los maestros que podrán adaptar lo que consideren pertinente para sus contextos:*

- Otros grupos de lecciones de casas relacionadas a cuentos: http://www.homeschoolshare.com/houses_and_homes.php

El Curso Mundial: Primer grado

Empoderar Ciudadanos Globales

**Unidad** 1.4
**Tema** Relaciones Respetuosas
**Subtemas** CIC: interpersonal (perspectivas culturales diversas, identidad y cultura propios, e identidad y cultura de otros); CIC: intrapersonal (habilidades de resolución de conflictos); ética: valores comunes y compromiso con la igualdad; hábitos de trabajo y mente: apropiación de perspectivas transculturales artes: literatura; e investigación y habilidades analíticas: enlace local-global y comunicación creativa.
**Región** India
**Duración** Ocho semanas

**Metas y objetivos**

1. **Aprender** como toda la gente necesita relaciones respetuosas y familias de algún tipo.
2. **Motivar** a los estudiantes a reflexionar sobre el hecho de que no todas las familias interactúan de la misma manera y de que no todas las relaciones respetuosas involucran personas con relación sanguínea.
3. **Actuar** tratándose el uno al otro con el respeto que todas las personas merecen y necesitan.

**Habilidades y conocimientos**

1. Los estudiantes aprenderán sobre las perspectivas culturales diversas que influencian la literatura a través de recontar la historia de la "Cenicienta".
2. Los estudiantes aprenderán sobre su cultura propia y la de otros, reflexionando sobre sus familias y la familia y amigos de Muluken, un personaje que vive en India. Esto también desarrollará su apropiación de perspectivas transculturales.
3. Los estudiantes comprenderán la conexión entre lo local (su propia familia y amigos) y lo global—el hecho de que todas las personas alrededor del mundo necesitan relaciones respetuosas. Esto también desarrolla su compromiso con la igualdad al establecer una necesidad humana universal.

4. Los estudiantes utilizarán la comunicación creativa para escribir sus versiones de la "Cenicienta" y la agregarán a su libro "Yo y mi historia."
5. Los estudiantes aprenderán habilidades para la resolución de conflictos al pensar sobre la necesidad de relaciones respetuosas que tienen las personas y reflexionando lo que constituye una relación respetuosa.

**Resumen**

Los estudiantes examinan la necesidad de todas las personas de tener relaciones respetuosas. Explorarán la vida de Muluken, quien vive en la India, y su descripción de familia. Volverán a revisar sus poemas de amistad de principio de año y pensarán sobre qué cambios les gustaría hacer a sus poemas. Además, leerán y escribirán poesía sobre su familia. También harán una comparación extensiva de diferentes versiones de la "Cenicienta".

**Actividad 1.4.1**
**Volviendo a visitar a Muluken**

Los estudiantes vuelven a la serie de lecciones de "Tu Mundo, Mi Mundo" de Oxfam y se enfocan en las lecciones de familias (lección # 5). Ellos aprenden sobre la familia de Muluken y usan su historia para reflexionar sobre su propia familia (recurso en inglés): https://www.oxfam.org.uk/education/resources/your-world-my-world

**Actividad 1.4.2**
**Volviendo a repasar las amistades**

Los estudiantes vuelven repasar la sección de amigos (lección # 6) en "Tu Mundo, Mi Mundo" de Oxfam y contrastan sus respuestas con lo que dijeron y pensaron a principio del año. También releen su poema de acróstico sobre la amistad y construyen nuevos poemas basados en su entendimiento actual sobre la amistad (recurso en inglés): https://www.oxfam.org.uk/education/resources/your-world-my-world

**Actividad 1.4.3**
**Yo mismo**
Los estudiantes se ayudan el uno al otro a hacer recortes de tamaño natural de sí mismos en un rollo de papel largo (tipo craft o de estraza). Un niño se acostará sobre el papel, mientras que otro, traza su silueta. Los estudiantes se cuentan sobre sus características y se ayudan a dibujar versiones de sí mismos en papel. Pueden mezclar pintura para hacer un tono similar al de su piel y ver como las personas solo son variedades de unas pocas tonalidades.

**Actividad 1.4.4**
**Poesía de familia**

Los estudiantes crean su propia poesía sobre relaciones de cuidado y familias a partir de poemas como éste:

>Nuestra familia proviene
>De muchos hogares,
>Nuestro cabello es liso,
>Nuestro cabello es café,
>Nuestro cabello es rizado,
>Nuestros ojos son azules,
>Nuestra piel es diferente,
>El color también.
>Somos niñas y niños,
>Somos grandes y pequeños,
>Somos jóvenes y viejos,
>Somos altos y bajos.
>Somos todo
>Lo que podemos ser
>Y aun así somos
>Una familia.
>Reímos y lloramos,
>Trabajamos y jugamos,
>Nos ayudamos
>Todos los días.
>El mundo es un
>Lugar amoroso para estar
>Porque somos
>una familia.

O éste:

>¿Qué es una familia?
>¿Quiénes son una familia?
>Uno y otro hacen dos: ¡es una familia!
>Bebé y papá y mamá: ¡una familia!
>Papás y hermana y hermano: ¡una familia!
>Todo tipo de personas pueden ser una familia
>Todo tipo de mezclas pueden ser una familia
>¿Qué es una familia?
>¿Quiénes son una familia?
>¡Los niños que vivieron en un zapato son una familia!
>¡Un par como un *cangu* y un *ro* son una familia!
>¡Un becerro y una vaca que hacen *muu* son una familia!
>Todos los tipos de creaturas pueden hacer una familia
>Todos los tipos de números pueden hacer una familia
>¿Qué es una familia?
>¿Quiénes son una familia?
>Ya sean muchos o pocos, son una familia;
>Pero aunque sean diez o dos en tu familia
>¡Todos en tu familia más tú son una familia!
>(Mary Ann Hoberman)

Estos poemas fueron tomados y traducidos de la siguiente página web: http://www.canteach.ca/elementary/songspoems3.html.

## Actividad 1.4.5
## "Cenicienta" alrededor del mundo

Los estudiantes leerán y discutirán "Cenicienta". Luego leerán variaciones del cuento popular de diferentes partes del mundo. Compararán y contrastarán las historias, discutiendo por qué y cómo los elementos de la historia son diferentes. También escribirán su propia versión de "Cenicienta", manteniendo los elementos esenciales, pero cambiando otros elementos de modo que puedan demostrar que comprenden que la misma historia puede presentarse de diferentes maneras.

**Recursos recomendados de "Cenicienta":**

*Los recursos a continuación se encuentran en inglés, como referencia para los maestros que podrán adaptar lo que consideren pertinente para sus contextos:*

- http://edsitement.neh.gov/lesson-plan/cinderella-folk-tales-variations-plot-and-setting - sect-introduction
- http://learningtogive.org/lessons/unit205/lesson1.html

**Actividad opcional**
**Interacción familiar**

Cada estudiante deberá elegir dos o tres muñecas, títeres o animales de peluche—uno para representar al estudiante y otros cuantos para representar a los miembros de su familia. También pueden hacerlos de papel. Los estudiantes después fingirán que están apagando una alarma de reloj y empieza su día. Los estudiantes actuarán una secuencia de eventos y el rol de cada miembro de su familia durante el ritual de la mañana (usando sus muñecos, o títeres o animales de peluche). Esto se puede expandir, y los estudiantes pueden actuar otras partes del día, familia y celebraciones o festejos, o el proceso de ayudar a los miembros de su familia. Considere preguntar a los estudiantes las siguientes preguntas: ¿Cómo es importante el rol de cada miembro de la familia, incluyendo el tuyo? ¿Cómo son parecidos o diferentes los roles que cada miembro de la familia desempeña de los que otras personas desempeñan en otra familia (ejemplo, muchos niños en otros países juegan un rol más activo en cuidar a sus hermanos que los niños en Estados Unidos/o el país en el que se encuentren)?

**Recursos**

*Los recursos a continuación se encuentran en inglés, como referencia para los maestros que podrán adaptar lo que consideren pertinente para sus contextos:*

- Una actividad opcional de roles de los niños alrededor del mundo: http://www.discoveryeducation.com/teachers/free-lesson-plans/children-around-the-world.cfm

- Materiales sobre niños y niñas alrededor del mundo, con muchas referencias a familias diversas: https://sharemylesson.com/partner/peace-corps-world-wise-schools
- Otra unidad utilizando literatura para niños para inspirar a los estudiantes a reflexionar sobre la idea de la familia: http://www.halcyon.com/marcs/theme.html
- Un repaso a la literatura para niños de familias de diferentes tipos http://www.carolhurst.com/newsletters/23bnewsletters.html
- "El Proyecto Mosaico" (de resolución de conflictos)
- "All families are special" by Norma Simon
- "The family book", versión paperback de Todd Parr
- "Mommy, Mama, and Me" libro de figuras de Leslea Newman
- "It's Okay to be different" de Todd Parr

# El Curso Mundial
## Segundo grado: Nosotros mismos y los demás

**Tema**

¿Quiénes somos, de dónde venimos, qué tenemos todos en común, en qué somos diferentes a los demás y qué necesidades tenemos en común? Exploración de las personas, la cultura y el mundo.

**Descripción**

En este grado, los estudiantes exploran las diferencias culturales haciendo énfasis en cómo se vive la experiencia de la niñez en diferentes partes del mundo. Los estudiantes leerán historias acerca de niños, de formas de jugar, tradiciones y mitos; estudiarán literatura y música de todo el mundo; y aprenderán acerca de diferentes lugares del mundo. También examinarán la forma en la que los niños pueden generar una diferencia significativa en el mundo que los rodea y colaborarán en un proyecto para mejorar las oportunidades educativas de otros niños. Los estudiantes son introducidos a los Objetivos de Desarrollo Sostenible (ODS).

En este año, los estudiantes trabajan con otros compañeros de segundo grado, de por lo menos un otro país. Periódicamente, los estudiantes se pondrán en contacto con sus compañeros de escuelas hermanas para comparar los apuntes que han tomado sobre lo que están aprendiendo, para obtener información y hacer presentaciones.

Este año hace énfasis especial en dejar que los niños observen sus propias experiencias y sus alrededores, así como las experiencias de los demás. Los niños después analizan esas experiencias mientras las relacionan con diferentes culturas y presentan reportes sobre sus observaciones a niños de otro país utilizando diferentes recursos tecnológicos.

El plan de estudios está estructurado en cuatro unidades, trece actividades y 38 sesiones; con una duración de más de 30 semanas.

## El Curso Mundial: Segundo grado

**En retrospectiva**

Somos personas con necesidades humanas universales.

**Viendo hacia delante**

Entendimiento de la interdependencia global a través de la producción económica.

**Descripción general de las unidades**

1. Diferencias y semejanzas de las culturas
2. Creciendo en diferentes culturas
3. Comparación de la literatura y música de diferentes países
4. Cómo los niños pueden hacer la diferencia

**Evaluación**

El proyecto final, el cual es modesto en alcance, impulsa a los niños a contribuir a la educación de otros niños.

Empoderar Ciudadanos Globales

| | |
|---|---|
| **Unidad** | 2.1 |
| **Tema** | Diferencias y semejanzas entre culturas |
| **Subtemas** | Perspectivas culturales diversas, empatía, variaciones dentro de los diferentes grupos culturales, curiosidad acerca de los asuntos globales, geografía, valores en común, el uso de evidencia y de la tecnología. |
| **Región** | Todas / cualquiera, con un énfasis mayor en los países de los padres de los niños y en los de sus compañeros de escuelas hermanas. Sería de gran ayuda si varias secciones del mismo grado cubren diferentes países e intentan hacer representaciones de varias regiones del mundo (ej. África, Asia, Europa y Latinoamérica) |
| **Duración** | Ocho semanas |

**Metas y objetivos**

1. **Aprender** semejanzas y diferencias acerca de cómo juegan los niños en diferentes culturas y comprender las limitantes que existen al representar a una cultura o país entero con estereotipos o promedios, entendiendo que dentro de cada cultura existen variaciones.

2. **Motivar** en los estudiantes el interés por las diferentes culturas, sus diferencias y las formas en que los niños viven en cada una de ellas. Despertar su deseo de comunicarse con niños de otros países a través del uso de las tecnologías modernas de comunicación.

3. **Actuar** a través de la descripción de los juegos que los niños juegan en las diferentes culturas y compartir estas observaciones con estudiantes de otras partes del mundo.

**Habilidades y conocimientos**

1. Los estudiantes describirán los juegos que ellos y otros niños juegan en la escuela y después presentarán esas descripciones en una cartelera.

2. Los estudiantes analizarán y compararán varios juegos jugados por niños en su escuela.

3. Los estudiantes narrarán los juegos que juegan, producirán videos simples y fotos de esos juegos, y compartirán esas

observaciones con sus compañeros de otros países utilizando tecnologías de comunicación a través de Internet.

4. Los estudiantes analizarán reportes producidos por sus compañeros de escuelas de otros países, describiendo los juegos que ellos juegan.

**Resumen**

Esta unidad invita a los estudiantes a analizar sus propias experiencias a través de los juegos que juegan, y se extiende al análisis de los juegos que sus padres y sus compañeros de otros países jugaron. Las actividades involucran la recolección de evidencia usando habilidades de observación, estudiando entrevistas y documentales, elaboración de un esquema para la creación de categorías para analizar los juegos y presentar esos análisis a los compañeros y maestros de su escuela y de las escuelas de otros países. La unidad ofrece una introducción a los mapas, a los países y a los estudiantes alrededor del mundo. Los estudiantes usan la tecnología para comunicarse con sus compañeros de otros países.

**Actividad 2.1.1**
**¿Qué juegos jugamos?**

Esta actividad dirigida al docente, es un análisis de los juegos que sus estudiantes juegan en clase. Los estudiantes toman diferentes turnos para describir un juego que juegan. En grupos, algunos estudiantes juegan el juego mientras que los demás estudiantes los observan. El docente, entonces, guía a sus estudiantes a hacer un análisis del juego, guiando la conversación, por ejemplo, a las siguientes preguntas:

1. ¿Cuál es el nombre del juego?
2. ¿Cuál es el objetivo del juego?
3. ¿Cuántos estudiantes lo juegan?
4. ¿Cómo fomenta la cooperación el juego?
5. ¿Cómo fomenta la competencia el juego?
6. ¿Qué tipo de habilidad es requerida para jugar el juego?
7. ¿Qué recursos son necesarios para jugar el juego?
8. ¿En qué sentido es divertido el juego?
9. ¿En dónde se originó el juego? ¿Sabemos de qué país es originario el juego?

10. ¿En qué países se juega este juego?

Después de la conversación en la cual los juegos son analizados, el docente y sus estudiantes en conjunto preparan carteles de varios juegos. Algunos estudiantes escriben mientras otros dibujan. Los carteles son entonces puestos uno a un lado del otro, y los estudiantes comienzan una conversación en la cual comparan y contrastan los diferentes juegos.

Los estudiantes deciden en conjunto cuál juego les gustaría jugar; para esto toman turnos para describir su juego favorito, participando en una conversación acerca del juego que eligieron, y finalmente con su voto. Mientras algunos estudiantes juegan el juego, los demás toman el rol de reportero, tomando fotos y videos cortos. Después los estudiantes observan el video, las fotos y reflexionan sobre su experiencia jugando el juego. Regresan al cartel del juego para describirlo y revisar dicha descripción si es necesario.

**Actividad 2.1.2**
**¿Qué juegos jugaron nuestros padres cuando eran niños?**
**Tarea**

Continuando con la Actividad 2.1.1, los estudiantes entrevistan a sus padres acerca de los juegos que ellos jugaron cuando eran niños. Ellos preparan un cartel similar al que prepararon en clase, con ayuda de sus padres si es necesario, y utilizan la siguiente rúbrica para la entrevista:

1. ¿Cuál es el nombre del juego?
2. ¿Cuál es el objetivo/propósito del juego?
3. ¿Cuántos estudiantes lo juegan?
4. ¿Cómo fomenta la cooperación el juego?
5. ¿Cómo fomenta la competencia el juego?
6. ¿Qué tipo de habilidad es requerida para jugar el juego?
7. ¿Qué recursos son necesarios para jugar el juego?
8. ¿En qué sentido es divertido el juego?
9. ¿En dónde se originó el juego? ¿Sabemos de qué país es originario el juego?
10. ¿En qué países se juega este juego?

## El Curso Mundial: Segundo grado

Utilizando los carteles que los estudiantes prepararon como tarea, el docente dirige una conversación en la cual los estudiantes comparan y contrastan los diferentes juegos que aprendieron en casa. Comparan los juegos jugados por sus padres con los juegos que ellos juegan. Cuentan cuántos juegos se repitieron y observan diferencias en esos juegos. Colorean en un mapa mundial los países en donde se juegan los juegos de los cuales conversaron en clase.

## Actividad 2.1.3
### Observando cómo juegan los niños

En pequeños centros de trabajo durante el recreo, los estudiantes observan a otros estudiantes de otras clases de su escuela mientras juegan juegos. Toman fotos y videos. Utilizando la rúbrica de la entrevista que han estado usando para analizar juegos, entrevistan a otros niños acerca de los juegos que juegan. En clase, reportan sus observaciones y producen carteles para comparar sistemáticamente los diferentes juegos que han observado. Conversan y debaten acerca de las diferencias en la composición de los grupos observados, en edad y género, y qué juegos jugaron esos grupos.

## Actividad 2.1.4
### Hablando acerca de juegos con niños de otras partes del mundo

Los estudiantes examinan y analizan cómo los niños juegan en varios países y regiones, comenzando con los países y culturas representadas en clase y extendiéndolo hasta los que son representados por los estudiantes de su escuela hermana. En esta unidad, los estudiantes también son presentados a sus compañeros de su escuela hermana en otro país, y colaboran para describir los juegos que los niños juegan en su escuela y en su escuela hermana.

El docente y los estudiantes se comunican con estudiantes de segundo grado en por lo menos un país diferente – y sí es posible, en dos o tres países más. El propósito de esta actividad es que los estudiantes se presenten ellos mismos con sus compañeros de la otra escuela, intercambiando saludos y después, compartiendo las descripciones de los juegos que juegan. Cada estudiante se presentará a sí mismo diciendo su nombre, edad, número de hermanos y su juego favorito.

Esta actividad puede ser respaldada por la siguiente planeación de Coverdell, la cual fue diseñada para ayudar a los estudiantes a pensar acerca de ellos mismos y de cómo son semejantes y diferentes con respecto a niños de otros países (recurso en inglés): https://sharemylesson.com/partner/peace-corps-world-wise-schools

De ser posible, los estudiantes se comunicarán entre sí en tiempo real utilizando la herramienta de Skype para tener videoconferencias. Si la diferencia de horario impide esto, los estudiantes compartirán diapositivas de PowerPoint con videos y fotos para presentar los juegos que ellos estudiaron en clase. Ellos recibirán una presentación similar de sus compañeros, y después debatirán en clase sobre cómo esos juegos son similares y diferentes a los juegos que ellos juegan. Los estudiantes explorarán posibles relaciones entre los juegos que ellos han aprendido de sus compañeros de otro país, sus juegos y los que han sido jugados por sus padres.

**Actividad 2.1.5**
**Comprendiendo los mapas**

Esta unidad se expande en una corta introducción a los mapas en la actividad previa, enfocándose en el estudio de lo que es un mapa, lo que es un globo terráqueo, en dónde está localizada la escuela de los alumnos y en donde están localizadas sus escuelas hermanas. De ser posible, los alumnos serán impulsados a dibujar un mapa con la ruta de su casa hacia la escuela. Se les pedirá que lo etiqueten con puntos de referencia de su interés (ej. flores o edificios). Los alumnos aprenden acerca de diferentes países y sus banderas, así como características básicas de esos países (ej. su clima, animales, plantas, etc.).

- Los estudiantes aprenden cómo hacer un mapa de su salón, comentando en dónde están localizadas las cosas.
- Después, los estudiantes reciben un mapa de su escuela y son llevados a diferentes lugares utilizando su mapa; algunos lugares no estarán en el mapa, y ellos aprenderán cómo llenarlo.
- Después, se les dará un mapa de su vecindario/barrio, y etiquetarán el lugar en el que viven.
- Los estudiantes usan bloques de construcción para hacer un "mapa" de su ruta de casa hacia la escuela, etiquetando puntos de referencia.
- Ellos localizan cuerpos de agua (ej. ríos, lagos, océanos) y aprenden a identificarlos en el globo terráqueo.

## Recursos

*Los recursos a continuación se encuentran en inglés, como referencia para los maestros que podrán adaptar lo que consideren pertinente para sus contextos:*

- *"Panwapa"* de Sesame Street: <https://www.youtube.com/watch?v=YVyPHSHnMsM> y <http://www.panwapa.com/>
- *"The Journey of Oliver K. Woodman"*, de Darcy Pattison
- *"My Granny Went to Market: A Round-the-World Counting Rhyme"*, de Stella Blackstone
- *"How to Make an Apple Pie and See the World"*, de Marjorie Priceman
- *"How to Make a Cherry Pie and See the U.S.A."*, de Marjorie Priceman
- *"Tulip Sees America"*, de Cynthia Rylant
- *"My Sister's Rusty Bike"*, de Jim Aylesworth
- *"Me on the Map"*, de Joan Sweeney
- *"Zigby Hunts for Treasure"*, de Brian Paterson
- "Pirate Treasure Map: A Fairytale Adventure"
- "*X* Marks the Spot"
- "Good Night Our World series", de Adam Gamble

Después, los estudiantes localizan las escuelas de sus compañeros en un mapa mundial. Enfocándose en los países en donde se encuentran sus compañeros de escuelas hermanas, los estudiantes aprenden acerca de ellos y sus banderas, y tal vez acerca de sus características básicas (ej. clima, animales, plantas, etc.).

El Curso Mundial: Segundo grado

**Actividad opcional**

Una posible actividad puede ser que los estudiantes se dividan en grupos. Cada uno será responsable de un país y de hacer una exposición con fotos y otros artículos de dicho país. Después, los estudiantes tendrán consigo un "pasaporte" que llenarán con fotos y sellos al "visitar" cada país/ estación. Se les puede pedir ayuda a los padres para trabajar en esta actividad.

**Actividad 2.1.6 (cuatro sesiones)**
**Aprendiendo acerca de los juegos de otros países**

Utilizando los juegos descritos en los siguientes recursos, el maestro enseñará una lección acerca de los juegos jugados en diferentes países. Los estudiantes etiquetarán esos juegos y los países en los que son jugados en un mapa mundial. Luego en grupos de trabajo pequeños, estudiarán un juego en particular. Después cada grupo utilizará la rúbrica aplicada en todas las actividades pasadas para preparar un cartelón o una cartelera analizando el juego y presentará el resultado de su trabajo a la clase. Si es posible, los alumnos llevarán a casa información acerca del juego que analizaron y hablarán sobre este juego con sus hermanos y padres.

Como parte de esta lección, los estudiantes aprenden a localizar en un mapa todos los continentes y las regiones o países de donde son sus padres o tutores, sus abuelos, y otros parientes y ancestros. También aprenden a localizar los océanos del mundo, cinco ríos principales y las principales cordilleras y sierras.

**Recursos**

*Los recursos a continuación se encuentran en inglés, como referencia para los maestros que podrán adaptar lo que consideren pertinente para sus contextos:*

- http://www.amazon.com/Kids-Around-World-Play-Games/dp/0471409847#reader_0471409847
- http://www.amazon.com/Multicultural-Game-Book-Grades-1-6/dp/0590494090/ref=sr_1_1?ie=UTF8&qid=1306514348&sr=8-1" \l "reader_0590494090

- http://www.amazon.com/Multicultural-Game-Book-Grades-1-6/dp/0590494090/ref=sr_1_1?ie=UTF8&qid=1306514348&sr=8-1" \l "reader_0590494090
- http://www.clintrogersonline.com/blog/2008/06/20/games-people-play-in-different-countries-and-cultures/
- http://www.gameskidsplay.net/games/foreign_indexes/index.htm
- http://www.streetplay.com/playfulworld/
- http://www.amazon.com/Children-Just-Like-Me-Celebration/dp/0789402017/ref=sr_1_1?ie=UTF8&qid=1306513644&sr=8-1#reader_0789402017

El Curso Mundial: Segundo grado

Empoderar Ciudadanos Globales

| | |
|---|---|
| **Unidad** | 2.2 |
| **Tema** | Creciendo en diferentes culturas |
| **Subtemas** | Perspectivas culturales diversas, curiosidad acerca de los asuntos globales, geografía, perspectiva intercultural tomada, empatía, compromiso con la igualdad, variación entre los grupos culturales, pobreza, el uso de evidencia y el uso de la tecnología. |
| **Región** | India, Japón y el mundo (o los países en donde se encuentran escuelas hermanas) |
| **Duración** | Diez semanas (cuatro actividades y catorce sesiones) |

Los estudiantes investigan cómo los niños crecen en diferentes partes del mundo, incluyendo los derechos y responsabilidades que tienen. Comenzando con ellos mismos y con sus compañeros de la escuela hermana, los alumnos investigan cómo los niños pasan su tiempo y viven sus derechos y responsabilidades en casa y en la escuela. Ellos también definen y dan ejemplos de algunos de los derechos y responsabilidades que los estudiantes tienen como ciudadanos en su escuela (ej. los alumnos tienen el derecho de votar en las elecciones de la clase y tienen la responsabilidad de seguir reglas). Los alumnos aprenden acerca de cómo es el crecer en diferentes culturas y aprenden acerca de cómo las diferentes demandas y oportunidades influencian la asistencia a la escuela.

**Metas y objetivos**

1. **Aprender** diferencias y semejanzas acerca de cómo viven los niños en diferentes culturas.
2. **Motivar** a los alumnos a mostrar interés en varias culturas, en cómo los niños viven y crecen en diferentes culturas, y en cómo pueden comunicarse con ellos a través del uso de las modernas tecnologías de telecomunicación.
3. **Actuar** a través de la descripción de derechos y responsabilidades de los niños en diferentes culturas y compartir esas descripciones con estudiantes de otras partes del mundo.

El Curso Mundial: Segundo grado

**Habilidades y conocimientoss**

1. Los estudiantes describirán los derechos y responsabilidades de los niños en diferentes países.
2. Los estudiantes analizarán y compararán la niñez en diferentes países.
3. Los estudiantes comenzarán a aprender acerca de las labores del niño y el concepto de oportunidad educacional.
4. Los estudiantes usarán tecnologías basadas en la comunicación por Internet, para intercambiar presentaciones sobre cómo los niños pasan su tiempo (específicamente, una semana) con sus compañeros en otros países.

**Resumen**

En esta unidad los alumnos analizan los juegos que los niños juegan en diferentes países y partes del mundo, lo cual los ayuda a comprender cómo es la vida de los niños en diferentes culturas. Los estudiantes observan y registran cómo usan su tiempo, y lo comparan y contrastan con las observaciones de sus compañeros, así como con las de sus compañeros de escuelas hermanas alrededor del mundo. Los alumnos aprenden los conceptos de los derechos y responsabilidades y los usan como categorías para investigar cómo ellos y otros niños utilizan su tiempo. Los alumnos preparan presentaciones que compartirán en clase y con sus compañeros de otros países utilizando las tecnologías de telecomunicación. Después, estudian la niñez en áreas rurales y urbanas y analizan la asistencia a las escuelas y la experiencia educativa de los alumnos en diferentes países y regiones. Esta unidad también introduce el concepto del trabajo infantil alrededor del mundo.

**Actividad 2.2.1**
**Una semana típica en diferentes países**

Los estudiantes mantendrán un registro acerca de cómo utilizan su tiempo en una semana cualquiera. Los alumnos examinan en clase esos registros y observaciones, y clasifican sus actividades utilizando varias categorías (ej. tiempo a solas y tiempo con otros; tiempo con otros niños y tiempo con adultos; tiempo con familiares y tiempo con no familiares; y tiempo en casa, en la escuela o fuera). Ellos examinarán variaciones en cómo diferentes niños de la clase pasan su tiempo y harán un debate, por ejemplo, cómo ayudan en la escuela y cómo ayudan en casa. Los alumnos también hablarán sobre los derechos y responsabilidades que tienen en casa y en la escuela. Después, preparan una presentación (con texto, imágenes, y diapositivas de PowerPoint) que resuma cómo la mayoría de ellos utiliza su tiempo, cómo ayudan, sobre sus derechos y responsabilidades, y variaciones dentro de clase. Después, comparten su presentación con sus compañeros de escuelas hermanas en diferentes países. Los alumnos intercambian ideas acerca de las razones de las diferencias en cómo utilizan su tiempo, en cómo ayudan en casa y en la escuela, y sobre sus derechos y responsabilidades en casa y en la escuela.

**Actividad 2.2.2**
**Creciendo en India y Japón y yendo a la escuela en diferentes países**

Esta lección introduce cómo los niños crecen en áreas urbanas y rurales en Japón y en la India. También introduce algunos de los diferentes métodos de educación que se utilizan en diferentes países.

Los estudiantes leen y debaten el libro *Yo vivo en Tokio* de Mari Takabayashi. En este libro, el personaje principal, Mimiko de siete años de edad, describe fechas especiales del año.

El docente guía a los alumnos con la lección "Asha's Village in India", la cual fue desarrollada por el Programa Coverdell del Cuerpo de Paz (recurso en inglés):

- Libro electrónico:
  http://www.cdschools.org/cms/lib04/PA09000075/Centricity/Domain/1326/Flex%20groups%20day%201%20e-book.pdf
- Lección de clase: https://www.tes.com/teaching-resource/asha-s-village-6335974

**Actividad 2.2.3**
**Creciendo alrededor del mundo**

Utilizando una biblioteca de libros que describen cómo es crecer en diferentes países, los alumnos, en grupos pequeños, seleccionan un país del cual quieran aprender más. Leen el libro, y con la ayuda del docente, quien podrá seleccionar o sortear opciones de un texto de referencia como la *Greenwood Encyclopedia of Children's Issues Worldwide,* (recurso en inglés), preparan una presentación para sus compañeros sobre cómo los niños crecen en el país que seleccionaron. Esa presentación se enfoca en analizar qué porcentaje de niños en ese país va a la escuela primaria y secundaria, y qué formas de trabajo infantil existen en el país. Los alumnos ubican el país que están estudiando en un mapa mundial.

Los alumnos también desarrollarán actividades, ensayos reflexivos, dibujos y debates.

**Recursos**

*Los recursos a continuación se encuentran en inglés, como referencia para los maestros que podrán adaptar lo que consideren pertinente para sus contextos:*

- *The Greenwood Encyclopedia of Children's Issues Worldwide*, la cual tiene resúmenes muy completos de capítulos describiendo características básicas de la niñez en varios países.

- Una lista de literatura acerca de cómo es crecer en varios países. Idealmente, la biblioteca de la escuela tendrá todos estos libros; y si no, el docente puede seleccionar un grupo de ellos específicamente para esta actividad: http://www.ala.org/ala/mgrps/divs/alsc/compubs/booklists/growingupwrld/GrowingUpAroundWorld.cfm

## Actividad 2.2.4
## Acceso a la escuela y el trabajo infantil alrededor del mundo

En esta lección el maestro explica cómo el acceso a la escuela alrededor del mundo varía; e introduce el tema del trabajo infantil. Los niños leen capítulos seleccionados del libro *Facing the Lion* de Joseph Lekuton (recurso en inglés), y debaten en clase las diferentes oportunidades y responsabilidades que los niños tienen en diferentes partes del mundo. También verán segmentos seleccionados de la serie *Time for School* (recurso en inglés). Para introducir el debate de los factores que influencian el acceso a la escuela, el maestro usa lecciones del programa Coverdell.

**Recursos**

*Los recursos a continuación se encuentran en inglés, como referencia para los maestros que podrán adaptar lo que consideren pertinente para sus contextos:*

- *Facing the Lion: Growing up Maasai on the African Savanna*, de Joseph Lekuton
- http://news.nationalgeographic.com/news/2003/09/0917_030917_lekuton.html
  http://www.pbs.org/wnet/wideangle/episodes/time-for-school-series/introduction/4340/

# El Curso Mundial: Segundo grado

Empoderar Ciudadanos Globales

**Unidad**  2.3
**Tema**  Comparando la literatura y la música de diferentes culturas
**Subtemas**  Arte: literatura y música; identidades propias y de otros; valores en común, empatía, curiosidad acerca de los asuntos globales, perspectiva intercultural tomada y geografía.
**Región**  Todas / cualquiera
**Duración**  Seis semanas (dos actividades y ocho sesiones)

En esta unidad los alumnos examinan la literatura y música de diferentes culturas y países. Sitúan las historias y las canciones en un mapa y en una línea del tiempo; hablan sobre los temas en los que esas creaciones se enfocan comparándolas y contrastándolas.

## Metas y objetivos

1. **Aprender** semejanzas y diferencias de la literatura y mitos y canciones de los niños de diferentes culturas.
2. **Motivar** a los estudiantes a tener interés y apreciación por la literatura y la música como expresiones culturales.
3. **Actuar** a través del análisis de los valores reflejados en la literatura y mitos, así como mediante el análisis del potencial de la música para promover la comprensión a nivel global.

## Habilidades y conocimientoss

1. Los estudiantes reconocerán las semejanzas y diferencias en varios mitos y en la literatura de diferentes países.
2. Los estudiantes identificarán respuestas a canciones y música y reconocerán el impacto de la música en otros niños.

## Resumen

Construcción del análisis de semejanzas y diferencias en experiencias directas con el juego y juegos; a través del análisis de cómo los niños utilizan su tiempo, los alumnos exploran la música y la literatura de diferentes países y analizan las semejanzas y diferencias de la música y literatura a través de las culturas y el tiempo.

## Actividad 2.3.1
## Leyendas y mitos de diferentes partes del mundo

Los estudiantes leen y hablan acerca de leyendas y mitos de diferentes partes del mundo. Debaten acerca de aspectos de la experiencia humana y de los valores que llevan esas historias y sus semejanzas y diferencias. Si es posible, los alumnos identifican la procedencia de esas historias en una línea del tiempo y un mapa.

**Recursos**

*Los recursos a continuación se encuentran en inglés, como referencia para los maestros que podrán adaptar lo que consideren pertinente para sus contextos:*

- http://www.amazon.com/Beginning-Creation-Stories-Around-World/dp/0152387420

## Actividad 2.3.2
## Música y canciones de diferentes partes del mundo

Los estudiantes exploran la música y canciones de diferentes partes del mundo, así como cómo las canciones pueden resaltar las cosas en común de las experiencias humanas. Los alumnos aprenden algunas canciones cortas en diferentes idiomas y aprenden saludos básicos en arábico, mandarín, francés, japonés y español.
Los alumnos exploran canciones que celebran la diversidad cultural y son introducidos al proyecto "Jugando por el Cambio", el cual reúne músicos de todo el mundo en un proyecto colaborativo promoviendo la comprensión global. Los padres son invitados a presentar canciones apropiadas para los alumnos de segundo grado, y que tengan un mensaje significativo. Estas canciones son tocadas en clase, y los niños hablarán sobre los temas de las canciones. Ellos comparan estos temas.

Después, el docente introduce y reproduce canciones adicionales, los alumnos comparten las emociones que estas canciones les provocan y qué temas creen que son tratados en esas canciones. Los alumnos aprenden unas cuantas canciones e identifican su procedencia situándola en un mapa y una línea del tiempo.

Al finalizar, se presentan a los alumnos los proyectos en los cuales músicos de diferentes partes del mundo colaboraron para promover la comprensión global a través de la música.

**Recursos**

*Los recursos a continuación se encuentran en inglés, como referencia para los maestros que podrán adaptar lo que consideren pertinente para sus contextos:*

- http://www.mamalisa.com/?t=e_atoz
- http://en.wikipedia.org/wiki/Jessi_Colter_Sings_Just_for_Kids:_Songs_from_Around_the_World
- Playing for Change project: http://www.amazon.com/PFC-Songs-Around-World-Combo/dp/B003TJ4YUQ/ref=amb_link_356415782_3?pf_rd_m=ATVPDKIKX0DER&pf_rd_s=hero-quick-promo&pf_rd_r=1SDMQ9GY4MQ2GKXP801N&pf_rd_t=201&pf_rd_p=1299285482&pf_r_i=B001QOOCTE

El Curso Mundial: Segundo grado

## Empoderar Ciudadanos Globales

| | |
|---|---|
| **Unidad** | 2.4 |
| **Tema** | Cómo los niños hacen la diferencia |
| **Subtemas** | Empatía, marcos éticos, valores en común, compromiso con la igualdad, innovación, creatividad, el valor del potencial humano, comunicación creativa y el uso de la tecnología. |
| **Región** | Todas / cualquiera y países de escuelas hermanas |
| **Duración** | Seis semanas (dos actividades y cinco sesiones) |

Esta unidad investigará cómo los niños de todas partes del mundo hacen la diferencia a través de ayudar a otros, mejorando sus comunidades y colaborando para abordar las necesidades globales. Concluirá con los niños en la escuela trabajando sobre un proyecto para hacer una contribución a la educación de otros niños. El proyecto será de una escala modesta, y puede ser tan simple como hacer una contribución financiera a una organización en existencia que apoye la educación. El proyecto también puede ser más complejo, y los alumnos pueden trabajar con sus compañeros de su salón hermano con los que han estado colaborando durante todo el año, para encontrar conjuntamente maneras, apropiadas a su edad, de abordar un reto global.

**Metas y objetivos**

1. **Aprender** que la gente, en especial los niños, tienen la habilidad de influenciar en otros positivamente y de manera significativa a través de sus acciones; así como también tienen la habilidad de cuestionar las barreras que limitan las oportunidades para los niños y para darse cuenta de que pueden mejorar las condiciones de sus comunidades. Identifican los Objetivos de Desarrollo Sostenible (ODS).
2. **Motivar** a los alumnos a apreciar a aquellos que contribuyen para solucionar importantes retos globales.
3. **Actuar** a través del análisis de diferentes maneras de mejorar las oportunidades educativas y a través de la evaluación de su propia capacidad para contribuir en esas mejoras.

El Curso Mundial: Segundo grado

**Habilidades y conocimientoss**

1. Los estudiantes aprenderán las características de los niños agentes de cambio.
2. Los estudiantes reconocerán su propia capacidad para ser un agente de cambio.
3. Los estudiantes desarrollarán las habilidades para colaborar con otros en función de hacer un cambio tangible en la educación de los niños.

**Resumen**

En la unidad de conclusión para este grado, los alumnos trabajan sobre la base de sus análisis previos de semejanzas y diferencias sobre cómo los niños crecen alrededor del mundo y lo que identificaron en ellos acerca de las oportunidades de acceso a la educación. A partir de lo que ya han trabajado, analizan las maneras en las que los niños pueden expresar su preocupación y capacidad de agencia de una manera positiva para hacer la diferencia. Los estudiantes se involucran en un pequeño proyecto en el cual harán una contribución a la educación de otros niños en alguna parte del mundo.

**Actividad 2.4.1**
**¿Cómo ayudamos a los demás?**

El docente expondrá ejemplos sobre cómo los alumnos pueden ayudar a otros en casa, en su comunidad, y más allá. Después el docente expondrá ejemplos de niños que han ayudado a otros en una escala mayor –por ejemplo, el fundador de la Organización Mundial de los Niños u otros de los niños destacados en las series Scholastic's Kids Make a Difference (recurso en inglés: ver más abajo). Después, a los estudiantes se les pedirá en clase que lean una historia acerca de uno de esos niños y que hagan una pintura o escriban una canción, párrafo, o poema que explique cómo ese niño está haciendo una diferencia y porqué esa diferencia es importante. Después el maestro presentará los ODS utilizando las planeaciones de las lecciones desarrolladas por UNICEF.

**Recursos**

*Los recursos a continuación se encuentran en inglés, como referencia para los maestros que podrán adaptar lo que consideren pertinente para sus contextos:*

- Artículos "Kids Make a Difference" de Scholastic http://www2.scholastic.com/browse/collection.jsp?id=504

- El plan de lecciones de UNICEF para introducir los Objetivos de Desarrollo Sostenible: https://teachunicef.org/teaching-materials/topic/sustainable-development-goals

- Los proyectos de iEARN creados para introducir los Objetivos de Desarrollo Sostenible: https://iearn.org/news/iearn-projects-align-to-the-un-sustainable-development-goals

**Actividad 2.4.2**
**¿Qué podemos hacer todos juntos para ayudar a otros niños a tener acceso a la educación?**

En clase, el docente guiará un debate acerca de cómo los estudiantes pueden ayudar con la educación de otros niños. El docente presentará algunas de las organizaciones que están involucradas en apoyar la educación, explicará las formas en que lo hacen, y sugerirá maneras en las que los estudiantes de la clase pueden hacer una contribución. Los alumnos de la clase decidirán a qué otros niños quieren ayudar y cómo; implementarán un plan para ayudar de una manera concreta. El docente hace esta actividad en colaboración con la escuela hermana.

El Curso Mundial: Segundo grado

El Curso Mundial
Tercer grado: Entendiendo la interdependencia global a través de un emprendimiento en la manufactura de chocolate

**Tema**

Explorar y experimentar con emprendimientos sociales para abordar asuntos globales, especialmente alrededor del trabajo infantil, comprendiéndolos a través de un lente inter-disciplinario, usando perspectivas de múltiples partes interesadas, como individuos, empresas y las ONG.

**Descripción**

En este año, los estudiantes aprenderán acerca de emprendimiento y gerencia de un negocio. Empezarán aprendiendo a hacer su propio tipo de chocolate basándose en los múltiples procesos que apuntan a la manufactura de chocolate conforme pasa de materia prima a un producto final. Los estudiantes también examinarán el crecimiento del chocolate como un fenómeno global a través de una perspectiva histórica. Los estudiantes trabajarán en grupo e imaginarán que son dueños de un negocio de chocolate y que quieren expandirlo en tres países distintos. Estarán en contacto con un par de cada uno de esos países y tendrán que aprender acerca de los valores culturales y normas de cada país, para empezar a reconocer algunos de los estereotipos que existen sobre cada uno. A lo largo del año, los estudiantes "administrarán" un negocio monitoreando los gastos asociados, desarrollando una estrategia de negocio, y creando un prototipo. Los estudiantes aprenderán acerca de diferentes mercados físicos en el mundo, enfocándose especialmente en los tres países que estudiarán, y serán informados de que pueden vender su chocolate en esos mercados. Basándose en lo que aprendan a través de discusiones con sus pares de los otros países acerca de la cultura, estilos de vida, y preferencias de cada uno de estos lugares, crearán un prototipo final, un logo, y su propia campaña de publicidad para el chocolate. Al mismo tiempo, cuestionarán conceptos clave relacionados con el negocio, como el libre comercio, trabajo infantil, la creación de productos éticos, y aprenderán a reconocer, apreciar y valorar la diversidad en el mundo.

**En retrospectiva**

Explorar similitudes, puntos en común y diferencias entre personas y culturas en todo el mundo.

**Viendo hacia adelante**

Comprender la formación, el mantenimiento, la gobernanza y el declive de las civilizaciones antiguas y modernas en el tiempo.

**Descripción general de las unidades**

1. Preparando el escenario para la vida de un chocolate
2. La vida de un chocolate y su historia
3. Vamos a hacer nuestro propio chocolate
4. Entender la cultura de mi mercado
5. La mercadotecnia de mi chocolate en la escuela
6. El trabajo infantil
7. Llevando mi chocolate al mercado
8. Más allá del chocolate

**Evaluación**

Un proyecto de un año en el que los estudiantes desarrollan un plan de negocios y administran un negocio de venta de chocolate.

Empoderar Ciudadanos Globales

| | |
|---|---|
| **Unidad** | 3.1 |
| **Tema** | Preparando el escenario para la vida de un chocolate |
| **Subtemas** | Geografía; globalización; CIC; y trabajo y hábitos mentales: innovación y creatividad |
| **Región** | Áreas productoras de cacao (África del Oeste: Costa de Marfil, Ghana, Nigeria, Camerún, Togo; México; Brasil; Malasia, e Indonesia) |
| **Duración** | Una a dos semanas |

**Metas y objetivos**

1. **Aprender** una historia en un libro infantil clásico (*Charlie y la Fábrica de Chocolate*) y comenzar a ver el chocolate como un producto global.
2. **Motivar** a los estudiantes a interesarse en examinar algunas de las interdependencias globales en la creación del chocolate.
3. **Actuar** demostrando la comprensión del hecho de que el ingrediente principal en el chocolate y su producción se limita a muy pocas partes del mundo.

**Habilidades y conocimientos**

1. Los estudiantes se familiarizarán con la trama de una pieza literaria infantil clásica: *Charlie y la Fábrica de Chocolate*.
2. Los estudiantes entenderán cómo las acciones de las personas impactan los resultados eventuales, como en el caso de *Charlie y la Fábrica de Chocolate*.
3. Los estudiantes trazarán en un mapa los países donde se cultiva cacao en todo el mundo y también entenderán que los sitios para crecimiento, procesamiento y exportación no necesariamente tienen que ser iguales.

**Resumen**

En esta unidad, los alumnos verán la película *Charlie y la Fábrica de Chocolate*, una adaptación del libro clásico de Roald Dahl, publicado por primera vez en 1964. La historia no solo sirve como una guía para el año y crea entusiasmo en torno al tema de la producción de chocolate, sino que también brinda a los estudiantes la oportunidad de examinar algunas de las decisiones hechas por los personajes y las formas en que esas decisiones influencian los posibles resultados eventuales. A través de un ejercicio de mapeo, los estudiantes identificarán los países que son los mayores productores de cacao en el mundo y comprenderán que, si bien el ingrediente crítico (cacao) puede ser cultivado en una parte del mundo, su producción puede darse en otra parte del mundo. De esa manera, los estudiantes comprenderán algunas de las interdependencias globales involucradas en la producción del chocolate.

**Actividad 3.1.1**
**Charlie y la Fábrica de Chocolate**

Cuando los estudiantes ingresan a la clase, son recibidos con un trozo de chocolate. El docente les entrega a los estudiantes los envoltorios de los chocolates y les pide que enumeren los primeros ingredientes naturales. Esto provocará respuestas de los estudiantes sobre, por ejemplo, qué creen que son los ingredientes del chocolate, en qué formas creen que pueden estar esos ingredientes (sólidos / líquidos) y si creen que esos ingredientes provienen de plantas o animales.

Posteriormente, los estudiantes verán *Charlie y la Fábrica de Chocolate*, una película estrenada en 2005 y basada en el libro original de Roald Dahl. Después de ver la película, el maestro les preguntará las siguientes preguntas:

1. ¿Cómo creen que la envoltura dorada se metió en el chocolate en primer lugar?
2. ¿Qué aprendieron sobre cómo se fabrica el chocolate a partir de la película? ¿Qué tiene de particular cada una de las salas de la fábrica?
3. ¿Por qué los personajes de la película toman algunas de las decisiones que toman?

Tenga en cuenta que, alternativamente, los estudiantes también pueden leer el libro original de Roald Dahl en lugar de ver la película, y que podría asignarse como lectura de verano hasta el tercer grado.

Como tarea, los estudiantes recibirán un chocolate y se les pedirá que respondan a la siguiente pregunta y cumplan con las siguientes tareas:

1. ¿Cuál es el ingrediente principal en el chocolate? (El ingrediente principal es cacao)
2. Marque en un mapa mundial cinco países donde se cultiva cacao, y también marque al mayor productor de cacao del mundo.
3. Lleve a cabo una investigación de antecedentes para averiguar si el chocolate es un fenómeno moderno o tiene raíces históricas.

**Recursos**

*Los recursos a continuación se encuentran en inglés, como referencia para los maestros que podrán adaptar lo que consideren pertinente para sus contextos:*

- El libro de Roald Dahl, *Charlie y la Fábrica de Chocolate:* http://www.roalddahl.com/roald-dahl/stories/1960s/charlie-and-the-chocolate-factory y https://www.amazon.com/Charlie-Chocolate-Factory-Roald-Dahl/dp/0142410314/ref=sr_1_1?ie=UTF8&qid=1466877499&sr=8-1&keywords=charlie+and+the+chocolate+factory
- Una lección modelo y juegos asociados con *Charlie y la Fábrica de Chocolate* http://www.teachingideas.co.uk/library/books/charlie-and-the-chocolate-factory

El Curso Mundial: Tercer grado

## Empoderar Ciudadanos Globales

**Unidad** 3.2
**Tema** La vida de un chocolate y su historia
**Subtemas** Geografía, globalización, historia universal, y CIC: interpersonal (otras identidades y culturas)
**Región** Todas / cualquiera
**Longitud** Tres semanas

### Metas y objetivos

1. **Aprender** acerca de interdependencias globales en los procesos de producción usando como ejemplo el chocolate.
2. **Motivar** a los estudiantes a entusiasmarse por el hecho de que los alimentos que come la gente tienen una larga historia y han evolucionado con el tiempo a través de las interacciones entre las personas y la cultura.
3. **Actuar** demostrando una comprensión de los hitos importantes en la evolución del producto.

### Habilidades y conocimientos

1. Los estudiantes comprenderán las razones geográficas de los procesos relacionados con la producción de chocolate y comprenderán el proceso de adición de valor en la fabricación en diferentes geografías.
2. Los estudiantes describirán los hitos importantes en el desarrollo y la evolución del chocolate y comprenderán que su forma ha cambiado a lo largo de los años.
3. Los estudiantes crearán líneas de tiempo que trazarán el proceso a través del cual el chocolate se convirtió en un producto global.

### Resumen

En esta unidad, los estudiantes comprenden mejor por qué la producción de cacao se limita a ciertas partes del mundo y de su importancia en el proceso de fabricación de chocolate. Los estudiantes desarrollan una visión general de los procesos involucrados en la fabricación del chocolate. También se dan cuenta de que el chocolate no es un fenómeno moderno, sino que ha evolucionado en el tiempo a través de las interacciones de las sociedades, culturas y personas.

## Actividad 3.2.1
## El proceso de fabricación del chocolate

Los estudiantes comienzan presentando los resultados de sus tareas a la clase. El docente marca todos los lugares donde se produce chocolate en un mapa mundial. El maestro debe hacer a los alumnos las siguientes preguntas:

1. ¿De qué parte de la planta de cacao proviene el chocolate?
2. ¿La planta tiene olor a chocolate? ¿Sabor a chocolate?
3. ¿Por qué se cultiva cacao solo en los países que figuran en el mapa? ¿Hay condiciones climáticas especiales necesarias para el crecimiento de la planta? ¿Pueden cultivar la planta en su patio trasero?

**Recursos**

*Los recursos a continuación se encuentran en inglés, como referencia para los maestros que podrán adaptar lo que consideren pertinente para sus contextos:*

- Un plan de lección acerca de la anatomía de la planta de cacao y cómo se cultiva: http://www.rainforest-alliance.org/curriculum/fourth/lesson2
- Un plan de lección acerca de las conexiones ecológicas, el ambiente y el chocolate (un recurso altamente recomendado): http://www.rainforestalliance.org/curriculum/third/lesson1
- Visitas virtuales a fábricas de chocolate que incluyen explicaciones del proceso de fabricación del chocolate: http://manufacturing.stanford.edu/hetm.html

Tenga en cuenta que esta unidad también se puede conectar al plan de estudios de ciencias, y específicamente a la unidad de estados de la materia. El docente puede explicar cómo el chocolate proviene de una cápsula de cacao sólida, posteriormente se convierte en líquido y finalmente se vende como un producto sólido, así como cómo podría tener lugar esta conversión de un estado de la materia a otro.

## Actividad 3.2.2
## ¿Es el chocolate un fenómeno histórico o moderno?

Los estudiantes pueden leer un libro sobre la historia del chocolate y sobre cómo se extendió desde la civilización Maya a Europa y las Américas. Los estudiantes pueden crear una línea de tiempo que muestre la historia del chocolate, y el docente puede ayudarlos a trazar en un mapa la expansión del chocolate en todo el mundo a lo largo del tiempo.

A través de estas actividades, los estudiantes deberían poder producir una lista de los desarrollos importantes en la historia del chocolate (por ejemplo, la adición de azúcar por los europeos, el uso del cacao como moneda por los aztecas, y el cultivo del árbol de cacao).

### Recursos

*Los recursos a continuación se encuentran en inglés, como referencia para los maestros que podrán adaptar lo que consideren pertinente para sus contextos:*

- Un plan de lección sobre cómo el chocolate ha cambiado a través del tiempo:
  http://www.teachingideas.co.uk/themes/chocolate
- Material de lectura sobre la historia del chocolate:
  http://www.amazon.co.uk/Story-Chocolate-DK-Readers-Level/dp/1405303875/ref=pd_bxgy_b_text_b
- Una descripción rápida de la historia del chocolate:
  https://en.wikipedia.org/wiki/History_of_chocolate
- Una segunda descripción de la historia del chocolate:
  http://www.history.com/news/hungry-history/the-sweet-history-of-chocolate

### Recursos para los docentes

*Los recursos a continuación se encuentran en inglés, como referencia para los maestros que podrán adaptar lo que consideren pertinente para sus contextos:*

- Un libro basado en investigación arqueológica y etno-histórica en el significado del chocolate a través de los milenios: http://www.amazon.com/True-History-Chocolate-Sophie-Coe/dp/0500282293
- Otro libro de la historia del chocolate: http://www.amazon.com/Chocolate-Pathway-Meredith-L-Dreiss/dp/0816524645/ref=pd_sim_b_5

## Empoderar Ciudadanos Globales

**Unidad** 3.3
**Tema** Vamos a hacer nuestro propio chocolate
**Subtemas** CIC: interpersonal (la propia identidad y cultura y las identidades y culturas de los demás); trabajo y hábitos mentales: innovación y creatividad; geografía; y economía
**Región** Todas / cualquiera
**Longitud** Cuatro semanas

### Metas y objetivos

1. **Aprender** acerca de algunas de las decisiones involucradas en establecer un negocio y acerca de cómo la distancia y geografía juegan un papel en procesos de valor agregado.
2. **Motivar** a los estudiantes a aprender más acerca de estas interdependencias subyacentes y sobre cómo se requieren diferentes piezas de información para comprender los mercados de productos de una manera holística.
3. **Actuar** describiendo dónde obtener los ingredientes principales y trazar en un mapa las ubicaciones de los países donde se cultiva y los países en los que se desarrolla el mercado objetivo.

### Habilidades y conocimientos

1. Los estudiantes describirán algunas de las piezas importantes de información que necesitan antes de poder crear un producto.
2. Los estudiantes comprenderán los conceptos de exportación, importación, marcas, diferentes modos de transporte y distancia en lo que se refiere a las decisiones de fabricación.
3. Los estudiantes demostrarán comprensión del uso de presupuestos y la habilidad de adherirse a uno mientras planean un viaje.

## Resumen

Se les presenta a los estudiantes algunas de las complejidades de comenzar las unidades de fabricación de bienes de consumo y los factores subyacentes que influyen en las decisiones de fijación de precios, como demanda, oferta, competencia, disponibilidad de ingredientes y materias primas, costos de producción y distribución. Los estudiantes comienzan a entender que sus decisiones deben basarse en factores relacionados con las materias primas, así como también con el producto final. Los estudiantes están familiarizados con la exploración de datos, las marcas y las fluctuaciones de precios. A través de un ejercicio de mapeo, los estudiantes planean un viaje a los mercados donde venderán sus productos. Los estudiantes usan un presupuesto para planear el viaje y recopilar la información de antecedentes necesaria para prepararse.

## Actividad 3.3.1, opción A
## Fabricando mi propio chocolate

Tenga en cuenta que hay dos opciones para esta actividad, opción A y opción B. Opción A puede servir como una actividad independiente, y si el tiempo y el interés lo permiten, opción B puede ser agregada a la unidad.

El docente informa a los estudiantes que empezarán sus propias compañías de fabricación de chocolate y que, durante el año, trabajarán para crear su propio tipo de chocolate. Los estudiantes estarán divididos en tres equipos y se les informará que cada equipo es competencia. También se les informará que deben fabricar su chocolate en una ciudad grande del país en el que se encuentran y venderlo a niños de su edad en un país específico (a cada equipo se le asignará un país diferente al propio).

Tenga en cuenta que el docente debe ayudar a los alumnos a elegir estos países del mercado objetivo. Deberían ser países en desarrollo y deberían ser una combinación de países que están cerca y más lejos de los países exportadores de cacao. Además, si el docente se siente cómodo con eso, los estudiantes pueden usar la cocina de la escuela y tratar de producir su propio chocolate. Aunque el proceso de producción de chocolate en la escuela se simplificará enormemente, aún servirá para generar entusiasmo e interés en torno a las actividades del año.

Una vez que cada equipo ha sido asignado el país en el que deberá vender el chocolate, el equipo deberá crear una lista de preguntas acerca de lo que necesita saber de dicho país. Considere la siguiente lista potencial de preguntas:

1. ¿De qué parte del mundo se conseguirá el cacao? Los ocho países productores de cacao más grandes en la actualidad son: Costa de Marfil, Ghana, Indonesia, Nigeria, Camerún, Brasil, Ecuador, y Malasia. Estos países producen el 90% del suministro de cacao del mundo. Esta pregunta tiene varias sub-preguntas que deben abordarse:

    a. ¿Cuál es el costo de exportar cacao de estos países productores de cacao?

    b. ¿A dónde han estado exportando cacao estos países?

    c. ¿Cómo se podría trazar una tendencia simple de producción de cacao en estos países a lo largo de diferentes años? ¿La tendencia se mantiene más o menos igual, o fluctúa con el tiempo?

    d. ¿Cuánto cuesta importar y exportar cacao?

    e. ¿Hay frecuentes fluctuaciones de precios? ¿Cómo pueden afectar las fluctuaciones de los precios la decisión de comprar cacao de un país en particular?

    f. ¿Cuáles son los posibles gastos involucrados en la fabricación de chocolate en la ciudad escogida y, además, en la venta en otro país? Tenga en cuenta que los estudiantes pueden tener que presupuestar los gastos de otras materias primas, por ejemplo, leche o nueces. Como van a producir su chocolate en una ciudad específica, pueden obtener estos precios en un supermercado, o el docente puede proporcionarlos.

    g. ¿Qué son los márgenes en el proceso de fabricación? ¿Hay costos generales? De ser así, ¿cómo pueden las compras a granel afectar esos gastos generales? Tenga en cuenta que el maestro puede conectar esta idea con el plan de estudios de matemáticas para ayudar a los estudiantes a aprender sobre ganancias, pérdidas y márgenes.

El docente debería consultar la Organización Internacional del Cacao (http://www.icco.org/) para obtener estadísticas sobre la producción mundial de cacao desde 1960. Sin embargo, tendrá que modificar este conjunto de datos antes de presentárselo a los estudiantes. ya que hay muchos puntos de datos que podrían confundir a los niños a esta edad.

Los estudiantes deben considerar las siguientes preguntas mientras venden su chocolate (el producto terminado):

1. ¿Cuál es el clima del país en el que venderán su chocolate?
2. ¿Dónde van a vender su chocolate a los niños?
3. ¿Qué tipo de comida comen las personas en ese país?
4. ¿Cuándo comen chocolate (antes de la comida, después de la comida o entre comidas como refrigerio)? ¿Qué tipo de chocolate comen? Esta pregunta también puede presentar a los estudiantes los diferentes tipos y formas de chocolate – por ejemplo, chocolate negro, chocolate con leche y chocolate en polvo caliente.
5. ¿Cuánto pagan las personas por el chocolate en estos países? Con base en esta información y en la información financiera ya discutida (por ejemplo, recargos), ¿a cuánto deberían vender su chocolate?

Tenga en cuenta que el maestro debe aclarar que no es necesario que respondan todas estas preguntas de inmediato y que descubrirán muchas de las respuestas a medida que avancen durante el año. También debe mencionar que gran parte de la investigación y las bases serán hechas por los propios equipos.

## Actividad 3.3.1, opción B
## Examinando el mercado de cacao de cerca

Esta actividad se puede utilizar además de la opción A si el tiempo lo permite, o el maestro puede omitirla y pasar a la actividad 3.3.2.

Los estudiantes tienen "pasaportes" (cuadernos de notas en los que registran los países visitados) que actualizan mientras visitan sus mercados de cacao y examinan los factores a continuación. También mantienen un diario de video o un álbum de recortes en los que responden las siguientes preguntas:
1. ¿Cómo llegarían a esos países?
2. ¿Qué tan lejos tendrá que viajar el cacao para llegar a su sitio de fabricación (ciudad escogida)?
3. ¿En qué climas crece el cacao?
4. ¿Cómo son los campos y agricultores de los países? ¿Cómo vive la gente en esos países?

## Actividad 3.3.2
## ¡Planeando el viaje a mi mercado!

Los equipos de estudiantes son informados de que tendrán que viajar virtualmente a los países en los que venderán su chocolate. A los equipos se les proporciona un presupuesto para viajar y tienen que cumplirlo. Utilizando sitios web de viajes en línea y mapas mundiales interactivos, los estudiantes realizarán las siguientes actividades:

1. Identificar el modo de transporte que usarán.
2. Trazar el viaje en un mapa.
3. Decidir cómo dividirán el viaje de ser necesario.
4. Identificar cuánto costará llegar a estos países y averiguar si se han ajustado al presupuesto.
5. Identificar otros modos alternativos de transporte y debatir si es mejor ahorrar tiempo o dinero.
6. Discutir lo que deberán empacar para su viaje.
7. Hacer una lista de cualquier otra información que creerían podrían necesitar.

El Curso Mundial: Tercer grado

Empoderar Ciudadanos Globales

**Unidad**     3.4
**Tema**       Entender la cultura de mi mercado
**Subtemas**   CIC: interpersonal (la propia identidad y cultura, las identidades y culturas de los demás, y la etiqueta); ética: humildad, respeto, y valores comunes; y trabajo y hábitos mentales: toma de perspectiva transcultural
**Región**     Todas / cualquiera
**Longitud**   Dos semanas al inicio y luego a lo largo del semestre

## Metas y objetivos

1. **Aprender** sobre la vida cotidiana y la cultura en sus países de destino y aprender a interactuar con otro estudiante en otra parte del mundo utilizando la tecnología.
2. **Motivar** a los estudiantes a apreciar los matices y las diferencias culturales y a hacer comparaciones para examinar cómo difiere la vida en el mundo.
3. **Actuar** usando la tecnología para comunicarse regularmente de manera efectiva y respetuosa con alguien muy diferente en otro país.

## Habilidades y conocimientos

1. Usar la tecnología para comunicarse con su par de otro país de forma continua y sentirse cómodo haciéndolo, aunque no lo haya visto o conocido en persona.
2. Compartir detalles de su propia cultura y contrastarlos con las culturas de su par en otro país.
3. Describir estilos de vida cotidianos de otros niños en diferentes partes del mundo.
4. Apreciar literatura de diferentes partes del mundo.
5. Reflexionar sobre sus propias prácticas y expresar sus aprensiones y entusiasmo sobre la comunicación con personas de diferentes partes del mundo.

## Resumen

En esta unidad, los estudiantes forman relaciones con sus pares en otros países donde se venderá su chocolate. A través de estas interacciones, los estudiantes desarrollan una mejor comprensión de la cultura de su mercado, de cómo las personas interactúan entre sí y de las preferencias alimentarias de esas personas. Los estudiantes también formarán sus propias preguntas de discusión basadas en los libros asignados, lo que les servirá para proporcionarles información de antecedentes y una idea de la cultura de sus mercados. A medida que continúen las interacciones con su par en otro país, los estudiantes también reflexionarán sobre sus opiniones sobre las culturas de sus mercados objetivo, sobre los estereotipos que inicialmente tenían sobre ellos y sobre cómo esos pensamientos y estereotipos han cambiado con el tiempo.

Tenga en cuenta que, si bien la duración sugerida para esta unidad es de aproximadamente dos semanas, también podría convertirse en una actividad continua de un semestre en la que los pares en otros países puedan servir como consultores a medida que los estudiantes exploren el mercado donde venderán su chocolate.

## Actividad 3.4.1
### Conociendo al otro

En esta unidad, se les presenta a los estudiantes un amigo por correspondencia en sus escuelas hermanas. El objetivo de esta actividad es que los estudiantes sepan más sobre los antecedentes y las preferencias de los niños que serán los clientes de los equipos. Cada estudiante será emparejado con un par. Cada alumno intercambiará información con su par haciendo y respondiendo las siguientes preguntas:

1. ¿Qué idiomas se hablan en el país?
2. ¿Cómo se saludan las personas y cuáles son las convenciones sociales adecuadas, las normas de buena educación, en este país?
3. ¿Qué preferencias de comida tienen los niños?
4. ¿Los niños comúnmente reciben dinero de bolsillo?
5. ¿Cómo es la vida cotidiana?
6. ¿El estudiante tiene una familia grande o pequeña?

7. ¿Quién toma la decisión de comprar cosas en la casa? ¿Dónde compran las cosas?
8. ¿El estudiante trabaja en casa y ayuda con las tareas diarias, o alguien más es responsable de las tareas?

A cada equipo se le asignará un libro para niños basado en el país elegido. Las siguientes son bases de datos de libros e historias, apropiadas para la edad, de todo el mundo de las que los estudiantes pueden elegir un libro (recursos en inglés):

- http://www.unc.edu/~rwilkers/title.htm,
- http://resources.primarysource.org/content.php?pid=53344&sid=390913
- http://www.eslstation.net/theREALWF/Folktale%20Links.htm

Después de la primera interacción con sus pares de otro país, los equipos mantendrán un diario de video y responderán las siguientes preguntas:

1. ¿Cuáles son las expectativas sobre cómo se ve o se comporta esta persona?
2. ¿Cuáles fueron las respuestas a su primer encuentro con esta nueva persona? ¿Estaban asustados, emocionados, felices o indiferentes? ¿Por qué sí o por qué no?
3. ¿Cuáles eran sus creencias sobre las personas en esa parte del mundo, y cuáles son sus creencias ahora?
4. ¿Cómo son similares o diferentes sus vidas y las vidas de los niños en esos países?

Al final de la actividad (o tal vez más adelante en el año, dependiendo de si estas interacciones continúan o terminan después de dos semanas), los estudiantes mirarán algunas de sus reflexiones sobre sus interacciones con personas de otras culturas y buscarán entender si sus percepciones han cambiado. (Tenga en cuenta que esta podría ser una experiencia de aprendizaje muy poderosa para los estudiantes y, por lo tanto, podría requerir un proceso de acompañamiento cercano o "andamiaje" por parte del maestro).

Alternativamente, los estudiantes también podrían mantener un portafolio de imágenes y elementos importantes que representen la vida cotidiana en los países de sus pares, y podrían intercambiarse con los pares de los estudiantes en este momento. Este portafolio sería similar al que crearon e intercambiaron en el segundo grado (si se implementó en ese momento), o incluso podrían hacerlo en esta etapa en el caso de que los estudiantes y sus pares no los intercambiaran durante el segundo grado.

(Tenga en cuenta que a los estudiantes se les pide que guarden un video diario para que puedan familiarizarse con la tecnología desde el principio y también porque muchas actividades en escuela media dependen en gran medida de las tareas escritas. Un video diario también proporcionaría una forma de documentación que eventualmente podría ser compartida con los interesados.)

| | |
|---|---|
| **Unidad** | 3.5 |
| **Tema** | La mercadotecnia de mi chocolate en la escuela |
| **Subtemas** | CIC: interpersonal (empatía y perspectivas de diversidad cultural); CIC: intrapersonal (curiosidad acerca de asuntos globales); ética: compromiso con igualdad; y pobreza |
| **Región** | Países catalogados por el Banco Mundial como "en desarrollo" |
| **Longitud** | Cuatro semanas |

## Metas y objetivos

1. **Aprender** acerca de los diferentes puntos de entrada para un producto y sobre cómo se ve la vida escolar en diferentes partes del mundo.
2. **Motivar** a los estudiantes a comprender mejor las diferencias en las experiencias escolares.
3. **Actuar** describiendo experiencias escolares en distintos lugares, analizar diferencias y proporcionar diferentes razones e hipótesis para esas diferencias, descubriendo cómo se usan las escuelas como un mercado objetivo para los productos.

## Habilidades y conocimientos

1. Los estudiantes se sentirán cómodos usando entrevistas y observaciones de campo como técnicas de recolección de datos.
2. Los estudiantes identificarán casos de diferenciación de productos dentro de la escuela.
3. Los estudiantes describirán las diferencias en las experiencias de escolarización de niños de edades similares en diferentes partes del mundo.
4. Los estudiantes comprenderán y articularán las diferencias y similitudes en las evaluaciones y expectativas relativas a la escolarización en todo el mundo.

## Resumen

En esta unidad, los estudiantes ven la escuela como un mercado potencial para su chocolate. Los estudiantes observan su propia cafetería escolar, tomando nota de los productos que se venden allí y las diversas formas de diferenciación de productos. Los estudiantes también pueden probar prototipos del chocolate que han producido y dar muestras en la escuela para que otros estudiantes puedan darles su opinión. Extienden esto a un análisis de las escuelas y la vida escolar en diferentes partes del mundo. Los estudiantes también examinan algunas de las motivaciones detrás de asistir a la escuela y exploran las tendencias relacionadas con, por ejemplo, la matrícula escolar y las tasas de deserción.

## Actividad 3.5.1
## La escuela como un mercado y la prueba de los prototipos

Los estudiantes hacen un recorrido por su escuela y su cafetería y se les pide que tomen notas de campo y entrevisten a los estudiantes que compran productos de las máquinas expendedoras y la cafetería. Alternativamente, los estudiantes pueden crear muestras de diferentes tipos de chocolates en la cocina de su escuela y luego usar la cafetería de la escuela como un sitio para recibir comentarios sobre sus productos. Los estudiantes pueden recopilar y cotejar datos y aprender a tomar encuestas y organizar sus datos en porcentajes. Tenga en cuenta que estos conceptos se pueden vincular con el plan de estudios de matemáticas en esta etapa. En función de la información que hayan recopilado, responderán las siguientes preguntas en sus equipos y luego presentarán sus análisis a la clase:

1. ¿Qué artículos y dulces encontraron en las máquinas expendedoras de sus escuelas y en la cafetería?
2. ¿Estos productos tienen el mismo aspecto que en los mercados normales? ¿Qué es diferente o similar? (ej. ¿hay paquetes o contenidos diferentes?) ¿Cuáles podrían ser las razones de estas similitudes y diferencias?
3. ¿Por qué creen que las personas compran más un tipo de producto que otro? ¿Qué los atrae a un producto?
4. ¿Los estudiantes todavía comprarían este producto si estuviera ubicado un poco más lejos en otra parte del edificio? ¿Cuánto importa la ubicación?

## Actividad 3.5.2
### Vida escolar alrededor del mundo

Se pedirá a los estudiantes que piensen acerca de cómo podrían vender sus chocolates en el país del mercado objetivo. Pero antes, el docente les preguntará a los alumnos si realmente pueden acceder a todos los niños vendiendo sus productos en escuelas – ¿qué pasa si hay niños que no van a la escuela?

Luego se pedirá a los estudiantes que pidan más información a sus pares en otros países haciéndoles las siguientes preguntas:

1. ¿Qué porcentaje de los niños van a la escuela en estos países? Tenga en cuenta que los estudiantes pueden encontrar esta información en reportes como el de la *UNESCO Educación para todos: Reporte de Monitoreo Global*.
2. ¿Por qué creen que algunos niños en estos países no asisten a la escuela?
3. ¿Cómo es una vida escolar regular alrededor del mundo? ¿Es igual a su vida escolar, o hay diferencias?
4. ¿Por qué van a la escuela sus pares de otros países?

El docente también enseña a sus estudiantes extractos de la serie de PBS *Time for School* (recurso en inglés):
http://www.pbs.org/show/time-school/ y
http://www.thirteen.org/programs/time-for-school/

En un diario de video, los estudiantes reflexionan por qué ellos mismos asisten a la escuela y en el valor relativo que se le brinda a la escolaridad en diferentes partes del mundo. Los estudiantes pueden, también, reflexionar en las formas en que sus experiencias escolares son diferentes de las de otros. Los estudiantes reflexionan acerca de éstas diferencias y similitudes y consideran sus interacciones con sus pares en otros países y lo que han visto en la serie de PBS.

Tenga en cuenta de que este puede ser un momento importante para que los estudiantes se den cuenta de qué tan diferentes son sus experiencias escolares de otras en distintas partes del mundo.

El Curso Mundial: Tercer grado

| | |
|---|---|
| **Unidad** | 3.6 |
| **Tema** | El trabajo infantil |
| **Subtemas** | CIC: intrapersonal (curiosidad acerca de asuntos globales); ética (confianza en intuiciones, compromiso con igualdad, importancia de compactos globales, y compromiso con apoyar los derechos humanos); trabajo y hábitos mentales: toma de perspectiva multicultural, innovación y creatividad; desarrollo económico; y pobreza |
| **Región** | Países catalogados por el Banco Mundial como "en desarrollo", especialmente países que producen cacao en África del Oeste |
| **Longitud** | Cuatro semanas |

**Metas y objetivos**

1. **Aprender** acerca de cuestiones relacionadas con el trabajo infantil.
2. **Motivar** a los estudiantes a examinar los matices del trabajo infantil y a entender sus complejidades a profundidad.
3. **Actuar** describiendo algunas diferencias en experiencias durante la infancia, formulando un llamado a acción para discutir el tema.

**Habilidades y conocimientos**

1. Los estudiantes tomarán conciencia de las complejidades del trabajo infantil y describirán los problemas relacionados con el trabajo infantil en las plantaciones de cacao y, por lo tanto, en la fabricación de chocolate.
2. Los estudiantes serán informados sobre las diferentes formas de trabajo infantil en todo el mundo y las diferentes formas en que impactan a los niños.
3. Los estudiantes articularán los diferentes enfoques de las partes interesadas para enfrentar los problemas del trabajo infantil y debatirán y defenderán sus propias posturas sobre el tema.
4. Los estudiantes conocerán conceptos como producción orgánica y certificación de comercio justo.

5. Los estudiantes tendrán confianza en su agencia y eficacia para abordar el problema.

**Resumen**

A partir de la industria de las plantaciones de cacao, los estudiantes se familiarizan con el tema del trabajo infantil, que luego se analiza en el contexto de otras industrias. Mediante el uso de literatura e historias sobre el trabajo infantil en diferentes industrias, los estudiantes analizarán algunas de las complejidades del trabajo infantil, así como sus causas y efectos relacionados con la moral, la economía y el desarrollo. Los estudiantes también aprenderán sobre la Organización Internacional del Trabajo y sus esfuerzos para eliminar el trabajo infantil a nivel mundial. Dado que los estudiantes participarán en la creación de su propio chocolate, buscarán descubrir la forma más efectiva de combatir el trabajo infantil en la industria de fabricación de chocolate y debatirán cómo les gustaría abordar el problema.

**Actividad 3.6.1**
**Comprendiendo el trabajo infantil**

Los equipos presentan sus hallazgos sobre las diferentes valoraciones de la escolaridad y la proporción de niños fuera de la escuela en cada uno de los países de la clase. A todos los estudiantes se les presentan los problemas del trabajo infantil en las plantaciones de cacao y en la industria de fabricación de chocolate.

Se puede utilizar el siguiente enlace para conocer datos sobre el trabajo infantil en las plantaciones de cacao y para estudiar los materiales de promoción que las organizaciones basadas en la defensa han utilizado al defender a las empresas fabricantes de chocolate (recurso en inglés):
http://www.stopthetraffik.org/resources/chocolate/#1.

Cada equipo lee un libro que trata sobre el trabajo infantil en diferentes industrias.

**Recursos**

*Los recursos a continuación se encuentran en inglés, como referencia para los maestros que podrán adaptar lo que consideren pertinente para sus contextos:*

- La historia de un niño de 12 años y su organización, Free the Children, luchando contra el trabajo infantil y los derechos humanos internacionales:
  http://www.amazon.com/Free-Children-Fights-Against-Proves/dp/0060930659
- La historia de un niño que trabaja en una fábrica de alfombras en Pakistán:
  http://www.reachandteach.com/s/20050831122910561

Basándose en lo que leen/aprenden, los estudiantes podrán conducir una investigación de antecedentes y luego discutir las siguientes preguntas:

1. ¿Cuál es el papel de la educación en la lucha contra el trabajo infantil?
2. ¿Por qué creen que los niños de los que leen/aprenden no van a la escuela?
3. ¿Qué se puede hacer para ayudar a las familias a asegurarse de que no envíen a sus hijos a trabajar sino a la escuela?
4. ¿Hay algún tipo de trabajo que parezca más peligroso que otros?
5. ¿Deberían prohibirse todas las formas de trabajo infantil? ¿O solo deberían prohibirse los tipos más peligrosos?
6. ¿La ayuda en el hogar con las tareas domésticas cuenta como trabajo infantil?
7. ¿Qué pueden hacer los niños para ayudar a otros niños?

Los estudiantes conocen a Craig Kielburger, quien, a la edad de doce años, fundó Free the Children y viajó al sur de Asia para comprender el trabajo infantil en la región (recurso en inglés):
http://www.reachandteach.com/content/article.php/20050831122910561/2

## Actividad 3.6.2
## Abordando el trabajo infantil

El docente presenta el concepto de partes interesadas a los estudiantes y les ayuda a identificar tres posiciones importantes de partes interesadas que son parte de una sociedad civil: las empresas (ej. las empresas de fabricación de chocolate), los consumidores y las ONG.

A los estudiantes se les proporciona un desafío que se relaciona con el trabajo infantil en sus propios negocios de fabricación de chocolate. Como clase, tienen que encontrar una solución al problema del trabajo infantil, y cada grupo de partes interesadas debe tomar su propio enfoque al respecto.

El objetivo es que los estudiantes comprendan los diferentes enfoques que pueden adoptarse.
Luego, se le presenta a cada grupo los diferentes enfoques que los otros interesados han decidido adoptar.

### Recursos

*Los recursos a continuación se encuentran en inglés, como referencia para los maestros que podrán adaptar lo que consideren pertinente para sus contextos:*

- Los enfoques que los fabricantes de chocolate han adaptado para prevenir el trabajo infantil: negociar el cacao y el chocolate y fabricar cacao orgánico: https://www.icco.org/about-cocoa/chocolate-industry.html.
  Tenga en cuenta que un ejecutivo de una empresa fabricante de chocolate puede ser llevado a la clase como invitado y que los estudiantes pueden entrevistarlo acerca de los salarios justos y el trabajo infantil en la industria.
- Enfoques que las ONG han utilizado para abogar ante los fabricantes de chocolate en torno a temas de comercio justo y trabajo infantil: http://www.worldcocoafoundation.org/index.html

El docente presenta a los estudiantes la Organización Internacional del Trabajo (OIT) y explica su papel en la defensa contra el trabajo infantil (consulte los recursos enumerados al final de la unidad).

Al final, los grupos debaten sobre las soluciones al trabajo infantil, defendiendo las soluciones que consideran más efectivas para abordar el trabajo infantil, especialmente en el contexto de la industria de fabricación de chocolate.

Como equipos, los estudiantes deberán discutir cómo pueden hacer chocolates sin el uso de trabajo infantil. Deben responder las siguientes preguntas:

1. ¿Donarán sus ganancias para ayudar a combatir el trabajo infantil y promover la educación de los niños en los países donde se produce el cacao?
2. ¿Evitarán comprar cacao de los países exportadores que tienen un historial de trabajo infantil?
3. ¿Se asegurarán de que su chocolate esté certificado como libre de trabajo infantil?

Cada equipo presenta su propio caso y posición, y los equipos debaten colectivamente el mejor curso de acción para sus procesos de fabricación.

**Recursos**

*Los recursos a continuación se encuentran en inglés, como referencia para los maestros que podrán adaptar lo que consideren pertinente para sus contextos:*

- Lectura de antecedentes para maestros: http://www.independent.co.uk/life-style/food-and-drink/features/chocolate-worth-its-weight-in-gold-2127874.html
- Introducción a la ILO: http://www.ilo.org/global/topics/child-labour/lang--en/index.htm
- Actividades diseñadas por la OIT y material de promoción para aprender sobre el trabajo infantil:

El Curso Mundial: Tercer grado

http://www.ilo.org/ipec/Campaignandadvocacy/Youthinaction/C182-Youth-orientated/lang--en/index.htm

Empoderar Ciudadanos Globales

| | |
|---|---|
| **Unidad** | 3.7 |
| **Tema** | Llevando mi chocolate al mercado |
| **Contexto** | Economía; trabajo y hábitos mentales: innovación y creatividad y toma de perspectiva transcultural; ética: marcos éticos, importancia de compactos globales, y compromiso con la igualdad; y CIC: interpersonal (perspectivas de diversas culturas) |
| **Región** | Todas / cualquiera (basado en los países que eligieron los estudiantes para vender su chocolate) |
| **Longitud** | De cuatro a seis semanas |

**Metas y objetivos**

1. **Aprender** sobre las diferentes formas de mercados físicos en todo el mundo y sobre la creación de una estrategia de mercadeo.
2. **Motivar** a los estudiantes a comprender mejor cómo las diferentes compañías utilizan la diferenciación de productos apalancados para comercializar sus productos.
3. **Actuar** creando una estrategia de mercadeo y una canción publicitaria.

**Habilidades y conocimientos**

1. Los estudiantes se familiarizarán con las interacciones entre los mercados y las organizaciones y con la forma en que las organizaciones aprovechan los mercados en función de las características de esos mercados.
2. Los estudiantes articularán el papel de los mercados en la creación de ganancias y en el desarrollo económico.
3. Los estudiantes demostrarán una comprensión del proceso de creación de una estrategia de mercadeo localmente relevante.
4. Los estudiantes desarrollarán una marca que represente el espíritu del equipo.

**Resumen**

En esta unidad, los estudiantes aprenden sobre las formas en que aparecen los diferentes mercados del mundo, las formas en que están organizados y las formas en que su organización puede influir en las ventas de productos. Los estudiantes trabajan para crear una campaña de mercadeo en torno a su chocolate y examinar algunas de las complejidades de sus decisiones finales sobre cómo fijarán el precio y comercializarán su producto final de manera justa y ética. Los estudiantes también eligen un embajador de la marca y un logo para su chocolate.

Tenga en cuenta que, en función de la disponibilidad de tiempo y el interés, ésta podría ser la actividad culminante de este año, o el profesor podría pasar a la siguiente unidad. La última actividad en esta unidad debe ser divertida, competitiva y colaborativa.

**Actividad 3.7.1**
**Mercados del mundo**

Cada equipo tiene que llevar a cabo una investigación de antecedentes sobre la apariencia de los mercados en su país. Usando imágenes, videos y artículos, crean un perfil de mercados en sus países de destino. Estos perfiles pueden responder las siguientes preguntas:

- ¿Los mercados están abiertos o cubiertos?
- ¿Están llenos los mercados?
- ¿Quién compra en estos mercados? ¿Los niños vienen a estos mercados?
- ¿Qué se vende en estos mercados? ¿Los productos son baratos o caros?

Cada equipo también debe leer un libro sobre los mercados del mundo. Para algunas sugerencias, vea los recursos a continuación.

**Recursos**

*Los recursos a continuación se encuentran en inglés, como referencia para los maestros que podrán adaptar lo que consideren pertinente para sus contextos:*

- Este puede ser un poco infantil, pero podría usarse en grados anteriores como una lectura interesante:
  http://www.amazon.com/Market-Day-Story-Told-Folk/dp/0152168206/ref=sr_1_19?s=books&ie=UTF8&qid=1310112472&sr=1-19

- Dos libros ilustrados para niños sobre mercados en todo el mundo: http://www.amazon.com/Market-Days-Around-World/dp/0816735050/ref=sr_1_5?s=books&ie=UTF8&qid=1310112449&sr=1-5 y http://www.amazon.com/Markets-Global-Community-Cassie-Mayer/dp/1403494134/ref=sr_1_13?s=books&ie=UTF8&qid=1310112472&sr=1-13

Tenga en cuenta que, si los mercados que figuran en los libros no son en los que los estudiantes venderán su chocolate, se puede llamar a un padre de uno de los países del mercado objetivo para hacer una presentación audiovisual sobre el mercado en ese país en particular.

**Actividad 3.7.2**
**Que gane el mejor chocolate**

Después de conocer sus mercados objetivo, los estudiantes son informados de que les dieron un puesto de chocolates en un mercado y que tienen que vender su chocolate allí.

Con base a lo que han aprendido hasta ahora con respecto a la cultura y los estilos de vida en estos otros países, los estudiantes deben diseñar una campaña de mercadeo para sus productos. Para hacerlo, deben responder las siguientes preguntas:

1. ¿Qué diferencia su producto de otros productos? (La respuesta podría ser el contenido, empaque o precio) ¿Qué hace que su producto sea único y diferente?
2. ¿Cómo pondrán el precio? ¿Por qué será así?
3. Además de las escuelas y eventos deportivos, ¿dónde más podrían vender sus productos?
4. ¿El chocolate ha sido culturalmente adaptado? Tenga en cuenta que, para ayudar a los estudiantes con esta pregunta, el docente puede extraer de imágenes y menús de una cadena de comida rápida con restaurantes de todo el mundo, por ejemplo, McDonald's, para darles ejemplos de cómo los alimentos similares se someten a una serie de adaptaciones basadas en los mercados a los que sirven.
5. ¿Cómo incorporarán, si es que lo hacen, aspectos del libre comercio en su estrategia de mercado y cómo combatirán el trabajo infantil?

6. ¿Cuál será la canción del producto? (Los estudiantes luego la grabarán)
7. ¿Qué logo elegirán y cómo lo diseñarán? ¿Qué representará su logo?
8. Si tuvieran que elegir un embajador de marca para su producto, ¿a quién elegirían? ¿Por qué?

| | |
|---|---|
| **Unidad** | 3.8 |
| **Tema** | Más allá del chocolate |
| **Contexto** | Globalización; CIC: intrapersonal (curiosidad acerca de asuntos globales); trabajo y hábitos mentales: innovación y creatividad; y geografía |
| **Región** | Todas / cualquiera |
| **Longitud** | El tiempo restante (lo que el tiempo y el interés permitan) |

## Metas y objetivos

1. **Aprender** acerca de las interdependencias globales en la fabricación de otros productos alimenticios. Extender la discusión de las interdependencias a los logros de los Objetivos de Desarrollo Sostenible (ODS).
2. **Motivar** a los estudiantes a emprender un estudio comparativo entre diferentes productos en función del marco en el que se han introducido.
3. **Actuar** como consumidores inteligentes de diferentes productos y comprendiendo el proceso de adición de valor a través de diferentes productos alimenticios y las controversias asociadas con él.

## Habilidades y conocimientos

1. Los estudiantes tomarán conciencia y estarán familiarizados con la adición de valor en diferentes productos alimenticios.
2. Los estudiantes compararán y contrastarán similitudes y diferencias en la adición de valor en diferentes productos alimenticios.
3. Los estudiantes comprenderán cómo las diferentes partes interesadas han abordado las controversias asociadas con la adición de valor y el libre comercio en diferentes productos alimenticios.

## Resumen

El objetivo de esta unidad es que los estudiantes comprendan las interdependencias y vínculos globales en diferentes productos alimenticios además del chocolate. Utilizando el marco utilizado para examinar las interdependencias y las controversias asociadas a la fabricación de chocolate, los estudiantes pueden analizar el proceso de adición de valor en la fabricación de productos alimenticios como el plátano, la leche o el café.

Tenga en cuenta que el docente puede decidir si esta unidad es necesaria basándose en el tiempo restante en el año.

**Actividad 3.8.1**
**Comprendiendo el valor agregado y las controversias en otros productos alimenticios**

El docente informa a los estudiantes que muchos de los problemas que enfrentan en torno a la fabricación de chocolate y el procesamiento del cacao (como el trabajo infantil, el libre comercio y el aumento de los precios) son comunes en la fabricación de muchos otros productos alimenticios.

La clase nuevamente se divide en grupos, y cada grupo recibe un producto alimenticio para investigar. Utilizarán su investigación sobre chocolate y cacao como modelo para esta investigación. Los productos alimenticios pueden incluir plátanos, leche, algodón o café. Tenga en cuenta que los estudiantes pueden tener dificultades para relacionarse con el café, ya que probablemente no lo tomen. Por lo tanto, es solo una sugerencia, y las tres primeras opciones podrían ser más apropiadas. Los estudiantes podrían entonces responder la siguiente lista de preguntas, y posiblemente incluso señalar algunos de ellos usando un mapa:

1. ¿Dónde se cultivan y fabrican estos productos?
2. ¿A dónde se exportan?
3. Históricamente, ¿qué tendencias ha habido en los niveles y precios de producción?
4. ¿Cómo se ve el consumo en los últimos diez años?
5. ¿Qué revela la superposición de consumo y producción en el mismo gráfico?
6. Si ciertos países dejan de producir o consumir estos productos, ¿qué impacto tendrán esos cambios en los niños de esos países?
7. ¿Hay alguna forma de diferenciación del producto según el lugar donde se exporta el producto?

8. ¿Qué controversias relacionadas con el comercio justo y el trabajo infantil han afectado al producto?
9. ¿Cómo se han abordado estas controversias?
10. En un supermercado o tienda departamental, ¿puede uno encontrar versiones de estos productos que sean producidos orgánicamente o certificados de libre comercio?

**Actividad 3.8.2**
**Introducción del diseño para el cambio en el contexto de los ODS**

Usando los planes de clase y lecciones sobre el diseño para el cambio que ofrece UNICEF, involucre a los estudiantes en una discusión sobre la generación de soluciones innovadoras que los estudiantes pueden usar para abordar uno y/o varios de los ODS: https://teachunicef.org/teaching-materials/topic/sustainable-development-goals.

El Curso Mundial: Tercer grado

El Curso Mundial
Cuarto grado: El ascenso (y la caída) de las civilizaciones antiguas y modernas

## Tema

Cómo las civilizaciones se desarrollan a lo largo del tiempo y cómo la comprensión del pasado es útil para entender eventos actuales.

## Descripción

En este año, los estudiantes aprenden cómo y porqué surgen las civilizaciones y examinan cómo los seres humanos interactúan con su entorno, estudiando dos civilizaciones con influencias duraderas en los tiempos modernos: Egipto y China. Los conceptos centrales para este año incluyen cómo los seres humanos de la antigüedad concebían la naturaleza, de acuerdo a lo que se evidencia a través de la mitología; cómo los asentamientos humanos y las civilizaciones antiguas fueron construidos alrededor de recursos naturales esenciales de agua y tierra cultivable; cómo la jerarquía social fue establecida y el poder distribuido; y cómo diferentes sistemas de gobierno emergieron y, con ello, cómo diferentes grupos concibieron la ciudadanía y la relación de distintas clases de personas con el Estado. Cada área será estudiada como una civilización antigua y como una civilización moderna. El aprendizaje en esta unidad será completamente basado en actividades y se concentrará en la comprensión, no sólo en recordar hechos. A través de este estudio, los estudiantes conectarán lo moderno con lo histórico y ganarán una apreciación de la ciencia de la arqueología, así como del estudio de culturas modernas distintas a las suyas. Además, tanto en el estudio de lo antiguo y de lo moderno, ganarán habilidades críticas y analíticas.

## En retrospectiva

Comprender la interdependencia global a través del emprendimiento en la manufactura de chocolate.

**Viendo hacia adelante**

La libertad y los derechos de los individuos: cambio social alrededor de los derechos de los seres humanos.

**Descripción general de las unidades**

1. La arqueología hoy
2. China antigua y China moderna
3. Egipto antiguo y Egipto moderno

**Evaluación**

En grupos pequeños, los estudiantes diseñarán un juego que represente los componentes de las civilizaciones egipcia y china (gobierno, religión, economía, arte, tecnología, asentamiento y sistema de escritura).

Empoderar Ciudadanos Globales

**Unidad**    4.1
**Tema**    La arqueología hoy
**Subtemas**    CIC: Interpersonal, habilidades analíticas y de investigación; e historia
**Región**    Todas, énfasis Nueva York
**Duración**    Tres semanas

**Metas y objetivos**

1. **Aprender** sobre las habilidades involucradas en la ciencia de la arqueología, las preguntas que los arqueólogos pretenden responder, y el estudio de la historia a partir del examen de restos materiales.
2. **Motivar** a los estudiantes a apreciar los vínculos entre el pasado antiguo y la actualidad.
3. **Actuar** a través de la participación en varias actividades respecto a los desafíos y oportunidades de la arqueología, del pensamiento crítico sobre la cultura moderna y cómo puede ser percibida miles de años atrás gracias a sus restos, y de un mayor aprendizaje mutuo al comienzo del año escolar.

**Habilidades y conocimientos**

1. Los estudiantes seguirán el proceso de una excavación arqueológica.
2. Los estudiantes usarán habilidades de pensamiento crítico para evaluar restos materiales.

**Resumen**

Esta unidad inicia el estudio de lo antiguo y de lo moderno con una actividad que puede ser complicada: una simulación de una excavación arqueológica. Se recomienda que el profesor se asocie con un instituto arqueológico o la facultad de arqueología de una universidad cercana. Los estudiantes necesitarán llevar un cuaderno arqueológico (un cuaderno de composición o cualquier otro) para mantener registro en esta unidad durante el año.

**Actividad 4.1.1**
**Cápsulas de tiempo**

Es esta actividad los estudiantes crean cápsulas de tiempo que incluyen artefactos que ellos quisieran que los arqueólogos encontraran dentro de muchos años y pistas sobre ellos mismos (ej. pistas sobre sus gustos, disgustos, estructura familiar, valores, entre otros). Los objetos en su cápsula de tiempo deben ser colocados en un contenedor cuyo exterior debe ser decorado para mostrar su vida cotidiana. Para los contenedores, considerar usar recipientes plásticos, cajas o tarros de café. Recuerde que los estudiantes no deben llevar objetos de valor al colegio. Pueden tomar una foto de los objetos o dibujarlos para incluirlos en su caja.

Los estudiantes deben intercambiar sus cápsulas de tiempo. El docente debe dirigir este proceso para que los estudiantes no sepan de quién es la cápsula que reciben. Sin explicar las cápsulas de tiempo a los otros, los estudiantes deben tomar notas cuidadosas y crear dibujos sobre ellas para llegar a sus propias conclusiones sobre la importancia y significado de los objetos. Deben compartir sus observaciones con un compañero. Finalmente, deben tratar de determinar de quién es la cápsula que tienen.

Los estudiantes se deben organizar en grupos más grandes (por lo menos grupos de seis a ocho estudiantes, aunque si los grupos son más grandes, los estudiantes tendrán más artefactos con los cuales trabajar) y mezclar los artefactos de todos los grupos. Los estudiantes deben categorizar los objetos por tema y resumir los contenidos de todo el grupo. Deben hacer generalizaciones sobre la cultura moderna del país o la región en la que se encuentran usando los artefactos del grupo.

**Actividad 4.1.2**
**Excavación simulada "Caja de zapatos"**

Para empezar, el docente debe poner un objeto de uso cotidiano en el centro del salón y pedir a los estudiantes que pretendan que no saben el propósito de este objeto. El docente debe guiar a los estudiantes y animarlos a pensar otros usos del objeto que los arqueólogos del futuro podrían sugerir (ej. un objeto religioso o un juego). Los estudiantes deben ser guiados a comprender que la arqueología es una ciencia de inferencia basada en artefactos y sitios (contexto). Muchas de nuestras interpretaciones de los artefactos son matizadas por nuestra cultura actual y nuestras creencias. Suspender nuestras creencias modernas para descubrir científicamente los misterios del pasado es una tarea increíblemente difícil, y las conclusiones a las que llegamos siempre son inferencias.

Los estudiantes simulan una excavación arqueológica. Consulte los siguientes recursos para información detallada.

**Recursos**

*Los recursos a continuación se encuentran en inglés, como referencia para los maestros que podrán adaptar lo que consideren pertinente para sus contextos:*

- Este recurso incluye un video introductorio y explicativo para docentes. También será útil para alentar menos desorden y más reflexión: http://www.archaeological.org/education/lessons/simulated digs.
- http://www.archaeological.org/pdfs/education/digs/Digs_ev erything.pdf

Note que esta actividad requerirá una cantidad de tiempo considerable para ser organizada. Los docentes deben solicitar ayuda por lo menos de 5 o 6 padres de familia. Como modificación a la actividad anterior, los profesores pueden crear sitios de excavación mucho más grandes y planos utilizando cajas o contenedores de plástico fáciles de mover (ej. con ruedas). De esta forma los estudiantes pueden usar cuerda para crear cuadrículas sobre los "sitios de excavación" y aunque los contenedores serán pesados con capas de tierra, las ruedas los harán movibles. Entre cuatro y cinco estudiantes deben ser asignados a cada excavación y juntos deben contar una historia de una cultura que dejó artefactos detrás. Los estudiantes deben mantener registros meticulosos de sus hallazgos en su cuaderno arqueológico. Los estudiantes deben presentar un resumen de sus hallazgos a la clase y después la clase debe reunirse para discutir y reflexionar sobre el proyecto, tanto en discusiones de toda la clase como a través de reflexiones en los cuadernos de los estudiantes.

Algunos planes de clase adicionales pueden encontrarse en el siguiente sitio: http://www.archaeological.org/education/lessonplans.

Es de particular interés el plan de clase "Lo que sobrevivirá": (http://www.archaeological.org/sites/default/files/files/What%20Will%20Survive-edited.pdf), que permitirá a los estudiantes pensar sobre lo que no se queda atrás (la mayor parte de la materia orgánica, como comida y ropa) y, debido a ello, los vacíos que los arqueólogos deben llenar.

**Actividad 4.1.3**
**Leer "Motel de los misterios"**

Los estudiantes pueden leer "*Motel of the Mysteries*" por David Macaulay o un libro similar. En este libro arqueólogos del año 4022 excavan artefactos en los Estados Unidos que fueron sepultados después de una catástrofe en 1985. La mayoría de las conclusiones son absurdas (por ejemplo, considerar un sanitario como un santuario religioso interno). Este libro es, principalmente, entretenido, pero también muestra los prejuicios culturales que con frecuencia se hacen presentes cuando realizamos inferencias sobre el pasado.

**Actividad 4.1.4**
**Arqueología en mi ciudad**

El profesor puede asociarse con la sección de arqueología de la región o una universidad cercana para crear un tour de sitios arqueológicos en la zona.

Alternativamente, el docente también puede utilizar la siguiente herramienta en línea de la Oficina de parques recreación y preservación histórica del Estado de Nueva York: http://www.nysparks.state.ny.us/shpo/online-tools/. La herramienta es un sistema de información geográfica que identifica todos los sitios de interés arqueológico (los usuarios pueden hacer zoom en la ciudad de Nueva York). Los estudiantes deben empezar con el mismo colegio y usar fotos, videos y documentos primarios de la construcción del colegio- para tratar de descifrar los usos anteriores del edificio.

Después pueden visitar algunos de los sitios arqueológicos en la ciudad de Nueva York.

En otras ciudades y contextos, los docentes pueden buscar herramientas o diseñar estrategias similares, de acuerdo a lo que tenga para ofrecer cada lugar.

El Curso Mundial: Cuarto grado

| | |
|---|---|
| **Unidad** | 4.2 |
| **Tema** | China antigua y China moderna |
| **Subtemas** | CIC: Interpersonal; CIC: Intrapersonal; ética; hábitos mentales y de trabajo; desarrollo económico; demografía; política; arte; comunicación; tecnología; historia del mundo; habilidades investigativas y analíticas |
| **Región** | China |
| **Duración** | Doce semanas |

**Metas y objetivos**

1. **Aprender** la historia de la China antigua y moderna; aplicar los componentes de una civilización (gobierno, religión, economía, artes, tecnología, asentamiento, y sistema de escritura) a la China antigua; comprender las artes y la cultura de la China moderna; y extraer comparaciones entre los tiempos antiguos y modernos en el contexto de China.
2. **Motivar** a los estudiantes a apreciar los logros de grandes civilizaciones antiguas y modernas.
3. **Evaluar** la China antigua y moderna participando en varias actividades para desarrollar una comprensión de la historia y cultura china antigua, así como de la cultura moderna a partir de la realización de proyectos de investigación auto-guiada y presentaciones de clase.

**Habilidades y conocimientos**

1) Los estudiantes comprenderán (en oposición a recordar) los periodos más importantes de la historia China, incluyendo
   a) la dinastía Xia (alrededor de 2070 AC- 1600 AC);
   b) la dinastía Shang (alrededor de 1600 AEC- 1046 AEC);
   c) la dinastía Qin, incluyendo la unificación de China y Shi Huangdi (alrededor de 221 AC) y
   d) la dinastía Ming (1368 DC-1644 DC).
2) Los estudiantes articularán el rol de la arqueología en el desarrollo de una comprensión del pasado a través del estudio de sitios y artefactos arqueológicos.
3) Los estudiantes evaluarán el vínculo entre la cultura antigua y moderna en China.

## Resumen

Esta unidad cubre la primera civilización antigua y moderna que será estudiada este año. Los estudiantes serán introducidos a los componentes de una civilización (gobierno, religión, economía, artes, tecnología, asentamiento y sistema de escritura) como marco de referencia para comprender civilizaciones antiguas y modernas. Esta unidad depende en gran medida de una asociación con la ONG Primary Source, y en particular de la colaboración de Primary Source con el Centro de Asia de la Universidad de Harvard y la unidad de estudio "Fuente de China". Note que aquí la mayoría de los vínculos pueden hacerse con el currículo de arte (ej. Arte chino y caligrafía), el currículo de lenguaje (algunos fragmentos de poesía y cuentos están incluidos aquí), el currículo de música (ej. la ópera china y la música tradicional y contemporánea), el currículo de matemáticas (ej. el ábaco) y el currículo de ciencias, por ejemplo, a través de la aproximación a los inventos chinos (http://asiasociety.org/education-learning/resources-schools/elementary-lesson-plans/chinese-inventions, recurso en inglés). Idealmente, múltiples departamentos o áreas de estudio del colegio tomarán parte en el estudio de la China moderna y antigua, así como en la siguiente unidad sobre Egipto.

## Actividad 4.2.1
**Bronces antiguos y vasijas de bronce en las dinastías Shang y Zhou: el cuaderno de un arqueólogo**

Para esta unidad, se recomienda que el colegio adquiera una fotografía de un bronce antiguo o una réplica de bronce para que los estudiantes pueden observar detalladamente.

Utilizando sus cuadernos arqueológicos, los estudiantes hacen notas detalladas sobre el bronce y hacen inferencias, por ejemplo, sobre su significado y uso.

## Actividad 4.2.2
## Comprendiendo las civilizaciones y la China antigua

La siguiente lección de la ONG Primary Source debe ser usada para guiar a los estudiantes en el desarrollo de un marco para comprender que las civilizaciones tienen unos componentes principales (gobierno, economía, arte, tecnología, asentamiento, y sistema de escritura) y aplicar estos componentes a la China antigua (recurso en inglés): http://resources.primarysource.org/content.php?pid=55748&sid=408002.

Esta actividad se completa en alrededor nueve sesiones separadas, cada una de 45 minutos.

## Actividad 4.2.3
## Llevando la historia china antigua a la vida: actividad de una línea de tiempo en vivo

Los estudiantes crearán una línea de tiempo de la historia china, asignando a cada estudiante un punto diferente de la línea de tiempo. Después presentarán a la clase dos o tres de los mayores eventos de su periodo histórico en una obra de teatro corta.

## Actividad 4.2.4
## Hacia la China moderna

En grupos pequeños los estudiantes estudiarán los siguientes periodos históricos, personas y eventos usando búsquedas guiadas en Internet. Después los estudiantes harán presentaciones a su salón sobre los siguientes temas:

1. La República popular de China en 1949, Mao Zedong (el líder del partido comunista), el gran salto hacia adelante de Mao y la revolución cultural;
2. Deng Xiaoping (1976-1989);
3. la plaza Tiananmen (1989);
4. China recupera el control de Hong Kong (1997)

Los estudiantes en cada grupo deben crear un lema o una cartelera sobre su periodo, persona o evento para compartir con la clase.

## Actividad 4.2.5
## Historias de la China y el Tibet cobran vida

Los estudiantes deben usar "Las historias de la China y el Tibet favoritas de los niños" (http://www.amazon.com/Favorite-Childrens-Stories-China-Tibet/dp/0804835861) o un recurso similar para crear guiones de teatro para actuaciones en clase. Los cuentos, muchos de los cuales involucran animales, enseñan moralejas y lecciones. Los estudiantes deben discutir estas lecciones y las diferencias culturales entre China, Tibet y los Estados Unidos. Note que se debe dar tiempo a los estudiantes para esta actividad de tal forma que puedan producir guiones y actuaciones de alta calidad; del mismo modo, los docentes deben sensibilizarse con las controversias históricas y actuales que rodean el Tibet.

## Actividad 4.2.6
## China moderna (mapas y proyecto de investigación)

El siguiente conjunto de excelentes planes de clase desarrollado por el Profesor Knapp (de la universidad SUNY) detalla exploraciones sobre la China moderna usando mapas: http://afe.easia.columbia.edu/china/geog/maps.htm. El siguiente proyecto de investigación está incluido allí:

Planee un viaje a China de tal forma que pueda viajar en bote, tren, carro, a pie y en camello. Decida qué partes de China son más apropiadas para cada tipo de transporte. Imagine qué come en cada una de las regiones a través de las que viaja. Si necesita hablar con habitantes locales, ¿cuántos idiomas necesitaría saber? ¿Necesitaría diferentes tipos de ropa en diferentes regiones para no tener calor o frío? Si se quedara en los hogares de los habitantes locales, ¿Cómo estarían construidas estas casas?

## Actividad 4.2.7
**Película china de niños**

Los niños deben ver *El verano de Nima* (http://www.amazon.com/Nimas-Summer/dp/B0043P14SU), una película en parte de anime, en parte de acción en vivo sobre un niño que se muda de una aldea rural en el Tíbet y luego va estudiar en una ciudad. Los estudiantes deben tomar nota de las diferencias culturales experimentadas por el niño en la película.

Una alternativa de película para ver es *La lluvia en primavera* (http://www.amazon.com/Rain-spring-xiaobin-Zhang/dp/B00480PTQS/ref=sr_1_3?ie=UTF8&qid=1306900790&sr=1-3-spell), que no tiene animación y es sobre la fuerte relación entre un docente y sus estudiantes. Es una historia muy conmovedora y proveerá amplias oportunidades para discusiones sobre la cultura y relaciones chinas.

## Actividad 4.2.8
**Conexión entre clases y un pequeño proyecto final de cine documental**

Los estudiantes crean documentales sobre su propio salón y colegio para compartir con estudiantes en un colegio aliado en China. Los estudiantes deben basar sus documentales en cualquiera de las películas mencionadas arriba. Deben encargarse de filmar la comunidad que los rodea, el contexto geográfico y social del colegio, discutir su historia y mostrar sus estudiantes y docentes. Este debe ser un proyecto riguroso de medios, y los estudiantes deben tomarse el tiempo de preparar, planear y ejecutar un documental de alta calidad. Tras recibir la película de la escuela aliada, los estudiantes deben comparar la experiencia escolar de sus pares en el colegio chino con su propia experiencia y el contexto de ésta y el propio, notando similitudes y diferencias.

## Recursos

*Los recursos a continuación se encuentran en inglés, como referencia para los maestros que podrán adaptar lo que consideren pertinente para sus contextos:*

- New York Film Academy: http://www.nyfa.edu/film-school/documentary-filmmaking/?gclid=CKiV5r7flKkCFQl75QodkOpDcg
- American Film Institute: http://www.afi.com/
- Documentary Film Institute: http://www.docfilm.sfsu.edu/content/education
- Planes de clase e información organizada por periodo histórico por Asia para educadores de la Universidad de Columbia: http://afe.easia.columbia.edu/
- La sección de China de *Time Life's Lost Civilizations*: http://www.amazon.com/Time-Lifes-Lost-Civilizations-DVDs/dp/B00006L942/ref=sr_1_7?s=dvd&ie=UTF8&qid=1306892602&sr=1-7

| | |
|---|---|
| **Unidad** | 4.3 |
| **Tema** | Egipto antiguo y moderno |
| **Subtemas** | CIC: interpersonal; ética; hábitos mentales y de trabajo; desarrollo económico; demografía; historia del mundo; geografía; religiones del mundo; gobierno comparado; artes; y habilidades analíticas e investigativas |
| **Región** | Egipto y el mundo árabe |
| **Duración** | Doce semanas |

## Metas y objetivos

1. **Aprender** la historia de Egipto antiguo y moderno; aplicar los componentes de una civilización (gobierno, religión, economía, artes, tecnología, asentamiento, y sistema de escritura) a Egipto antiguo; comprender los eventos y cultura actuales en Egipto; y extraer comparaciones entre los tiempos antiguos y modernos en el contexto de Egipto.
2. **Motivar** a los estudiantes a apreciar los logros de grandes civilizaciones antiguas y modernas.
3. **Evaluar** Egipto participando en varias actividades para desarrollar una comprensión de la historia y cultura egipcia antigua, así como de la cultura moderna a partir de la realización de proyectos de investigación auto-guiada y presentaciones de clase.

## Habilidades y conocimientoss

1. Los estudiantes comprenderán (en lugar de recordar) los periodos más importantes de la historia egipcia.
2. Los estudiantes articularán el rol de la arqueología en el desarrollo de la comprensión del pasado a través de un examen riguroso de sitios y artefactos arqueológicos.
3. Los estudiantes evaluarán el vínculo entre la cultura antigua y moderna en Egipto.

## Resumen

Esta unidad cubre la segunda civilización antigua y moderna que será estudiada este año mientras sigue aplicando los componentes de una civilización y el vínculo a la civilización moderna estudiado en la unidad previa. Los estudiantes ganan experiencia en investigación, pues esta unidad incluye una investigación independiente. También incluye una concentración en eventos actuales, en particular en las protestas de la plaza Tahrir.

## Actividad 4.3.1
### ¿Cuáles son los significados detrás de este artefacto?

El colegio puede adquirir la siguiente réplica de un artefacto de la Museum Store para el uso de la clase: Una ofrenda a Isis y Osiris-Templo de Isis, Philae, Egypt, Dinastía XXVI, 530 BC (http://www.museumstorecompany.com/An-offering-to-Isis-and-Osiris-Temple-of-Isis-Philae-Egypt-Dynasty-XXVI-530-B-C-p5583.html). El artefacto en sí mismo puede servir como una plataforma para una discusión de la relación entre los gobernantes de Egipto y los dioses, mitos, rituales y jeroglíficos. Alternativamente, el docente puede conseguir una imagen detallada de un artefacto similar que se puede proyectar en el salón de clase para realizar la actividad.

Los estudiantes deben examinar el artefacto y tomar notas cuidadosas sobre sus cualidades físicas. Como es un relieve en piedra, los estudiantes pueden hacer calcados en piedra y cera para examinar en grupos pequeños. Los estudiantes deben investigar después en el sitio del templo de Isis en Philae, Egipto, usando la siguiente página web o una similar en español:
http://www.ancientegyptonline.co.uk/isisphilae.html#gate.

La historia de Isis y Osiris es contada aquí en el lenguaje apropiado para estudiantes de cuarto grado (recurso en inglés):
http://www.ancientegypt.co.uk/gods/home.html

Los estudiantes pueden también representar una escena de importancia en su historia familiar e incluir inscripciones en jeroglíficos e incluir inscripciones en los bordes exteriores.

Del mismo modo, más adelante en la unidad los estudiantes pueden seguir la misma planeación para examinar vasos canopos.

## Actividad 4.3.2
## Tabla de jeroglíficos

En conjunto con el departamento de arte del colegio, los estudiantes crean una tabla de jeroglíficos con mensajes para los otros. Los mensajes deben ser de una oración de extensión y deben describir un detalle de la línea de tiempo egipcia. Las tabletas se romperán en partes (apunte a un número de piezas manejable, ya que deberán ser vueltas a ensamblar más adelante), colocadas en una caja y mezcladas con partes de otra tabla y arena (entre más tabletas, más difícil será la actividad). Los estudiantes intercambiarán después sus cajas y excavarán sus tabletas, trabajando cuidadosamente para hacer notas detalladas en sus cuadernos arqueológicos. Deben unir las piezas rotas de la tabla para recibir el mensaje histórico. Todas las tablas son leídas juntas para revisar la línea de tiempo de Egipto antiguo.

El libro *Fun With Hieroglyphs* es un recurso excelente y amigable para los niños (http://www.amazon.com/Fun-Hieroglyphs-Metropolitan-Museum-Art/dp/1416961143/ref=sr_1_2?s=books&ie=UTF8&qid=1306891614&sr=1-2), como muchos otros libros de niños sobre jeroglíficos.
Los estudiantes deben examinar la Piedra de Rosetta, la clave para entender el sistema jeroglífico. Una imagen de alta resolución de la Piedra de Rosetta puede ser ordenada del Museo Británico: http://www.britishmuseum.org/research/collection_online/collection_object_details.aspx?objectId=117631&partId=1.

Como extensión de esta actividad, los estudiantes pueden considerar la controversia alrededor de la Piedra de Rosetta (si el Museo británico debe mantener la posesión de la piedra o si debe ser devuelta) usando el siguiente plan de clase fácilmente adaptable de MacMillan Global (recurso en inglés): http://www.macmillanglobal.com/elessons/lesson-plan-5-the-rosetta-stone.

## Actividad 4.3.3
### Proyectos de investigación independientes

Los estudiantes formarán grupos para investigar los componentes de las civilizaciones establecidos en la unidad previa sobre China (gobierno, religión, economía, artes, tecnología, asentamiento, y sistema de escritura) y Egipto antiguo. Algunos logros de la civilización egipcia antigua, como la construcción naval, matemáticas, medicina, técnicas de construcción, vidrio, arte y arquitectura también pueden ser temas de investigación independiente dentro de los grupos pequeños.

Los grupos presentarán su investigación a la clase y el docente debe guiar a los estudiantes en la toma de notas en sus cuadernos arqueológicos.

Esta unidad puede ser complementada con una excursión para ver arte egipcio antiguo en el Museo Metropolitano de Arte (http://www.metmuseum.org/about-the-met/curatorial-departments/egyptian-art), en un museo de arte local, o a través de un tour virtual.

### Recursos

*Los recursos a continuación se encuentran en inglés, como referencia para los maestros que podrán adaptar lo que consideren pertinente para sus contextos:*

- Un plan de clase de Discovery Education: http://www.discoveryeducation.com/teachers/free-lesson-plans/ancient-egypt.cfm
- Un plan de clase sobre máscaras de momias: http://www.art-rageous.net/MummyMask-LP.html
- Un plan de clase del Museo de Ciencia, incluyendo un juego de "planear tu vida en el más allá": http://www.mos.org/quest/teaching.php
- Planes de clase de Secundaria que pueden ser adaptados: http://www.pbs.org/empires/egypt/pdf/lesson7.pdf
- Información sobre el Nilo: http://www.bbc.co.uk/history/ancient/egyptians/nile_01.shtml#three

- Un mapa del Valle de los Reyes accesible, interactivo y para hacer click: http://www.thebanmappingproject.com/atlas/index.html
- Un link para adquirir réplicas de vasos canopos, que pueden ser usados como extensión de la Actividad 4.3.1: http://www.museumstorecompany.com/Set-of-Canopic-Jars-Egyptian-Museum-Cairo-650-B-C-p5538.html
- La sección de Egipto de *Time Life's Lost Civilizations*: http://www.amazon.com/Time-Lifes-Lost-Civilizations-DVDs/dp/B00006L942/ref=sr_1_7?s=dvd&ie=UTF8&qid=1306892602&sr=1-7

## Actividad 4.3.4
**Egipto moderno: protestas, cultura, y una introducción al mundo árabe**

Los estudiantes examinan mapas del Cairo e identifican la plaza Tahrir, el lugar de las protestas exigiendo la destitución de Hosni Mubarak de la presidencia. Los estudiantes pueden usar artículos de actualidad para determinar las razones de la protesta, las formas de protesta, y los resultados de la protesta.

## Actividad 4.3.5
**La cultura egipcia moderna**

Los estudiantes examinarán la cultura egipcia moderna a través del estudio de la ciudad moderna del Cairo, vinculando la historia antigua con la moderna, con los egipcios de hoy y con las influencias globalizantes.

Los estudiantes usarán mapas para identificar los lugares emblemáticos en la cultura, historia, y política del Cairo.

Los estudiantes identificarán el Islam como la religión mayoritaria en Egipto y describirán los dogmas más importantes y los textos sagrados de la religión. Los estudiantes usarán mapas y fuentes primarias para identificar lugares de adoración en Egipto.

Los estudiantes identificarán evidencia de la tradición histórica y cultural en el Cairo, así como su naturaleza global.

Los estudiantes harán un mapa de la geografía de Egipto, vinculándola con la forma en la que la geografía dio forma a la civilización antigua.

En grupos pequeños, los estudiantes usarán lo que han aprendido para crear una guía turística del Cairo moderno.

**Actividad 4.3.6**
**Conexión entre clases y pequeño proyecto final: noticias**

Los estudiantes crearán un noticiero de eventos actuales en el colegio que cubre, por ejemplo, qué están estudiando los estudiantes, cómo los están estudiando, y cómo están actuando como historiadores, así como eventos culturales en su ciudad o región y otros aspectos. Los estudiantes compartirán su noticiero con una clase en el Cairo, y esa clase compartirá un noticiero con el colegio. Los docentes deben grabar las reacciones al programa de noticias. Los estudiantes discutirán sus reacciones y las perspectivas de sus pares.

**Actividad especial**
**Festival de cine y medios**

Los estudiantes llevarán a cabo un festival de cine en el que mostrarán su documental y el documental del colegio aliado de la unidad 2 y su noticiero y el del colegio aliado a los padres y la comunidad. Después de cada película habrá una sesión de preguntas y respuestas con miembros de la audiencia.

Empoderar Ciudadanos Globales

**Unidad**     4.4
**Tema**       Actividad para el proyecto final: juego sobre las civilizaciones
**Subtemas**   Desarrollo económico, demografía, historia del mundo, geografía, religiones del mundo, gobierno comparado, artes, y habilidades investigativas u analíticas.
**Región**     China y Egipto
**Duración**   Tres a cuatro semanas

## Metas y objetivos

1. **Aprender** a aplicar los componentes de una civilización (gobierno, religión, economía, artes, tecnología, asentamiento, y sistema de escritura) a Egipto y a China mediante el uso de juegos creados por los estudiantes.
2. **Motivar** a los estudiantes a apreciar las complejidades de las civilizaciones y los logros de las civilizaciones.
3. **Evaluar** Egipto y China mediante la creación y participación de juegos que refuerzan el aprendizaje del año.

## Habilidad y conocimiento

1. Los estudiantes comprenderán los componentes de una civilización (gobierno, religión, economía, artes, tecnología, asentamiento, y sistema de escritura).
2. Los estudiantes evaluarán los componentes de una civilización dentro de dos contextos.
3. Los estudiantes incorporarán los dos contextos de un modo sistemático y lógico.

## Resumen

Es esta actividad para el proyecto final, los estudiantes revisan los componentes de una civilización (gobierno, religión, economía, artes, tecnología, asentamiento, y sistema de escritura) creando juegos en grupos pequeños. Los estudiantes serán divididos en grupos que después crearán juegos concentrándose en Egipto y China. Cada grupo consistirá en subgrupos entre tres y cuatro estudiantes. La meta es formar diez grupos en total en cuarto grado, para que los grupos sean más grandes o pequeños dependiendo del cuerpo de estudiantes. Ver más abajo para planeaciones detalladas.

**Actividad 4.4.1**
**La creación de juegos**

Cada grupo investigará un juego de China antigua o Egipto (dependiendo del grupo en el que estén) y creará una versión del juego para ser aplicada durante los días de juego. Algunos ejemplos incluyen juegos de dados, Senet, Mahjong y juegos físicos que se juegan al aire libre.

Cada grupo creará también un tablero o juego de mesa que ilustre los componentes de una civilización. Los estudiantes se pueden inspirar en juegos que ya sean familiares para ellos (y en los que, por ejemplo, cada pieza podría representar un componente de las civilizaciones) o en juegos electrónicos sobre civilizaciones (tipo Civilization), juegos de rol o juegos de estrategia.

Note que se debe dar suficiente tiempo para esta actividad. Puede extenderse durante varias semanas, con el docente revisando periódicamente el trabajo de los estudiantes. El docente también puede elegir preparar más intensamente los juegos durante pocas semanas. De cualquier forma, con todas las piezas necesarias o componentes hechos por los estudiantes y completamente funcionales. Se debe dar a los estudiantes las rúbricas para evaluar su propio juego respecto a estos componentes de calidad, y los profesores deben también usar las rúbricas para comunicar a los estudiantes las áreas que necesitan mejora antes de antes de que los juegos sean usados.

**Actividad 4.4.2**
**Vamos a jugar: día de los juegos del curso sobre el mundo**

Los estudiantes se dividirán en grupos en dos días diferentes. En un día los estudiantes demostrarán a los otros cómo jugar cada juego en varias "estaciones" y otro día jugarán los juegos que los otros estudiantes crearon.
Note que esto puede ser organizado como un día de campo típico en primaria durante dos días con suficientes padres voluntarios para colaborar. Las estaciones pueden ser organizadas dentro del colegio para los juegos de tablero, como afuera para los juegos físicos. Alternativamente, los juegos pueden ser organizados durante varios

días parciales o pueden ser jugados durante la noche. No todos los estudiantes tienen que jugar todos los juegos.

**Actividad 4.3.3**
**Colaboremos: colaborando por el bien de la humanidad**

Descargar la lección "Trabajando juntos para alcanzar metas globales" e involucrar a los estudiantes en las actividades descritas en ésta (recurso en inglés): https://teachunicef.org/teaching-materials/topic/sustainable-development-goals o crear una similar.

## El Curso Mundial
## Quinto grado: La libertad y los derechos de las personas: El cambio social en torno a los derechos de las personas

### Tema

Comprender cómo el compromiso cívico ayuda a las personas a mejorarse a sí mismas y a mejorar sus comunidades.

### Descripción

En este grado, el foco principal está en los derechos y libertades de las personas, así como en el cambio social. Esto se construye desde la creación de una comunidad del salón de clase. Luego se traslada a exploraciones históricas de varios movimientos independentistas (tomando el de Estados Unidos como central, aunque también se discute la resistencia a la opresión en Francia, Haití y Sudáfrica)[3]. De esta manera, todo se construirá sobre conceptos inmediatos que retrocederán en la historia, comenzando con los contextos más familiares para continuar con contextos globales. Esta unidad también enfatiza la no violencia como un camino exitoso a la independencia y a la resistencia a la opresión. Los Objetivos de Desarrollo del Milenio (ODM), los Objetivos de Desarrollo Sostenible (ODS) y la Declaración Universal de Derechos Humanos proporcionan la base para que los estudiantes identifiquen y examinen las organizaciones que han promovido históricamente los derechos humanos y los ayuda a organizarse en torno a diversas cuestiones a través de la actividad final. El año finaliza con una actividad en la que los estudiantes crean su propio documental sobre uno de los ODS.

---

[3] Como en casos anteriores, se anima a los docentes que exploren la historia local a la luz del contenido y propósito de las unidades, para encontrar ejemplos que puedan complementar o ilustrar mejor las actividades propuestas. En algunos casos, valdrá la pena que los docentes adapten todas las unidades a una revolución local. Vale notar que ello requerirá tiempo de preparación y un buen manejo de fuentes de información. Incluso en dichos casos, las actividades propuestas a continuación pueden servir de guía e inspiración.

## En retrospectiva

El origen (y la caída) de las civilizaciones antiguas y modernas.
## Viendo hacia delante

¿De qué manera las personas de una sociedad se organizan entre sí? Los contratos sociales, los individuos y la sociedad, y el estudio de la sociedad.

## Descripción general de las unidades

1. Crear reglas de aula y construir una comunidad de aula
2. Revolución Norteamericana (enlace literario: Johnny Tremain)
3. Revolución Francesa (enlace literario: Les Misérables)
4. Revolución Haitiana (enlace artístico: Jacob Lawrence y enlace literario: Wordsworth)
5. Declaración Universal de los Derechos Humanos y los ODS sobre Pobreza
6. Sudáfrica y la resistencia a la opresión

## Evaluación

Crear un proyecto de sensibilización sobre el tema de uno de los ODS utilizando algún medio (por ejemplo, un video, una presentación de PowerPoint, un baile, una obra de arte o un discurso).

| | |
|---|---|
| **Unidad** | 5.1 |
| **Tema** | Creación de reglas del aula |
| **Subtemas** | CIC: intrapersonal; ética; y construcción de escenarios |
| **Región** | Todas / cualquiera |
| **Duración** | Dos lecciones |

## Metas y objetivos

1. **Aprender** el significado y los usos de las reglas comparándolos con posibles usos incorrectos de las reglas.
2. **Motivar** a los estudiantes a desarrollar y a vivir según un conjunto equitativo de reglas para el aula y a interesarse en la Revolución Norteamericana (o en una revolución local que pueda adaptarse a las actividades propuestas).
3. **Actuar** demostrando una comprensión de las reglas y creando reglas equitativas.

## Habilidades y conocimientoss

1. Los estudiantes identificarán la necesidad de reglas y entenderán por qué las reglas son importantes.
2. Los estudiantes compararán reglas equitativas con reglas injustas.
3. Los estudiantes juzgarán las reglas basadas en su imparcialidad para todos y su utilidad para permitir que el salón de clases trabaje en conjunto por el objetivo común de aprendizaje.

## Resumen

Los estudiantes y el docente colaborarán para crear un conjunto de reglas para el aula. Los estudiantes serán guiados a pensar sobre conceptos como equidad, derechos y responsabilidades individuales, libertad de la tiranía y comunicación.

## Actividad 5.1.1
### ¡Esto es tiranía!

El docente tiene un conjunto de reglas escrito previamente y las lee a la clase. La lista comienza bastante razonable, pero luego se vuelve progresivamente más tiránica y poco razonable, de modo que al final de la lista, los estudiantes saben que esas no son las reglas reales de la clase. Las siguientes reglas son solo sugerencias. Algunas de las reglas a continuación anticipan algunas de las causas de la Revolución Norteamericana o incluso de alguna revolución local o nacional del contexto en donde se realiza la clase:

1. Todos los estudiantes deben tratarse unos a otros con respeto aplicando la regla de oro.
2. Se espera que todos los estudiantes se ayuden unos a otros a aprender.
3. Todos los estudiantes deben entregar la tarea a tiempo, con el encabezado adecuado.
4. Todos los estudiantes deben levantar la mano para hablar y esperarán a que se les llame antes de hablar.
5. Los estudiantes no pueden cuestionar las calificaciones que el maestro asigne.
6. Los estudiantes no pueden hablar entre ellos en clase si el propósito de la discusión es cuestionar la autoridad del docente.
7. Los estudiantes deben traer al docente cierta cantidad de dinero cada día y darle la mitad del dinero que reciban o ganen.
8. Los estudiantes no serán parte del proceso de elaboración de reglas y deben acatarlas todas.

El docente debe notar algo de sorpresa cuando se lean las últimas reglas y luego debe dirigir una discusión. El docente debe preguntar a los estudiantes si estas reglas son como las reglas que tenían en las aulas anteriores. ¿Son justas? ¿Cuáles no son justas? ¿Por qué no lo son? El docente hizo estas reglas, así que ¿qué otro proceso de elaboración de reglas daría como resultado reglas más justas? ¿Por qué necesitamos reglas?

**Actividad 5.1.2**
**El velo de la ignorancia**
El docente divide la clase en dos equipos. Les dice a los estudiantes que cada equipo creará dos reglas que son específicas para su equipo. Es preciso tener en cuenta que estas reglas deben ser completamente injustas y claramente darán ventaja a un equipo sobre el otro. Escriba este ejemplo en la pizarra: "Todos los miembros del equipo A obtienen crédito por sus tareas, ya sea que la entreguen o no". Permita que los equipos presenten dos reglas como ésta.

El docente tiene una bolsa con papeles amarillos y verdes (debe haber un número igual de cada uno y uno para cada alumno). El docente recorre el aula, los alumnos cierran los ojos y sacan un trozo de papel. Una vez que todos tienen su papel, el docente dice: "Si tiene un papel verde, usted es miembro del equipo A. Si tiene un papel amarillo, es miembro del equipo B".

Algunos estudiantes se convierten en miembros del otro equipo (es decir, cambian de equipo), lo que los pondrá en desventaja debido a las reglas que ellos mismos crearon. Pídales su opinión ante este cambio. Aquellos que no hayan cambiado de equipo aún se verán favorecidos; pídales su opinión.

El docente explica el "velo de ignorancia" y la idea de que las reglas deben ser justas para todos, independientemente del equipo en el que se encuentren. Uno puede determinar si una regla es justa al imaginarse a uno mismo cumpliéndola tras el velo de la ignorancia, es decir, sin saber a qué grupos pertenecen los demás (por ejemplo, el género, la edad, la raza, el credo o la religión de los demás). El legislador debería considerar si la regla aún sería justa si él o ella fuera miembro de un grupo diferente.

Los estudiantes deben escribir libremente sobre esta experiencia en los diarios de clase. Para aquellos estudiantes que tienen problemas para comenzar, se puede usar el siguiente mensaje: ¿Cómo te sentiste cuando las reglas que se agregaron a la comunidad te favorecieron o te perjudicaron? ¿Querías mantener esas reglas? ¿Por qué sí o por qué no?

**Actividad 5.1.3**
**Creación del reglamento del aula**

¿Cuáles son los objetivos de esta aula? ¿Qué reglas nos ayudarían a alcanzar esos objetivos?
A través de discusiones en grupos pequeños y el intercambio de ideas, se desarrollará una declaración de los objetivos del aula (o una declaración de la misión) y desarrollará un conjunto compartido de reglas de la clase.

Si es necesario, use el siguiente mensaje: piensa en uno de los días o en los que una de las lecciones te permitió aprender mucho en la escuela. ¿Qué hizo esa experiencia tan exitosa? Piensa en un momento en el que no aprendiste nada o te sentiste frustrado en la escuela. ¿Qué hizo que esa experiencia fuera tan infructuosa? ¿Qué necesitas que hagan los demás para ayudarlos a aprender tanto como puedan?

**Unidad**  5.2
**Tema**  Del colonialismo a la democracia: la revolución de los Estados Unidos
**Temas**  CIC: interpersonal; ética; hábitos mentales y de trabajo; desarrollo económico; historia mundial; geografía; gobierno comparativo; artes: literatura, visual y teatro; analizar y evaluar; el uso de la tecnología
**Región** Estados Unidos
**Duración**  Nueve semanas

## Metas y objetivos

1. **Aprender** a describir los eventos clave que condujeron a la Revolución Norteamericana y las causas de la Revolución; identificar la tradición filosófica de la Ilustración y su relación con la Revolución; y describir la formación de una nación democrática.
2. **Motivar** a los estudiantes a apreciar un evento histórico trascendental que puso en marcha muchos de los sistemas modernos de gobierno utilizados en la actualidad.
3. **Actuar** demostrando una comprensión de la línea de tiempo histórica y los fundamentos filosóficos de la Revolución Norteamericana.

## Habilidades y conocimientos

1. Los estudiantes describirán los eventos clave que llevaron a la Revolución Norteamericana y las causas de la Revolución e identificarán la tradición filosófica de la Ilustración y su relación con la Revolución.
2. Los estudiantes describirán la formación de una nación democrática.
3. Los estudiantes evaluarán la visión de los fundadores, usando muchas fuentes para identificar diferentes perspectivas.

El Curso Mundial: Quinto grado

**Resumen**

En esta unidad, los estudiantes estudiarán la Revolución Norteamericana con un enfoque en los derechos del individuo y en las organizaciones para el cambio social con respecto a estos derechos. Comenzarán con una historia de la literatura, *Johnny Tremain*, y pasarán a una lectura detallada de la Declaración de Independencia. Luego construirán una comprensión histórica de los motivos de la colonización en el Nuevo Mundo, las causas de la Guerra de Independencia de los Estados Unidos y los resultados de esta guerra. También examinarán a Benjamin Franklin como un personaje único con una tremenda voluntad personal en el movimiento social. Se sugieren varias actividades opcionales de enriquecimiento, así como una excursión, en los casos que sea posible.

**Recursos**

*Los recursos a continuación se encuentran en inglés, como referencia para los maestros que podrán adaptar lo que consideren pertinente para sus contextos:*

- https://books.google.com/books?id=mZd6bUoNwNIC&pg=PA246&lpg=PA246&dq=oxford+university+press+history+of+american+revolution+for+fifth+graders&source=bl&ots=5uMfxGVLXG&sig=cSFu_zU54w38E0UE94B4k_WehcQ&hl=en&sa=X&ved=0ahUKEwjD7rmkzonNAhUDGD4KHST2AMMQ6AEIJTAC#v=onepage&q=oxford%20university%20press%20history%20of%20american%20revolution%20for%20fifth%20graders&f=false
- https://global.oup.com/academic/product/the-american-revolution-9780199324224?cc=us&lang=en&

**Actividad 5.2.1**
*Johnny Tremain*

Las ideas para esta unidad se toman de la siguiente página en inglés: http://www.lengel.net/hebron/5ssunit1.html.

Los estudiantes leerán *Johnny Tremain* como tarea durante la unidad de la Revolución Norteamericana, y luego tendrán un día a la semana para discutir el libro. El docente puede incorporar el libro al estudio histórico central de la Revolución en cualquier otra variedad de formas. Los estudiantes leerán aproximadamente cuarenta páginas cada semana.

Cada viernes (por ejemplo), se programarán entradas cortas del diario contadas desde la perspectiva de Johnny. Las entradas del diario discutirán los problemas y situaciones que son importantes para él y sobre las cuales reflexiona. El docente les dará a los estudiantes algunas pautas sobre el diario que unirán los temas históricos y los temas socioemocionales.

El propósito de esta sección de la unidad es personalizar y personificar la comprensión histórica desde la perspectiva de un personaje (ficticio) de catorce años que es imperfecto (arrogante y matón al comienzo de la historia) y luego cambia durante el curso de la historia cuando se encuentra con la adversidad. Cada vez que Johnny "se encuentra" con figuras importantes de la Revolución Norteamericana, la "historia" cobra vida.

**Actividad 5.2.2**
**La Declaración de Independencia**

Tenga en cuenta que esta lección comienza con una parte del documento en sí. Una de las actividades finales de esta unidad es leer todo el documento.

Comience con este texto: "Sostenemos que estas verdades son evidentes por sí mismas, que todos los hombres son creados iguales, que están dotados por su Creador de ciertos derechos inalienables, que entre ellos están la vida, la libertad y la búsqueda de la felicidad".

Muchas de las ideas revolucionarias están aquí en esta oración. El docente dirigirá una discusión sobre el significado de cada parte de la misma. Modele la lectura detallada y analítica de cada frase, así como la de la oración como un todo.

Use las siguientes afirmaciones para extender la lección. Divida la clase en cuatro grupos pequeños y dé a cada grupo una de las dos oraciones. En los grupos pequeños, los estudiantes siguen el mismo proceso para leer detenidamente y analizar la oración, sobre lo que significa cada frase y sobre lo que significa la totalidad de ella. Después de que los estudiantes hayan tenido la oportunidad de hacer esto, haga que los grupos se reúnan según la oración en la que trabajaron para comparar sus conclusiones. Luego, vuelva a la clase completa y haga que los estudiantes comparen las oraciones. Las oraciones a usar son:

1. Que para asegurar estos derechos, los gobiernos se instituyen entre hombres, derivando sus justos poderes del consentimiento de los gobernados.
2. Que cada vez que cualquier forma de gobierno se vuelva destructiva para estos fines, es derecho del pueblo alterarlo o abolirlo, e instituir un nuevo gobierno, basándose en principios tales y organizando sus poderes en tal forma, que al pueblo mismo le parezca más favorable para su seguridad y su felicidad.

**Actividad 5.2.2b**
**¡Hábleme claro, por favor!**

Los estudiantes pueden trabajar individualmente o en grupos para escribir un párrafo que explique las tres oraciones que examinaron en términos actuales.

Como una extensión de la actividad, los estudiantes pueden comparar el pasaje de la Declaración de Independencia con esta sección del *Segundo Tratado de Gobierno* de 1690 de John Locke:

La libertad natural del hombre es estar libre de cualquier poder superior en la tierra, y no estar bajo la voluntad o autoridad legislativa del hombre, sino tener solo la ley de la Naturaleza para su gobierno. La libertad del hombre en la sociedad no debe estar bajo ningún otro poder legislativo sino por el establecido por consentimiento en la mancomunidad, ni bajo el dominio de ninguna voluntad, o restricción de ninguna ley, sino lo que dicho establecimiento promulgue de acuerdo con la confianza depositada en él.

## Actividad 5.2.3
### ¿Quiénes fueron los colonos? ¿De dónde vinieron y por qué? Una comparación de los asentamientos de Jamestown y Massachusetts

En una actividad de investigación guiada, los estudiantes consultan sobre el asentamiento de Jamestown.

Los estudiantes pueden completar una tabla, colocando información sobre Jamestown en un lado e información sobre Massachusetts en el otro lado. Guíe a los estudiantes a encontrar la siguiente información sobre Jamestown:

1. la fecha del primer asentamiento
2. los propósitos del asentamiento
3. cómo era la vida en la colonia
4. cómo se gobernó la colonia
5. la relación entre los colonos y los nativos americanos que estaban allí

En una sala de cómputo, los estudiantes deben trabajar en parejas para encontrar información sobre el asentamiento de Massachusetts. De regreso en el salón, los grupos deben reunirse para discutir sus respuestas y asegurarse de que se incluya toda la información importante.

El docente dirige una discusión sobre las similitudes y diferencias de las dos colonias. Los principales temas que deberían incluirse son la libertad religiosa y la oportunidad económica (tanto para los colonos como para los ingleses).

Como una extensión de esta actividad, los estudiantes podrían investigar las otras colonias de la Costa Este, ya sea en clase o como tarea. Los estudiantes, pretendiendo ser colonos, pueden celebrar una reunión simulada para discutir los desafíos y las oportunidades que han encontrado en el Nuevo Mundo. Tenga en cuenta que esto también podría desarrollarse en una actividad que simule el Primer Congreso Continental, pero si sucede, debería incluirse más adelante en la unidad.

## Actividad 5.2.4
## Creciente descontento: una exploración de las causas de la Guerra de Independencia de los Estados Unidos

Tenga en cuenta que el enfoque recomendado es hacer que los estudiantes usen las fuentes para determinar las causas de la guerra.
A través de la lectura de textos, fuentes primarias y otros documentos históricos y fuentes de información, los estudiantes crean una línea de tiempo de los eventos que conducen a la Guerra de Independencia de los Estados Unidos. A partir de esta actividad, deben encontrarles sentido a las diversas causas de la guerra. El docente debe dividir la clase en cuatro grupos. Cada grupo debe crear un cuadro para una de las causas de la guerra. El cuadro debe incluir objetos que representen la causa particular de la guerra. Cada grupo debe explicar su cuadro a la clase. Los cuadros pueden incluir a los estudiantes si quieren adentrarse en los personajes. Asigne a los estudiantes las siguientes causas principales de la guerra: impuestos, representación, una reacción contra actos vistos como injustos y una voluntad de independencia (autogobierno).

**Recursos**

*Los recursos a continuación se encuentran en inglés, como referencia para los maestros que podrán adaptar lo que consideren pertinente para sus contextos:*

- http://www.pbs.org/ktca/liberty/
- http://www.discoveryeducation.com/teachers/free-lesson-plans/the-american-revolution-causes.cfm

## Actividad opcional
## La imprenta: una mirada más cercana

En esta actividad los estudiantes usan una línea de tiempo a escala para mostrar cuán rápido cambió la historia después del desarrollo de la lectoescritura (visual y escrita) y, más importante aún para la revolución, después de la invención de la imprenta. Los siguientes puntos en el tiempo se les dan a los estudiantes:

1. Las primeras pinturas rupestres (alrededor de 30,000 AC)
2. Los primeros escritos (pictóricos) de la Antigua Sumeria (alrededor de 4000 AC)
3. El Código de Hammurabi (alrededor de 700 AC)
4. Firma de la Carta Magna (1215 DC)
5. Invención de la imprenta (1465 DC)
6. Publicación del sentido común de Thomas Paine, que se convirtió en el libro más vendido y circulado en la historia de los Estados Unidos hasta ese momento (1776 DC)
7. Invención del chip de silicio, la base de las computadoras personales, por Jack Kilby y Robert Noyce (1961 DC)
8. Invención de la Red de Conexión Global (o www por los términos en inglés World Wide Web) por Tim Berners-Lee (1991 DC)

Los estudiantes deben crear un dibujo y una breve descripción de su evento asignado para publicar en el aula.

El docente y los alumnos crean una línea de tiempo a escala. Esto debe hacerse a lo largo de un pasillo largo o fuera del aula. El docente necesita determinar la cantidad de espacio disponible con anticipación. Una vez que se determina, al período entre 30,000 AC y 2000 DC (32,000 años) se le dará una escala más comprimida que al resto de la línea de tiempo. Si tiene cien pies de espacio, cada pie representará 320 años, por ejemplo. Los estudiantes asignados a las pinturas rupestres se ubicarán al final de la misma, luego los estudiantes asignados a las primeras obras estarán a la distancia apropiada de ellos. Al final, los primeros eventos estarán muy lejos el uno del otro y muy ampliamente espaciados. Después de la firma de la Carta Magna o la invención de la imprenta, los estudiantes se ubicarán muy cerca unos de otros. Aprenderán que el desarrollo de la palabra escrita y el de la tecnología que puede difundir dicha palabra escrita rápidamente han llevado a muchos desarrollos ágiles.

(Tenga en cuenta que la Biblioteca Morgan en la ciudad de Nueva York es un recurso excelente para imprimir datos históricos y para obtener recursos impresos si se encuentra en en esta ciudad; alternativamente, se pueden consultar recursos en línea o en su biblioteca local).

**Actividad 5.2.5**
**La vida de Benjamin Franklin**

Después de una breve introducción, los estudiantes deberán consultar acerca de la vida de Benjamin Franklin. Esta investigación debe enfocarse en los siguientes temas:

1. Su vida como pensador e inventor
2. Su papel en la expansión de la imprenta como medio popular
3. Su papel en la obtención del apoyo de los franceses a la Guerra de Independencia de los Estados Unidos y su papel como primer embajador de los Estados Unidos en Francia
4. Su uso del ingenio y la comedia

**Recursos**

*Los recursos a continuación se encuentran en inglés, como referencia para los maestros que podrán adaptar lo que consideren pertinente para sus contextos:*

- http://www.pbs.org/benfranklin/
- http://www.webenglishteacher.com/franklin.html

**Actividad opcional**

**El periódico 'La época colonial': una exploración de las ideas y motivaciones para la guerra**

Consulte el apéndice A para obtener instrucciones detalladas.

## Actividad 5.2.6
## Propaganda e imágenes en la Revolución Norteamericana

Primero, el maestro debe presentar a la clase las siguientes consignas (se pueden usar algunas adicionales):

- "¡Denme libertad o denme la muerte!"
- "Todos mantenernos juntos, o seguramente todos colgaremos por separado".
- "¡No hay impuestos si no hay representación!"
- "Estos son los tiempos que prueban las almas de los hombres".

El docente podría imprimir estas consignas en pedazos de papel separados y luego cortarlos en pedazos de rompecabezas. Cada uno de los estudiantes recibe una pieza de "rompecabezas", y todos deben encontrar a los otros estudiantes cuyas piezas encajan con las suyas para formar el lema. Luego discuten el posible significado del eslogan y registran sus conclusiones en su cuaderno. Cada grupo comparte su lema y lo que discutieron sobre él con la clase.

En segundo lugar, el docente puede recopilar imágenes de la Revolución (por ejemplo, un letrero que dice "No me pisotees") y del arte. Los estudiantes deben discutir el simbolismo y los significados de las imágenes.

## Actividad 5.2.7
## La Declaración de Independencia: una segunda mirada

El docente debe preparar a los alumnos para que lean el documento explicando sus partes: la introducción y el establecimiento de la tesis, la lista de agravios, y las resoluciones de las colonias. Los estudiantes revisan las causas de la guerra, la filosofía de la era de la razón y muchos aspectos de la unidad como un todo a través de esta lectura. No se espera que los estudiantes dominen el documento.

Considere mostrarles a los estudiantes este video de YouTube de una lectura del documento por actores y actrices famosos: http://www.youtube.com/watch?v=ZxTvS-kyHzs.

## Actividad 5.2.8
## Salida de campo

Los estudiantes pueden hacer una excursión a Filadelfia, al Williamsburg colonial, al asentamiento de Jamestown y al centro Yorktown si se encuentra cerca de estos lugares. Alternativamente, se puede hacer una visita a algún sitio histórico local o nacional y se puede conectar las lecciones aprendidas sobre la Revolución Norteamericana con el contexto local y nacional, quizás señalando diferencias y similitudes en las historias nacionales.

## Recursos

*Los recursos a continuación se encuentran en inglés, como referencia para los maestros que podrán adaptar lo que consideren pertinente para sus contextos:*

- Jamestown y Yorktown: http://www.historyisfun.org/jamestown-settlement.htm
- La serie 'Una Historia de EEUU' del archivo periodístico de la Universidad de Oxford: https://global.oup.com/academic/content/series/h/a-history-of-us-hus/?cc=us&lang=en&
- "Enseñanza con documentos", de los Archivos Nacionales: http://www.archives.gov/education/lessons/revolution-images/
- Historia colonial: http://www.pbs.org/ktca/liberty/tguide_2.html
- Archivando la primera América: http://www.earlyamerica.com/earlyamerica/freedom/doi/
- Video de Brain Pop sobre las causas de la Revolución Norteamericana: http://www.brainpop.com/socialstudies/ushistory/causesoftheamericanrevolution/preview.weml

| | |
|---|---|
| **Unidad** | 5.3 |
| **Tema** | Revolución Francesa |
| **Subtemas** | CIC: interpersonal; ética; hábitos mentales y de trabajo; pobreza; historia mundial; geografía; gobierno comparativo; artes: literatura y drama; y analizar y evaluar. |
| **Región** | Francia |
| **Duración** | Ocho semanas |

## Metas y objetivos

1. **Aprender** sobre las injusticias que llevaron a la Revolución Francesa, y los vínculos y las diferencias entre la Revolución Francesa y otras revoluciones.
2. **Motivar** a los estudiantes a pensar sobre la injusticia y cómo se puede remediar.
3. **Actuar** evaluando lo que hace que un movimiento democrático sea exitoso.

## Habilidades y conocimientos

1. Los estudiantes aprenderán sobre los tres Estados generales.
2. Los estudiantes aprenderán sobre monarquías absolutas y símbolos de gobierno.
3. Los estudiantes aprenderán sobre cómo el arte puede representar eventos históricos.
4. Los estudiantes practicarán habilidades de investigación independiente.
5. Los estudiantes continuarán desarrollando habilidades de análisis comparado.
6. Los estudiantes examinarán la Revolución Francesa usando los mismos criterios que se utilizarán para examinar la transición democrática en Sudáfrica más adelante en el año.

## Resumen

Los estudiantes ampliarán su comprensión de los movimientos sociales en torno a los derechos individuales desde la Revolución Norteamericana hasta la Revolución Francesa. Los mismos marcos teóricos para comprender las causas, los eventos y los resultados de la guerra deberían transferirse a esta unidad para ayudar a su comprensión. Los estudiantes volverán a comenzar con la literatura y a partir de ese análisis, profundizarán en el estudio de las jerarquías sociales, la desigualdad y la pobreza, así como en cuestiones de equidad y derechos humanos.

**Actividad 5.3.1**
**Revolución y arte franceses: Los Miserables**

El docente asigna una versión abreviada de *Los Miserables* de Víctor Hugo al comienzo de esta unidad. Periódicamente durante el transcurso de esta unidad, el docente le pide a los estudiantes que escriban en un diario sobre las escenas que se enumeran a continuación, en torno a cada tema:

1. El encarcelamiento de Jean Valjean después de robar pan para sus sobrinos y sobrinas
   o Hambre
   o Ley contra justicia
2. La escena entre el sacerdote y Jean Valjean, después de que éste ha sido capturado por robarle al sacerdote
   o Conceptos principales en el cristianismo (perdón, gracia, misericordia, redención y volver a nacer)
3. El papel de Jean Valjean como alcalde y su ayuda a Fantine y a Cosette
   o El uso del poder
   o La noción de cuidar a los demás y asumir responsabilidad
4. El papel de Marius como estudiante en la Revolución
   o El papel de la gente común en la Revolución

Tenga en cuenta que más adelante en el año, cuando se estudie el Objetivo de Desarrollo Sostenible (ODS) 1 (la pobreza), el ODS 2 (el hambre), y la Declaración Universal de Derechos Humanos - especialmente los artículos 11 y 25, que tratan sobre derecho y justicia - puede ser útil referirse a estos temas.

Una vez los estudiantes han completado el libro, la clase ve la adaptación cinematográfica musical de *Los Miserables*. El docente pide a los estudiantes que tomen nota de la vestimenta del período, los símbolos de la revolución (de ambos bandos) y la arquitectura. Observarán imágenes contemporáneas de la vestimenta francesa, símbolos (incluyendo la moneda -tanto el ahora inexistente Franco como el Euro) y arquitectura, y observarán cómo han cambiado, cómo reflejan las creencias francesas actuales e históricas, y cómo ciertos aspectos de la Revolución Francesa se han incorporado a la cultura francesa moderna.

A continuación, los estudiantes recibirán una copia de la letra de algunas de las canciones de *Los Miserables* (elegidas a criterio del docente). Discutirán la precisión de las canciones al retratar la Revolución y cuán efectivas son en la creación de una respuesta emocional, como la simpatía, en torno a los personajes o la causa de la revolución. El docente dirigirá la clase a discutir cómo se pueden usar tanto las novelas como las canciones para transmitir emoción, construir un movimiento y compartir la historia.

**Recursos**

*Los recursos a continuación se encuentran en inglés, como referencia para los maestros que podrán adaptar lo que consideren pertinente para sus contextos:*

- Imágenes de monedas de Francia en el tiempo
- Lo que su estudiante de quinto grado necesita saber: Fundamentos de una buena educación de quinto grado. (ISBN 978-0385411196)
- Hugo, V. y Kulling, M. (1995). Los Miserables. Nueva York, NY: Libros de Random House para lectores jóvenes. (ISBN 978-0679866688)
- http://2300project2goodsonak.weebly.com/teacher-resources.html
- Información sobre María Antonieta de la televisión pública de Estados Unidos PBS (http://www.pbs.org/marieantoinette/)

## Actividad 5.3.2
## Los tres Estados generales

Esta actividad está adaptada de "La revolución francesa: Los que tienen y los que no" de Kevin Huntley

Antes de la clase, el docente establece diferentes estaciones alrededor del salón de clases con artículos que reflejan la cultura e historia francesas. Estos artículos deberían reflejar a Francia tal como es o era y no deberían simplemente ser símbolos estereotípicos de Francia. El propósito de esto es orientar a los estudiantes en el contexto francés para que su estudio de Francia se enmarque adecuadamente.

Una vez que las estaciones están preparadas, el docente debe llenar el salón con el olor de palomitas de maíz recién hechas. Después de que los estudiantes llegan y mientras se instalan, el docente explica que harán una gira por Francia. Le dice a cada uno que visite todas las estaciones y que tome notas de lo que dicen las estaciones sobre Francia. Mientras lo hacen, el docente comparte palomitas de maíz con alrededor del 6 por ciento de la clase (solo unos pocos estudiantes) sin decir por qué, ni decir nada a los estudiantes que no reciben palomitas de maíz. Los estudiantes sin duda comenzarán a quejarse, y el docente observará sus reacciones.

Una vez que los estudiantes terminan de recorrer "Francia", el docente inicia una discusión con los estudiantes sobre la injusticia, y sobre cómo se sintieron acerca de obtener o no obtener palomitas de maíz y por qué todos debieron haber comido. El docente presentará los tres Estados generales (clero, nobleza y el común), explicando qué porcentaje representaba cada grupo de la población total, el porcentaje de riqueza que tenía cada grupo y la cantidad de poder que cada grupo tenía en el siglo XVIII en la sociedad francesa. El docente explica que esta desigualdad social y económica fue una de las principales razones de los disturbios que llevaron a la Revolución Francesa.

El docente debe señalar las conexiones entre los argumentos de los estudiantes a favor de la igualdad y los mismos argumentos que motivaron la Declaración Universal de los Derechos Humanos. También debe ayudar a los estudiantes a hacer comparaciones entre el contexto de la Revolución Norteamericana y el contexto de la

Revolución Francesa, y se espera que los estudiantes noten que los franceses se rebelaron contra su propio gobierno en lugar de contra un gobierno colonial. Es importante que las conexiones con la unidad anterior en la Revolución Norteamericana se aclaren en preparación para el resto de la unidad de la Revolución Francesa.

**Actividad 5.3.3**
**"¡L'Etat, C'est Moi!"**

En esta actividad, los estudiantes aprenderán sobre Louis XIV. Leerán las páginas 156-158 del texto *Lo que su estudiante de quinto grado necesita saber*. Una vez que hayan leído estas páginas, el docente preguntará a la clase qué fue bueno de lo que hizo Luis XIV. Pueden responder: "Él construyó un palacio magnífico", "hizo a Francia poderosa" y "encargó obras de teatro y conciertos", por ejemplo. El docente hará una lista en una columna con estas cosas en el tablero. A continuación, el profesor pregunta qué hizo Louis XIV que enojó al pueblo. Pueden decir: "Hizo pobre a Francia", "gastó dinero en obras de teatro, pero no en su pueblo", y "no compartió ningún poder o riqueza con nadie, incluido el tercer Estado general". A continuación, hablarán sobre el papel del gobierno en la vida de las personas, cómo el gobierno puede ayudar al pueblo y cómo puede dañarlo. La clase creará una tercera lista de las cosas que les gustaría que su gobierno hiciera por ellos.

Luego analizarán el símbolo del sol y el dicho "L'état, c'est moi" y compararán los símbolos y lemas de la Revolución, por ejemplo, la Bastilla, La Marsellesa (himno nacional) y el dicho "Libertad, Igualdad y Fraternidad". Esto se conecta a la unidad anterior sobre la Revolución Norteamericana, particularmente la lección 5.2.6. A continuación, examinarán los símbolos de otras figuras gubernamentales (ej. símbolos de la campaña de Obama de 2008 y el himno nacional de EE. UU.). Finalmente, cada estudiante (o pareja de estudiantes) tendrá la tarea de hacer un símbolo para su gobierno ideal y escribir un párrafo sobre lo que el símbolo representa para ellos.

El Curso Mundial: Quinto grado

Empoderar Ciudadanos Globales

**Unidad** 5.4
**Tema** Revolución Haitiana
**Subtemas** CIC: interpersonal; ética; hábitos mentales y de trabajo; pobreza; historia mundial; geografía; gobierno comparativo; artes: literatura y visual; y analizar y evaluar
**Región** Haití y el Caribe
**Duración** Seis semanas

**Metas y objetivos**

1. **Aprender** sobre la Revolución Haitiana, por qué es importante y cómo se ha representado en el arte.
2. **Motivar** a los estudiantes a reflexionar sobre cómo la Declaración de los Derechos del Hombre y del Ciudadano de Francia no solo influyó en la historia de Haití, sino que también desarrolló el marco para la Declaración Universal de los Derechos Humanos.
3. **Evaluar** el arte no solo por su estética, sino también por su significado histórico y cultural más profundo.

**Habilidades y conocimientos**

1. Los estudiantes aprenderán sobre Toussaint Louverture y la Revolución Haitiana.
2. Los estudiantes harán comparaciones entre la Declaración Universal de los Derechos del Hombre (DUDH), la Declaración de los Derechos del Hombre y del Ciudadano, y la Declaración de Independencia de los Estados Unidos.
3. Los estudiantes aprenderán sobre el poder del arte para compartir la historia.
4. Los estudiantes aprenderán cómo los "hechos" históricos a menudo son una cuestión de perspectiva.
5. Los estudiantes practicarán el uso de habilidades interculturales para trabajar con otra clase formada por estudiantes ubicados en Haití.

**Resumen**

Los estudiantes ampliarán aún más su comprensión de los movimientos sociales en torno a los derechos de las personas conociendo y aprendiendo sobre una revolución menos conocida, la Revolución Haitiana.

## Actividad 5.4.1
### La Declaración de los Derechos del Hombre y del Ciudadano en comparación con la Declaración Universal de Derechos Humanos y la Declaración de Independencia Estadounidense

El docente explica a la clase que la Revolución Haitiana comenzó, en gran parte, porque Francia no extendió los derechos contenidos en la Declaración de los Derechos del Hombre y del Ciudadano a los haitianos. Durante la Revolución Francesa, la asamblea que se creó durante el reinado de Luis XVI redactó un documento que describía la igualdad de derechos de todos los ciudadanos. La clase comienza una discusión sobre las libertades que los franceses buscaban durante su revolución, las libertades que los estadounidenses buscaban durante su revolución y las libertades que los haitianos buscaban. Luego los estudiantes, con la ayuda del docente, discuten las similitudes y diferencias entre la Declaración de los Derechos del Hombre y del Ciudadano, la Declaración de Independencia de los EE. UU. y la Declaración Universal de los Derechos Humanos, usando métodos de lectura detallada para estudiar selecciones del texto de estas fuentes primarias.

## Actividad 5.4.2
### Arte y Toussaint Louverture

El docente comienza la clase explicando que, tal como lo hizo la Revolución Francesa, la Revolución Haitiana dio inspiración a personas de todo el mundo, incluyendo artistas. Haití fue la primera colonia de negros que obtuvo la independencia y, a diferencia de muchas naciones africanas, lucharon por ella, en lugar de que se la hubieran otorgado. Por esta razón, la Revolución Haitiana sigue siendo una pieza muy importante de la historia que ha sido conmemorada a través del arte.

La figura carismática pero controvertida de Toussaint Louverture ha sido un tema especialmente importante para el arte y la poesía. El docente lee primero el poema de William Wordsworth "A Toussaint L'Ouverture". Tenga en cuenta que este poema puede ser muy difícil de entender para los jóvenes, por lo que el docente debe ocuparse de explicar el lenguaje complejo y de enfocar el aprendizaje sobre cómo Louverture era infeliz porque no era libre.

La clase se combina con una clase de estudiantes en Haití para que puedan observar cómo los estudiantes haitianos aprenden sobre la Revolución Haitiana. Los docentes de cada clase colaboran para mostrar a sus alumnos las pinturas de Jacob Lawrence, que cuentan la historia de la vida de Louverture y la lucha de Haití por la independencia. Los docentes muestran a sus clases una pintura a la vez y piden que describan la historia que cuenta cada cuadro. El docente estadounidense comparte información biográfica sobre Louverture de una fuente como "The Louverture Project" (ver recursos a continuación). El docente haitiano les pide a sus alumnos que utilicen lo que aprendieron anteriormente sobre la Revolución Haitiana para ponerle un título a las pinturas. Luego, los estudiantes se dividen en parejas y comparten cómo interpretaron las pinturas y sus pensamientos sobre las similitudes y diferencias en las historias que cuentan. Idealmente, los estudiantes hablarán sobre cómo se representa Louverture y sobre qué medios utilizó el artista para transmitir información y sentimientos.

Los docentes deben tener cuidado de explicar a los alumnos que, si bien estas pinturas cuentan una historia en particular, no existe una forma "correcta" de interpretar el arte.

Un posible recurso de nivel adecuado al estudiante para la Revolución Haitiana es un texto nivelado (el texto de sexto grado está disponible por debajo, sobre y a nivel del grado) de McGraw-Hill MacMillian (https://www.mheonline.com/) llamado Timelinks: La Revolución Haitiana (2009) (recurso en inglés).

**Recursos**

*Los recursos a continuación se encuentran en inglés, como referencia para los maestros que podrán adaptar lo que consideren pertinente para sus contextos:*

- Conferencia de 1893 de Frederick Douglass sobre Haití: http://www.americaslibrary.gov/jb/progress/jb_progress_douglass_1.html

- El proyecto Louverture: http://thelouvertureproject.org/index.php?title=Main_Page
- Ganador del ensayo del Día de la Historia Nacional Jim Thomson "La revolución haitiana y la forja de Estados Unidos": http://www.historycooperative.org/journals/ht/34.1/thomson.html
- Africanos en la "Declaración de los Derechos del Hombre" de los Estados Unidos de PBS: http://www.pbs.org/wgbh/aia/part3/3h1577t.html
- "Enseñando sobre Haití" de Enseñanza por un cambio: http://www.teachingforchange.org/publications/haiti
- "Enseñando sobre Haití" de Enseñanza de la Historia: http://teachinghistory.org/nhec-blog/23787
- La Declaración Universal de los Derechos Humanos de las Naciones Unidas: http://www.un.org/es/universal-declaration-human-rights

| | |
|---|---|
| **Unidad** | 5.5 |
| **Tema** | DUDH y pobreza y hambre |
| **Subtemas** | CIC: interpersonal; CIC: intrapersonal; ética; hábitos mentales y de trabajo; desarrollo económico; pobreza; geografía; estudio comparado de gobierno; riesgo global: económico; artes: literatura y drama; y analizar y evaluar |
| **Región** | Estados Unidos, India y África |
| **Duración** | Cuatro semanas |

## Metas y objetivos

1. **Aprender** sobre la representación de derechos y de necesidades en la Declaración Universal de los Derechos Humanos (DUDH) y los Objetivos de Desarrollo Sostenible (ODS) y comprender la importancia de los ODS 1 y ODS 2 para los otros ODS.
2. **Motivar** a los estudiantes a reflexionar sobre las causas de la pobreza, sus consecuencias para los diferentes grupos de la sociedad y los estigmas asociados con ella; entender que la pobreza es un concepto dinámico que puede afectar a cualquiera desproporcionadamente en un momento determinado; y emprender acciones y contribuir de la mejor manera posible.
3. **Actuar** de manera informada al tratar de comprender los problemas asociados con la pobreza y tratar a los pobres de manera respetuosa y digna sin estigmatizarlos.

## Habilidades y conocimientos

1. Los estudiantes aumentarán el conocimiento de la DUDH, de su valor como un marco normativo en la articulación de los derechos y libertades de todas las personas, y de cómo surgió.
2. Los estudiantes expresarán sus pensamientos y opiniones con respecto a estos derechos humanos, y comprenderán y exhibirán las competencias de comportamiento asociadas con la DUDH.
3. Los estudiantes examinarán las complejidades de la pobreza y la entenderán como un concepto en evolución a lo largo del tiempo que puede afectar de manera desproporcionada a

diferentes grupos de personas por razones que quizás ni siquiera estén bajo su control.
4. Los estudiantes dibujarán vínculos claros entre los ODS y la Declaración Universal de Derechos Humanos.
5. Los estudiantes diferenciarán entre hambre, inanición, desnutrición y comer en exceso.
6. Los estudiantes comprenderán que las estadísticas sobre los pobres y el hambre se basan en diversos tipos de medición, y verán los vínculos entre la pobreza y el hambre.
7. Los estudiantes aumentarán el conocimiento de los actores clave para abordar el ODS 1 y el ODS 2.
8. Los estudiantes comprenderán los estereotipos asociados con la pobreza y también la importancia de tratar a todos por igual con dignidad y respeto, incluso si son pobres.

**Resumen**

La siguiente unidad toma los principios de las revoluciones, los derechos humanos, la libertad y el movimiento social en torno a los derechos humanos y los aplica a los pactos globales modernos de los ODS y la DUDH. Comienza con exploraciones concretas y luego se vincula al documento de la DUDH. Aplica estos principios a la pobreza, y los estudiantes serán muy conscientes de las realidades que la pobreza implica. La actividad culminante al final del año les permitirá a los estudiantes crear conciencia sobre un ODS que les interese. La capacidad de crear conciencia proporciona a los estudiantes un sentido de acción, que es fundamental para el Curso Mundial.

**Actividad 5.5.1**
**¿Qué necesito para funcionar?**

En esta actividad, los estudiantes se dividen en grupos y se les proporciona un papel tamaño afiche en el que se ha dibujado la silueta de un individuo. El docente le pide a cada alumno que imagine que él o ella es esa persona y le pregunta qué necesita para funcionar día a día. Si bien la mayoría de los estudiantes dirán cosas básicas como comida o agua, el docente debe llevarlos más allá de estos límites y hacer preguntas que dirijan sus respuestas a hablar sobre seguridad y protección, reglas y normas, y servicios de atención médica.

El docente les muestra fotos de niños de todo el mundo (debe mostrar una buena mezcla de niños de diferentes partes del mundo, de diferentes etnias y razas, y de diferentes niveles socioeconómicos). El docente les pide a los estudiantes que establezcan qué es lo que estos niños en particular podrían necesitar y hacer comparaciones entre lo que dijeron que necesitaban y lo que dijeron que necesitaban esos otros niños. El objetivo de esto es que los estudiantes puedan ver la universalidad de las necesidades.

Luego, el docente procede a presentar a los estudiantes la Declaración Universal de los Derechos Humanos (DUDH), un marco de valor global otorgado a todos los seres humanos en el mundo.

**Actividad 5.5.2**
**¿Qué es la DUDH?**

En esta actividad, el docente comparte una copia de una versión adaptada para niños de la Declaración Universal de Derechos Humanos, y los niños la leen juntos en clase. La clase nuevamente se divide en grupos, y esos grupos reciben tarjetas de identificación que pertenecen a una nación ficticia o a cierta sociedad. El docente luego informa a los estudiantes que se les darán situaciones particulares y que deben decidir qué harían en esas situaciones usando los textos que se les proporcionaron.

El docente introduce "violaciones", es decir, acciones que violarían la Declaración Universal de Derechos Humanos y que no se pueden usar para resolver las situaciones que los estudiantes han recibido:

1. No pueden culpar a un grupo en particular sin pruebas de que ese grupo sea culpable.
2. No pueden quitar el derecho de los estudiantes a una nacionalidad.
3. No pueden tratar injustamente a un grupo y discriminarlo por motivos de raza, etnicidad o sexo.

Luego, el docente les pide a los estudiantes que se defiendan basándose en ciertas partes específicas del texto. A través de esta actividad, el docente introduce el concepto de la Declaración Universal de Derechos Humanos como un marco normativo que es holístico y otorga derechos individuales.

**Recursos**

*Los recursos a continuación se encuentran en inglés, como referencia para los maestros que podrán adaptar lo que consideren pertinente para sus contextos:*

- http://www.guardian.co.uk/books/gallery/2008/oct/17/amnesty-declaration-human-rights-children#/?picture=338702813&index=6
- http://www1.umn.edu/humanrts/edumat/hreduseries/TB3/appendices/kidsversion.htm

**Actividad 5.5.3**
**Día de los Derechos Humanos: ¿Todos los días o un día?**

Usando tecnología, los estudiantes se comunican con otros estudiantes en diferentes escuelas en diferentes partes del mundo y trabajan para examinar cómo se celebra el día de los Derechos Humanos en cada uno de los países: ¿Los países hacen ciertas cosas simbólicas? ¿Es un día especial a nivel nacional?

Los estudiantes presentan sus hallazgos y hablan sobre el Día de los Derechos Humanos. El docente pregunta a los alumnos cómo celebrarían el Día de los Derechos Humanos en clase. Luego continúa la discusión preguntando cómo celebrarían el día en clase si cada día fuera el día de los Derechos Humanos. El objetivo de esta actividad es que los alumnos elaboren una lista de los valores y principios rectores que rigen sus propias acciones en clase. La lista debe incluir esencialmente lo relacionado con tratar a todos con igualdad, respeto y dignidad.

Empoderar Ciudadanos Globales

**Actividad 5.5.4**
**¿Qué vi en mi camino de regreso a casa hoy?**

A los estudiantes se les muestra un breve video: http://www.agarota.com/e_mk_release.html.

Luego, el docente les pide a los estudiantes que revisen cuidadosamente lo que vieron en su camino de regreso a casa desde la escuela ese día. Luego deben responder las siguientes preguntas:

1. ¿Viste gente necesitada?
2. ¿Qué te hace pensar que esas personas están necesitadas?
3. ¿Por qué crees que esas personas son necesitadas?
4. ¿Estaban esas personas haciendo algo en particular que las clasificaba como necesitadas?
5. ¿Llevaban ciertos tipos de ropa?
6. ¿En qué tipo de hogares viven esas personas?

Los estereotipos surgirán de esta discusión. El docente debe permitir que los estudiantes registren los estereotipos y sus reacciones ante ellos en sus diarios. Pueden formar grupos para compartir sus estereotipos y sus reacciones ante ellos, destacando las similitudes y diferencias en los estereotipos y las reacciones. Los estudiantes pueden dirigir una discusión en clase sobre cada una de estas preguntas y las razones detrás de lo que vieron, a través del lente de la pobreza, articulando las muchas y complejas razones que influyen en la pobreza a nivel individual y familiar.

El objetivo de la actividad que sigue es que los estudiantes examinen las causas subyacentes de la pobreza y que el docente aborde algunos de los estereotipos que surgen.

**Actividad 5.5.5**
**La red de la pobreza**

En esta actividad, los estudiantes reciben tarjetas de presentación que representan a personas ficticias de diferentes edades en diferentes roles y ocupaciones. Se les informa a los estudiantes que colectivamente, estas tarjetas reflejan una sociedad en la que las personas mayores no trabajan, algunos jóvenes están en la escuela o no tienen trabajo, algunas personas están ganando mucho dinero, y algunas están ganando menos. El docente informa a los alumnos que gradualmente irá introduciendo ciertas situaciones de modo que algunas personas tendrán que modificar su comportamiento para asimilarlas. El docente debe presentar esto como un juego dinámico en el cual cada grupo responde al otro. El docente gradualmente comienza a presentar diferentes situaciones. La siguiente es una lista sugerida:

1. Los costos de la atención médica y la educación aumentan, o ciertas personas no tienen acceso a las instalaciones de atención médica cuando las necesitan.
2. Algunos estudiantes abandonan la escuela o no tienen acceso a oportunidades de aprendizaje.
3. Hay un desastre en el país y todos los patrimonios de la familia se pierden.
4. El precio de los alimentos aumenta debido a una menor producción agrícola.
5. Algunas personas pierden sus trabajos y, por lo tanto, sus familias no tienen dinero.

El docente debe enfatizar la importancia de encontrar una solución al problema a pesar de las limitaciones actuales. El objetivo de esto es sacar a la luz la voluntad de la gente que se ve en la pobreza.

Con base en esta actividad, el docente ayuda a los estudiantes a establecer diversas interconexiones entre la pobreza, la educación, los medios de subsistencia y el acceso a la atención médica, y a darse cuenta de que la pobreza es un concepto dinámico que evoluciona con el tiempo debido a la complejidad del problema.

Los estudiantes escriben una publicación en el blog sobre lo que aprendieron y reflexionan sobre una instancia particular que influyó en su forma de pensar sobre la pobreza.

Tenga en cuenta que, en esta simulación, el docente debe tener especial cuidado para asegurarse de que los alumnos comprendan que cualquier persona puede llegar a la pobreza por razones fuera de su control y para abordar cualquier emoción asociada con sentirse superior o las ideas asistencialistas de "ayudar a los pobres". Es importante que los estudiantes comprendan las complejidades de la pobreza. El docente puede ayudarlos a comprender esas complejidades al imponer dos limitaciones simultáneas (por ejemplo, algunas personas han perdido sus empleos y los precios de los alimentos aumentan simultáneamente y, por lo tanto, la pobreza afecta con mayor severidad a los que no tienen trabajo).

### Actividad 5.5.6
**Los ODS a partir de la DUDH**

Como tarea, el docente pregunta a los estudiantes si hay algo acerca de las simulaciones que atraiga la atención de los estudiantes hacia los derechos humanos que no se están cumpliendo, como se expresa en la DUDH. El docente les pide a los estudiantes que presenten sus ideas en clase.

El docente presenta a los alumnos los ODS, los diecisiete objetivos del mundo hasta 2030. A través de elementos visuales y gráficos, el docente muestra cada una de las diecisiete metas y habla de ellas.

Luego, el docente les entrega a los estudiantes una hoja que enumera la Declaración Universal de Derechos Humanos y los ODS uno al lado del otro y les pide a los niños que relacionen las dos columnas haciendo ver de qué parte de la Declaración Universal de Derechos Humanos se extrae cada ODS.

Use la lección "Una Asamblea de Objetivos Globales" para recordarles a los estudiantes los ODS:
https://www.tes.com/worldslargestlesson/ (recurso en inglés).

### Actividad 5.5.7
**Niños en pobreza**

Aquí el docente introduce el ODS 1 (la pobreza) y el ODS 2 (el hambre). Se les pide a los estudiantes que lleven un registro de lo que comen durante los próximos dos días. Durante estos dos días, el docente les muestra a los estudiantes las comidas que comen los niños en diferentes partes del mundo (elija una buena mezcla de todo el mundo y en diferentes niveles socioeconómicos). El docente presenta un cuadro dietético ficticio y lo utiliza para realizar el conteo de calorías de los alimentos (http://www.thecaloriecounter.com/), para analizar el concepto de requisito mínimo de calorías y para examinar cuestiones relacionadas con la nutrición y la pobreza.

Los estudiantes deben responder las siguientes preguntas:

1. ¿Cuánto tiempo pueden pasar sin comida?
2. ¿Por qué la comida es importante para ellos?
3. ¿Qué harían si no pudieran acceder a la comida?
4. ¿Qué no podrían hacer si no tuvieran acceso a la comida?

El docente establece vínculos entre la alimentación, la asistencia a la escuela, el aprendizaje, los medios de subsistencia y, más importante, la buena salud. El docente profundiza en los conceptos de calorías, alimentos para la energía, y desnutrición. A través de esta actividad, el docente ayuda a los estudiantes a distinguir entre los conceptos asociados con el hambre, comer en exceso, la desnutrición y la inanición.

## Actividad 5.5.8
**La escalada de los precios de los alimentos y quién ha sido el más afectado**

El docente divide a los estudiantes en dos grupos, uno de los cuales vivirá con $1.25USD por día (adaptar a la moneda local) y el otro tendrá un presupuesto más alto. Adicionalmente, presenta un escenario en el que los estudiantes tienen dicho presupuesto definido, pero los precios de los alimentos están subiendo. A los estudiantes se les proporcionan los costos de los alimentos y se les pide que eliminen los alimentos de su presupuesto. Se les debe preguntar qué elegirán y por qué. El docente compara lo que los dos grupos pueden pagar y lo que van a recortar y resalta el hecho de que aquellos con un presupuesto de $ 1.25 por día apenas pueden pagar algo.

## Actividad 5.5.9
### Relación entre pobreza y hambre

El docente presenta a los estudiantes un mapa de la pobreza del mundo y un mapa del hambre del mundo y les pide a los estudiantes que superpongan uno al otro. Se les pide a los estudiantes que enumeren los países que aparecen en ambos mapas. Los estudiantes deben identificar tres países que aparecen en ambos mapas. Luego, el docente dividirá la clase en tres grupos, y cada grupo investigará un país para descubrir por qué la pobreza y el hambre están vinculados en ese contexto. Más adelante compartirán sus resultados con la clase. Durante la discusión en clase, se pueden hacer las siguientes preguntas de extensión:

1. Si la pobreza se definiera de otra manera, ¿esta situación cambiaría?
2. Si el hambre se definiera de manera alternativa, ¿cómo cambiaría?

## Actividad 5.5.10
### ¿Qué vi hoy en mi camino a casa y cómo debemos tratar a los pobres?

En esta actividad, los alumnos vuelven a algunas de las ideas que tenían sobre los más necesitados en la actividad 5. El docente también puede pedir a los alumnos que reexaminen sus concepciones y observaciones a la luz de lo que han aprendido hasta el momento.

Al día siguiente en clase, el docente aborda algunas de estas inquietudes e intenta eliminar los estereotipos que tienen los estudiantes sobre la pobreza y sobre qué clase de personas son los pobres. El docente les hace a los estudiantes las siguientes preguntas:

1. ¿Cómo creen que los pobres deben ser tratados?
2. ¿Qué dice la DUDH sobre cómo tratar a las personas?
3. ¿Qué significa respeto y dignidad en nuestras interacciones con las personas?

Esto posiblemente podría dar lugar a un debate sobre diferentes perspectivas, pero el objetivo del docente debería ser garantizar que los alumnos comprendan que todos los seres humanos deben ser tratados con respeto y dignidad.

**Unidad**     5.6
**Tema**     Desarrollos en Sudáfrica
**Subtemas**     CIC; ética; hábitos mentales y de trabajo; desarrollo económico; pobreza; historia mundial; geografía; gobierno comparativo; artes: literatura; y analizar y evaluar
**Región**     Sudáfrica
**Duración**     Seis semanas

### Metas y objetivos

1. **Aprender** sobre los diferentes métodos y enfoques que las personas han usado para resistir la opresión.
2. **Motivar** a los alumnos a comprender profundamente cómo la historia ha moldeado los procesos y comportamientos actuales que se ven en ciertas partes del mundo.
3. **Actuar** de manera informada cuando se refiera a África y comprender la diversidad de experiencias y eventos de Sudáfrica en particular.

### Habilidades y conocimientos

1. Los estudiantes comprenderán la importancia de mirar el pasado para examinar el presente.
2. Los estudiantes tomarán conciencia de las diferentes formas en que se pueden obtener los derechos y libertades individuales y colectivos.
3. Los estudiantes estarán bien informados sobre el contexto histórico de las opresiones en Sudáfrica.
4. Los estudiantes conocerán a Nelson Mandela y su papel influyente en la configuración de la agenda de reformas en Sudáfrica.
5. Los estudiantes se relacionarán con las experiencias de los demás, desarrollarán empatía y articularán emociones.

### Resumen

Esta unidad en Sudáfrica es un estudio de caso sobre derechos humanos y es particularmente importante incluirlo porque el movimiento social en torno a los derechos humanos se basa en la protesta no violenta y no en la guerra. Es fundamental que los estudiantes reciban este mensaje alternativo dentro del contexto de los conceptos de este año.

Tenga en cuenta que esta no es una unidad sobre la historia de África. Se han abordado específicamente importantes eventos de cambio en la historia de Sudáfrica a fin de enmarcar esta discusión dentro del contexto del tema más amplio de este año.

**Actividad 5.6.1**
**Sudáfrica hoy**

El docente presenta esta unidad mostrando a los alumnos un mapa de África y Sudáfrica. Luego, el docente muestra a los estudiantes algunas imágenes de Sudáfrica y analiza su bandera, su himno nacional y algunos datos interesantes sobre el país
(ver http://kids.nationalgeographic.com/kids/places/find/south-africa/, recurso en inglés). El docente procede a hablar sobre los ODS (que ya se presentaron a los estudiantes a principios de año). Para cada uno de los ODS, a los estudiantes se les presentan tablas de datos y se les propone una discusión de seguimiento. La siguiente es una lista de posibles preguntas de seguimiento:

1. ¿Qué porcentaje de los estudiantes son niños? ¿Qué porcentaje de los estudiantes son niñas?
2. ¿Cuál es el porcentaje de niños desnutridos en Sudáfrica?
3. ¿Cuál es la tasa de pobreza en Sudáfrica?

El objetivo de esta actividad es interesar a los estudiantes en Sudáfrica. El docente les cuenta a los estudiantes que, para comprender la situación actual en el país, deben examinar lo que estaba sucediendo en Sudáfrica hace muchos años (cincuenta años, aproximadamente).

**Actividad 5.6.2**
**Haciéndose escuchar: la campaña de resistencia de 1952, Sharpeville, y el arresto de Mandela en 1960**

Los estudiantes escriben una petición o protesta de forma no violenta para cambiar la situación explorada en la actividad anterior. A través de esta actividad, el docente presenta a los estudiantes la Campaña de Resistencia de 1952, en la cual ocho mil voluntarios desafiaron las leyes al ingresar a lugares que tenían prohibido y al no llevar sus pases de registro. Nelson Mandela es presentado como uno de los pioneros y líderes del movimiento impulsado por el Congreso Nacional Africano.

### Actividad 5.6.3
### Sharpeville y el arresto de Mandela

Se les presenta a los estudiantes los eventos que tuvieron lugar en Sharpeville en 1960, cuando sesenta y siete africanos fueron asesinados mientras protestaban contra el Apartheid, y el arresto de Nelson Mandela en 1961.

### Actividad 5.6.4
### Colectivismo versus individualismo

Se presentan las siguientes líneas del discurso de Mandela desde el muelle en 1964:

> Durante mi vida me dediqué a la lucha del pueblo africano. He luchado contra la dominación blanca y he luchado contra la dominación negra. He apreciado el ideal de una sociedad democrática y libre en la que todas las personas vivan juntas en armonía y en igualdad de oportunidades. Es un ideal por el que deseo vivir y el cual espero alcanzar. Pero si es necesario, es un ideal por el cual estoy dispuesto a morir.

Usando estas líneas, los estudiantes comparan y contrastan lo que han aprendido sobre África con lo que aprendieron en las unidades de la Revolución Norteamericana, la Revolución Francesa y la Revolución Haitiana, que fueron revoluciones que buscaban derechos. Se les pide a los estudiantes que publiquen en línea sus reflexiones sobre lo que significan estas palabras y cómo difieren de lo que aprendieron anteriormente. El docente usa esto como una oportunidad para discutir con los estudiantes las ideologías del colectivismo y del individualismo, el último de los cuales está representado por la lucha de Sudáfrica.

## Actividad 5.6.5
## Veinte años más de apartheid

Los estudiantes pueden leer uno de los siguientes dos textos:

- *Viaje a Jo'Burg*, que trata sobre Mma, un personaje que vive y trabaja en Johannesburgo, lejos del pueblo que Naledi, de 13 años, y su hermano menor, Tiro, llaman hogar. Cuando su hermanita repentinamente se pone muy enferma, Naledi y Tiro saben en el fondo que sólo una persona puede salvarla. Valientemente, parten solos en un viaje para encontrar a Mma y traerla de regreso. No es hasta que llegan a la ciudad que llegan a comprender los peligros de su país y la dolorosa lucha por la libertad y la dignidad que está teniendo lugar a su alrededor: https://www.teachingenglish.org.uk/article/journey-joburg (recurso en inglés).

- *Fuera de los límites*, que cuenta historias ambientadas en diferentes décadas durante la última mitad del siglo XX y principios del siglo XXI. Presenta personajes ficticios atrapados en eventos muy reales. Incluye una línea de tiempo a través del apartheid que relata algunas de las leyes restrictivas aprobadas durante la época, los eventos previos a las primeras elecciones democráticas libres en Sudáfrica y el establecimiento del nuevo "gobierno arcoíris" que todavía lidera el país hoy en día: http://www.amazon.com/Out-Bounds-Seven-Stories-Conflict/dp/0060508019?ie=UTF8&*Version*=1&*entries*=0 (recurso en inglés).

Usando el telón de fondo de estas historias, los estudiantes deben escribir una entrada en el diario en primera persona o escribir una publicación en el blog sobre lo que ven que sucede a su alrededor y cómo los hace sentir.

## Actividad 5.6.6
## La liberación de Nelson Mandela y la Copa Mundial de Rugby 2005

El docente muestra fotos y videos de 1990, cuando Nelson Mandela fue liberado después de veintisiete años de prisión. Los estudiantes recogen recortes de periódicos y artículos de ese período y, actuando como reporteros para un periódico, rastrean los acontecimientos que llevaron hasta 1994, año en el que Nelson Mandela se convirtió en el primer presidente negro de Sudáfrica. Los estudiantes reciben el texto del trascendental discurso de Nelson Mandela de esperanza y gloria y se les pide que presten especial atención a la última línea de su discurso:

> Por lo tanto, debemos actuar como un pueblo unido para la reconciliación nacional, para la construcción de una nación, para el nacimiento de un mundo nuevo. Que haya justicia para todos. Que haya paz para todos. Que haya trabajo, pan, agua y sal para todos. Que todos sepan que para cada uno el cuerpo, la mente y el alma han sido liberados para realizarse. Nunca, nunca y nunca más esta hermosa tierra volverá a experimentar la opresión de unos por otros o sufrirá la indignidad de ser el zorrillo del mundo.
>
> Que la libertad reine.
>
> ¡El sol nunca se pondrá en tan glorioso logro humano!
>
> ¡Dios bendiga a África!

Si el tiempo lo permite, el docente podría dirigir una discusión sobre cómo Mandela usó los deportes como una estrategia para la construcción nacional, y el docente puede mostrar algunas escenas seleccionadas de la película *Invictus* a los estudiantes.

## Actividad opcional
## *Wavin' Flag*: la Copa Mundial FIFA 2010

Si el tiempo lo permite, se les muestra a los estudiantes la canción de K'Naan "Wavin' Flag" y videos sobre el despliegue publicitario alrededor de la Copa Mundial de la FIFA en África. En grupos, los estudiantes analizan el simbolismo detrás de estas presentaciones y discuten por qué son importantes para África (y para Sudáfrica en particular).

| | |
|---|---|
| **Unidad** | 5.7 |
| **Tema** | Actividad final: ¿Qué puedo hacer yo? |
| **Subtemas** | CIC: interpersonal; ética; hábitos mentales y de trabajo; desarrollo económico; pobreza; analizar y evaluar; comunicación creativa; y el uso de la tecnología |
| **Región** | No aplica |
| **Duración** | Tres semanas |

**Metas y objetivos**

1. **Aprender** que tienen voluntad de cambio y pueden marcar la diferencia al crear conciencia sobre un ODS que les importe y que comuniquen de manera efectiva y creativa.
2. **Motivar** a los estudiantes a verse a sí mismos como agentes de cambio.
3. **Actuar** para crear conciencia sobre un ODS.

**Habilidades y conocimientos**

1. Los estudiantes expresarán sus pensamientos y opiniones con respecto a estos derechos humanos y comprenderán y exhibirán las competencias de comportamiento asociadas con la DUDH.
2. Los estudiantes integrarán información tomada de varias fuentes para comunicarse de manera efectiva sobre la pobreza y la reducción de la pobreza.
3. Los estudiantes crearán un video documental para crear conciencia sobre el problema de la pobreza y las posibles soluciones a la misma.

**Resumen**

Los estudiantes crean proyectos de concientización (documentales) para promover el conocimiento de un ODS que les interese. Compartirán su trabajo con una escuela asociada ubicada en India o Sudáfrica.

## Actividad 5.7.1
## ¿Qué puedo hacer?

El docente propone un desafío a los estudiantes: "los pobres están indefensos, y no creo que pueda hacer nada para cambiar la situación". El docente les pide a los estudiantes que reten esa afirmación y, como clase, elijan un país o región de su propio país y una cosa en la que les gustaría enfocarse para desafiar tal declaración. Los estudiantes crean documentales (cortometrajes) para generar conciencia sobre la pobreza y dar a conocer su desafío. Estos documentales deben ser compartidos con una escuela hermana en India o Sudáfrica en la que sus estudiantes crearán documentales similares. El docente introduce la noción de diseño por un cambio utilizando el plan de la lección en la siguiente página web y los involucra en la creación de enfoques innovadores para acabar con la pobreza:
http://worldslargestlesson.globalgoals.org/take-action/ (recurso en inglés).

### Recursos

*Los recursos a continuación se encuentran en inglés, como referencia para los maestros que podrán adaptar lo que consideren pertinente para sus contextos:*

- Un breve video sobre qué harían diferentes personas con $10 dólares americanos:
  http://www.youtube.com/watch?v=M0XTPSYdP08
- ¿Qué han hecho otras personas?:
  http://www.youtube.com/inmyname
- Arroz gratis:
  http://www.wfp.org/students-and-teachers/teachers
- Publicaciones y recursos audiovisuales diseñados para la educación en derechos humanos:
  http://www.ohchr.org/EN/PublicationsResources/Pages/TrainingEducation.aspx
- Recursos para educadores enseñan sobre la pobreza:
  http://www.makepovertyhistory.org/schools/index.shtml

Debido a que el documental se compartirá con una escuela hermana en India o África, un componente importante de esta actividad final es un estudio sobre una adecuada comunicación intercultural.

Durante el año, los estudiantes observaron la forma en la que las personas comunicaban ideas a través de canciones, arte y otros medios durante varias revoluciones. En particular, durante la unidad de ODS, buscaron e investigaron diferentes ejemplos de buena comunicación sobre temas relevantes para estos objetivos globales.

Ahora establecen la conexión entre lo que funcionó entonces -esto es, cómo las personas pudieron comunicar ideas de manera efectiva durante las revoluciones- y las nuevas herramientas disponibles y cómo se realiza una buena comunicación hoy en día.

En esta unidad final, examinan formas de comunicarse sobre temas de interés para ellos mediante el estudio de ejemplos modernos de comunicación y apoyo, incluida la Campaña ONE de Bono, los esfuerzos de otros grupos, los documentales y las películas.

Los expositores y talleres invitados pueden incluir a personas que trabajan en la industria del cine, los medios, el documental y la promoción, los videos, la comunicación y el mercadeo en la ciudad o comunidad local de la escuela.

**Recursos**

*Los recursos a continuación se encuentran en inglés, como referencia para los maestros que podrán adaptar lo que consideren pertinente para sus contextos:*

Una colección de planes de lecciones sobre este tema (ésta es solo una breve selección de los muchos que están disponibles sobre el tema):

- http://www.educationworld.com/a_lesson/lesson/lesson158.shtml
- http://propaganda.mrdonn.org/lessonplans.html
- http://www.brighthub.com/education/k-12/articles/39376.aspx

## Apéndice A
## Instrucciones para la actividad "La época colonial"

Esta actividad consiste en cincuenta y dos asignaciones diseñadas para producir un periódico en 1775.

Las siguientes son cuatro pautas de noticias que deben ser escritas por doce estudiantes (cuatro grupos de tres periodistas):

1. Escribe un artículo sobre los disturbios de la Ley de Sellos, explicando por qué dicha ley no se está aplicando. Explica cómo se están caldeando los ánimos como resultado de la aprobación de la Ley de Acuartelamiento y la Ley de Sellos. Incluye entrevistas con el gobernador de Massachusetts, Thomas Hutchinson; con Andrew Oliver; y con Patrick Henry. Has las siguientes preguntas (entre otras): ¿Hay momentos en los que es correcto violar la ley? ¿Intimidar a un recaudador de impuestos es un crimen? ¿No es inhumano untar alquitrán y luego cubrir de plumas a alguien? ¿Los recaudadores de impuestos merecen ese castigo?
    *Los personajes importantes son Thomas Hutchinson, Andrew Oliver y Patrick Henry.

2. El Parlamento Británico debate la derogación de la Ley de Sellos.
    Con base en entrevistas con Benjamin Franklin y Samuel Adams, explica por qué es probable que el Parlamento Británico derogue la Ley de Sellos. Entrevista a Lord Dunmore sobre cuán terrible sería para el rey mostrar debilidad hacia las colonias. Entrevista a Benjamin Franklin sobre lo que está pasando en Gran Bretaña. Entrevista a Samuel Adams para descubrir por qué la derogación de la Ley de Sellos no será suficiente para sofocar el deseo colonial de independencia.
    *Los personajes importantes son Lord Dunmore, Benjamin Franklin y Samuel Adams.

3. Escribe una noticia sobre la masacre de Boston. Entrevista al Capitán Thomas Preston, a Paul Revere y a John Adams. Escribe un informe de investigación titulado "La verdad sobre la masacre de Boston". Discute si el popular Paul Revere está exagerando lo que realmente sucedió y si Preston intenta

librarse de la culpa por "perder América". ¡Encontrará la verdad!

*Hay algunos personajes importantes. Necesitará buscar fuentes británicas para contar la historia de la disputa desde el punto de vista de Preston y explicar por qué él siente que no hizo nada malo. Como John Adams, explique por qué defendió a los soldados en la corte. Como Paul Revere, cuéntele al periodista la versión de los eventos que tienen los colonos. Esté preparado para hablar sobre su famoso grabado y para explicar por qué su grabado no es históricamente exacto.

4. Escribe un reporte del Motín del Té de Boston. Entrevista a un colono que quiera contarte todo sobre el Motín del Té de Boston, aunque es probable que no te permita imprimir su nombre pues teme que, si lo hace, los británicos lo arresten. Puedes imprimir sus citas, pero no su nombre. También habla con Samuel Adams, averigua si se está atribuyendo el mérito del ataque y averigua si los británicos han arrestado a algún Hijo de la Libertad.
 *Los personajes importantes son su colono de origen anónimo y Samuel Adams.

Las siguientes son dos pautas de noticias que deben escribir seis estudiantes (dos grupos de tres periodistas):

1. Perfil del gobernador Thomas Hutchinson: ¿leal o "lamebotas"?
Escribe un perfil sobre la vida, los tiempos, el carácter y las creencias políticas de Hutchinson. Entrevista al propio Hutchinson. Habla con el reverendo Jonathan Boucher sobre Hutchinson. Pregúntale a Boucher si Hutchinson está siendo injustamente manchado, y dale a Boucher la oportunidad de defender a Hutchinson. Luego, entrevista a Thomas Paine sobre Hutchinson.
 *Las personas importantes son Hutchinson, Jonathan Boucher y Thomas Paine. Tendrá que usar fuentes británicas para encontrar material que simpatice con Hutchinson para esta tarea.

2. Perfil de George Washington: el hombre más admirado de Norteamérica.
   ¿Quién es George Washington y es el mejor hombre para liderar la lucha contra los británicos? Entrevista a las personas que lo conocen para saber si George es tan honesto, valiente e inteligente como se cree. Y, en una entrevista exclusiva con el mismo George Washington, conoce sus ideas sobre las vulnerabilidades de los británicos.
   *Los personajes importantes son Augustine Washington, el padre de George, quien puede contarle sobre la historia del cerezo; el gobernador de Virginia, Dinwiddie, quien le dio a Washington sus primeros trabajos militares y lo vio en sus primeros éxitos y fracasos; y George Washington.

La siguiente es una lista de catorce personajes históricos. Tenga en cuenta que se asignarán dos estudiantes a algunos personajes porque tales personajes deben ser entrevistados por más de un periodista:

1. Thomas Hutchinson (dos estudiantes)
2. Andrew Oliver
3. Patrick Henry
4. Lord Dunmore
5. Benjamin Franklin
6. Samuel Adams (dos estudiantes)
7. John Adams
8. Capitán Thomas Preston
9. Paul Revere
10. Jonathan Boucher
11. Thomas Paine
12. Colono de origen anónimo
13. Augustine Washington
14. Gobernador Dinwiddie

Se requieren dos artistas. Uno debe hacer un dibujo o una caricatura política sobre el Motín del Té de Boston, y el otro debe hacer un dibujo o una caricatura sobre George Washington o Benjamin Franklin.

Se deben crear cuatro anuncios publicitarios:

1. Anuncio de un editor por el Sentido Común de Thomas Paine

2. Un anuncio para el antiguo Almanaque de Agricultores de Benjamin Franklin
3. Un anuncio para ropa o accesorios para hombres. ¿Qué usaban exactamente y cuánto costaba? Diseñe su propio anuncio para pelucas, botas o cualquier otra cosa, pero hágalo históricamente preciso.
4. Un anuncio para ropa de mujer. ¿Qué usaban exactamente y cuánto costaba? Use las pautas enumeradas para el anuncio anterior.

Escribe dos columnas de opinión:

1. "Por qué es hora de declarar la independencia"
2. "Paren de untar alquitrán y plumas"

Escriba un artículo de opinión con el siguiente mensaje:

Benjamin Franklin escribe un relato en primera persona del asunto de las Cartas Hutchinson: por qué filtré las cartas, cómo me metí en problemas con los británicos, por qué confesé y por qué ahora estoy volviendo a casa. Siento todo el alboroto, queridos lectores, pero pensé que deberían saber la verdad.

Escriba los siguientes obituarios:

1. Nathan Hale
2. Crispus Attucks

Escriba cartas al editor de las siguientes personas

1. Samuel Adams
2. Patrick Henry
3. Un colono común advirtiendo que, a menos de que las cosas se calmen, los colonos podrían encaminarse hacia una guerra con los británicos. Este colono siente cariño hacia Gran Bretaña y piensa que una guerra sería una tragedia terrible y debe ser prevenida.

Cree una página de arte con una crítica de teatro, una reseña de poesía, un artículo sobre deportes y un artículo sobre alimentos. Un reportero debería trabajar en cada artículo.

### Crítica de teatro
Un periodista debe escribir una reseña de una de las obras de Mercy Otis Warren. Dígales a los lectores de qué se trata la obra, si recomendaría que asistieran, o si es probable que los lectores se sientan enojados después de verla. Dígales a los lectores si los actores y el dramaturgo han recibido alguna amenaza. Incluya información sobre dónde y cuándo se realizan las representaciones y cuánto cuestan.

### Reseña de poesía
Usted es el editor de poesía del periódico. Elija un poema de Phillis Wheatley que quisiera imprimir y escriba una nota para los lectores que explique quién es ella, por qué se está haciendo famosa y por qué este poema en particular es tan importante como para decidir publicarlo. Comente la importancia del hecho de que ella es una poetisa negra en un momento en que la mayoría de las mujeres negras en las colonias son esclavas analfabetas.

### Deportes
Escriba un reporte de un concurso de girar el aro que haya cubierto recientemente.

### Comida
Con todo el té arrojado al puerto de Boston, ¿qué están bebiendo los colonos? Ofrezca algunas sugerencias alternativas. Además, dé a los lectores una receta para disfrutar de una copiosa comida de invierno durante un frío invierno en Boston, basada en la comida disponible para los colonos.

## El Curso Mundial
**Sexto grado: Cómo los valores y las identidades forman personas e instituciones**

**Tema**

Entender los valores culturales y su impacto en la vida de las personas, en las instituciones y en las sociedades.

**Descripción**

En sexto grado, los estudiantes pasan de estudiar la lucha por los derechos de las personas y los pueblos, a estudiar la forma en que los valores y la identidad forman a las personas e instituciones, incluyendo los gobiernos. Después de establecer las normas para el aula, los estudiantes primero examinan y reflexionan sobre sus identidades. Leerán libros como "La luz en el bosque" y "El portador de conchas" para pensar en valores e identidad en otro lugar o tiempo. Después, a partir del análisis de los bienes comunes, aprenderán acerca de cómo las elecciones y los valores individuales desempeñan un papel en la necesidad de tener organizaciones gubernamentales y cívicas. Más adelante, se les presentará la sociedad civil y diferentes tipos de participación cívica, utilizando sus propios mapas de identidad como base para los conceptos. A continuación, los estudiantes harán una comparación amplia de gobiernos, centrándose en los de Estados Unidos, el Reino Unido y China. Leerán biografías de Thomas Jefferson y Alexander Hamilton para comprender cómo sus valores particulares ayudaron a moldear la democracia estadounidense. La sección final trata sobre los pueblos indígenas y los roles complejos que desempeñan como miembros no sólo de las naciones indígenas, sino también de los estados-nación.

**En retrospectiva**

Libertad y derechos de los individuos

**Viendo hacia adelante**

Movimientos sociales y creadores de cambios

El Curso Mundial: Sexto grado

**Descripción general de las unidades**

1. Creación de una constitución en clase
2. Introducción a las identidades culturales complejas: mapeo de identidad
3. Valores mundiales: organización, respeto y libertad
4. Los bienes comunes
5. Sociedad civil y participación cívica
6. Estudio comparativo de las tres ramas del gobierno
7. Pueblos indígenas

**Evaluación**

El proyecto final es un proyecto de incidencia política o incidencia pública. Los estudiantes eligen un tema actual y desarrollan un proyecto de impacto en torno a este tema, trabajando con el gobierno y la sociedad civil para crear conciencia o influir en la política pública.

| | |
|---|---|
| **Unidad** | 6.1 |
| **Tema** | Crear una constitución en clase |
| **Subtemas** | CIC: interpersonal (la propia identidad y cultura); CIC: intrapersonal (habilidades de resolución de conflictos); ética: confianza en las instituciones; conocimiento: política (gobierno / política y gobierno comparativo); artes: literatura; y habilidades: resolución de problemas globales (construcción de escenarios) |
| **Región** | No aplica |
| **Duración** | Tres sesiones |

## Metas y objetivos

1. **Aprender** el propósito de las constituciones, sus funciones y sus limitaciones.
2. **Motivar** a los estudiantes a desarrollar marcos concretos para crear sus propias constituciones para ayudar a alcanzar los objetivos del grupo.
3. **Actuar** demostrando entendimiento sobre la constitución y creando una para el aula.

## Habilidades y conocimientos

1. Los estudiantes identificarán los propósitos y límites de las constituciones.
2. Los estudiantes juzgarán los eventos actuales según se apliquen a la Constitución de los Estados Unidos (se puede adaptar para que trabajen pensando en la constitución de su propio país).
3. Los estudiantes juzgarán las constituciones y su utilidad para permitir que el aula trabaje en conjunto con el objetivo común de aprender.

## Resumen

El propósito de esta unidad es organizar el aula y definir sus reglas y propósitos. Los estudiantes también revisarán su lectura de verano, un libro sobre la Revolución Estadounidense. Si se desea, se puede adaptar la unidad a examinar una revolución local o nacional en lugar de la Revolución Estadounidense.

## Actividad 6.1.1
## Simulación

Los estudiantes se dividen en tres grupos, cada uno representando un gobierno diferente. A cada grupo se le asignará una tarea, pero deberán completar la tarea bajo la estructura general de gobierno a la que están asignados.

La estructura A es una verdadera democracia en la que se toman decisiones basadas en las preferencias de la mayoría; la estructura B es una democracia representativa en la que hay cinco representantes elegidos que finalmente toman las decisiones. La estructura C es una monarquía en la que una persona toma la decisión.

En las tres estructuras, hay una constitución que establece (entre otras cosas) que todas las personas tienen derecho a conservar sus bienes y que ningún otro ciudadano o la propia estructura de gobierno tomarán propiedad alguna.

Ahora los estudiantes imaginan que hay una extrema escasez de libros de texto. Si bien los recursos electrónicos son una solución a la escasez de libros de texto, muchas escuelas en el área carecen de computadoras. Hay siete escuelas y suficientes libros para que cada estudiante en solo tres escuelas tenga libros de texto. Los docentes poseen los libros de texto y los compraron con su sueldo. ¿Cómo se asegurará el gobierno de que todos los alumnos puedan acceder a los libros de texto?

El objetivo es que los estudiantes resuelvan el problema usando una variedad de soluciones. Pero deben llegar a un consenso de acuerdo con su estructura, y no deben violar la constitución (a menos que, tal vez, estén en una monarquía, en cuyo caso deben tener mucho cuidado con la reacción de la población).

Los estudiantes deben ser guiados para aprender que:

1. Una constitución proporciona cierta orientación sobre lo que uno puede y lo que no puede hacer.
2. Las estructuras diferentes tienen claras fortalezas y debilidades.

3. Reconocer a qué estructura se asemeja el gobierno del país al que pertenecen.
4. El aula en sí podría ser una mezcla de C y A o B (a discreción del docente).

## Actividad 6.1.2
**Discusión sobre la lectura de verano**

Los estudiantes discuten su libro de lectura de verano a la luz de la simulación anterior. El libro de lectura de verano debería ser una novela sobre la Revolución Estadounidense, como *Mi hermano Sam ha muerto*, de James Lincoln Collier; *Cadenas*, por Laurie Halse Anderson; o *Duelo* en el desierto, por Karin Clafford Farley. También pueden referirse a Johnny Tremain, que leyeron en el grado anterior. Pueden hablar sobre las perspectivas de los Lealistas y los Patriotas en cada una de las historias y sobre cómo sus puntos de vista reflejan las estructuras que los estudiantes jugaron en la simulación. De manera alternativa, los estudiantes pueden leer un texto sobre una revolución local o nacional, y discutir las perspectivas de los diferentes bandos en el conflicto y como sus posiciones reflejan las estructuras de gobierno en ese contexto.

## Actividad 6.1.3
**Creación de una constitución en clase**

Con la instrucción del docente, la clase creará una constitución en la cual:

1. Se definen los propósitos del aula o salón de clases (la misión).
2. Se describe la estructura de gobierno de la clase.
3. Se definen los derechos de los estudiantes y el docente.
4. Se definen las obligaciones de los estudiantes y el docente.

El Curso Mundial: Sexto grado

| | |
|---|---|
| **Unidad** | 6.2 |
| **Tema** | Introducción a las identidades culturales complejas: mapeo de identidad |
| **Subtemas** | CIC: interpersonal (diversas perspectivas culturales, la propia identidad y cultura, las identidades y culturas de los demás y el trabajo en equipos interculturales); CIC: intrapersonal (reconocer los prejuicios y minimizar los efectos del prejuicio); ética: diversidad religiosa; hábitos de trabajo y mente: toma de perspectiva intercultural, cambio cultural y variación dentro de los grupos culturales; y conocimiento: cultura (religiones mundiales y tradiciones filosóficas) |
| **Región** | No aplica |
| **Duración** | Dos semanas |

## Metas y objetivos

1. **Aprender** acerca de las identidades complejas, incluidas las propias identidades de los estudiantes y las identidades de los demás.
2. **Motivar** a los estudiantes a rechazar los estereotipos y las generalizaciones inútiles y a ver los matices y la complejidad en las identidades de los demás.
3. **Actuar** reconociendo los innumerables roles de los estudiantes, así como los de los demás, entendiendo cómo esos roles determinan quiénes son las personas.

## Habilidades y conocimientos

1. Los estudiantes pensarán acerca de sus roles en sus familias, sus comunidades y el mundo.
2. Los estudiantes aprenderán mapeo abstracto al crear redes de identidad.
3. Los estudiantes practicarán trabajando en un equipo intercultural.
4. Los estudiantes practicarán reflexionando sobre sus propias identidades y sobre cómo están influenciados por (y cómo influyen ellos) en la cultura y las instituciones que los rodean.

## Resumen

Se les presentará a los estudiantes la idea de que las identidades son complejas: se componen de muchas facetas y pueden cambiar con el contexto, los roles y las perspectivas. Ellos examinarán cómo sus perspectivas pueden cambiar con diferentes experiencias, roles y conocimiento.

## Actividad 6.2.1
## Red de identidad

El docente modelará una red de identidad, dibujándose en el centro de ella, y luego enumerará y describirá los aspectos de la red que son importantes para él o ella. Por ejemplo, el docente puede enumerar sus:

1. Roles familiares
2. Actividades de ocio
3. Roles profesionales
4. Papeles de voluntariado
5. Datos demográficos (por ejemplo, origen étnico y edad)
6. Talentos
7. Favoritos (por ejemplo, música, alimentos, arte, equipos deportivos, etc.)
8. Experiencias clave (experiencias importantes para su identidad)
9. Superhéroe favorito y cuál sería su superpoder y nombre de superhéroe si él o ella fuera un superhéroe.

A continuación, los estudiantes crean sus propias redes de identidad y luego las comparten entre ellos en clase, comentando qué tienen en común y cómo difieren. Posteriormente, intentan crear una web de identidad de clase y nombran los elementos que tienen en común y las formas en que difieren.

Los estudiantes luego se asocian con estudiantes de diferentes partes del mundo (una escuela de cada uno de los países "BRIC" – Brasil, Rusia, India y China), comparten sus redes de identidad entre sí, comparan y contrastan las diferentes presentaciones y discuten similitudes y diferencias culturales.

Los estudiantes pueden continuar las interacciones entrevistando a otros estudiantes de diferentes países. Pueden preguntar y comparar sus roles y responsabilidades como:
- hijas o hijos
- hermanas o hermanos (mayor / menor / medio)
- estudiantes en la clase
- amigos
- compañeros de equipo (en deportes)
- otros roles que podrían tener.

Luego, los estudiantes deben preguntarle a su compañero qué significan esas identidades para él o ella y si alguna significa más para él que los demás y por qué.

El Curso Mundial: Sexto grado

| | |
|---|---|
| **Unidad** | 6.3 |
| **Tema** | Valores mundiales: organización, respeto y libertad |
| **Subtemas** | CIC: interpersonal (diversas perspectivas culturales, la propia identidad y cultura, las identidades y culturas de los demás, trabajo en equipos interculturales y etiqueta); CIC: intrapersonal (minimizar los efectos del prejuicio); ética: mostrar humildad y respeto, diversidad religiosa, marcos éticos y valores comunes; hábitos de trabajo y mente: innovación y creatividad, toma de perspectiva intercultural, cambio cultural y variación dentro de los grupos culturales; conocimiento: cultura (religiones mundiales y tradiciones filosóficas); artes: literatura; habilidades: habilidades analíticas y de investigación (enlace local-global y comunicación creativa); y solución de problemas globales: producir medios y el uso de la tecnología |
| **Región** | India, Estados Unidos y la elección del docente |
| **Duración** | Dos semanas |

**Metas y objetivos**

1. **Aprender** cómo las personas y las culturas tienen valores diferentes y similares.
2. **Motivar** a los estudiantes a explorar y respetar las diferencias culturales.
3. **Actuar** tomando conciencia de las variaciones transculturales en estos valores.

**Habilidades y conocimientos**

1. Los estudiantes aprenderán acerca de los valores culturales en diferentes culturas.
2. Los estudiantes aprenderán sobre cómo las personas muestran respeto en diferentes partes del mundo.
3. Los estudiantes aprenderán sobre los tipos de personas y cosas por las que las personas muestran respeto en diferentes partes del mundo.
4. Los estudiantes practicarán la interacción con otros estudiantes de diferentes partes del mundo.

El Curso Mundial: Sexto grado

**Resumen**

Los estudiantes comienzan extrapolando los valores culturales que ven demostrados en las acciones de los personajes en dos novelas y luego tratan de determinar los valores culturales presentes en sus propias identidades complejas. Luego comparten los valores que identificaron con compañeros de clase en otra parte del mundo a través de una discusión sobre el respeto (por ejemplo, a quién se le da, cómo se demuestra y por qué). Al final de la unidad, los estudiantes crean un video que muestra cómo saludar adecuadamente a diferentes tipos de personas en diferentes países.

**Actividad 6.3.1**
**El poseedor del caracol y La luz en el bosque**

La mitad de la clase lee *El poseedor del caracol*, de Chitra Banerjee Divakaruni, y la otra mitad lee *La luz en el bosque*, de Conrad Richter. Mientras están leyendo los libros, deberán reflexionar sobre lo que los personajes principales valoran, cómo llegan a valorar esas cosas y cómo muestran que los valoran. El docente solicita a los estudiantes que escriban entradas de diario usando un lenguaje como "Es importante que [carácter] haga [acción] porque [razón]". Después de que cada grupo haya terminado de leer su libro (y también periódicamente), los dos grupos se unen para hablar sobre las motivaciones de los personajes y sobre los valores que comparten los libros. Al final, cada estudiante escribe un ensayo sobre lo que más valoran y por qué, y sobre las personas o instituciones que dieron forma a sus valores.

**Actividad 6.3.2**
**Análisis transcultural de valores**

Los estudiantes piensan no solo sobre sus valores personales, sino también sobre los valores que dan forma a su sociedad. A partir de los dos libros que leyeron, comienzan tratando de extrapolar los valores sociales más grandes de los Lenni-Lenape, los hombres de las fronteras estadounidenses, y aquellos de la India moderna. Luego realizan investigaciones para descubrir y comparar los puntos de vista religiosos de los grupos, las principales filosofías y los lemas nacionales, así como otra información basada en valores. El docente puede querer compartir parte de la información de las diapositivas de la Encuesta Mundial de Valores con la clase para mostrar el cambio desde la religión y hacia el racionalismo secular como una tendencia global. Pueden discutir cómo los valores de los indígenas de Lenni-Lenape son diferentes de los valores actuales en la India y cómo se retrata al viejo en la historia de la India (y cómo la religión / espiritualidad puede ser retratada como algo del pasado).

**Recursos**

*Los recursos a continuación se encuentran en inglés, como referencia para los maestros que podrán adaptar lo que consideren pertinente para sus contextos:*

- Encuesta Mundial de Valores:
  http://www.worldvaluessurvey.org/wvs.jsp

**Actividad 6.3.3**
**¿Cómo mostramos respeto?**

Cada estudiante está emparejado con un estudiante de otra cultura (un estudiante estadounidense que asiste a la escuela en una comunidad de un pueblo indígena, por ejemplo, o un estudiante de otro país) usando una herramienta como iEARN[4]. Idealmente, tendrán acceso a estudiantes de varias culturas diferentes (es decir, la clase no se emparejará con estudiantes de otra clase única sino con estudiantes de diferentes clases en diferentes países o culturas).

A cada alumno (en ambos grupos) se le pide que piense en una persona a la que respeta. Esa persona podría ser un político, una figura histórica, un pariente o una celebridad. Los estudiantes deben escribir un breve ensayo sobre qué cualidades de esa persona respetan y por qué. Luego comparten sus ensayos, primero con su propia clase y luego con sus compañeros interculturales. Discutirán similitudes y diferencias en los ensayos.

Luego, se le pide a cada alumno imaginar un encuentro con la persona que respeta. Cada estudiante debe escribir un segundo ensayo que describa el encuentro y haga hincapié en cómo vestirá, se comportará

---

[4] http://media.iearn.org/

y se dirigirá con la persona; qué diría el estudiante a la persona; y cómo el estudiante expresaría respeto.

Nuevamente, los estudiantes comparten sus ensayos con su clase y luego con sus compañeros interculturales. Discutirán similitudes y diferencias en los ensayos.

## Actividad 6.3.4
**Saludos alrededor del mundo**

¡Puesto que no parece existir un recurso que describa saludos en todo el mundo, los estudiantes crearán uno! Los estudiantes recopilan información sobre la forma correcta de saludar a alguien en otra cultura. Cada uno escoge una cultura (varios pueden escoger la misma), y descubren las formas adecuadas de saludar a alguien mayor, alguien de la misma edad y alguien muy importante.

Pueden usar Internet, guías de viaje y familiares y amigos para recopilar información. Luego crearán un video que muestra cómo saludar a las personas en muchas culturas diferentes.

**Recursos**

*El recurso a continuación se encuentra en inglés, como referencia para los maestros que podrán adaptar lo que consideren pertinente para sus contextos:*

- World Values Survey
  http://www.worldvaluessurvey.org

| | |
|---|---|
| **Unidad** | 6.4 |
| **Tema** | Los bienes comunes |
| **Subtemas** | CIC: intrapersonal (curiosidad sobre asuntos globales); Ética: confianza en las instituciones, ruptura de la confianza en las instituciones y la importancia de los pactos mundiales; conocimiento: economía, comercio y demografía (desarrollo económico y demografía); política: gobierno / política y gobierno comparativo; Riesgo global: medio ambiente y globalización; habilidades: habilidades analíticas y de investigación (evaluar las fuentes de información y el enlace local-global); y solución de problemas globales: construcción de escenarios y ser un consumidor crítico |
| **Región** | Todas / cualquiera, pero específicamente el Reino Unido y Canadá |
| **Duración** | Cinco semanas |

**Metas y objetivos**

1. **Aprender** sobre la complicada y valiosa relación entre individuos y su gobierno.
2. **Motivar** a los estudiantes a reflexionar sobre los intereses de quienes desean aumentar o disminuir el papel del gobierno en la vida de las personas.
3. **Actuar** al entender que las personas pueden trabajar con su gobierno para crear sociedades más saludables y justas.

**Habilidades y conocimientos**

1. Los estudiantes aprenderán sobre la importante relación entre las personas y su gobierno al examinar los bienes comunes.
2. Los estudiantes aprenderán sobre la tragedia de los bienes comunes y el papel del gobierno en la protección del medio ambiente.
3. Los estudiantes aprenderán sobre el importante papel que han desempeñado los espacios comunes para permitir el libre intercambio de pensamiento y crítica de los gobiernos.
4. Los estudiantes reflexionarán sobre los espacios comunes dentro de sus contextos, incluyendo para qué se utilizan, qué valor proporcionan y cómo se regulan.

## Resumen

En esta unidad, los estudiantes aprenden sobre los bienes comunes en dos contextos diferentes. En primer lugar, aprenden cómo en un escenario de competencia entre personas, los resultados de las elecciones individuales pueden generar la necesidad de contar con un gobierno y con la sociedad civil. Verán un documental y jugarán un juego de simulación para aprender acerca de la sobrepesca global. Segundo, los estudiantes aprenden acerca de cómo los bienes comunes pueden proporcionar un espacio para la expresión individual y, en particular, para las manifestaciones contra las políticas gubernamentales.

### Actividad 6.4.1
### Película

Muestre a la clase una película sobre la crisis mundial de la pesca. Por ejemplo, la clase puede ver *The End of the Line*[5] o *Taking Stock*[6] (recursos en inglés). Pida a los alumnos que tomen notas en la película y que respondan las siguientes preguntas:

- ¿Cuál es el problema?
- ¿Por qué es difícil eliminar o solucionar el problema?
- ¿Con quién en la película simpatizan más?
- ¿Qué papel pueden y deben desempeñar los gobiernos, las organizaciones internacionales y las organizaciones supra-gubernamentales para regular los bienes comunes?

El docente debe dirigir una discusión basada en las reflexiones de los estudiantes, pidiéndoles que se imaginen que son pescadoras / pescadores y preguntando si piensan que serían parte del problema.

### Actividad 6.4.2
### La tragedia de los bienes comunes

Esta actividad está adaptada de *"The Tragedy of the Commons"* de Alabama Learning Exchange, de Kelly Morton (recurso en inglés).

---

[5] Rupert, Murray (Dir.) (2009). *The End of the Line*. Arcane Pictures. 85 minutos. http://endoftheline.com/
[6] Markham, Nigel (Dir.) (1994). *Taking Stock*. National Film Board of Canada. 47 minutos. http://www.onf-nfb.gc.ca/eng/collection/film/?id=32271

Usando lo que aprendieron de la película de pesca de la actividad anterior, los estudiantes intentarán evitar una tragedia de los bienes comunes durante esta simulación. El docente deberá proporcionar dos tazas (o, alternativamente, dos tazones pequeños) de diferentes colores, pajitas (una por cada estudiante) y una gran cantidad de dulces de colores u otros similares. Una taza será "taza 1" y una será "taza 2." A los estudiantes se les da una hoja para anotaciones. Jugarán varias rondas de la simulación.

**Ronda 1**
Los estudiantes deben dividirse en grupos de cuatro. Cada persona representa al jefe de un hogar que debe alimentarse. La única fuente de alimento es un pequeño estanque que puede contener solo dieciséis peces. El estanque comienza con dieciséis peces y se ajusta después de cada ronda. Después de cada ronda de pesca, los peces duplicarán su número (reproducción espontánea). Cada jefe de familia puede tomar tantos peces como quiera, pero debe tomar más de uno para mantener viva a su familia. Cada jefe de un hogar solo puede pescar durante treinta segundos a la vez. La taza / tazón 1 es el estanque común. Las pajitas son los postes de pesca. Los estudiantes intentan chupar peces (los dulces) hasta que creen que tienen un pez y luego sacan el pescado de la paja (la caña de pescar). El estanque debe llevarse al docente después de cada ronda de pesca para que el pez pueda "reproducirse". Recuerde, cada pez se puede duplicar, por lo tanto, tres peces se convierten en seis y seis peces se convierten en doce, etc. Cada alumno pescará tres veces. Para cada ronda de pesca, el orden debe rotarse para que cada cabeza de familia se meta primero. No habrá conversaciones durante esta ronda. Los estudiantes no pueden mirar en el estanque en esta ronda. Complete la tabla de datos después de cada ronda de pesca.

**Ronda 2**
En esta ronda habrá un estanque común (taza 1, con las mismas reglas que la última vez) y un estanque privado (taza 2, que tendrá un estanque por alumno). Los estudiantes pueden hablar en esta ronda y pueden mirar en el estanque mientras están pescando. Será posible ver cuántos peces están disponibles en todo momento. El estanque privado puede contener solo cuatro peces. El estanque común comienza con dieciséis peces. Cada alumno debe tomar al menos un pez de cada estanque durante cada ronda. Cada estudiante puede eliminar tantos peces como desee de cada estanque, como antes. El pez se reproducirá (serán llevados al docente, como lo fueron en la

última ronda) después de esta ronda. Complete la tabla de datos después de esta ronda de pesca. Al completar esta ronda, los estudiantes deben responder las preguntas en la sección de "análisis" de la hoja de anotaciones. (Vea el plan de lección "Tragedy of the Commons") (recurso en inglés).

Después de completar esta actividad, los estudiantes deben elegir un tema de gestión ambiental relevante a la idea de la tragedia de los bienes comunes. Deben investigar el tema a fondo y crear una presentación multimedia que se presente a la clase en forma de folleto, PowerPoint o simulacro de noticias.

**Actividad 6.4.3**
**Las oportunidades de los bienes comunes**

El docente explica a los estudiantes que están cambiando de perspectiva, de tragedia a oportunidad: a continuación, examinarán el importante papel que los espacios comunes han jugado en la historia. La clase se dividirá en grupos y a cada grupo se le asignará un área común (por ejemplo, un parque, un lugar público o una plaza) que influyó en la historia. Estas áreas podrían ser famosas o infames por los mítines y protestas que se llevaron a cabo ahí, por las batallas militares que ocurrieron allí, o por las ejecuciones o eventos públicos que ocurrieron en ese lugar. Por ejemplo, los estudiantes pueden estudiar las plazas o centros con importancia histórica de las ciudades o lugares en donde viven.

Los estudiantes escribirán informes de investigación sobre el importante papel que desempeñó el espacio asignado en la historia de su región o ciudad.

**Actividad 6.4.4**
**Bienes comunes contemporáneos**

Esta actividad invita a los estudiantes a ser antropólogos aficionados en su propia comunidad. A los estudiantes se les asigna un área común en su vecindario. Se les puede asignar, por ejemplo, una acera, una calle, un parque local, la cafetería de la escuela o un pasillo en la escuela. Se les indica que escriban un informe de investigación que responda las siguientes preguntas:

- ¿Qué tipo de actividades tienen lugar ahí?
- ¿Por quién es utilizada el área común?
- ¿Qué intercambios de cultura o ideas tienen lugar ahí?
- ¿Cuáles son algunas de las amenazas para el área común? Por ejemplo, las amenazas pueden incluir tirar basura, pelear o hacer ruido.
- ¿Quién regula el área común y qué tan efectiva es esa persona o grupo?

Luego deben crear algún tipo de exposición al estilo de un documental para compartir con el grupo su área común asignada.

El Curso Mundial: Sexto grado

| | |
|---|---|
| **Unidad** | 6.5 |
| **Tema** | Sociedad civil y participación ciudadana |
| **Subtemas** | CIC: interpersonal (la propia identidad y cultura y empatía); CIC: intrapersonal (habilidades de resolución de conflictos); Ética: confianza en las instituciones, valores comunes y el valor del potencial humano; y hábitos de trabajo y mente: innovación y creatividad |
| **Región** | No aplica |
| **Duración** | Dos semanas |

## Metas y objetivos

1. **Aprender** qué es una sociedad civil y qué es el capital social.
2. **Motivar** a los estudiantes a construir capital social en sus comunidades y a unirse a organizaciones voluntarias.
3. **Actuar** convirtiéndose en miembros activos de la sociedad civil.

## Habilidades y conocimientos

1. Los estudiantes estudian el concepto de sociedad civil y varias organizaciones de la sociedad civil, como sindicatos, partidos políticos, organizaciones religiosas, organizaciones no gubernamentales y organizaciones comunitarias.
2. Los estudiantes examinan las diferentes formas de capital social.

## Resumen

En esta unidad, los estudiantes verán los roles que desempeñan en las organizaciones y, a través de sus experiencias, aprenderán sobre la sociedad civil. Identificarán las organizaciones y los grupos a los que pertenecen y describirán cómo están gobernados, cómo se decide la membrecía y cómo se resuelven las diferencias. Aprenderán sobre diferentes tipos de capital social y sobre por qué es importante.

## Actividad 6.5.1
### ¿Qué es la sociedad civil?

Los estudiantes vuelven a sus mapas de identidad. El docente les pide que busquen los roles que desempeñan como miembros de las organizaciones. Pueden encontrar que son miembros de ligas deportivas de la comunidad, iglesias o grupos de voluntarios. Una vez que han tomado nota de todos los roles que juegan, el docente lidera la clase en una discusión sobre esas organizaciones. El docente pregunta, por ejemplo, sobre a qué organizaciones pertenecen, los propósitos de esas organizaciones, por qué existen esas organizaciones y por qué los estudiantes pertenecen a ellas.

Luego, el docente explica que este tipo de organizaciones ayuda a formar sociedades civiles. El docente pregunta a los estudiantes si pueden definir "sociedad civil", dada la discusión que han tenido. Idealmente, los estudiantes decidirán que una sociedad civil reúne a personas para hacer cosas que los individuos por sí solos no pueden hacer y que el gobierno no hace.

**Actividad 6.5.2**
**Proyectos estudiantiles**

En pequeños grupos, los estudiantes investigan una organización en una sociedad civil, su historia y sus principales logros y examinan, en particular, cómo se organiza y gobierna, cómo se logra ser miembro de ellas y los patrones en el crecimiento de sus miembros. Estos proyectos se presentan a la clase como PowerPoint o mediante el uso de otros medios y conducen a una discusión sobre el rol colectivo de la sociedad civil en una democracia.

**Actividad 6.5.3**
**¿Qué es el capital social?**

El docente presenta a la clase un dilema que demuestra la cantidad de capital social que tiene cada estudiante. El docente debe decir lo siguiente: "Imagina que estás solo en la esquina de la calle Catorce y la Segunda Avenida[7] sin dinero ni teléfono celular y llevas una caja grande, es demasiado grande como para que la lleves tú solo a casa. ¿Qué haces?"

Los estudiantes deben hacer una lluvia de ideas, como visitar a un amigo que vive en el vecindario, pedir ayuda a un adulto que conozcan

---

[7] Use cualquier intersección o dirección que pueda ser familiar para los estudiantes.

o pedirle a un taxista que lo lleve a su hogar y esperar el pago de otro adulto. Una vez que los estudiantes han generado algunos planes, el docente hace a la clase las siguientes preguntas:

1. ¿Cómo se te ocurrió el plan?
2. ¿Cómo sabes que funcionará?
3. ¿En quién confiarías para ejecutar los planes?
4. ¿Cómo sabes que te ayudarían?
5. ¿Qué tan probable es que estés en esta situación?

Después de que la clase discute estas preguntas, el docente explica a los estudiantes que todas las respuestas tienen que ver con el capital social. El docente explica que "capital" significa "riqueza" (como el dinero) y "social" significa que "tiene que ver con la gente". Como tal, tener capital social significa tener recursos de personas y conocimientos relacionados con la interacción con las personas. El docente refiere a los alumnos al personaje principal en *La luz en el bosque* y explica que tiene muchos conocimientos cuando está entre los Lenni-Lenape, pero que tiene que construir un nuevo capital social cuando se reincorpora a su comunidad original. Para profundizar su comprensión del capital social, los estudiantes escriben un breve ensayo que describe el capital social que perderían si de repente se los llevara a una comunidad extranjera. Pueden describir la falta de habilidades lingüísticas, la falta de comprensión de la cultura, y la falta de amigos y familiares como ejemplos.

**Actividad 6.5.4**
**Vinculación y puente de capital en la escuela**

Se les pide a los estudiantes que piensen en un pequeño proyecto que cada uno podría emprender y que construiría capital social entre la comunidad escolar. Por ejemplo, un estudiante podría crear un nuevo club y podría comprometerse a invitar a un estudiante diferente a almorzar con él o ella todos los días, o tratar de conocer a los hermanos y hermanas de sus compañeros de clase. Los estudiantes deben escribir una serie de entradas de diario que describan esta experiencia.

**Recursos**

*El recurso a continuación se encuentra en inglés, como referencia para los maestros que podrán adaptar lo que consideren pertinente para sus contextos:*

- Robert D. Putnam. (2000). *Bowling Alone.* Simon y Schuster.

| | |
|---|---|
| **Unidad** | 6.6 |
| **Tema** | Estudio comparativo de las tres ramas del gobierno |
| **Subtemas** | CIC: interpersonal (la propia identidad y cultura y las identidades y culturas de los demás); ética: confianza en las instituciones y compromiso con la igualdad; conocimiento: cultura (historia mundial y tradiciones filosóficas); política: gobierno / política y gobierno comparativo); y artes: literatura |
| **Región** | Estados Unidos, Reino Unido y China |
| **Duración** | Doce semanas |

Aunque en esta unidad se propone el estudio de los sistemas y estructuras de gobierno de Estados Unidos, Reino Unido y China, es decisión del docente si decide realizar las actividades a continuación con dichos sistemas o adaptarlos al contexto local de su lugar de enseñanza.

### Parte 1 - Los Estados Unidos

**Metas y objetivos**

1. **Aprender** a describir las tres ramas del gobierno en Estados Unidos y sus funciones; describir la Constitución, su propósito y su contenido; describir la relación entre las tres ramas del gobierno y la relación del gobierno con los ciudadanos.
2. **Motivar** a los estudiantes a comunicarse con representantes de gobierno en su país o estado y participar en organizaciones que trabajan dentro del sistema político.
3. **Actuar** demostrando una comprensión de las tres ramas del gobierno y la Constitución a través de una evaluación en clase, así como a través de una aplicación de esta comprensión del rol respectivo de cada rama a una discusión de un tema de política actual.

**Habilidades y conocimientos**

1. Los estudiantes describirán las tres ramas del gobierno en los Estados Unidos y su función y describirán la Constitución, su propósito y su contenido.

2. Los estudiantes evaluarán los eventos actuales en términos de las ramas de gobierno involucradas y en términos de la constitucionalidad de las decisiones que se toman.

**Resumen**

Los estudiantes aprenden sobre las tres ramas del gobierno de Estados Unidos y sobre las culturas y experiencias de las personas que ayudaron a formar el gobierno de dicho país, leyendo las biografías de Alexander Hamilton y Thomas Jefferson. Estudiarán el primer caso del país en la comparación extendida de las tres ramas del gobierno: los Estados Unidos.

**Actividad 6.6.1.1**
**Equilibrando tres ramas a la vez: nuestro sistema de cheques y saldos**

Nota: Esta actividad se tomó del recurso *Edsitement* de la organización National Endowment for the Humanities.

Con el grupo, haga las cuatro actividades concernientes a las tres ramas del gobierno enumeradas en la página "Edsitement" de la NEH: http://edsitement.neh.gov/lesson-plan/balancing-three-branches-once-our-system-checks-and-balances#sect-activities (recurso en inglés).

1. "No más rey" de *Schoolhouse Rock*
2. Las colonias se quejaron
3. "Gobierno de tres anillos" de *Schoolhouse Rock*
4. Sistemas de pesos y contrapesos

**Actividad 6.6.1.2**
**Juego de roles extendido de las tres ramas**

El docente divide la clase en tres grupos: el poder ejecutivo, el poder legislativo y el poder judicial. Cada grupo recibe una descripción de su rol:

El poder ejecutivo (de tres a cinco estudiantes) incluye al presidente de los Estados Unidos, al vicepresidente y a los principales departamentos del gobierno, como el Departamento de Trabajo, el Departamento de Defensa, el Departamento de Estado y el Departamento del Tesoro. Cada departamento tiene un líder nombrado por el presidente. Juntos, todos los líderes, junto con el presidente, el vicepresidente y algunas otras personas, forman el gabinete. El trabajo de la rama ejecutiva es hacer cumplir las leyes.

La rama judicial (tres o cinco estudiantes, debe ser un número impar) está formada por la Corte Suprema y otros tribunales, su trabajo es interpretar las leyes.

El poder legislativo (el resto de la clase) está compuesto por el Congreso, que está compuesto por la Cámara de Representantes y el Senado. Su trabajo es hacer las leyes. El Congreso también decide quién y qué gravar y cómo usar el dinero de los impuestos. Cada casa del Congreso se reúne por separado. Sin embargo, pueden unirse para sesiones conjuntas.

Los estudiantes deben elegir un presidente y un vicepresidente para dirigir el poder ejecutivo. Si esta situación resulta demasiado compleja para los estudiantes, el docente puede asignar roles de forma aleatoria o deliberada. El presidente luego asigna cargos de gabinete a los otros estudiantes en el poder ejecutivo. Los estudiantes en el grupo de rama legislativa deben dividirse en senadores y representantes de la cámara.

Para el resto de la unidad, el docente les pedirá a los alumnos de cada grupo que piensen qué papel desempeñaría su rama en una situación determinada. Esto puede ser una actividad basada en la creación de un diario personal, o una actividad independiente de investigación y redacción de ensayos.

### Actividad 6.6.1.3
**La Constitución**

Los estudiantes y el docente deben leer juntos la introducción y debatir su papel como una tesis y una declaración de misión:

*Nosotros, el Pueblo de los Estados Unidos, para formar una Unión más perfecta, establecer la justicia, asegurar la tranquilidad doméstica, proporcionar la defensa común, promover el bienestar general y asegurar las bendiciones de la libertad para nosotros mismos y nuestra Posteridad, ordenamos y establecemos esta Constitución para los Estados Unidos de América.*

Los estudiantes deben hacer una tabla con los propósitos del gobierno por un lado y los propósitos de la escuela y del aula en el otro lado, usando la introducción y la declaración de misión de la escuela como una guía.

El docente debe dirigir al grupo en cuanto a la redacción de una tesis similar y una declaración de misión para el aula.

Los artículos de la Constitución describen y enumeran las responsabilidades y limitan el poder de las ramas legislativas, ejecutivas y judiciales del gobierno. El docente debe liderar rápidamente la clase en una discusión sobre los artículos de la Constitución.

Después de la discusión, a la clase se le puede asignar la lectura de *The History of US Book 4: The New Nation 1789-1850* (recurso en inglés). La lectura debería centrarse en la Constitución, Thomas Jefferson y Alexander Hamilton.

**Extensión de la actividad**
**Aprendiendo a través de dilemas**

El docente debe dividir la clase en tres grupos: el poder legislativo, el poder judicial y el poder ejecutivo (ver la actividad 6.6.2 de juego de roles). El docente debe entonces presentar a cada grupo un dilema y el grupo debe revisar sus artículos de la Constitución para determinar lo que es constitucional. Por ejemplo, el dilema podría ser que un joven de dieciocho años de Illinois quisiera postularse para la elección en la Cámara de Representantes como representante de California.

**Actividad de extensión opcional**
**Jefferson y Hamilton: un debate sobre el papel del nuevo gobierno**

Los estudiantes deben dividirse en dos grupos. Un grupo leerá un libro sobre Alexander Hamilton y el otro leerá un libro sobre Jefferson. El grupo de Hamilton puede leer *The Alexander Hamilton You Never Knew* de James Lincoln Collier o *The More Perfect Union: The Story of Alexander Hamilton* de Nancy Whitelaw, en el que se habla de su juventud y su familia y las experiencias que dieron forma a su perspectiva sobre el gobierno. El grupo de Jefferson puede leer el *Dear Mr. President: Letters from Philadelphia Bookwork* de Jennifer Armstrong *Thomas Jefferson and the American Ideal* de or Russell Shorto (recursos en inglés).

Después de leer los libros, los estudiantes deben preparar, para su uso, una breve hoja informativa sobre los antecedentes históricos y puntos de vista de Hamilton y Jefferson. Luego, en clase, el docente debe liderar un debate formal entre los dos grupos. El docente debe recordarles a los estudiantes que se atengan a los hechos y a lo que aprendieron sobre estas dos figuras históricas.

Deberán preparar una breve representación que describa los debates de los escritores originales de la Constitución, las controversias y los diferentes puntos de vista de los fundadores originales de la nación.

**Actividad 6.6.1.4**
**Una mirada más cercana a las tres ramas**

Cada grupo del ejercicio anterior debe investigar su rama del gobierno y presentar a la clase lo que han aprendido. Deberán poder contestar estas preguntas:

- ¿Cuál es el propósito de la rama?
- ¿Cuáles son los poderes de la rama?
- ¿Cuáles son los límites del poder de la rama?
- ¿Quién puede ser elegido para esta rama y cómo se designan algunos de sus miembros?

Los estudiantes crean un gran diagrama de aula de las tres ramas del gobierno. El diagrama debe mostrar las interacciones entre las tres ramas. También debería mostrar cómo funciona el sistema de control y equilibrio (pesos y contrapesos) de los poderes. El docente debe considerar publicar estas preguntas para que los estudiantes puedan consultarlas en las actividades comparativas a continuación.

**Actividad 6.6.1.5**
**Las enmiendas**

El docente dirigirá una discusión general sobre las enmiendas a la Constitución, su historia y los primeros diez artículos (la Carta de Derechos).

Cada estudiante recibirá una enmienda para revisar y comprender a través de la investigación. Tenga en cuenta que no todas las enmiendas deberán incluirse. Las enmiendas sugeridas son la primera, la cuarta, la séptima, la decimotercera, la decimoquinta, la decimonovena, la vigésimo cuarta y la vigésimo sexta. El estudiante debe mantener en secreto a los otros estudiantes la enmienda que se le ha asignado. El estudiante debe preparar un *dilema,* al igual que los de la Actividad 1. La clase debe dividirse en cuatro grupos. Cada alumno presentará su dilema a la clase, y los grupos deberán trabajar juntos para identificar la enmienda que aborda el dilema y describir una resolución basada en la enmienda.

Considere el siguiente ejemplo: una ciudad ha decidido permitir que los ciudadanos voten solo si pagan un impuesto. Los grupos deben identificar la enmienda veinte para describir la resolución de este dilema. El estudiante que preparó esta enmienda debe explicar el historial de la enmienda, por qué se implementó y qué protecciones brinda.

**Actividad 6.6.1.6**
**Eventos actuales y las tres ramas del gobierno**

Los estudiantes deben investigar los eventos actuales y cómo las tres ramas del gobierno interactúan con los eventos. Deberán hacer esto en grupos de dos o tres. El docente debe enfatizar que no todas las nuevas leyes se convierten en enmiendas a la Constitución (por ejemplo, la Ley Ningún Niño Se Queda Atrás, el Programa Nacional de Almuerzos Escolares y la Ley de Atención Asequible).

Por ejemplo, los estudiantes pueden leer "Education Secretary May Agree to Waivers on 'No Child' Requirements," de Sam Dillon, que apareció el 12 de junio de 2011 en el New York Times (artículo en inglés). Los estudiantes pueden discutir el papel del secretario de educación (que es designado por el presidente y un miembro de la rama ejecutiva) y el papel del Congreso en la creación (y revisión) de la ley educativa estadounidense, "No Child Left Behind".

Otros temas que se pueden considerar son: privacidad, libertad versus seguridad, inmigración y libertad de expresión y discurso.

## Parte 2 - El Reino Unido

**Metas y objetivos**

1. **Aprender** a describir las tres ramas del gobierno en el Reino Unido y sus funciones, para describir el derecho común y la falta de una constitución escrita (en comparación con los Estados Unidos), y para describir los propósitos de las monarquías modernas.
2. **Motivar** a los alumnos a aprender sobre sistemas que son similares al estadounidense pero también tienen diferencias importantes.
3. **Actuar** demostrando una comprensión de las tres ramas del gobierno en el Reino Unido y de las funciones de una monarquía moderna a través de un estudio en profundidad de la gobernanza e historia del Reino Unido.

**Habilidades y conocimientos**

1. Los estudiantes describirán las tres ramas del gobierno en el Reino Unido y sus funciones, describirán la ley común y la falta de una constitución escrita (en comparación con los Estados Unidos) y describirán los propósitos de las monarquías modernas.
2. Los estudiantes identificarán puntos clave en la historia británica, particularmente aquellos que pertenecen a la creación de la estructura moderna de gobierno.
3. Los estudiantes describirán el sistema de ley común en el Reino Unido y lo compararán con la Constitución de los Estados Unidos.

4. Los estudiantes compararán sistemas muy similares y resaltarán las diferencias clave en ellos.
5. Los estudiantes evaluarán los dos sistemas en torno a sus respectivas oportunidades y desafíos.
6. Los estudiantes ampliarán su conocimiento de la monarquía del Reino Unido a otras monarquías europeas.

**Resumen**

En esta unidad, los estudiantes examinarán el segundo caso en la comparación extendida de gobiernos: el Reino Unido y su monarquía constitucional.

Tenga en cuenta que, en este punto, los estudiantes han estudiado las tres ramas del gobierno en los Estados Unidos (o del país de su preferencia) y deberían haber desarrollado algunas herramientas analíticas que les ayudarán a hacer a examinar las tres ramas en el Reino Unido de manera más independiente. Como método de participación, la unidad comienza con estudios biográficos de monarcas históricos y modernos.

**Actividad 6.6.2.1**
**Rey Jorge III de Inglaterra**

El docente repasará la vida del Rey Jorge III de Inglaterra. Esta será una revisión para la mayoría de quienes han estudiado la Revolución Estadounidense (en las unidades del quinto grado presentadas en este libro), pero el docente debe estar preparado para estudiantes que necesiten más repaso o que se hayan transferido a la escuela y no estén familiarizados con el Rey Jorge III.

A los estudiantes (en grupos) se les debe dar una variedad de opciones para resumir sus conocimientos del Rey Jorge III. Podrían, por ejemplo, escribir una obra de teatro, redactar una carta del Rey Jorge a George Washington, o escribir un editorial para el periódico Colonial Times como si fueran el Rey Jorge III.

Individualmente, los estudiantes deben investigar monarcas históricos y modernos. Idealmente, se les dará a los estudiantes muchas opciones entre las que elegir, pero trate de tener tantos estudiantes investigando monarcas modernos como monarcas históricos. Deben "convertirse" en este monarca y presentarse con una breve introducción que resuma quiénes son, de qué período son, algunos de los desafíos que enfrentan y su poder o los límites de su poder (si corresponde). Luego pueden responder las preguntas de los otros estudiantes.

**Actividad 6.6.2.2**
**Las tres ramas del gobierno y la monarquía moderna en el Reino Unido**

En grupos pequeños, los estudiantes deben completar proyectos de investigación independientes sobre el tema de las tres ramas del gobierno y la monarquía moderna en el Reino Unido. Deben poder responder estas preguntas clave y proporcionar detalles adicionales:

1. ¿Cuándo se formó el sistema actual en el Reino Unido? ¿Con qué propósitos se formó? ¿En qué contexto histórico se formó?
2. ¿Cuáles son los poderes de cada rama del gobierno?
3. ¿Cuáles son los límites del poder de cada rama?
4. ¿Cuál es el papel de la monarquía? ¿Cuál es el poder de la monarquía y cuáles son los límites del poder de la monarquía?

Los estudiantes deben investigar un evento actual en el Reino Unido y examinar cómo ese evento se ve afectado por las tres ramas y la monarquía como parte de su análisis.

El docente debe discutir con los estudiantes la falta de una constitución en el Reino Unido y cómo el sistema de ley común es similar y diferente de una constitución.
Se recomienda una semana para esta actividad.

**Actividad 6.6.2.3**
**Comparación entre los Estados Unidos y el Reino Unido**

Los estudiantes deben crear un cuadro que compare los poderes y los límites con los poderes de las tres ramas en los Estados Unidos y el Reino Unido. Deben usar esta tabla para escribir un ensayo de una página sobre las similitudes y diferencias en las ramas del gobierno de las dos naciones. Este ensayo debe considerarse un borrador ya que se redactará un ensayo más formal después de que se complete la siguiente unidad.

El Curso Mundial: Sexto grado
## Parte 3 - China

**Metas y objetivos**

1. **Aprender** a describir las tres ramas del gobierno en China y sus funciones y comparar cómo funcionan las tres ramas en un régimen comunista con la forma en que funcionan en otros sistemas.
2. **Motivar** a los alumnos a apreciar sistemas de gobierno similares y diferentes, y buscar maneras de fomentar la cooperación entre gobiernos.
3. **Actuar** demostrando una comprensión de las tres ramas del gobierno y comparando las de los Estados Unidos y China.

**Habilidades y conocimiento**

1. Los estudiantes describirán las tres ramas del gobierno en China y sus funciones y compararán cómo funcionan las tres ramas en un régimen comunista con la forma en que funcionan en otros sistemas.
2. Los estudiantes identificarán puntos clave en la historia de China, particularmente aquellos que pertenecen a la creación de la estructura gobernante moderna.
3. Los estudiantes evaluarán las diferencias clave entre las tres ramas mientras operan en China.
4. Los estudiantes compararán sistemas diferentes y resaltarán las diferencias clave.
5. Los estudiantes evaluarán múltiples sistemas para sus respectivas oportunidades y desafíos.

**Resumen**

En esta unidad, los estudiantes examinarán el tercer caso en la comparación extendida de gobiernos: China.

**Actividad 6.6.3.1**
**Las tres ramas del gobierno en China**

El docente debe dirigir una discusión sobre las tres ramas del gobierno en China como una introducción general al tema. Luego, los estudiantes llevan a cabo sus propios proyectos de investigación en las tres ramas y cómo operan. Los estudiantes deben presentar estos proyectos a la clase.

El docente debe dividir la clase en tres partes (las tres ramas). Los eventos actuales en China deben ser presentados a la clase y los grupos deben tener tiempo para desarrollar una idea de cómo su rama de gobierno está interactuando con los eventos. También deberán responder las siguientes preguntas sobre su rama:

1. ¿Quién toma decisiones?
2. ¿Qué poderes tiene cada rama en este caso?
3. ¿Cuáles son los límites del poder de las ramas?
4. ¿Cómo funcionan las tres ramas juntas?
5. ¿Cuáles son los límites de la acción civil en China?

**Actividad 6.6.3.2**
**Una comparación final**

El docente debe guiar a los estudiantes para que agreguen a China a la tabla comparativa de los Estados Unidos y el Reino Unido. Una vez que todos los estudiantes tengan un cuadro completo, deben usar su tabla para finalizar el ensayo comparativo iniciado en la unidad anterior. Este ensayo debe ser una tarea de escritura formal.

Como una extensión, los estudiantes también podrían comparar los sistemas de gobierno en el Reino Unido y Japón.

**Recursos**

*Los recursos a continuación se encuentran en inglés, como referencia para los maestros que podrán adaptar lo que consideren pertinente para sus contextos:*

- La Constitución de los Estados Unidos:
  Http://www.archives.gov/exhibits/charters/constitution.html
- Taller con documentos sobre la Constitución de los Estados Unidos:
  http://www.archives.gov/education/lessons/constitution-workshop/
- Enseñando historia de los Estados Unidos:
  http://teachingamericanhistory.org/

- La Constitución de la República de China:
http://www.taiwandocuments.org/constitution01.htm
- Parlamento del Reino Unido:
http://www.parliament.uk/about/how/role/parliament-government/
- Gobierno del Reino Unido:
http://www.direct.gov.uk/en/index.htm

| | |
|---|---|
| **Unidad** | 6.7 |
| **Tema** | Identidades complejas: Codificadores de idioma |
| **Subtemas** | CIC: interpersonal (perspectivas culturales diversas, identidad y cultura propias, identidades y culturas de los demás y empatía); CIC: intrapersonal (reconocer los prejuicios, minimizar los efectos de los prejuicios y las habilidades de resolución de conflictos); ética: mostrando humildad y respeto, confianza en las instituciones, ruptura de la confianza en las instituciones, compromiso con la igualdad, el valor del potencial humano y el compromiso de apoyar los derechos humanos; hábitos de trabajo y mente: toma de perspectiva multicultural, cambio cultural y variación dentro de grupos culturales; conocimiento: economía, comercio y demografía (desarrollo económico y pobreza); cultura: historia mundial; y habilidades investigativas y analíticas: evaluar fuentes de información y usar evidencia |
| **Región** | Estados Unidos y México |
| **Duración** | Cuatro semanas |

**Metas y objetivos**

1. **Aprender** sobre el papel que juegan algunas culturas indígenas en la lucha por el medioambiente.
2. **Motivar** a los alumnos a reflexionar sobre el poder de los desfavorecidos, la importancia de la tierra, lo que constituye una "buena" vida y el papel de los gobiernos y las empresas.
3. **Actuar** identificando a los principales actores y grupos en el movimiento ambientalista indígena y reconociendo que los estilos de vida "tradicionales" también pueden ser dinámicos, modernos y prósperos.

**Habilidades y conocimiento**

1. Los estudiantes aprenderán acerca de las diferentes comunidades indígenas que luchan por preservar el medio ambiente. Aprenden cómo se llaman a sí mismos, dónde se encuentran, algunas de sus principales tradiciones y filosofías, y la historia de su búsqueda de los derechos ambientales.

2. Los estudiantes tomarán conciencia de las perspectivas de los gobiernos y las empresas sobre el uso de la tierra y sus beneficios y costos.
3. Los estudiantes comprenderán las nociones de soberanía, colonialismo, explotación y segregación.
4. Los estudiantes comprenderán las funciones importantes que desempeñan los pueblos indígenas en la actualidad, y no solo dentro de un contexto histórico.
5. Los estudiantes conocerán el poder de las figuras que se han convertido en símbolos en las disputas por los derechos indígenas.

**Resumen**

En esta unidad, los estudiantes se preparan para aprender sobre los hablantes de códigos navajos al examinar la injusticia en sus propias vidas. Aprenden más sobre soberanía e identidad haciendo proyectos de investigación sobre otros grupos indígenas.

Es importante tener en cuenta que el docente puede decidir adaptar las actividades a grupos indígenas locales o con los cuales los estudiantes estén más familiarizados.

**Actividad 6.7.1**
**La injusticia y yo**

En esta actividad, los estudiantes contarán una historia personal de tres minutos sobre un momento en que fueron tratados injustamente. Los estudiantes deben hacer que la narración sea interesante y responder las siguientes preguntas:

- ¿Por qué crees que hubo un trato injusto?
- ¿Qué significan para ti los conceptos de equidad y justicia?
- ¿Cómo se pueden hacer restituciones?

La historia debe ser personal y tener algún impacto en el alumno.

**Actividad 6.7.2**
**Codificadores de idioma**

En esta actividad, los estudiantes vuelven a la historia explorando la página web "Palabras nativas, guerreros nativos": http://www.nmai.si.edu/education/codetalkers/ (recurso en inglés). Los estudiantes aprenden de los "locutores de claves", un grupo de nativos estadounidenses que participó en la Primera Guerra Mundial: http://segundaguerramundial.es/codigo-indios-navajos/. Los estudiantes escriben un artículo de opinión que responde las siguientes preguntas:

- ¿Cuál fue el papel de los nativos estadounidenses que codificaron su idioma (de la comunidad Navajo)?
- ¿Fue justa o injusta la falta de reconocimiento y el trato que se les dio a quienes hablaban códigos después de la guerra?
- ¿Cuáles fueron algunas de las dificultades que tuvieron para encontrar trabajo después de regresar de la guerra? ¿Cómo crees que los afectó dejar sus comunidades nativas?
- ¿Por qué fue hasta el año 2000 que obtuvieron reconocimiento?
- ¿De qué otras formas, más allá de las medallas, los locutores de claves o hablantes de códigos podrían ser respetados, honrados y recordados?

**Actividad 6.7.3**
**Soberanía**

Esta unidad en particular comienza con una simulación en la que el docente divide a los estudiantes en grupos que representan nacionalidades (ficticias o reales en función de las nacionalidades de los estudiantes). A cada grupo se le pide que presente una lista de cosas comunes a su cultura. Tal lista podría incluir el lenguaje utilizado en el hogar, las costumbres y festivales, y el arte y otras formas de expresión cultural.

Luego, el docente introduce sistemáticamente algunas situaciones en las que ciertos grupos son marginados y no se les permite expresar sus libertades y su cultura de manera específica o se les niegan derechos esenciales. El docente les pide a los alumnos que reflexionen si esa práctica es justa o injusta (y por qué), cómo los hacen sentir y cómo se pueden hacer las modificaciones.

A continuación, el docente introduce los conceptos de soberanía y el derecho de los pueblos indígenas a la soberanía. Los estudiantes se dividen en grupos, y cada grupo compara su propio caso de país y finalmente se presenta a la clase en el caso de los Derechos Indígenas en México y los Estados Unidos. En sus presentaciones, los grupos deberían responder las siguientes preguntas en particular:

- ¿Las constituciones de cada una de las naciones prevén el derecho a la soberanía?
- ¿Cuándo se estableció el derecho a la soberanía?
- ¿Cuáles son algunas de sus disposiciones?
- ¿Cuántos gobiernos tribales reconocidos existen en cada país?
- ¿Existen reservas oficiales reconocidas por cada uno de los gobiernos?
- ¿Existe una agencia o departamento gubernamental que específicamente investigue los asuntos de los pueblos indígenas en cada uno de los países?
- ¿Cuáles son los derechos y beneficios de las tribus? ¿Hay diferencias en sus derechos de estado a estado? (Las hay, en el caso de los Estados Unidos).

Los estudiantes analizarán el censo de México, que informa no solo la etnia racial, sino también la etnia política como forma de reconocer a los pueblos indígenas en el país.

**Actividad 6.7.4**
**Tomando parte**

Tenga en cuenta que esta podría ser una actividad opcional basada en la disponibilidad de tiempo y el interés de la clase. Alternativamente, podría incluirse en la siguiente actividad, la cual se refiere a las comparaciones.

En esta actividad, se presentarán a los estudiantes los antecedentes de la rebelión zapatista en México en 1994. Los estudiantes se dividirán en grupos en los que obtendrán información sobre el Plan Puebla

Panamá y las críticas en torno a él en 2001. Un grupo representará al gobierno de México y defenderá los beneficios económicos de esta inversión, y el otro representará a los grupos indígenas.

**Actividad 6.7.5**
**Comparaciones**

En esta unidad, los estudiantes llevan a cabo una investigación exhaustiva de antecedentes, utilizando una serie de recursos en línea, incluyendo el censo y artículos de periódicos. Los estudiantes comparan el estado de los pueblos indígenas en los Estados Unidos y México.

Los estudiantes deben analizar los indicadores socioeconómicos, como el acceso a los servicios de salud, el empleo y la educación y las tasas de graduación. Los estudiantes podrían comparar la ciudad de Nueva York con la Ciudad de México si hay datos disponibles para la Ciudad de México.

Los estudiantes deben describir los idiomas que se hablan en las escuelas. En México, la Ley de Derechos Lingüísticos de los Pueblos Indígenas reconoce sesenta y dos lenguas indígenas como "idiomas nacionales", que tienen la misma validez que el español en todos los territorios en los que se hablan. Para los Estados Unidos, estudie el *Native Americans Language Act* de 1990 y la historia de los internados en los Estados Unidos.

Los estudiantes deben discutir la cantidad de tribus indígenas reconocidas en cada uno de los países.

Los estudiantes deben discutir informes de racismo en ambos países.

**Actividad 6.7.5**
**Informes sobre la Declaración de las Naciones Unidas sobre los Derechos de los Pueblos Indígenas**

En esta unidad, se presenta a los estudiantes la base de la Declaración de las Naciones Unidas sobre los derechos de los pueblos indígenas. En particular, los estudiantes examinarán el caso de los Estados Unidos y por qué firmaron la declaración apenas en 2007. El docente también puede presentar partes de la Declaración Universal de

Derechos Humanos para retomar el concepto a finales de este año y alentar al debate sobre la universalidad de la Declaración Universal de Derechos Humanos, dadas algunas de las instancias previas de exclusión de los pueblos indígenas de la legislación de derechos humanos.

A los estudiantes se les presentan algunos de los procedimientos de la Conferencia de las Naciones Tribales de la Casa Blanca de 2010 y el nombramiento por parte del presidente Obama en noviembre de 2010 como Mes Nacional de la Herencia de los Nativos Americanos.

Los estudiantes crean y publican en línea un video de una entrevista con un miembro de una tribu de nativos americanos que se lleva al aula como invitado. Pueden solicitar las perspectivas del orador invitado sobre los desafíos que su tribu sigue enfrentando al tratar con las autoridades gubernamentales.

**Recursos**

*Los recursos a continuación se encuentran en inglés, como referencia para los maestros que podrán adaptar lo que consideren pertinente para sus contextos:*

- http://www.pbs.org/circleofstories/wearehere/culture_gallery.html
- http://www.pbs.org/circleofstories/educators/lesson2.html
- http://www.culturalsurvival.org/ourpublications/csq/article/indigenous-rights-and-self-determination-mexico

## El Curso Mundial
## Séptimo grado: Impulsar el cambio en la sociedad organizándose colectivamente y mediante el estudio de individuos que son agentes de cambio

### Tema

Comprender el poder de todos y cada uno de los ciudadanos para mejorar la sociedad y el mundo.

### Descripción

Este año expande el concepto de organización para incluir el concepto de tomar una organización y crear un movimiento. Se estudian las personas que han desempeñado un papel decisivo en promover los derechos al voto, los derechos humanos y los movimientos medioambientales, y se destaca su papel de unificadores y colaboradores, ya que los verdaderos creadores de cambios inspiran y trabajan con los demás: no lo hacen solos. Los estudiantes aprenderán sobre equidad e igualdad de género, personas que están tratando de crear un cambio fundamental en la política energética global, y el rol de los inventores en promover el cambio social. A lo largo del año, trabajarán en un proyecto extendido de aprendizaje-servicio para dar vida a su estudio de movimientos, y el año culminará en un ejercicio de plan de negocios con conciencia social que se implementará en el octavo grado.

### En retrospectiva

¿Cómo se organizan las personas en las sociedades?

### Viendo hacia adelante

Movimiento y gente: una mirada desde treinta mil pies de altura

### Descripción general de las unidades

1. Organizar una comunidad justa: La isla desierta
2. Gobernabilidad
3. La Declaración Universal de los Derechos Humanos (DUDH) y los Objetivos de Desarrollo Sostenible (ODS)

4. Introducción a un proyecto de aprendizaje-servicio de un año de duración
5. El movimiento por los derechos civiles y los agentes de cambio
6. ODS 5: Género y equidad
7. El movimiento ambiental: disruptores en energía
8. Los inventores como creadores de cambios
9. Ejercicio de plan de negocios de emprendimiento social

**Evaluación**

Basándose en los principios del pensamiento de diseño (design thinking) y la creación de planes de negocios para empresas sociales, los estudiantes desarrollan un proyecto que está alineado con uno de los Objetivos de Desarrollo Sostenible.

Empoderar Ciudadanos Globales

**Unidad** 7.1
**Tema** Introducción y organización del aula
**Subtemas** ICIC: interpersonal (trabajando en equipos interculturales); hábitos de trabajo y mente: innovación y creatividad; y ética: valores comunes
**Región** Todas / cualquiera
**Duración** Una semana

**Metas y objetivos**

1. **Aprender** acerca de la pertenencia a la sociedad, organizarse para alcanzar algún tipo de objetivo común y reflexionar sobre sus propias prácticas e interacciones.
2. **Motivar** a los estudiantes a reflexionar sobre sus propias prácticas e interacciones con los demás a fin de crear un aula que funcione bien y un ambiente de clase positivo.
3. **Actuar** trabajando colectivamente para mantener y habilitar un ambiente positivo en el salón de clases.

**Habilidades y conocimientos**

1. Los estudiantes discutirán sobre lo que significa tener una comunidad funcional y "buena" en el aula, sus propios roles y el papel de los procedimientos y procesos justos en el aula.
2. Los estudiantes aprenderán sobre el proceso de votación.
3. Los estudiantes experimentarán el proceso de organizarse.
4. Los estudiantes aprenderán sobre ellos mismos y entre ellos, particularmente sobre sus cualidades de liderazgo.

**Resumen**

En esta unidad, a los estudiantes se les presenta un resumen general del trabajo que realizarán a lo largo del año para que se familiaricen tanto con el enfoque de las unidades, así como con la mirada conjunta que se elaborará al integrar cada una de las partes. Los estudiantes participan en un proceso de votación para comprender los matices que respaldarán la ruta de trabajo y para comprender que votar es una forma de elegir líderes y organizarse para alcanzar un objetivo común. Los estudiantes se organizan específicamente con poca instrucción del docente y en el proceso se les pide que reflexionen sobre la dinámica del equipo y las diferencias que se producen.

## Actividad 7.1.1
## Hoja de ruta del año

La primera actividad sirve como introducción y proporciona una visión general del año y sus ideas y actividades clave. Esta es una actividad dirigida por el docente y les proporciona a los estudiantes un mapa de lo que pueden esperar durante el año para que puedan estar al tanto de los temas centrales.

## Actividad 7.1.2
## ¿Quién soy yo?

Los estudiantes se presentarán usando poemas breves que deberán redactar y leer al grupo. Los poemas seguirán la temática "Yo soy" basados en el recurso dado a continuación. Este enlace contiene una muestra de un poema tipo "Yo soy" y ayudará a los estudiantes a articular su propia identidad y ayudar a la clase a identificar temas comunes en su identidad colectiva.

**Recursos**

*El recurso a continuación se encuentra en inglés, como referencia para los maestros que podrán adaptar lo que consideren pertinente para sus contextos:*

- El poema *I Am* que se relaciona con las identidades de los estudiantes: http://www.readwritethink.org/files/resources/lesson_images/lesson391/I-am-poem.pdf

## Actividad 7.1.3
## Organizándonos a nosotros mismos

Tenga en cuenta que hay tres variaciones de esta actividad y que el docente puede elegir una o una combinación de las tres. Cada opción es diferente, ya que cada una aborda los conceptos asociados con la organización de nosotros mismos como individuos y como un colectivo más grande en un camino.

## Opción A

1) En el segundo o tercer día, los estudiantes vendrán al salón de clases y encontrarán al docente sosteniendo un letrero que dice "No voy a hablar hoy. Todas las instrucciones para hoy se mostrarán en la pantalla del proyector. " La pantalla del proyector dirá lo siguiente:

    a. Estábamos en una excursión de clase a Fiji cuando nuestro avión se estrelló de repente en una isla desierta. Desafortunadamente, ninguno de los docentes o acompañantes adultos sobrevivió. Tómense treinta minutos para organizarse y decidan lo siguiente:

        i. Cómo tomarán decisiones
        ii. Cómo obtener comida, agua y refugio
        iii. Qué harán para ser rescatados y cómo planean ser rescatados
        iv. Cualquier otra preocupación que puedan tener

    b. El docente se para o se sienta en la parte de atrás y toma notas. Una vez que el grupo haya llegado a un consenso, él/ella presentará las siguientes instrucciones:

        i. "Divídanse en cinco grupos. Usando sólo los elementos disponibles en el aula o en sus mochilas (bultos, maletas), cada grupo debe construir una torre. Tienen cinco minutos."

    c. Después de cinco minutos, el docente presentará las siguientes instrucciones:

        i. "Ahora haz algo a una torre que pertenezca a otro grupo".

    d. Para la tarea, los estudiantes reflexionan sobre las actividades del día y responden las siguientes preguntas:

        i. ¿Qué aprendiste sobre ti y tus compañeros de clase?
        ii. ¿Lo que pasó fue realista? ¿Por qué sí o por qué no?
        iii. Si estuviera varado en la isla con tus compañeros de clase durante seis meses, ¿te preocuparía? ¿Por qué o por qué no?
        iv. ¿Qué te gustó de la forma en que el grupo se organizó? ¿Por qué? ¿Qué no te gustó de eso? ¿Por qué? ¿Cómo hubieras hecho las cosas de manera diferente?

El Curso Mundial: Séptimo grado

      v. ¿Quién asumió el liderazgo? ¿Cómo?
      vi. ¿Tiene otras reflexiones sobre la actividad de hoy? Si es así, ¿cuáles son?

2) Al día siguiente, la clase analizará la actividad y discutirá las preguntas de reflexión, señalando los usos del poder y la autoridad, los procesos de toma de decisiones, el liderazgo, la participación democrática (o la falta de ella), las tendencias destructivas (o la falta de ellas). Esta actividad será referida durante el resto del año y puede ser revisitada cada cierto tiempo, con variaciones. Por ejemplo, antes de la unidad en el movimiento de mujeres, establezca el mismo escenario, pero diga que solo las chicas pueden votar sobre las decisiones o el liderazgo. Sin embargo, tenga en cuenta que algunas de estas variaciones pueden crear conflictos y deberán manejarse con tacto por parte del docente.

**Opción B**
Los estudiantes reflexionarán sobre buenas y malas experiencias en el aula y harán una lluvia de ideas sobre lo que podría haber llevado a esas experiencias (por ejemplo, características de los estudiantes y docentes, procedimientos, procesos, etc.). Discutirán y llegarán a un acuerdo sobre los comportamientos y las normas que quieren practicar y ver en el aula durante este año.

1) Los estudiantes recibirán citas seleccionadas sobre la ciudadanía y discutirán lo que significa ser un buen ciudadano en el aula.

2) Los estudiantes realizarán elecciones para elegir a tres personas para que los representen durante las primeras seis a doce semanas en las decisiones tomadas sobre los procedimientos en el aula. Los estudiantes pueden nominarse entre sí o a ellos mismos, y cada candidato dará un breve discurso de plataforma. La idea es que las elecciones se realicen cada seis o doce semanas y que el proceso electoral se vuelva más elaborado a medida que aprendan más sobre los procesos políticos.
    a. Esta actividad será referida durante el resto del año y puede ser revisitada con variaciones en diferentes unidades.
        i. Por ejemplo, antes de la unidad en el movimiento de derechos civiles, el docente puede decir que solo los estudiantes que usan cierto tipo o color de ropa pueden votar en las decisiones de ese día.

**Opción C**
1) Presente los conceptos de pertenencia, inclusión, exclusión y responsabilidad, y elija cualquier lección pertinente. El docente puede elegir entre una variedad de diferentes planes de lecciones que se enfocan en la pertenencia en la sociedad desde la base de datos de Facing History https://www.facinghistory.org/educator-resources (recurso en inglés).

**Recursos**

*Los recursos a continuación se encuentran en inglés, como referencia para los maestros que podrán adaptar lo que consideren pertinente para sus contextos:*

- Actividad: Varado en una la isla:
- http://www.fsec.ucf.edu/en/education/k-12/curricula/bpm/lessons/lesson01/L1_act_stranded.htm

# El Curso Mundial: Séptimo grado

-

| | |
|---|---|
| **Unidad** | 7.2 |
| **Tema** | Gobierno |
| **Subtemas** | Ética: confianza en las instituciones, ruptura de la confianza en las instituciones, marcos éticos, compromiso con la igualdad y valoración del potencial humano y de la CIC: intrapersonal (minimizando los efectos de los prejuicios y las habilidades de resolución de conflictos) |
| **Región** | Estados Unidos, Brasil e India |
| **Duración** | Cuatro semanas |

**Metas y objetivos**

1. **Aprender** sobre la historia de la votación en los Estados Unidos, la expansión del derecho al voto para incluir ambos géneros y todas las razas, y el derecho a votar en diferentes culturas.
2. **Motivar** a los estudiantes a sentirse obligados a votar cuando lleguen a la mayoría de edad, a sentirse entusiasmados con su futuro voto, y a alentar a otros, tanto a nivel personal como a través de la acción colectiva para votar.
3. **Actuar** demostrando una comprensión del proceso de votación a través de un análisis histórico preciso y mediante la creación de una narración para los fines de una campaña.

**Habilidades y conocimientos**

1. Los estudiantes identificarán los elementos clave de los movimientos para expandir el derecho al voto (a las mujeres y a las minorías), incluyendo los líderes de cada movimiento.
2. Los estudiantes describirán los movimientos de votación en otras culturas.
3. Los estudiantes apreciarán los matices de la votación y entenderán que "elecciones libres y justas" son un principio fundamental de una democracia que funciona.
4. Los estudiantes identificarán y articularán los métodos utilizados por los creadores de cambios para llevar al primer plano el sufragio universal de adultos.
5. Los estudiantes crearán una campaña de votación y examinarán sus matices.

## Resumen

Esta unidad busca proporcionar a los estudiantes una comprensión del sufragio. A través de los casos de varios movimientos de sufragio en los Estados Unidos, los estudiantes examinarán los problemas asociados con los prejuicios y la desigualdad, y comenzarán a entender por qué votar es crucial para establecer la legitimidad en una democracia que funcione. Los ejemplos se extienden para incluir diferentes partes del mundo donde el sufragio se ha enfatizado tanto en contextos históricos como en contextos más contemporáneos. Los estudiantes conocerán a los creadores de cambios en los movimientos de sufragio de Estados Unidos los métodos que usaron. Los estudiantes también examinan las formas en que se promueve la votación en diferentes partes del mundo.

Las actividades tienen como objetivo crear entusiasmo y sentido de pertenencia sobre la responsabilidad de los estudiantes para votar cuando alcanzan la mayoría de edad.

Tenga en cuenta que toda esta unidad de gobierno se divide en tres partes, con actividades sugeridas en cada parte. La tercera parte puede ser opcional, dependiendo de cuánto tiempo queda disponible.

Si el docente lo considera pertinente, el caso de estudio (Estados Unidos) puede reemplazarse por el país o la región donde se está implementando este material.

### Parte I - Sufragio en los Estados Unidos

**Actividad 7.2.1**
**Preparación e introducción a los movimientos de sufragio**

El docente le da a cada estudiante una tarjeta con su "identidad" descrita en ella. Estas identidades deberían variar por raza, edad y sexo. Casi todas las tarjetas deben representar a las personas con derecho a votar en una elección estatal o federal. Incluya al menos una tarjeta cuya identidad tenga diecisiete años y al menos una tarjeta cuya identidad sea de un inmigrante no naturalizado. Asegúrese de que solo dos o tres estudiantes tengan identidades que les hubieran permitido votar en 1790. Haga que todos los alumnos se pongan de pie.

Luego diga lo siguiente:

> "El año es [año actual]. Todos los ciudadanos de dieciocho años de edad o más tienen derecho a votar. Si no tiene derecho a votar, siéntese" - el joven de diecisiete años y el inmigrante no naturalizado se sientan.

Luego introduce los siguientes escenarios:

> "El año es 1919. Las mujeres no pueden votar. Los nativos americanos no son ciudadanos estadounidenses y no se les permite votar". En 1920 se promulgó la decimonovena enmienda y garantizó a las mujeres el derecho al voto, tanto hombres como mujeres pueden votar. En 1924 se otorgó la ciudadanía y el derecho al voto a los nativos americanos.

> "El año es 1869. Los ciudadanos afroamericanos, aunque han estado libres desde que terminó la Guerra Civil, no pueden votar". En 1870 se promulgó la decimoquinta enmienda y otorgó a los antiguos esclavos el derecho al voto; ciudadanos adultos de cualquier raza podría votar entonces.

> "El año es 1849. Si no posee bienes, no tiene permitido votar". En 1850, se levantó el requisito de que los votantes posean propiedades y paguen impuestos.

> "El año es 1790. Solo los propietarios blancos pueden votar".

**Actividad 7.2.2**
**Comprendiendo la historia del derecho al voto en los Estados Unidos**

El docente divide la clase en cuatro grupos. Cada grupo investiga uno de los siguientes movimientos de sufragio: el sufragio de las mujeres, el sufragio de los afroamericanos, los derechos de voto basados en la propiedad (el levantamiento de los requisitos de propiedad) y el sufragio de los nativos norteamericanos.

Cada grupo debe realizar su investigación con base en las siguientes preguntas:

1. ¿Cuáles fueron los argumentos a favor y en contra del sufragio?
2. ¿Crees que esos argumentos fueron justificables?
3. ¿Por qué el derecho de voto no se extiende a estos grupos en particular?
4. ¿Qué métodos usaron cada uno de los grupos para poner su causa en primer plano?
5. ¿Cómo afecta esto (la concesión del derecho al voto a cada uno de estos grupos) al derecho al voto de los ciudadanos hoy?

Tenga en cuenta que los estudiantes pueden analizar los datos demográficos del sitio en la Oficina del Censo de E.U.A, para examinar las tendencias en las elecciones en los Estados Unidos a lo largo del tiempo:
https://www.census.gov/topics/public-sector/voting/data/tables.html (recurso en inglés).

Con base en esta información, cada grupo presenta su análisis a la clase, y la clase crea una línea de tiempo de la historia del sufragio en los Estados Unidos.

**Recursos**

*Los recursos a continuación se encuentran en inglés, como referencia para los maestros que podrán adaptar lo que consideren pertinente para sus contextos:*

- Un plan de lecciones de ejemplo sobre la comprensión de los derechos de voto en un contexto histórico y sobre las formas en que se puede crear una línea de tiempo histórica de sufragio en los Estados Unidos:
  http://www.history.org/history/teaching/enewsletter/volume4/september05/teachstrategy.cfm
- La línea de tiempo de memoria estadounidense, que representa hechos históricos sobre cada uno de estos movimientos de sufragio e incluye documentos primarios que los estudiantes pueden usar en su investigación:
  http://www.loc.gov/teachers/classroommaterials/presentationsandactivities/presentations/timeline/
- Un plan de lecciones de alta calidad sobre el sufragio de las mujeres y antecedentes sobre sus derechos de voto:

http://edsitement.neh.gov/lesson-plan/voting-rights-women-pro-and-anti-suffrage#sect-introduction

## Actividad 7.2.3
## Creadores de cambio en el movimiento de sufragio

Cada grupo debe identificar a los creadores de cambios en cada movimiento de sufragio. Cada miembro del grupo debe investigar a un creador de cambio y crear una breve biografía sobre su vida basada en algunas de las siguientes preguntas:

1. ¿Quién es el agente de cambio y cuál es su origen?
2. ¿Por qué el agente de cambio tomó responsabilidad en el movimiento de sufragio?
3. ¿Cuáles fueron algunos de los desafíos a los que se enfrentó y cómo los venció?
4. ¿Se justificaron los métodos utilizados por el creador del cambio? ¿Los medios justificaron los fines?
5. ¿Son estos mismos métodos relevantes hoy?

Una alternativa a esto es que cada estudiante asuma la personalidad del agente de cambio que eligió estudiar. Debe haber un agente de cambio de cada movimiento de sufragio en un nuevo grupo. Este grupo tendrá una discusión de mesa redonda, y cada uno presentará la historia de su vida. Los otros miembros del grupo deben hacerle preguntas (lo que significa que no se trata de una presentación sino de una conversación).

## Recursos

*El recurso a continuación se encuentra en inglés, como referencia para los maestros que podrán adaptar lo que consideren pertinente para sus contextos:*

- Una introducción multimedia y basada en la historia a las obras de Elizabeth Cady Stanton y Susan B. Anthony que explica su papel en el movimiento de sufragio: http://www.pbs.org/stantonanthony/

## Parte 2 - La expansión del derecho al voto en otros países y el uso de la Declaración Universal de Derechos Humanos de las Naciones Unidas para promover los derechos humanos

**Actividad 7.2.4**
**El sufragio universal de adultos en el mundo**

En esta actividad, los estudiantes se dividen en varios grupos en los que examinan las diferencias en el sufragio universal de adultos en todo el mundo en diferentes momentos. Los estudiantes pueden dividirse por períodos de tiempo o por regiones del mundo, y crearán un breve perfil explicando quién fue excluido en su período de tiempo o país antes del sufragio adulto y luego presentarán el perfil a la clase.

Los ejemplos pueden incluir el caso de Brasil, donde los sacerdotes fueron excluidos del derecho al voto, y los eventos que llevaron al sufragio universal formal en la India (por ejemplo, la creación de la constitución india después de la independencia).

**Recursos**

- Esta es una tabla de sufragio universal por país que los estudiantes pueden usar para examinar las discrepancias entre el sufragio masculino y femenino en todo el mundo https://es.wikipedia.org/wiki/Sufragio_universal
- Noticias recientes asociadas con otorgar a las mujeres el derecho al voto en los Emiratos Árabes Unidos y Kuwait tan recientemente como en 2005
- Un excelente sitio que incluye mucha información amigable para los niños sobre el papel de las mujeres en la participación política en todo el mundo a través de diferentes estudios de casos y una línea de tiempo de diferentes movimientos sufragistas en todo el mundo para garantizar que el sufragio incluya mujeres
  http://womenshistory.about.com (recurso en inglés)

**Actividad 7.2.5**
**Sufragio universal a través de la Declaración Universal de los Derechos Humanos (DUDH)**

A los estudiantes se les presenta el artículo 21 de la DUDH y particularmente la sección 3: "La voluntad del pueblo será la base de la autoridad del gobierno; esta voluntad se expresará en elecciones periódicas y auténticas, que se celebrarán por sufragio universal e igual y se celebrarán por voto secreto o por procedimientos de votación libre y equivalentes".

Las siguientes ideas clave (entre otras) deberían destacarse en esta discusión:

- la voluntad del pueblo y la autoridad del gobierno
- elecciones genuinas, libres y justas
- sufragio universal e igual
- voto secreto

**Recursos**

- Subartículo 3 del artículo 21 de la DUDH:

El Curso Mundial: Séptimo grado

http://www.unidosporlosderechoshumanos.mx/what-are-human-rights/universal-declaration-of-human-rights/articles-21-30.html

**Parte 3 - Campañas de votación**

**Actividad 7.2.6**
**Tendencias de votación**

Tenga en cuenta que esta actividad puede ser opcional dependiendo de cuánto tiempo queda.

En el laboratorio de computación, los estudiantes recopilan datos de participación de votantes a lo largo del tiempo.

Los estudiantes crean una hoja de cálculo con las tasas de participación de votantes para las elecciones presidenciales en Brasil, India y los Estados Unidos. Inmediatamente se volverá obvio que la tasa de participación de votantes en los Estados Unidos es muy inferior a la de Brasil e India.

El docente debe dirigir una discusión sobre las reacciones de los estudiantes a esta información. En el séptimo grado, algunas de las teorías sobre por qué la votación ha disminuido pueden ser demasiado complicadas, pero pueden discutirse algunas de las teorías principales sobre el capital social, la apatía y los niveles de confianza entre diferentes grupos de la población.

**Recurso**

*El recurso a continuación se encuentra en inglés, como referencia para los maestros que podrán adaptar lo que consideren pertinente para sus contextos:*

- Fuente de datos para examinar las tendencias de votación: https://www.idea.int/data-tools

**Actividad 7.2.7**
**Promoviendo la votación**

Los estudiantes investigan diferentes organizaciones que apuntan a aumentar la participación de votantes. Los recursos sugeridos (en inglés) se enumeran a continuación:

- Rock the Vote, una campaña que comenzó a promover una mayor participación de los jóvenes en las elecciones y crear una apropiación en los procesos políticos en los Estados Unidos: http://www.rockthevote.org/
- Proyecto Vote: http://projectvote.org/?gclid=CM-v2cWc9aYCFQFM5QoddRJVBg
- Voto nativo, una campaña de votación dirigida por el Congreso Nacional de Indios Americanos: http://www.nativevote.org/
- No necesitas tener un hogar para votar, una campaña para aumentar la votación en la población sin hogar: http://www.nationalhomeless.org/projects/vote/index.html

Los estudiantes deben pasar tiempo leyendo detenidamente estos y otros sitios web. Luego deberían decidir sobre uno en particular para investigar en profundidad. Los estudiantes crearán un documental de medios o escribirán un documento, usando información de su investigación, para alentar la participación de los votantes.

El Curso Mundial: Séptimo grado

| | |
|---|---|
| **Unidad** | 7.3 |
| **Tema** | Declaración Universal de Derechos Humanos, creadores de cambios que tienen derechos ampliados y una visión general de los ODS |
| **Subtemas** | Trabajo y hábitos mentales: variación dentro de grupos culturales; ética: confianza en las instituciones, humildad y respeto, marcos éticos, el valor del potencial humano y la importancia de los acuerdos globales; CIC: intrapersonal (reconocer los prejuicios y minimizar los efectos del prejuicio); y globalización |
| **Región** | Países en vías de desarrollo |
| **Duración** | Tres semanas |

**Metas y objetivos**

1. **Aprender** sobre la universalidad y la centralidad de las necesidades y los derechos como expresión que garanticen que las necesidades humanas universales se satisfagan. Los estudiantes también aprenden sobre los Objetivos de Desarrollo Sostenible (ODS) y su rol para asegurar que los derechos estén garantizados.
2. **Motivar** a los alumnos a tomar medidas para preservar la dignidad humana de otros niños en el mundo y para reflexionar sobre cómo sus propias acciones pueden marcar una diferencia en el área.
3. **Actuar** demostrando comprensión y aprecio por los derechos y comportándose de forma que sean mutuamente respetuosos y preserven la dignidad humana.

**Habilidades y conocimientos**

1. Los estudiantes identificarán las diferencias y los puntos comunes en las necesidades en todo el mundo y comprenderán la importancia de los derechos.
2. Los estudiantes comprenderán y apreciarán los conceptos de dignidad, igualdad, no discriminación y justicia.
3. Los estudiantes desarrollarán confianza, verán el valor en la Declaración Universal de los Derechos humanos (DUDH) como un marco normativo y se familiarizarán con su historia.

4. Los estudiantes personalizarán los principios consagrados en la DUDH y la importancia de las responsabilidades en la defensa de estos derechos.
5. Los estudiantes dibujarán vínculos entre la DUDH y los ODS.
6. Los estudiantes se inspirarán para desarrollar una orientación de acción y para infundir los principios y temas de derechos humanos. dentro de sus proyectos de aprendizaje de servicio, así como dentro de sus acciones diarias en clase.

**Resumen**

Los estudiantes comienzan con una comprensión de las necesidades y deseos, y a través de intercambios con compañeros, buscan la centralidad de las necesidades humanas. Se familiarizan con una breve historia de la DUDH y con su valor como marco normativo para proteger los derechos de todas las personas. También enfatizan la responsabilidad de las personas de incorporar estos principios de derechos humanos en sus vidas y acciones cotidianas. Los enlaces y asociaciones también se dibujan con los ODS para que los estudiantes puedan ver los ODS como una expresión de los derechos mismos.

**Actividad 7.3.1**
**Necesidades, deseos y escasez de recursos**

Los estudiantes se conectan con sus amigos por correspondencia o escuelas hermanas existentes e intercambian información sobre lo que necesitan actualmente para llevar una vida plena. Los estudiantes luego dibujan una lista de necesidades y deseos en diferentes partes del mundo. El docente facilita una discusión con la clase sobre las siguientes preguntas:

1. ¿Qué son las necesidades?
2. ¿Qué son los deseos?
3. ¿Hay similitudes y diferencias entre los dos?
4. ¿Cuáles son algunas diferencias y similitudes en las necesidades y deseos en todo el mundo?

Luego, el docente les pide a los estudiantes que consoliden todas las listas para formar una sola. En esta nueva lista es clave que se identifiquen las necesidades más importantes.

Tenga en cuenta que el docente también debe desempeñar el papel de abogado del diablo y hacer que los estudiantes defiendan sus posturas sobre sus necesidades. El objetivo de este ejercicio es que los estudiantes aprendan a trabajar en colaboración a través de sus diferencias y conflictos. El docente también debe ser capaz de facilitar la comprensión de que los recursos en la tierra son limitados, que a veces puede haber una lucha por los recursos y que los países pueden querer priorizar ciertas necesidades sobre otras.

**Recursos**

*El recurso a continuación se encuentra en inglés, como referencia para los maestros que podrán adaptar lo que consideren pertinente para sus contextos:*

- Una lista de las necesidades identificadas por los niños en Etiopía, Sudáfrica, Líbano y el Reino Unido que se ha creado para las escuelas en el Reino Unido, pero puede adaptarse fácilmente a los fines de esta actividad: https://www.oxfam.org.uk/education/resources/developing-rights

**Actividad 7.3.2**
**Introducción a la DUDH**

El docente presenta a los estudiantes la Declaración Universal de Derechos Humanos y proporciona a la clase una breve historia de la misma utilizando los recursos que se enumeran a continuación.

Tenga en cuenta que, dado que la Segunda Guerra Mundial aún no se ha presentado en el currículo, el docente debe evitar entrar en detalles sobre la guerra, sino que debe centrarse en la Declaración Universal de Derechos Humanos como articulación y expresión de la humanidad que trabaja para respetar y preservar los derechos y la dignidad de los demás.

Luego, los estudiantes realizan un análisis de texto del preámbulo de la Declaración Universal de los Derechos Humanos, así como del artículo 1, utilizando una versión adaptada para niños (enumerada en los recursos).

**Recursos**

*Los recursos a continuación se encuentran en inglés, como referencia para los maestros que podrán adaptar lo que consideren pertinente para sus contextos:*

- Extractos de estas dos películas animadas sobre la historia de la Declaración Universal de Derechos Humanos y lo que representa:
  - http://www.youtube.com/watch?v=hTlrSYbCbHE&feature=player_embedded
  - http://www.youtube.com/watch?v=oh3BbLk5UIQ&feature=related
- Texto amigable para los niños de la DUDH (las dos primeras páginas)
  http://www.eycb.coe.int/compasito/chapter_6/pdf/1.pdf

**Actividad 7.3.3**
**La DUDH y los ODS**

Hay dos opciones para esta actividad, y el docente puede usar ambas o una basado en los niveles existentes de conocimiento sobre los ODS en la clase.

**Opción A**
Se les pide a los estudiantes que realicen un estudio de antecedentes sobre los ODS y que escriban un bosquejo biográfico de los ODS que responda las siguientes preguntas al respecto:
1. ¿Cuándo se presentaron los ODS? ¿Por qué?
2. ¿Cuáles son los objetivos de los ODS? ¿Qué representan los ODS colectivamente?
3. ¿Cuándo se lograrán los ODS?
4. ¿Son todos los ODS igualmente importantes o cree que uno puede ser más importante que los demás?

Los estudiantes examinan los ODS y la DUDH uno al lado del otro y extraen cualquier superposición entre los dos documentos. Se les pide a los estudiantes que expresen cualquier vínculo directo o indirecto que encuentren entre los dos.

Los estudiantes leen el siguiente cómic sobre los ODS: https://www.yumpu.com/en/document/view/53587356/heroes-for-change (recurso en inglés).

El docente revisa los ODS usando la lección "Una Asamblea de Metas Globales": https://www.tes.com/worldslargestlesson/ (recurso en inglés).

Tenga en cuenta que el docente debe facilitar la discusión para que los estudiantes comprendan los ODS como una expresión de derechos y el logro de los ODS como un cumplimiento de los Derechos Humanos más básicos consagrados en la DUDH para garantizar la dignidad de todos los individuos.

**Opción B**
El docente puede optar por elegir fragmentos de informes que tracen vínculos entre la Declaración Universal de Derechos Humanos y los ODS.

Los estudiantes también pueden trazar un mapa de los países donde las violaciones de RR.HH. son comunes, identificar el progreso de los ODS en esos países y examinar si hay alguna asociación entre el progreso de los ODS y esas violaciones.

**Recursos**

*Los recursos a continuación se encuentran en inglés, como referencia para los maestros que podrán adaptar lo que consideren pertinente para sus contextos:*

- Extractos del Informe sobre Desarrollo Humano de las Naciones Unidas 2000:
  http://hdr.undp.org/en/reports/global/hdr2000/
- Extractos del Informe sobre Desarrollo Humano de las Naciones Unidas sobre los ODS:
  http://hdr.undp.org/en/reports/global/hdr2003/
- El estado de los derechos humanos en el mundo, informe anual de Amnistía
  https://www.amnesty.org/en/search/?q=&documentType=Annual+Report

- Objetivos de Desarrollo Sostenible: http://www.un.org/sustainabledevelopment/sustainable-development-goals/
- Rastreador de progreso de Objetivos de Desarrollo Sostenible y estadísticas relevantes: http://unstats.un.org/unsd/mdg/Host.aspx?Content=Products/ProgressReports.htm

**Recursos del docente**

*Los recursos a continuación se encuentran en inglés, como referencia para los maestros.*

- Ejemplos de planes de lecciones en la Declaración Universal de Derechos Humanos: http://hrwstf.org/education/Ten_UDHR_Lesson_Plans.pdf
- Ejemplos de planes de lecciones de UNICEF sobre los ODS: https://teachunicef.org/teaching-materials/topic/sustainable-development-goals
- Enseñanza de los ODS: https://www.populationeducation.org/content/teaching-sdgs-easy-1-2-3-sustainable-development-goals-your-classroom
- Recurso de Oxfam para el tema: http://www.oxfam.org.uk/education/resources/sustainable-development-goals

| | |
|---|---|
| **Unidad** | 7.4 |
| **Tema** | Vida y participación democráticas |
| **Subtema** | Trabajo y hábitos mentales: innovación y creatividad; CIC: intrapersonal (curiosidad sobre asuntos globales y habilidades de resolución de conflictos); e CIC: interpersonal (trabajando en equipos interculturales) |
| **Región** | Países en vías de desarrollo del mundo (ya que el proyecto se relaciona con los ODS) |
| **Duración** | Dos semanas y luego dos horas por semana, ya que esto se relaciona con el proyecto culminante |

**Metas y objetivos**

1. **Aprender** sobre las siguientes estrategias para una planificación de proyectos exitosa: identificación de un problema, investigación, planificación de acción, implementación, reflexión y evaluación. Los estudiantes también aprenden sobre el proceso de participación cívica al experimentarlo ellos mismos.
2. **Motivar** a los estudiantes a emprender proyectos relacionados con asuntos que son importantes para ellos y verse a sí mismos como creadores de cambios con agencia y eficacia.
3. **Actuar** demostrando una comprensión de la participación cívica mediante la realización de un proyecto cívico experiencial.

**Habilidades y conocimientos**

1. Los estudiantes usarán varias estrategias para identificar un problema y crear un proyecto para ayudar a resolverlo. Investigarán las causas y los principales mecanismos de influencia sobre el tema, identificarán a los socios potenciales y establecerán relaciones con ellos, planificarán y ejecutarán un proyecto para abordar el tema elegido y supervisarán y reflexionarán continuamente sobre su progreso y proceso.
2. Los estudiantes conectarán la experiencia del proyecto con la de la vida cívica y específicamente con la organización, la campaña y la actuación en la esfera pública.
3. Los estudiantes conectarán el proyecto a los Objetivos de Desarrollo Sostenible (ODS) que fueron el tema de la unidad 3.

**Resumen**

El docente presenta los temas de trabajo conjunto para lograr los ODS y el Diseño para el cambio. En conjunto, los estudiantes eligen un tema y un ODS que les apasiona y en los que desean influir. Los estudiantes identifican posibles formas en que pueden tener el mejor impacto en el problema. Al decidir sobre un problema y sobre una estrategia de proyecto, los estudiantes usan algunas de las habilidades y herramientas que aprendieron anteriormente, como organizarse para llegar a un consenso y aplicar los principios de *Design for Change* (diseño para el cambio). Este aprendizaje experiencial se basa en los principios del compromiso cívico y está completamente dirigido por el alumno con una mínima interferencia del docente.

**Actividad 7.4.1**
**Diseño de aprendizaje para el cambio**

El docente dirige una sesión sobre *diseño para el cambio* utilizando los siguientes recursos (en inglés):
http://www.designthinkingforeducators.com/
http://www.designthinkingforeducators.com/toolkit/
https://www.ideo.com/work/toolkit-for-educators

**Actividad 7.4.2**
**Escogiendo un problema**

Los estudiantes revisan los ODS con el objetivo de crear un proyecto. Al final de las actividades de esta unidad sugerimos una serie de ejemplos del tipo de proyectos que podrían realizar.

Los estudiantes realizan investigaciones sobre cuestiones relacionadas con los ODS que les interesan. Los estudiantes intercambian ideas sobre proyectos y problemas; el docente ayuda a los estudiantes a resolver un problema. Podrían usar un diagrama de afinidad y crear una "campaña" para su problema.

Tenga en cuenta que en esta lección, para crear un diagrama de afinidad, los estudiantes escriben ideas para temas o proyectos en notas adhesivas y los colocan en la pizarra al azar. Luego los estudiantes organizan las ideas en categorías o temas más amplios y votan por una categoría o tema; después de votar por una categoría o tema, generan una nueva lista de temas o ideas de proyectos que caen dentro de esa categoría o tema. Luego, los estudiantes votan para elegir un subtema. Esta votación final decide el problema en torno al cual los estudiantes construirán un proyecto.

**Actividad 7.4.3**
**Información de antecedentes sobre el problema**

Una vez que se decide el problema, los estudiantes realizan investigaciones especializadas sobre ese único tema. En grupos, los estudiantes buscan averiguar sobre el problema y sus:

1. causas;
2. historia;
3. herramientas de medición y métricas; y
4. personas, grupos y organizaciones y su misión y acciones.

Los grupos presentan sus hallazgos a la clase. Si el problema es complejo, la clase votará por un subtema particular.

**Actividad 7.4.4**
**Lluvia de ideas sobre un proyecto para abordar el problema**

La clase hace una lluvia de ideas sobre posibles proyectos para abordar el problema. El proyecto debe involucrar múltiples puntos de entrada al problema. Parte del proyecto debe incluir la educación y la creación de conciencia, parte del proyecto debe involucrar una acción directa y parte del proyecto debe involucrar interacción política.

**Actividad 7.4.5 (Duración: 24 semanas)**
**Continuación del proyecto**

En este punto, los estudiantes trabajan en el proyecto durante dos horas por semana durante veinticuatro semanas.

El docente debe guiar a los estudiantes a través de las fases del proyecto:

1. En la fase 1, el aula se organiza alrededor de un tema o subtema.

2. En la fase 2, los estudiantes investigan el tema ampliamente, identifican socios potenciales, se comunican con ellos para formar relaciones y realizan entrevistas.
3. En la fase 3, reducen el problema a un proyecto potencial manejable e identifican cómo se puede medir la "línea de base" del proyecto.
4. En la fase 4, realizan una lluvia de ideas sobre el plan de acción del proyecto y llegan a un consenso sobre los elementos del proyecto que involucran educación y creación de conciencia, acción directa e interacción política.
5. En la fase 5, crean una línea de tiempo y un calendario.
6. En la fase 6, implementan el plan de acción, evalúan formativamente el progreso y el impacto del proyecto y hacen cambios.
7. En la fase 7, realizan una evaluación sumativa del proyecto y lo rediseñan.
8. En la fase 8, continúan con el plan de acción rediseñado y evalúan el progreso.
9. En la fase 9, llevan a cabo el proyecto y lo demuestran.

Tenga en cuenta que los siguientes elementos de un buen diseño de aprendizaje experiencial deben estar presentes durante todo el proyecto. Han sido adaptados de las pautas del Consejo Nacional de Liderazgo Juvenil para el aprendizaje de servicio, por Shelley Billig:

1. La integración curricular, es decir, las oportunidades para integrar el proyecto en la educación cívica, la enseñanza de las artes del lenguaje, las matemáticas, la historia y otras áreas temáticas, según el tema, debe capitalizarse continuamente. Los estudiantes también deben reconocer la integración y las conexiones con otras áreas de aprendizaje.
2. La reflexión sobre el proyecto es necesaria. Los estudiantes deben reflexionar sobre su progreso y proceso continuamente a lo largo del proyecto. Siempre se debe alentar a los estudiantes a sugerir cambios en el proyecto en función de su reflejo. La reflexión debe ser cognitivamente desafiante (no simplemente escribir un diario).
3. La voz de los jóvenes debe ser enfatizada. Este debería ser el proyecto de los estudiantes. El docente capacitado guiará a los estudiantes en las direcciones apropiadas y los ayudará a construir las asociaciones y relaciones necesarias, pero los

estudiantes deben tener opciones con respecto al problema y el proyecto. A menudo se les pide a los estudiantes que se involucren en proyectos que el docente crea, lo que puede tener efectos negativos en los resultados cívicos deseados.
4. La duración de este proyecto es importante. Este proyecto debe tener tiempo suficiente. La duración de la experiencia está directamente relacionada con los resultados cívicos deseados. Un error común es no dar suficiente tiempo a los estudiantes, en cuyo caso el proyecto tendrá un impacto menor o el docente asumirá el trabajo que los estudiantes deberían hacer, para ahorrar tiempo. Los estudiantes también deben tener la oportunidad de construir relaciones que puedan continuar más allá de la duración del proyecto. Además, debería existir la oportunidad de rediseñar el proyecto o hacer planes adicionales en función de su impacto inicial y de la evaluación de los estudiantes sobre el mismo.

## Recursos

*Los recursos a continuación se encuentran en inglés, como referencia para los maestros que podrán adaptar lo que consideren pertinente para sus contextos:*

- "What Kind of Citizen?" De Joel Westheimer y Joseph Kahne, una lectura que consideramos de la mayor relevancia: http://engagestudiothinking.files.wordpress.com/2010/03/threekindsofcitizenship_excerpt.pdf

Tenga en cuenta que a pesar de que esta unidad no es una unidad de aprendizaje de servicio, esta literatura de aprendizaje-servicio ofrece una gran cantidad de información sobre mejores prácticas y recursos para docentes:

- CIRCLE: http://www.civicyouth.org/ResearchTopics/research-topics/service-learning/
- National Service Learning Clearinghouse: https://gsn.nylc.org/clearinghouse
- Sociedad Nacional de Educación Experimental: http://www.nsee.org/
- Asociación para la Educación Experiencial:

El Curso Mundial: Séptimo grado

http://www.aee.org/

**Algunos proyectos de ejemplo**

**1. Cómic contra el prejuicio del VIH / SIDA**

Después de un análisis del prejuicio que enfrentan las personas con SIDA, los alumnos de quinto grado decidieron enseñarles a los estudiantes más jóvenes acerca de la aceptación y el respeto. Como su proyecto, estos estudiantes investigaron las organizaciones de salud locales con la ayuda de estas agencias; crearon un personaje de cómic y una trama para enseñar a los jóvenes a tratar con respeto a las personas que viven con VIH / SIDA. Se distribuyeron copias a los salones de clases y en una feria comunitaria. Los mensajes de prevención fueron un componente clave de los cómics y brindaron a los estudiantes la oportunidad de expresar sus propios pensamientos, opiniones y creatividad.

(Tenga en cuenta que esta actividad está adaptado de "La Guía Completa de Aprendizaje-Servicio", Copyright © 2004 Cathryn Berger Kaye. Todos los derechos reservados. Utilizado con permiso de Free Spirit Publishing Inc., Minneapolis, MN. (866) 703-7322. www.freespirit.com.)

**2. Declaración sobre los Derechos del Niño**

Con base en su estudio de la Declaración de los Derechos del Niño y la Declaración Universal de Derechos Humanos, los estudiantes iniciaron una amplia gama de proyectos. Por ejemplo, presentaron en el ayuntamiento los derechos del niño, organizaron una re-dedicación en el sitio de paz y un festival de premios de paz y dirigieron y representaron una obra sobre trabajo infantil que inspiró a la junta escolar del distrito a comprar balones de fútbol hechos por niños que trabajan.

Los proyectos se basaron en las habilidades de hablar en público, entrevistas y fotografía de los estudiantes y se basaron en discusiones, reflexiones y análisis.

| | |
|---|---|
| **Unidad** | 7.5 |
| **Tema** | Movimiento por los derechos civiles y agentes de cambio |
| **Subtemas** | CIC: interpersonal (empatía); CIC: intrapersonal (reconocer los prejuicios y minimizar los efectos del prejuicio); ética: marcos éticos, valores comunes, compromiso con la igualdad, el valor del potencial humano y el compromiso de apoyar los derechos humanos; hábitos de trabajo y mente: innovación y creatividad; y artes: visual y literatura |
| **Región** | Estados Unidos, India, Myanmar, Sudáfrica y el mundo (basado en violaciones de derechos humanos) |
| **Duración** | Cuatro semanas |

**Metas y objetivos**

- **Aprender** sobre el movimiento por los derechos civiles y más derechos abordados, así como las formas en que diferentes creadores de cambios en todo el mundo han abogado por los derechos humanos y los ODS usando diferentes enfoques.
- **Motivar** a los estudiantes para que efectúen cambios en un tema que es importante para ellos basado en los diferentes enfoques utilizados por los diferentes creadores de cambios.
- **Actuar** demostrando una comprensión de las diferentes formas en que se puede crear el cambio y reflexionando sobre la dirección que quieren que tomen sus propios proyectos.

**Habilidades y conocimientos**

1. Los estudiantes identificarán fases importantes en el movimiento de los derechos civiles de los Estados Unidos, así como también la importancia del trabajo del movimiento en la defensa del derecho a la igualdad.
2. Los estudiantes identificarán a los creadores de cambios en cada una de estas fases y los diferentes enfoques que tomaron para garantizar que el movimiento por los derechos civiles se convierta en un movimiento de masas.
3. Los estudiantes comprenderán la naturaleza de las diferentes violaciones de recursos humanos y demostrarán una

comprensión del estado actual de los recursos humanos en el mundo de hoy.
4. Los estudiantes interactuarán con los creadores de cambios de la vida real y contrastarán y compararán la relevancia de los diferentes métodos utilizados por los creadores de cambios a lo largo del tiempo.

**Resumen**

A través de la perspectiva del movimiento de los derechos civiles en los Estados Unidos, los estudiantes aprenden sobre las violaciones del derecho fundamental a la igualdad. Los estudiantes examinan los distintos puntos de inflexión en el movimiento y exploran por qué esos puntos continúan siendo una serie de eventos importantes. A los estudiantes se les presentan las diversas formas de violaciones de derechos humanos en el mundo, los creadores de cambios a lo largo de la historia y contemporáneos que han hecho una diferencia en la defensa de los recursos humanos y aquellos que han trabajado para alcanzar los ODS. A través de sesiones interactivas con agentes de cambio de la vida real, esta unidad tiene como objetivo presentar a los estudiantes la gran cantidad de enfoques para la defensa de los recursos humanos y los ODS.

Tenga en cuenta que la actividad 7.5.1 debe tener un tiempo preestablecido y, por lo tanto, el docente puede optar por hacer que la actividad 7.5.2 sea opcional y agregar partes de ella a la actividad 7.5.3.

**Actividad 7.5.1**
**El movimiento por los derechos civiles: historia y creadores de cambios**

Los estudiantes aprenderán sobre el movimiento por los derechos civiles y los puntos cruciales en la historia de los derechos civiles. También llevan a cabo investigaciones de antecedentes sobre los diferentes creadores de cambios en cada uno de estos eventos clave.

Tenga en cuenta que ya hay muchos planes de lecciones y unidades disponibles en línea sobre este tema. Algunos buenos recursos se presentan en las secciones a continuación. El enfoque principal de la unidad debe estar en los movimientos de derechos civiles como respuesta a la violación fundamental del derecho a la igualdad. Al final de la unidad, los estudiantes deben comprender que, a pesar de la expresión de los derechos en la Declaración Universal de los Derechos Humanos, una declaración universal no siempre se traduce en la preservación y la práctica de estos derechos; también deben comprender que es necesario que las personas comunes y corrientes tomen medidas y se esfuercen por incorporar estos principios y garantizar que todas las personas sean tratadas con igualdad, respeto y dignidad. Las actividades deben recurrir a la literatura y la música de la época y los estudiantes deben examinar de cerca esa literatura y la música. La actividad debe terminar con el movimiento de sufragio femenino, ya que se relaciona directamente con la próxima unidad, con el ODS 5 y la igualdad de género.

Tenga en cuenta también que se puede incluir una actividad opcional. En la actividad, el docente seleccionará canciones de cualquiera de los siguientes recursos (o de otros recursos), se los enseñará a los alumnos y los cantará junto con los alumnos. Las letras de cada canción se pueden imprimir y estudiar en contextos históricos y culturales. Se les pedirá a los estudiantes que expresen con sus propias palabras cómo se expresa el concepto de libertad en cada una de las canciones. Los recursos para esta actividad opcional se enumeran a continuación.

**Recursos**

*Los recursos a continuación se encuentran en inglés, como referencia para los maestros que podrán adaptar lo que consideren pertinente para sus contextos:*

- *Facing History and Ourselves* es una organización de educación ciudadana excelente que ofrece enlaces a varios planes de estudio y al plan de estudios de las Escuelas Públicas de Boston sobre derechos civiles (un currículo de 268 páginas para estudiantes de décimo grado que se puede adaptar según las necesidades de la clase). Los enlaces también se dirigen a una serie de documentales de PBS sobre los derechos civiles. Este recurso es rico en material de lectura para niños y con ayudas audiovisuales que pueden usarse en la clase.
- https://www.facinghistory.org/resource-library/eyes-prize-americas-civil-rights-movement Unidad del movimiento por

los derechos civiles y la serie *Eye on the Prize* de PBS, que fue desarrollada por el Yale-New Haven Teachers Institute. Esto entra en gran detalle que no está justificado en esta etapa, pero tiene algunas preguntas de discusión interesantes: http://teachersinstitute.yale.edu/curriculum/units/1992/1/92.01.03.x.html
- Bases de datos de planes de lecciones sobre derechos civiles: http://www.discoveryeducation.com/teachers/free-lesson-plans/civil-rights-an-investigation.cfm
- https://www.tolerance.org/sites/default/files/kits/A_Time_for_Justice_Teachers_Guide.pdf

**Actividad opcional 7.5.2**
**Violaciones de derechos humanos**

En grupos, los estudiantes investigan los diversos tipos de violaciones de los derechos humanos en todo el mundo y el estado actual de los derechos humanos.

**Recursos**

*Los recursos a continuación se encuentran en inglés, como referencia para los maestros que podrán adaptar lo que consideren pertinente para sus contextos:*

- Recursos de video: //www.pbs.org/wnet/wideangle/category/episodes/by-topic/human-rights/
- El estado de los derechos humanos en el mundo, informe anual de Amnistía https://www.amnesty.org/en/latest/research/2016/02/annual-report-201516/

**Actividad 7.5.3**
**Agentes de cambio**

A continuación, se le presentan los agentes de cambio y las personas que han tomado medidas a lo largo del tiempo para proteger y salvaguardar los derechos humanos. Las personas que se pueden incluir:

1. Nelson Mandela
2. Mahatma Gandhi
3. Eleonora Roosevelt
4. Ciudadanos de la India que abordan la intocabilidad y la eliminación de las barreras de casta: http://www.viewchange.org/videos/the-untouchables-breaking-down-caste-barriers-in-india
5. Jóvenes haciendo cambios: http://www.youthforhumanrights.org/
6. Craig Kielburger de Free the Children: http://www.freethechildren.com/getinvolved/youth/craig/

Los estudiantes pueden analizar a estos agentes de cambio usando una rúbrica para responder algunas de las siguientes preguntas:

1. ¿Quiénes son estas personas? ¿Qué tienen de especial?
2. ¿Cuáles derechos humanos estaban tratando de proteger?
3. ¿Qué métodos usaron?
4. ¿Los métodos que utilizan son aplicables y relevantes en los tiempos modernos?

Los estudiantes llevan a cabo una investigación biográfica de estos individuos y ciertos estudiantes representan a estos individuos en clase mientras los demás los entrevistan (utilizando las preguntas guías anteriores). Esto ayudará a los estudiantes a practicar sus habilidades de entrevista y a prepararse para entrevistar a los verdaderos agentes de cambio que serán invitados a la clase.

Posteriormente, los agentes de cambio de la vida real en el área de donde se encuentra el docente que han hecho una diferencia en el campo de los recursos humanos o los ODS son invitados al aula. Tenga en cuenta que establecer contacto con organizaciones que tengan presencia en el área, tales como Amnistía Internacional o Human Rights Watch, puede ser útil para que el docente pueda invitar y traer a la clase alguna persona que se destaque por su labor en esta área.

Los estudiantes pueden tener una discusión en el aula o completar una actividad de diario para reflexionar sobre las diferencias entre estos agentes de cambio de la vida real y los que estudiaron. Los estudiantes deben abordar las siguientes preguntas:

El Curso Mundial: Séptimo grado

1. ¿Cuáles son las similitudes y diferencias en los creadores de cambios?
2. ¿Cuáles son los enfoques que adoptaron para salvaguardar los derechos humanos?
3. ¿Por qué crees que decidieron tomar acción y responsabilidad?
4. Para ti, ¿qué significa tomar responsabilidad?
5. ¿Qué tipo de responsabilidad te gustaría asumir en el movimiento global por los derechos humanos?

Tenga en cuenta que estas reflexiones deben ser documentadas y utilizadas para guiar a los niños en sus proyectos de servicio. Esta puede ser una unidad muy poderosa y conmovedora para los niños si se hace apropiadamente y si se guían a través de los ejercicios de reflexión. Asegúrese de que los niños se sientan optimistas y se sientan inspirados para tomar medidas. Los estudiantes también pueden leer sobre las acciones que otros niños de todo el mundo están llevando a cabo para lograr un cambio.

Ver el libro *Real Kids, Real Stories, Real Change: Courageous Actions Around the World*: http://www.amazon.com/exec/obidos/ISBN=1575423502/bravegirlsandstrA) (recurso en inglés).

| | |
|---|---|
| **Unidad** | 7.6 |
| **Tema** | ODS 5, Igualdad de género y empoderamiento de la mujer |
| **Subtemas** | CIC: interpersonal (la propia identidad y cultura y las identidades y culturas de los demás); CIC: intrapersonal (curiosidad sobre asuntos globales, reconocer prejuicios y minimizar los efectos del prejuicio); ética: compromiso con la igualdad y los valores comunes; hábitos de trabajo y mente: toma de perspectiva multicultural); desarrollo económico; y globalización |
| **Región** | Países del mundo en desarrollo (ya que esta unidad se centra en el ODS 5) |
| **Duración** | Dos semanas |

**Metas y objetivos**

1. **Aprender** sobre la importancia de la igualdad de género y sus vínculos con los otros Objetivos de Desarrollo Sostenible (ODS).
2. **Motivar** a los alumnos a tratar a todos por igual y con respeto y reflexionar sobre cómo las pequeñas acciones y los comportamientos pueden marcar la diferencia en la lucha contra los estereotipos de género.
3. **Actuar** de maneras que sean sensibles al género y demostrar una comprensión de la importancia de tratar a hombres y mujeres por igual.

**Habilidades y conocimientos**

1. Los estudiantes se familiarizarán con la importancia del ODS 5, sus objetivos y sus indicadores.
2. Los estudiantes establecerán vínculos entre la desigualdad de género y la desigualdad social, política y económica.
3. Los estudiantes comprenderán la relevancia y la necesidad del empoderamiento de las mujeres y su papel en el desarrollo nacional, internacional y global.
4. Los estudiantes interactuarán de maneras sensibles al género entre sí.
5. Los estudiantes examinarán la naturaleza de los desafíos y brechas de género en diferentes partes del mundo.

6. Los estudiantes desarrollarán la capacidad reflexiva para comprender los roles de género en la sociedad e identificar el papel que quieren desempeñar para cerrar la brecha de género.

**Resumen**

En esta unidad, se les presenta a los estudiantes las diversas dimensiones de la desigualdad de género en todo el mundo. Los estudiantes examinan de cerca el ODS 5 y sus objetivos y medidas asociados. Los enlaces se dirigen a otras unidades en las que los estudiantes fueron presentados a las mujeres encargadas del cambio que hicieron una diferencia en las diferentes esferas del desarrollo humano. Mediante el uso de mapas interactivos y materiales audiovisuales, los estudiantes examinan las tendencias en las brechas de género en todo el mundo. Mediante el uso de literatura, los estudiantes cuestionan algunas de sus propias suposiciones sobre los roles de hombres y mujeres en la sociedad y se vuelven más reflexivos y conscientes de la diferencia que pueden hacer al desafiar algunos de los roles y preconcepciones existentes.

**Actividad 7.6.1**
**Introduciendo la desigualdad de género y el ODS 5**

Los estudiantes interactúan con sus compañeros en diferentes partes del mundo para examinar de cerca:

1. Las tareas que los niños en sus respectivos países hacen en casa
2. Los trabajos que sólo hombres o sólo mujeres realizan, y los trabajos que ambos sexos realizan
3. Si el país tiene una historia de mujeres líderes en la política
4. La relación entre los géneros en el país

Usando esta información, los estudiantes crean perfiles de países y los presentan a la clase.

Usando un mapa interactivo, el docente introduce el concepto de brecha de género global y les pide a los estudiantes que hagan un estudio minucioso de lo que dicen la Declaración Universal de Derechos Humanos y los ODS sobre el papel del género y la igualdad.

Los estudiantes pueden comenzar leyendo literatura que rompa los estereotipos de género (enumerados en los recursos) y reflexionando sobre por qué los personajes pueden / no pueden desempeñar ciertos roles.

**Recursos**

*Los recursos a continuación se encuentran en inglés, como referencia para los maestros que podrán adaptar lo que consideren pertinente para sus contextos:*

- El plan de la lección "Misión Igualdad de género": https://www.tes.com/worldslargestlesson/
- El libro de Jimmy Carter y la charla Ted hablan sobre la violencia contra las mujeres:
    o Un llamado a la acción. Mujeres, religión, violencia y poder: https://www.amazon.com/Call-Action-Women-Religion-Violence/dp/1476773955
    o https://www.ted.com/talks/jimmy_carter_why_i_believe_the_mistreatment_of_women_is_the_number_one_human_rights_abuse?language=en
- Ejemplos de planes de lecciones e ideas para introducir conceptos asociados con la desigualdad de género: http://www.thirteen.org/edonline/wideangle/lessonplans/girlsspeak/procedures.html
- Bases de datos de literatura relevante de género neutral
    o http://genderequalbooks.com/Brave_Girls_book_list.html

**Actividad 7.6.2**
**Examinando las dimensiones de la igualdad de género**

La clase se puede dividir en tres grupos, cada uno de los cuales examinará un aspecto diferente de la igualdad de género, como se explica a continuación.

El Curso Mundial: Séptimo grado

**Grupo A - género y educación**

1. Los estudiantes de este grupo leen sobre un día en la vida de las niñas de todo el mundo. Elija cualquiera de las siguientes lecturas (recursos en inglés):
    a. Nicaragua: http://www.unicef.org/dil/haitza/haitza5_content.html
    b. India y escuela nocturna: http://www.teachersdomain.org/resource/wa08.socst.world.glob.nightsch/
    c. Benin: http://www.teachersdomain.org/resource/wa08.socst.world.glob.benin/

    Los estudiantes notan las similitudes y diferencias en las vidas de cada una de estas chicas y la razón de sus circunstancias educativas.
2. Los estudiantes en este juego de roles grupales toman decisiones difíciles para responder la pregunta de si Jaya puede ir a la escuela. Este ejercicio de juego de roles examina la decisión de enviar a Jaya a la escuela desde las perspectivas de diferentes personas en su familia y saca a la luz los costos de oportunidad asociados con la escolaridad y algunas de las razones por las cuales los niños pueden desertar o no matricularse en la escuela en un país en vías de desarrollo: https://www.oxfam.org.uk/education/resources/change-the-world-in-eight-steps (usar los recursos del objetivo 3).
3. Los estudiantes también recopilan estadísticas convincentes sobre las tasas de inscripción de las niñas en la educación primaria en todo el mundo. (Ver los informes anuales del UNICEF sobre el estado de los niños del mundo para estadísticas: http://www.unicef.org/sowc2011/).

**Grupo B - género y salud**

1. Los estudiantes de este grupo comparan los mapas que indican el acceso a la atención primaria de salud, así como los mapas que muestran proporciones de sexo sesgadas en el mundo.
2. Se les pide a los estudiantes que observen cualquier interrelación entre el cuidado de la salud y las relaciones sexuales.
3. Los estudiantes también llevan a cabo investigaciones de fondo sobre la malnutrición entre niñas y mujeres, el infanticidio femenino y el VIH / SIDA.

**Grupo C - desigualdad económica y género**

1. Los estudiantes participan en una discusión sobre lo que significa la desigualdad económica y aprenden a trazar mapas de género del mundo que indican el porcentaje de mujeres que, por ejemplo, pueden poseer tierras, cobrar tanto como los hombres y tener trabajos.
2. Los estudiantes realizan una investigación de fondo sobre el concepto de microfinanzas y sobre cómo es beneficioso para las mujeres en todo el mundo en vías de desarrollo. En clase, los estudiantes discuten los siguientes videos y por qué creen que el empoderamiento económico de las mujeres es importante:
   a. Liberia: http://www.viewchange.org/videos/liberia-microfinance (recurso en inglés)
   b. Afganistán: http://www.viewchange.org/videos/kandahar-treasure (recurso en inglés)

**Actividad 7.6.3**
**Género y desarrollo**

1. Los estudiantes en la clase forman una red que establece explícitamente los vínculos entre la pobreza, la educación, la salud, la igualdad de género y el desarrollo general. El docente guía a los alumnos a través de estos enlaces y les ayuda a establecer las conexiones entre ellos en un juego de cadena de efectos.

2. Los estudiantes también pueden trabajar en proyectos con pares de todo el mundo para examinar el estado de las niñas y mujeres jóvenes en diferentes partes del mundo y para establecer vínculos similares. Los siguientes videos (en inglés) se pueden mostrar para dirigir su pensamiento:
   a. "The Girl Effect":
      i. http://www.youtube.com/watch?v=1e8xgF0JtVg
      ii. http://www.youtube.com/watch?v=WIvmE4KMNw&feature=relmfu
   b. "Empoderamiento de las mujeres en Nigeria": http://www.youtube.com/watch?v=O9M9seZ497U&feature=player_embedded
   c. Videos de otros países: http://www.viewchange.org/videos?t=gender
3. Los estudiantes también pueden leer partes de los informes del PNUD y estudiar el recién creado Índice de Desarrollo de Género http://hdr.undp.org/en/content/gender-development-index-gdi

**Actividad 7.6.4**
**Reflexionando sobre mi papel**

Los estudiantes escriben un documento de reflexión que responde las siguientes preguntas:
1. ¿Cuáles son tus fortalezas y debilidades?
2. ¿Tu género ha jugado un papel en tus fortalezas y debilidades?
3. ¿Las fortalezas y debilidades están relacionadas con el género?
4. ¿Cuál es el papel de los niños y adolescentes hombres en la promoción de la igualdad de género?
5. ¿Cuál es el papel de las niñas y las adolescentes en la promoción de la igualdad de género?

Empoderar Ciudadanos Globales

**Unidad**     7.7
**Tema**       Energía y movimientos ambientales
**Subtemas**   Riesgo global: medio ambiente; globalización; e CIC: intrapersonal (curiosidad sobre asuntos globales)
**Región**     Estados Unidos, India, Kenia y Malawi
**Duración**   Tres semanas

**Metas y objetivos**

1. **Aprende**r sobre los movimientos ambientales y su defensa, así como sobre las fuentes de energía.
2. **Motivar** a los estudiantes a pensar sobre qué papel pueden desempeñar en la preservación del medio ambiente, especialmente cuando se trata de elecciones de energía.
3. **Actuar** evaluando críticamente la información a menudo politizada presentada como hechos energéticos.

**Habilidades y conocimientos**

1. Los estudiantes se familiarizarán con los aspectos importantes de un movimiento ambiental y también conocerán la línea de tiempo del movimiento ambientalista estadounidense moderno. También se familiarizarán con las similitudes y diferencias en los movimientos ambientales en India, Kenia y los Estados Unidos.
2. Los estudiantes conocerán el *Plan Pickens*.
3. Los estudiantes identificarán las tendencias de la energía desde 1945.
4. Los estudiantes verificarán la credibilidad de la información de diferentes fuentes.
5. Los estudiantes demostrarán una comprensión del vínculo entre la energía, la guerra y la política, así como de la relación entre el uso de energía y el estilo de vida.
6. Los estudiantes evaluarán los costos y beneficios de varios tipos de energía diferentes.

## Resumen

Los estudiantes aprenden sobre diferentes movimientos ambientales en todo el mundo y sobre las características que los definen. Los estudiantes también podrán identificar a los creadores de cambios en cada uno de estos movimientos y sus enfoques para llamar la atención y apoyar el problema. A través de un análisis de algunas de las diversas elecciones sociopolíticas, económicas y personales que los individuos y las sociedades realizan colectivamente, los estudiantes podrán articular estas interrelaciones y cómo afectan las elecciones de las comunidades y las sociedades de una fuente de energía. Usando perfiles de países y regiones, los estudiantes analizarán tendencias y datos para examinar las fuentes de energía en diferentes partes del mundo y formarán hipótesis sobre esas diferentes tendencias. Los estudiantes también trabajarán para crear un plan de trabajo y aprovechamiento para la energía eólica, específicamente a través del estudio de T. Boone Pickens y William Kamkwamba. Otros líderes de cambios presentados en esta unidad incluyen al ganador del Premio Nobel, Wangari Mathai, y los activistas del movimiento Chipko en India.

## Actividad 7.7.1
### El movimiento Chipko, el movimiento Green Belt y el papel de la mujer en estos movimientos

A través de esta actividad los estudiantes podrán:

1. Aprender sobre el importante papel que las mujeres han jugado en los movimientos ambientales en tres países;
2. Aprender a identificar cómo las mujeres y las mujeres particularmente desfavorecidas han liderado procesos de cambio social, y
3. Aprender a determinar las diferentes circunstancias que pueden motivar a los creadores de cambios.

Los estudiantes investigan las vidas de las mujeres que hacen cambios en los movimientos ambientales (por ejemplo, Rachel Carson y Wangari Mathai) y comparan las diferencias en sus circunstancias y oportunidades. A continuación, los estudiantes observan a los fundadores del movimiento Chipko en India y a lo que se sabe de sus vidas, circunstancias y oportunidades. Luego, la clase discute si los movimientos deben nacer por necesidad, interés o algún otro factor.

**Actividad 7.7.2**
**Aprendiendo sobre el movimiento ambiental en Estados Unidos**

A través de esta actividad en particular, los estudiantes:

1. Aprenden sobre las principales figuras y eventos del movimiento;
2. Evalúan críticamente las fuentes de confiabilidad, integridad y sesgos, y
3. Analizan qué constituye un movimiento y cómo los movimientos ganan poder.

Primero, los estudiantes aprenden sobre el movimiento ambiental en Estados Unidos Pueden comparar las líneas de tiempo del movimiento presentadas por diferentes fuentes, incluidas PBS, World Watch, Wikipedia y otras fuentes (enumeradas a continuación). Los estudiantes comparan y contrastan las líneas de tiempo. Buscan figuras y eventos comunes, así como las diferencias entre las líneas de tiempo. En grupos, usan Internet para buscar fuentes creíbles que puedan usar para investigar diferentes eventos y figuras en la historia del movimiento ambientalista moderno. Luego evalúan las diferentes líneas de tiempo que observaron para determinar si alguno de ellos tiene una agenda o si uno cuenta una historia más completa que las otras.

**Recursos**

*Los recursos a continuación se encuentran en inglés, como referencia para los maestros que podrán adaptar lo que consideren pertinente para sus contextos:*

- Diferentes líneas de tiempo del movimiento ambientalista moderno:
    - www.pbs.org/wgbh/americanexperience/features/timeline/earthdays/
    - http://www.worldwatch.org/brain/features/timeline/timeline.htm

- http://en.wikipedia.org/wiki/Environmental_movement

## Actividad 7.7.3
### Opciones de energía

A través de esta actividad, los estudiantes aprenderán sobre las diferentes fuentes de energía, aprenderán sobre los análisis de costo-beneficio y aprenderán sobre los patrones de consumo en todo el mundo.

Los estudiantes visitan *energy.gov* (recurso en inglés) y en grupos pequeños, usan ese recurso y otros para investigar fuentes de energía como bioenergía, carbón, fusión, geotermia, hidrógeno, energía hidroeléctrica, gas natural, petróleo y energías renovables (por ejemplo, solar y eólica). Luego, el docente explica el concepto básico de los beneficios y los costos: que una de las formas en que las personas toman decisiones es sopesar cuánto costará una elección dada y cuáles serán sus beneficios. Deben incluir los costos y beneficios de producción, seguridad mundial, humanos, de salud, económicos y ambientales, entre otros. Luego se les pide a los estudiantes que intenten determinar alguna forma de evaluar los beneficios y costos a largo y corto plazo de cada elección de energía.

A continuación, el docente dirige la clase en un vistazo a los patrones de consumo de energía en todo el mundo, utilizando una herramienta como los *Balances de energía y perfiles de electricidad 2007 de las Naciones Unidas*:
http://unstats.un.org/unsd/energy/balance/default.htm (recurso en inglés).

El docente luego facilita una discusión haciendo las siguientes preguntas:

1. ¿Por qué algunos países usan más energía que otros?
2. ¿Por qué algunos países utilizan diferentes tipos de energía que otros?
3. ¿Cómo se comparan estas tendencias por región?
4. ¿Qué regiones o países tienden a ser mejores para el medio ambiente en términos de consumo de energía?

5. ¿Hay alguna asociación entre los tipos de energía y las zonas de conflicto?

Tenga en cuenta que una de las oportunidades de esta lección es mostrar cómo las elecciones de energía pueden tener un profundo efecto en la vida humana en todas partes. En la mayor cantidad de formas posible, saque a la luz las ventajas y desventajas de las elecciones de energía en términos de seguridad global (ej. países y petróleo devastados por la guerra), condiciones de trabajo (ej. mineros de carbón históricos en los Apalaches) y el medio ambiente (ej. desertificación y sequía debido al cambio climático).

**Actividad 7.7.4**
**El *Plan Pickens* y el niño que aprovechó el viento**

A través de esta actividad, los estudiantes aprenderán a evaluar críticamente la capacidad de persuasión de un argumento.

Los estudiantes aprenderán sobre las vidas de T. Boone Pickens y William Kamkwamba y sus trayectorias para convertirse en activistas de la energía eólica. En primer lugar, utilizando lo que aprendieron en la actividad anterior, harán una lluvia de ideas como grupo sobre qué información querrían y necesitarían para tomar una decisión con respecto a un plan de energía. A continuación, visitarán *pickensplan.com* y *williamkamkwamba.typepad.com* (recursos en inglés) y evaluarán los sitios web en cuanto a su persuasión. Ellos verán si esos sitios web brindan toda la información que creen que necesitan para tomar una decisión y discutirán qué información adicional proporcionan esos sitios web.

**Recursos**

*Los recursos a continuación se encuentran en inglés, como referencia para los maestros que podrán adaptar lo que consideren pertinente para sus contextos:*

- Ciencias Ambientales de nivel Avanzado, Tema V: Recursos Energéticos y Consumo:
  https://apstudent.collegeboard.org/apcourse/ap-environmental-science/course-details

- "The Spill" de The Frontline (un episodio de sesenta minutos de duración)
- Informe sobre el desarrollo mundial 2010: desarrollo y cambio climático
- Earth Days de PBS (una película de dos horas de duración)

Empoderar Ciudadanos Globales

**Unidad** 7.8
**Tema** Poder adquisitivo colectivo y responsabilidad social corporativa
**Subtemas** CIC: intrapersonal (curiosidad sobre asuntos globales); hábitos de trabajo y mente: innovación y creatividad; desarrollo económico; globalización; y política
**Región** Organización de los Países Exportadores de Petróleo (OPEP)
**Duración** Tres semanas

**Metas y objetivos**

1. **Aprender** sobre la compra colectiva como una forma de participar en la sociedad y cómo ha dado lugar a los programas de responsabilidad social corporativa (RSC).
2. **Motivar** a los estudiantes a pensar sobre las elecciones de consumo que hacen y el poder invisible de esas elecciones.
3. **Actuar** siendo un consumidor inteligente y crítico.

**Habilidades y conocimientos**

1. Los estudiantes comprenderán y apreciarán el poder de los consumidores.
2. Los estudiantes conocerán y se familiarizarán con la historia, el poder, los objetivos y los miembros de la Organización de Países Exportadores de Petróleo (OPEP).
3. Los estudiantes examinarán los conceptos de oferta y demanda.
4. Los estudiantes analizarán los matices de la responsabilidad social corporativa, incluida la forma en que se utiliza como una herramienta de señal para una comercialización eficaz y evaluar los programas de RSC.

**Resumen**

A través de un juego interactivo, los estudiantes aprenden sobre el concepto de poder de compra, así como sobre el papel de la RSC en la señalización a los clientes. Los estudiantes aprenden sobre el poder de los consumidores, sobre cómo los consumidores son un grupo importante para las organizaciones que venden bienes de consumo y sobre las formas en que los consumidores pueden influir significativamente en las organizaciones para usar medios éticos de producción. Mediante un examen de la OPEP, los estudiantes se familiarizan con los aspectos básicos de la demanda y el suministro de petróleo y con la forma en que los países trabajan colectivamente para garantizar la estabilidad de los precios del petróleo en la economía mundial.

**Actividad 7.8.1**
**Poder de compra**

El docente le da a cada estudiante una cierta cantidad de "dinero". Cada alumno puede comprar productos en una tienda del aula. Cada producto es producido por una compañía diferente y cada compañía tiene una tarjeta de perfil que los estudiantes no pueden ver. El docente explica a los estudiantes que cada vez que gastan un dólar en bienes de una determinada compañía, esa empresa podrá usar una parte de ese dólar para expandirse y, por lo tanto, se hará más grande y más poderosa.

En la primera ronda, hay una cantidad igual de cada producto. Antes de la segunda ronda, el docente agrega un producto más por cada dos dólares que se gastó en ese producto en la primera ronda. Por lo tanto, la empresa más popular tendrá una mayor participación en el espacio del estante.

Los estudiantes reciben más dinero para gastar en la segunda ronda y el docente aumenta de nuevo la cantidad de productos populares.

Para la tercera ronda, el docente coloca una tarjeta con un perfil de empresa frente a cada producto y les da a los estudiantes más dinero para gastar. Los perfiles de algunas empresas hablan sobre los salarios justos que pagan a sus trabajadores y las tecnologías de fabricación sostenible que utilizan. Los perfiles de otras compañías hablan de cómo mantienen bajos los costos al usar mano de obra barata en el exterior. En la tercera ronda, los estudiantes usan los perfiles de la compañía para tomar decisiones de compra y luego el docente repone el suministro de productos como antes.

Sin embargo, en la cuarta ronda, el docente coloca artículos noticiosos elogiando a las empresas por la responsabilidad social o denunciándolas por prácticas nefastas como el trabajo infantil y las condiciones de la maquila.

Después de que los estudiantes gastan su dinero, la maestra interroga a la clase preguntando qué empresas tuvieron éxito cuando se compartió poca información en comparación con cuándo se compartió más información.

Tenga en cuenta que una actividad alternativa que cumplirá con muchos de los objetivos de aprendizaje y se puede utilizar en lugar de esta es el Stock Market Game (www.stockmarketgame.org) (recurso en inglés). Con base en el tiempo disponible, como actividad de seguimiento, los estudiantes también pueden realizar una investigación de fondo sobre las iniciativas de RSC de su fabricante de dulces o ropa favorito en el mercado.

**Actividad 7.8.2**
**El precio de la gasolina: ¿qué hay detrás?**

A través de esta actividad, los estudiantes aprenderán sobre la OPEP, los conceptos básicos de la oferta y la demanda y las formas en que varios países se han organizado en torno a este tema en particular.

Use este plan de lecciones para aprender sobre la Organización de Países Exportadores de Petróleo y los muchos factores que incluyen la demanda (que es otra forma de ver el poder de compra colectivo) que influyen en los precios del gas: http://www.econedlink.org/lessons/index.php?lid=664&type=afterschool (recurso en inglés).

El Curso Mundial: Séptimo grado

| | |
|---|---|
| **Unidad** | 7.9 |
| **Tema** | Inventores como creadores de cambios y tecnología sostenible |
| **Subtemas** | Trabajo y hábitos mentales: innovación y creatividad; ética: valores comunes; y riesgo global: medio ambiente |
| **Región** | Todas / cualquiera |
| **Duración** | Cuatro semanas |

**Metas y objetivos**

1. **Aprender** cómo los inventos pueden conducir a un cambio social y ambiental rápido.
2. **Motivar** a los estudiantes a planear un futuro en el que la nueva tecnología ayude a preservar el medioambiente.
3. **Actuar** volviéndose más consciente de la tecnología que utilizan y de su impacto en el medioambiente.

**Habilidades y conocimientos**

1. Los estudiantes aprenderán acerca de los inventores clave que han sido activistas ambientales.
2. Los estudiantes comprenderán que el cambio llega a través de miembros de campos muy diferentes y a través de diferentes enfoques.
3. Los estudiantes examinarán cómo algunas tecnologías cotidianas se volvieron más amigables con el medioambiente debido a la oferta y la demanda.
4. Los estudiantes se inspirarán para trabajar juntos en equipos para ejecutar un plan y crear sus propios inventos.

**Resumen**

En esta unidad, los estudiantes examinan una tecnología cotidiana con gran profundidad. Analizan a su inventor, las situaciones que llevaron a su creación, las diferentes variaciones de la misma y cómo se hizo popular. Los estudiantes trazarán el progreso de la invención a lo largo del tiempo y examinarán su impacto en cada uno de estos puntos diferentes. Además de realizar este análisis y estudiar los problemas ambientales existentes, los estudiantes también se dedicarán a imaginar cómo sería esta tecnología dentro de cincuenta años.

## Actividad 7.9.1
**Diseñando un futuro amigable**

Los estudiantes trabajan en equipos para investigar una tecnología cotidiana. Los estudiantes pueden investigar bombillas, cámaras o alguna otra tecnología. Su investigación deberá cubrir las siguientes áreas:

1. El/la inventor/a (es/as)
    a. Información biográfica
    b. Formación
    c. Colaboradores
    d. Inspiraciones y / o pioneros que ayudaron a allanar el camino para el inventor
2. La idea
    a. La primera iteración de la idea
    b. La concepción de la idea
    c. Precursores de la idea
3. La invención
    a. La primera formulación de la invención
    b. Los recursos necesarios para la invención (incluyendo mano de obra, experiencia, materias primas y financiación)
    c. Los inconvenientes de la invención inicial
4. La expansión
    a. Cómo logró escalarse la invención
    b. ¿Quién lo comercializó y a quién?
    c. ¿Qué tan rápido se hizo popular?
5. La evolución de la invención
    a. ¿Cómo ha cambiado la invención con el tiempo?
    b. ¿Cómo ha mejorado cada vez más?
    c. Lo que se verá en el futuro
6. El impacto de la invención:
    a. ¿Cómo ha impactado a la sociedad?
    b. ¿Cómo ha impactado la cultura?
    c. Nuevos inventos que se hicieron posibles

Deberán mostrar la tecnología y sus aspectos en diferentes etapas y luego intentar imaginar cómo se vería la tecnología en cincuenta años. Presentarán la evolución de la tecnología al resto de la clase.

**Recursos**

*Los recursos a continuación se encuentran en inglés, como referencia para los maestros que podrán adaptar lo que consideren pertinente para sus contextos:*

- Buckminster Fuller Institute: http://www.bfi.org/
- Docente estadounidense de PBS "Bucky Fuller": http://www.pbs.org/wnet/americanmasters/episodes/r-buckminster-fuller/about-r-buckminster-fuller/599/

## El Curso Mundial
## Octavo grado: Migración

**Tema**

Movimientos migratorios y de personas

**Descripción**

A los estudiantes se les presenta el concepto de emprendimiento social y se les dice que construirán una empresa social durante el año en la primera unidad. Luego aprenden sobre las oportunidades y los desafíos en las tendencias mundiales actuales para su proyecto. Durante el resto del año, abordan el tema de los cambios demográficos, explorando causas como la migración y consecuencias como la interacción entre el aumento de la población humana y los efectos sobre el medio ambiente. Mientras aprenden sobre su ciudad y participan en otras actividades, los estudiantes reconocen que las migraciones de población no son fenómenos recientes sino parte de un patrón histórico de movimiento que ha existido siempre. Pasan doce semanas estudiando el impacto de un patrón de migración particular, la Ruta de la Seda, y aprendiendo cómo los intercambios culturales que tuvieron lugar en esa ruta afectaron el arte, la música, el comercio y los sistemas de creencias. A continuación, aplican lo que han aprendido sobre los patrones históricos y las herramientas modernas de la demografía a un estudio de caso de la China moderna y la India participando en una cumbre simulada (Unidad 7). Como actividad culminante o proyecto final, dan una presentación a la comunidad escolar sobre su proyecto de empresa social de un año de duración.

**En retrospectiva**

Impulsando el cambio en la sociedad

**Viendo hacia adelante**

Los estudiantes desarrollan un proyecto final de la escuela secundaria y seleccionan tres cursos semestrales que los ayudan a profundizar en la comprensión del desarrollo económico, la salud pública, los conflictos globales, la sostenibilidad ambiental y las tecnologías emergentes.

**Descripción general de las unidades**

1. Introducción al emprendimiento social
2. La paradoja de la población: oportunidades y desafíos en las tendencias mundiales actuales
3. Pirámides de población e introducción a la demografía básica
4. Interacciones humano-ambientales y comparaciones entre especies
5. Búsqueda del tesoro en la ciudad: introducción a la inmigración y la migración
6. Migración y desarrollo internacional: Razones y efectos de la migración
7. A lo largo de la Ruta de la Seda: una mirada profunda al intercambio cultural y los efectos de la migración en el arte, la música, el comercio y los sistemas de creencias
8. Poblaciones modernas: estudio de caso de China y la India
9. Presentación de la empresa social

**Evaluación**

Los estudiantes crearán una empresa social alrededor de uno de los Objetivos de Desarrollo Sostenible (ODS) y presentarán su trabajo al final del año.

**Unidad**   8.1
**Tema**   Emprendimiento Social
**Subtemas**   Ética: el valor del potencial humano y hábitos de trabajo y mente: innovación y creatividad
**Región**   Todas / cualquiera
**Duración**   Dos semanas

**Metas y objetivos**

1. **Aprender** qué es el emprendimiento social y cómo los emprendedores sociales están abordando algunos de los principales desafíos mundiales.
2. **Motivar** a los estudiantes a iniciar una empresa social para abordar uno de los Objetivos de Desarrollo Sostenible (ODS).
3. **Actuar** estableciendo una empresa social.

**Habilidades y conocimientos**

1. Los estudiantes estudiarán el trabajo de varios emprendedores sociales.
2. Los estudiantes reconocerán el valor de la innovación social al abordar los desafíos del desarrollo.
3. Los estudiantes identificarán los pasos involucrados en el establecimiento de una empresa social.
4. Los estudiantes planearán una empresa social y desarrollarán un plan de implementación.

**Resumen**

Esta unidad se basa en la última unidad del séptimo grado, cuando se estudió el concepto de empresa social. Los estudiantes comienzan el octavo grado con una introducción a (o una revisión de) las empresas sociales y crean una empresa social alrededor de uno de los ODS para su proyecto de fin de año. Esta empresa se desarrolla y se pone en práctica durante el año y los estudiantes reflexionan periódicamente sobre los resultados de su empresa. Usan esas reflexiones para revisar la teoría de la acción de la empresa y para hacer ajustes a su plan de negocios. El año finaliza con una presentación de las empresas creadas por los estudiantes y una discusión de sus resultados.

## Actividad 8.1.1
## ¿Qué es el emprendimiento social?

El docente presentará esta actividad con una presentación que explica el concepto de emprendimiento social. Los estudiantes describirán el creciente papel que desempeña el sector ciudadano en la generación de innovación para abordar los desafíos globales y proporcionarán una gama de ejemplos de emprendedores sociales. La introducción destacará los diversos enfoques para financiar empresas sociales (por ejemplo, con fines de lucro, híbridos y sin fines de lucro). Si es posible, el docente invita a emprendedores sociales reales a visitar la clase y hacer breves presentaciones describiendo su trabajo y compartiendo su pasión.

**Recursos**

*Los recursos a continuación se encuentran en inglés, como referencia para los maestros que podrán adaptar lo que consideren pertinente para sus contextos:*

- Un recurso con ejemplos de jóvenes que son emprendedores sociales
  https://www.changemakers.com/blog?page=17
- Videos sobre innovaciones para abordar los desafíos sociales
  http://www.pbs.org/frontlineworld/educators/social_entrepreneurs.html
- *Social Entrepreneurship: What Everyone Needs to Know*, por David Bornstein y Susan Davis
- *Tactics of Hope: How Social Entrepreneurs Are Changing Our World*, por Wilford Welch
- *The Five Most Important Questions You Will Ever Ask about Your Organization*, por Peter Drucker y Jim Collins
- *Start Something that Matters*, por M. Mycoskie.
- *The Lean Startup*, por Eric Ries.
- *The Innovators*, por Walter Isaacson

## Actividad 8.1.2
## ¿Cuáles son los objetivos de desarrollo sostenible?

En una discusión en clase, los estudiantes revisarán los ODS y discutirán ejemplos de cómo los emprendedores sociales los están abordando. Los estudiantes pueden trabajar en grupos pequeños, y cada grupo puede tener una discusión sobre un ODS diferente. Los grupos resumirán su trabajo para toda la clase.

**Recursos**

*Los recursos a continuación se encuentran en inglés, como referencia para los maestros que podrán adaptar lo que consideren pertinente para sus contextos:*

- Cómic sobre los Objetivos de Desarrollo Sostenible: https://www.yumpu.com/en/document/view/53587356/heroes-for-change
- El plan de la lección "A Global Goals Assembly": https://www.tes.com/worldslargestlesson/
- https://sustainabledevelopment.un.org/?menu=1300
- https://www.ted.com/talks/michael_green_how_we_can_make_the_world_a_better_place_by_2030?language=en
- https://www.ted.com/talks/jamie_drummond_how_to_set_goals_for_the_world?language=en

## Actividad 8.1.3
## Diseñando una empresa social

En pequeños grupos de entre cinco y seis, los estudiantes diseñarán una empresa social. Utilizarán los ODS para definir un área problemática. Luego definirán una misión para su organización, identificarán su modelo de negocios y desarrollarán un plan de negocios. Los docentes revisarán los conceptos de "diseño para el cambio" y "pensamiento de diseño" (*design thinking*), que se impartieron el año anterior.

Una vez que se diseña la empresa social, los estudiantes la implementarán a lo largo del año, compartiendo avances en clase periódicamente. Lo ideal sería que los estudiantes se emparejen con mentores que sean emprendedores sociales reales o con voluntarios que trabajen con empresas sociales en su ciudad, y los mentores proporcionen asesoramiento. Los padres voluntarios también pueden contribuir de esta manera.

Al final del año académico, en las semanas treinta y cinco y treinta y seis, habrá una exposición final para la cual los estudiantes prepararán un informe escrito y una presentación de PowerPoint (u otra presentación de los medios de su elección) que resuma su empresa y lo que logró. Los estudiantes también harán una breve presentación a pares, padres de familia y empresarios locales describiendo qué ODS proponen abordar, la propuesta de valor de su empresa, su modelo de negocio, cómo evaluaron el impacto de su plan y lo que aprendieron en el camino. Sería útil si personas con experiencia en filantropía, responsabilidad social corporativa o empresa social pudieran ser invitadas a servir como panel de jurados y ofrecer retroalimentación a cada equipo de estudiantes.

**Recursos**

*Los recursos a continuación se encuentran en inglés, como referencia para los maestros que podrán adaptar lo que consideren pertinente para sus contextos:*

- Considere los siguientes recursos de *diseño para el cambio* (Design for Change):
    - https://www.ideo.com/work/toolkit-for-educators
    - http://www.designthinkingforeducators.com/
- Las siguientes organizaciones proporcionan un plan de estudios para enseñar habilidades comerciales a estudiantes de escuela intermedia:
    - http://www.teachingkidsbusiness.com/Home.htm
    - http://www.jany.org/
    - https://www.nfte.com/
- Wolk, A. y K. Kreitz. 2008. *Business Planning for Enduring Social Impact: A How-To Guide.* Los estudiantes deben leer las páginas 1-26 de este libro. Este libro cubre la planificación empresarial para un impacto social duradero, los pasos para planear y articular un modelo de impacto social. Se convertirá

en una guía de referencia a la que los estudiantes se referirán durante el año a medida que implementan su plan de negocios.

El Curso Mundial: Octavo grado

Empoderar Ciudadanos Globales

**Unidad**     8.2
**Tema**     La paradoja de la población: oportunidades y desafíos en las tendencias mundiales actuales
**Subtemas**     Medio ambiente, geografía y demografía
**Región**     Global / Estados Unidos, India, Kenia y Japón
**Duración**     Dos semanas

**Metas y objetivos**

1. **Aprender** sobre las oportunidades y desafíos de las tendencias demográficas actuales.
2. **Motivar** a los estudiantes a hacer preguntas sobre la acción global o la inacción a la luz de las tendencias demográficas previsibles.
3. **Actuar** usando herramientas como la demografía para tomar decisiones sobre el futuro.

**Habilidades y conocimientos**

1. Los estudiantes aumentarán su comprensión de los problemas demográficos.
2. Los estudiantes aprenderán sobre la paradoja de la población.
3. Los estudiantes utilizarán conceptos matemáticos que incluyen funciones exponenciales, líneas de mejor ajuste y más para responder una pregunta del mundo real.

**Actividad 8.2.1**
**Explorando la paradoja de la población en NOVA**

Esta lección está adaptada de la guía del docente de NOVA sobre *World in the Balance*: http://www.pbs.org/wgbh/nova/teachers/activities/pdf/3108_worldbal.pdf (recurso en inglés).

Los propósitos de esta actividad son aumentar la comprensión de los estudiantes sobre los problemas demográficos y presentar a los estudiantes la paradoja de la población.

El conocimiento previo necesario para esta actividad incluye habilidades básicas de matemáticas y una comprensión básica de la demografía.

El docente utiliza esta guía para apoyar la visualización de la película de NOVA *World in the Balance*.

(Tenga en cuenta que esta actividad les permitirá a los estudiantes usar sus habilidades matemáticas. De hecho, puede ser útil que los estudiantes completen la totalidad o parte de esta actividad en su clase de matemáticas luego de ver la película como parte del Curso Mundial).

## Recursos
*Los recursos a continuación se encuentran en inglés, como referencia para los maestros que podrán adaptar lo que consideren pertinente para sus contextos:*

- *NOVA's World in the Balance*: http://www.pbs.org/wgbh/nova/worldbalance/
- Population Reference Bureau: www.prb.org

| | |
|---|---|
| **Unidad** | 8.3 |
| **Tema básica** | Pirámides de población e introducción a la demografía |
| **Subtemas** | Riesgo global: económico; demografía; y pobreza |
| **Región** | Todas / cualquiera |
| **Duración** | Dos semanas |

## Metas y objetivos

1. **Aprender** los conceptos básicos de análisis demográficos y estudios de población.
2. **Motivar** a los estudiantes a realizar estudios independientes de poblaciones utilizando las fuentes proporcionadas en esta unidad y hacer preguntas como las siguientes: ¿Cómo ayuda el estudio de las tendencias demográficas del pasado a predecir las estructuras demográficas futuras? ¿Cómo afectan los cambios en las estructuras demográficas los eventos sociales, políticos y económicos?
3. **Actuar** examinando la relación de las poblaciones con los cambios sociológicos y culturales y con el desarrollo político y económico.

## Habilidades y conocimientos

1. Los estudiantes aprenderán las categorías para el análisis demográfico (edad, sexo y raza).
2. Los estudiantes aprenderán a describir los conceptos de tasas de natalidad, tasas de mortalidad, tasas de fertilidad y proporciones de dependencia.
3. Los estudiantes aprenderán las principales fuentes de información demográfica.

## Resumen

Esta unidad se basa en una introducción al estudio de demografía y estudios de población, e introduce los conceptos de mortalidad, fertilidad, matrimonio y niveles y patrones de migración. Los estudiantes serán presentados a las principales fuentes de información demográfica. El docente presentará el concepto de distribución de poblaciones por categorías (edad, sexo, raza y origen étnico) y los conceptos de densidad, distribución y escala. Se explican los conceptos de tasas de natalidad, tasas de mortalidad, tasas de fertilidad, razones de dependencia de edad y gráficos de edad-sexo. El docente también presenta varias fuentes de datos y visualizaciones demográficas y explica varios cuadros de población.

**Actividad 8.3.1**
**Comprendiendo como ha cambiado el mundo**

Presente esta actividad con el video de Gapminder "200 countries, 200 Years, 4 minutes." Una discusión del siguiente video (recurso en inglés) sería un buen comienzo para esta unidad:
http://www.gapminder.org/videos/200-years-that-changed-the-world-bbc/

**Actividad 8.3.2**
**Fundamentos de la demografía**

El docente presentará el concepto de distribución de la población por categorías (edad, sexo, raza y origen étnico) y los conceptos de densidad, distribución y escala. También se explicarán los conceptos de tasas de natalidad, tasas de mortalidad, tasas de fertilidad, razones de dependencia por edad y gráficos por edad y sexo. El docente también presentará varias fuentes de datos y visualizaciones demográficas y explica varios cuadros de población.

**Actividad 8.3.3**
**Pirámides de población**

El docente presentará el campo de la demografía, explicando las pirámides de población y el concepto de niveles y tendencias de población. En clase, los estudiantes examinarán cómo las pirámides de población cambian con el tiempo en el mismo país y compararán las pirámides de población en todos los países.

Estos datos se pueden encontrar aquí:
- https://www.prb.org/pyramidbuilding/ (recurso en inglés)
- http://www.un.org/esa/population/ (recurso en inglés)

El docente organizará a los estudiantes en pequeños grupos de estudio, y cada grupo examinará cómo el crecimiento de la juventud en algunas regiones del mundo se relaciona con desarrollos políticos, por ejemplo, con disturbios en el Medio Oriente.

**Actividad 8.3.4**
**La relación de la composición de la población y el cambio al desarrollo político y económico**

El docente presentará el campo de los estudios de población, examinando cómo el cambio de población influye en los procesos políticos y económicos.

Por ejemplo, este video explica la relación entre la pobreza y el crecimiento de la población:
http://www.gapminder.org/videos/population-growth-explained-with-ikea-boxes/

**Recursos**

*Los recursos a continuación se encuentran en inglés, como referencia para los maestros que podrán adaptar lo que consideren pertinente para sus contextos:*

Los siguientes son planes de lecciones para estudios de población:
- http://www.prb.org/Publications/Lesson-Plans/MakingPopulationRealNewLessonPlansandClassroomActivities.aspx

**Recursos del docente**

- Shyrock S, Siegel JS, Stockwell EG. *The Methods and Materials of Demography*. Academic Press. 1976.
- Para los docentes y estudiantes que saben leer francés, el sitio web del INED (Institut national d'études démographiques) de Francia tiene una sección dirigida a niños y profesores con varias animaciones interesantes:
  http://www.ined.fr/fr/tout_savoir_population/

El Curso Mundial: Octavo grado

| | |
|---|---|
| **Unidad** | 8.4 |
| **Tema** | Interacciones humano-ambientales y comparaciones entre especies |
| **Subtemas** | Riesgo global: medio ambiente; geografía; y demografía |
| **Región** | El Ártico |
| **Duración** | Una semana |

**Metas y objetivos**

1. **Aprender** cómo dos especies (humanos y osos polares) interactúan con su entorno.
2. **Motivar** a los estudiantes a reflexionar sobre los impactos que la migración humana, la reproducción y el consumo están teniendo en el medio ambiente.
3. **Actuar** convirtiéndonos en administradores del medio ambiente bien informados.

**Habilidades y conocimientos**

1. Los estudiantes aplicarán conceptos demográficos a los humanos como especie y a los osos polares como especie.
2. Los estudiantes aprenderán sobre los osos polares y las amenazas a su existencia.
3. Los estudiantes aprenderán a evaluar a los humanos de manera objetiva.
4. Los estudiantes practicarán sus habilidades comparativas.

**Resumen**

A los estudiantes se les presentan las ideas básicas detrás de la interacción humano-ambiental viendo la película *La Era del Hielo 2: El deshielo*.

**Actividad 8.4.1**
**Comparando especies con demografía**

Tenga en cuenta que si el docente quiere, esta actividad puede extenderse a todas las unidades en demografía en lugar de abarcar sólo una semana. Si se extiende, los estudiantes pueden agregar información a sus comparaciones a medida que aprenden nuevos conceptos.

Esta unidad puede comenzar, si el docente lo elige, con una película divertida que plantea cuestiones del calentamiento global y la amenaza para la vida ártica, como La Era del Hielo 2: El deshielo. Después de ver la película, el docente explica a la clase que completarán una comparación estructurada entre los seres humanos como especie y los osos polares. Deben ser científicos en su enfoque y evaluar a los humanos como si tuvieran poco conocimiento previo de sus hábitos, características y motivaciones. El docente puede usar su discreción para determinar los criterios de comparación, pero algunas ideas pueden ser las siguientes:

1. principales fuentes de alimentos
2. amenazas de población
3. patrones de migración
4. tasas de reproducción
5. duración de la vida
6. relaciones con el medio ambiente.

Los estudiantes deben presentar sus informes entre ellos y a la clase como un todo.

**Recursos**

*Los recursos a continuación se encuentran en inglés, como referencia para los maestros que podrán adaptar lo que consideren pertinente para sus contextos:*

- Película *La Era del Hielo 2: El deshielo*
- Population Reference Bureau: www.prb.org

| | |
|---|---|
| **Unidad** | 8.5 |
| **Tema** | Búsqueda de tesoros en la ciudad: introducción a la inmigración y la migración |
| **Subtemas** | CIC: interpersonal (todas las subcategorías); ética: diversidad religiosa; hábitos de trabajo y mente: toma de perspectiva multicultural y cambio cultural; cultura: religiones mundiales; política demográfica: globalización; y el enlace local-global |
| **Región** | Ciudad o región donde se encuentra la escuela |
| **Duración** | Ocho semanas |

**Resumen**

Esta unidad es una exploración introductoria de los conceptos de migración e inmigración en la ciudad o región donde se encuentra la escuela. Conduce a los estudiantes en un estudio de investigación sobre la caza del tesoro de la ciudad o región a través de búsquedas en la web y paseos por las calles de la ciudad. Los estudiantes investigarán diferentes barrios y vecindarios y sus cambiantes características demográficas a lo largo del tiempo.

**Actividad 8.5.1 (opcional)**
**Estudiando cómo ha cambiado mi comunidad a lo largo del tiempo.**

Se les pediría a los estudiantes que describan el vecindario de la escuela y el docente los guiaría a través de la actividad (vea en la Actividad 8.5.2 un ejemplo de una rúbrica con posibles aspectos del vecindario para considerar). Esta actividad prepararía a los estudiantes para su propia búsqueda del tesoro en la actividad posterior. Ya sea en esta actividad o si esta actividad no se completa, en la próxima, debe haber una revisión y lecciones sobre habilidades básicas de investigación (por ejemplo, cómo identificar buenas fuentes de información y cómo determinar si una fuente / sitio web es confiable).

**Actividad 8.5.2**
**Analizando mi comunidad**

Los estudiantes se dividen en diferentes grupos y reúnen información de primera mano sobre sus vecindarios asignados / elegidos (definidos por el docente por razones de seguridad, entre otros). Una vez que recopilen la información, harán una presentación sobre su vecindario usando carteles, videos, imágenes y otras ayudas visuales.

1. Se debe alentar a los estudiantes a usar, practicar y desarrollar habilidades y estrategias de trabajo en equipo; aprender unos de otros como compañeros de clase; y explorar sus propias fortalezas e intereses individuales durante esta actividad. Por ejemplo, los estudiantes deberían hacer lo siguiente:

    a. Haga una lista de roles para el equipo en función de los requisitos de la tarea y tome turnos en los roles o asigne un rol a cada miembro del equipo (por ejemplo, coordinador de logística, cronometrador, grabador, editor, etc.)
    b. Haga una lista de fechas objetivo para partes de las asignaciones antes de la entrega del producto final, con asignaciones para cada miembro del equipo
    c. Discuta y acuerde cómo resolverán los conflictos y las diferencias y cómo organizarán sus reuniones de equipo
    d. Discuta y aprenda sobre las experiencias, las habilidades y los intereses que cada miembro del equipo aporta al trabajo y analice cómo pueden usar mejor esas experiencias, habilidades e intereses para producir la presentación final (pueden discutirse como clase antes de que los equipos construido, o el docente puede administrar una encuesta, hacer que los equipos se basen en el interés y las habilidades y hacer que los estudiantes hablen de ellos unos con otros)

2. Se les pedirá a los estudiantes que usen búsquedas en línea y otros recursos en la biblioteca para responder preguntas sobre sus barrios / condados asignados. El docente puede escribir estas preguntas, o la clase puede hacer una sesión de lluvia de ideas guiada con el docente sobre las preguntas que tienen. Se incluye un ejemplo de rúbrica.

|  | 1710 | 1810 | 1910 | 2010 |
|---|---|---|---|---|
| **Tamaño de la población** | | | | |
| **Número de kilómetros cuadrados** | | | | |
| **Lista de etnias representadas, en orden de las más comunes a las menos** | | | | |
| **Lista de idiomas hablados** | | | | |
| **Lista de religiones practicadas y / o tipos de instituciones religiosas en el vecindario** | | | | |
| **Mapa contemporáneo del barrio** | | | | |
| **Lista de las principales empresas en el área** | | | | |
| **Otro(s)** | | | | |

3. Los estudiantes o el docente también harán una lista de las imágenes que se tomarán (o menús u otros artefactos que se recopilarán) a medida que los estudiantes viajan por los vecindarios. Se debe alentar a los estudiantes a que piensen y planifiquen con anticipación el tipo de imágenes que tomarán y las personas con las que hablarán según su investigación inicial en Internet sobre el vecindario. Deben estar listos para explicar y justificar sus decisiones al resto de la clase después de la discusión dentro de sus grupos. Por ejemplo, los estudiantes pueden tomar fotos de lo siguiente:

    a. Cinco tipos diferentes de restaurantes
    b. Cinco tipos diferentes de negocios (pequeños, medianos y grandes)
    c. Cinco puntos de referencia diferentes, incluidos monumentos conmemorativos, museos y estatuas
    d. Cinco rincones diferentes
    e. Cinco diferentes apartamentos o espacios de vida
    f. Cinco lugares de culto diferentes que representan diferentes tradiciones de fe
    g. Cinco diferentes parques o lugares recreativos.

4. Los estudiantes o el docente deben hacer una lista de personas para entrevistar / hablar y hacer preguntas para formularlas. Pueden grabar en video estas entrevistas informales cortas

(no más de cinco minutos). La siguiente es una lista de muestra de personas a entrevistar:
    a. Un dueño de una pequeña empresa
    b. Alguien caminando en la calle
    c. Gente de varias edades
    d. Alguien en sus veintes
    e. Alguien en sus treintas
    f. Alguien en sus cuarenta
    g. Alguien en sus cincuenta años
    h. Alguien en sus cincuenta años
    i. Alguien en sus sesentas

La siguiente es una lista de muestra de preguntas para hacer:

- ¿Cuánto tiempo has vivido en la ciudad?
- ¿Por qué viniste o decidiste vivir en la ciudad?
- ¿Dónde viven sus padres o dónde vivieron?
- ¿Dónde viven sus abuelos / dónde vivieron?
- ¿Dónde vivieron tus bisabuelos?
- ¿Cuáles son tus lugares favoritos en el vecindario y por qué?
- ¿Qué lugares deberían evitarse?
- ¿A qué lugares vas todos los días?
- ¿Puedes describir el lugar en el que vives?
- ¿Dónde trabajas?

5. Los estudiantes deben caminar juntos alrededor de su vecindario (previamente definido por el docente) bajo la supervisión de un adulto (por razones de seguridad) y recoger artefactos, tomar fotografías y videos y entrevistar a las personas.

6. Los estudiantes deben identificar a alguien que ha vivido en el vecindario asignado durante treinta años (o el docente puede invitar a un orador) y entrevistarlo más extensamente sobre cómo él o ella percibe los cambios en el vecindario a lo largo de los años (por ejemplo, los cambios demográficos, los desafíos y beneficios del movimiento y la migración, etc.).

7. Una vez que hayan recopilado los datos, los presentarán al resto de la clase. Usando carteles, videos, imágenes y otras ayudas visuales, resumirán lo que aprendieron.

## Actividad 8.5.3 (opcional)
## Mi historia familiar

Tenga en cuenta que muchos estudiantes hacen este tipo de actividad en los grados anteriores, pero no en un nivel muy profundo. Esta actividad debe profundizar en la historia de las familias para conectarse con el tema. Por favor, sustituya esta actividad (para todos los estudiantes) si hay alumnos presentes en el aula para quienes el examen de historias familiares sería problemático (debido a abuso o trauma, por ejemplo).

Cada estudiante completa un proyecto de estudio independiente sobre su historia familiar. A lo largo del proyecto, los estudiantes deben completar como mínimo un árbol genealógico, un mapa que muestre el movimiento de los miembros de la familia a lo largo del tiempo y un análisis de las experiencias de movimiento, intercambio cultural y formación de identidad entre los miembros de la familia. Este análisis podría presentarse en muchos formatos, incluyendo, por ejemplo, historias familiares escritas, entrevistas o un álbum de recortes. Se debe permitir que los estudiantes sean creativos y se espera que profundicen.

Este sitio web es un buen recurso para ejemplos de historias familiares:
http://www.nyc.gov/html/nyc100/html/imm_stories/index.html
(recurso en inglés).

## Actividad 8.5.4 (opcional)
## Analizando diferencias culturales en mi comunidad

Los alumnos estudian las diferentes influencias culturales en una ciudad grande del país o región donde se encuentran, causadas por personas que se mudan a la ciudad. (Tenga en cuenta que ésta puede ser una forma diferente de organizar la búsqueda del tesoro, es decir, por etnias en lugar de por barrios).

Los estudiantes exploran la historia de los grupos que han migrado a dicha ciudad (por ejemplo, de otros países u otras zonas de la misma región, etc.) y exploran las razones de sus migraciones y las influencias culturales que trajo cada uno de estos grupos. Los estudiantes pueden realizar este estudio a través de un examen de las artes de cada cultura en los barrios respectivos de las culturas y también en toda la ciudad.

Los estudiantes crean "recorridos a pie" de la ciudad, destacando los principales monumentos y edificios culturales.

Pueden realizar excursiones a una variedad de vecindarios. Cada grupo puede preparar una presentación que se dará en un vecindario apropiado. Los estudiantes mismos actúan como guías turísticos.

## Empoderar Ciudadanos Globales

**Unidad**     8.6
**Tema**     Migración y desarrollo internacional: razones y efectos de la migración
**Tema**     CIC: perspectivas culturales diversas y empatía; CIC: intrapersonal; Interpersonal; ética: diversidad religiosa y compromiso con la igualdad; hábitos de trabajo y mente: innovación y creatividad y toma de perspectiva intercultural; cultura: historia mundial; y política: globalización y demografía
**Región**     Todas / cualquiera
**Duración**     Tres semanas

**Metas y objetivos**

1. **Aprender** el papel de la inmigración en el desarrollo de los países receptores y receptores en general, conocer la diversidad de razones que contribuyen a la decisión de migrar y aprender a ver la inmigración como una de las tendencias actuales más importantes y complejas del mundo hoy.
2. **Motivar** la curiosidad de entender cómo la inmigración juega un papel importante en la asignación de recursos en diferentes países y sociedades.
3. **Actuar** tratando a los inmigrantes como iguales y con respeto y demostrando competencias multiculturales.

**Habilidades y conocimientos**

1. Los estudiantes analizarán los patrones globales de migración de refugiados y estudiarán mapas y otras herramientas geográficas para examinar los flujos migratorios.
2. Los estudiantes entenderán los diferentes factores asociados con la migración y que puede haber múltiples factores que influyen en la decisión de inmigrar.
3. Los estudiantes comprenderán las ventajas y desventajas entre los costos y los beneficios asociados con la migración para el país de acogida y los países de origen.
4. Los estudiantes articularán la diversidad de experiencias que tienen los inmigrantes y reflexionarán sobre cómo esas experiencias pueden ser positivas y enriquecedoras.

5. Los estudiantes explorarán los derechos de los refugiados y los derechos de los inmigrantes y estarán al tanto de los pros y los contras asociados con la política de inmigración.

**Actividad 8.6.1**
**Estudiando los efectos de la migración en la historia familiar de las personas**

Se les pide a los estudiantes que entrevisten a un adulto en su familia y a otra persona (con supervisión de un adulto) que no sea un miembro de la familia pero que los estudiantes conozcan (por ejemplo, el dueño de una tienda favorita, un vendedor en una tienda, un amigo de la familia, etc.)[8] En clase, cada alumno presentará un perfil de esas personas basado en las entrevistas. Los estudiantes presentarán de dónde eran originalmente estas personas, cuándo se mudaron al lugar en el que viven actualmente y por qué.

El docente se basa en la discusión y ayuda a presentar a la clase las diversas razones por las que se produce la migración y el hecho de que es un proceso continuo. El objetivo también es mostrar que la migración puede ocurrir a nivel internacional y nacional.

**Actividad 8.6.2**
**Magnitud de las migraciones globales contemporáneas**

El docente proporciona a los estudiantes algunas cifras sobre la migración y, posiblemente, un mapa de los flujos mundiales de migrantes en el mundo, es decir, un mapa que muestra a dónde se mudan las personas.

Consulte:
http://www.nytimes.com/ref/world/20070622_CAPEVERDE_GRAPHIC.html# (recurso en inglés).

---

[8] El objetivo de esta actividad también es que los estudiantes comprendan cómo recopilar datos y realizar investigaciones, y que practiquen hablando con personas que no sean las personas que conocen dentro de su contexto familiar inmediato.

Se les pide a los estudiantes que especulen sobre los motivos de estos movimientos. Con base en esta discusión, el docente enumera tres temas / razones. Para cada tema, la clase se divide en diferentes grupos y el docente aborda los factores de constituyen razones por las que las personas se van y razones por las que las personas se sienten atraídas por otros países.

*Los recursos a continuación se encuentran en inglés, como referencia para los maestros que podrán adaptar lo que consideren pertinente para sus contextos:*

| Grupo 1: caso de factores ambientales y políticos | | |
|---|---|---|
| *Recursos* | *Actividad* | *Discusión e investigación* |
| • http://www.unhcr.org/48ce32c54.html<br>• Historia de un refugiado de doce años de Kenia: http://www.youtube.com/watch?v=LpwqK3B2ac8<br>• Referente a la película *Niños Perdidos de Sudán*; consulte la guía de estudio educativo y las lecciones en el aula: http://www.lostboysfilm.com/learn.html | • Los estudiantes pueden ver un clip de la lista dada.<br>• Los estudiantes también leen un relato de un joven refugiado para entender algunas de las dificultades que enfrentan los jóvenes refugiados y las razones por las que se convirtieron en refugiados. Ver el Catálogo de Materiales de Educación del ACNUR. | • ¿Quién es un refugiado / refugiado climático?[9]<br>• ¿Cuáles son los factores que causaron que se movilizaran?<br>• ¿Qué sucedió después del terremoto en Haití? ¿La gente se movió? ¿A dónde? ¿Cuáles fueron los desafíos asociados? |
| **Grupo 2: caso de factores económicos** | | |

---

[9] El docente debe tener cuidado para evitar crear confusión entre ser un refugiado y ser un refugiado climático / ambiental.

El Curso Mundial: Octavo grado

| Recursos | Actividad | Discusión e investigación |
|---|---|---|
| • https://www.pri.org/stories/2009-02-23/chinas-little-africa-under-pressure<br>• http://news.bbc.co.uk/2/hi/africa/7118941.stm | • Los estudiantes debaten sobre la creciente presencia de China en África y leen artículos y miran clips de noticias de diferentes medios.<br>• Los estudiantes también pueden ver la información relacionada con la economía en el siguiente enlace del New York Times: http://www.nytimes.com/ref/world/20070622_CAPEVERDE_GRAPHIC.html# | • ¿Cuáles son las perspectivas económicas de la migración?<br>• ¿Qué es la oferta de trabajo? ¿Demanda laboral? ¿Cómo influye la falta de correspondencia entre los dos la perspectiva de la migración[10]? |
| **Grupo 3: caso de factores culturales** | | |
| Recursos | Actividad | Discusión e investigación |
| • http://www.pbs.org/independentlens/newamericans/newamericans/mexican_intro.html<br>• Our Borders Our Selves with Francis Stoner Saunders - una | • Se les presenta a los estudiantes los conceptos de efectos de red y diásporas, que pueden afectar la decisión de migrar.<br>• Esto también introduce los | • ¿Qué países tienen buenos sistemas de servicio público y han recibido un gran número de migrantes? Considere los países |

---

[10] Esto puede ser un precursor de la economía y se necesita una introducción muy breve.

| | | |
|---|---|---|
| historia sobre el código abierto de Christopher Lydon (Radio Pública) http://radioopensource.org/borders/ | factores sociales detrás de la migración, incluidos factores como la seguridad social, la armonía social y mayores beneficios sociales<br>• Además, podrían analizar cómo la persecución (religiosa y de otro tipo) puede conducir a la migración. | escandinavos.<br>• ¿Por qué las culturas y los efectos de red podrían ser consideraciones importantes en la decisión de migrar? |

Utilizando el caso que les asignaron, los grupos también realizarán su propia investigación sobre cada uno de estos factores leyendo libros y mirando videos. Los estudiantes presentarán su investigación sobre su caso específico en clase. También se presentarán artículos de periódicos sobre países con grandes poblaciones de inmigrantes receptores y emisores. Se les pedirá a los estudiantes que piensen cuál de los tres factores anteriores podría ser parte de la razón de estos éxodos.

**Actividad 8.6.3**
**Analizando las consecuencias de la migración**

En esta actividad, los estudiantes se dividen en dos grupos. Cada grupo representa un país de acogida (por ejemplo, los Estados Unidos) y un país de envío (por ejemplo, México). En cada uno de los dos grupos, los estudiantes realizan investigaciones sobre los posibles impactos de la inmigración en los dos países. El objetivo es que los estudiantes comprendan que la inmigración puede afectar a cada uno de los países de manera muy diferente. Luego se les pedirá a los estudiantes que escriban un artículo de opinión sobre lo que creen que los costos y los beneficios de la migración son para cada uno de los grupos que representan. Algunos posibles puntos de discusión podrían girar en torno a lo siguiente:

- El concepto de "Brain Drain" (la fuga de talentos) en México
- Examinar ¿quién dentro de un hogar o familia es el más afectado por la inmigración? Considere a los que utilizan los recursos del hogar para emigrar y, por lo tanto, agota los recursos de los que se quedan, y recuerde que los hombres son más propensos a migrar que las mujeres y, por lo tanto, las familias tienen que valerse por sí mismas.
- La consecuencia de la inmigración para el país de origen: un aumento en las remesas para México, que contribuye al crecimiento de la economía y a la disponibilidad y el acceso a mayores ingresos disponibles para los hogares (inversiones de capital humano).

## Actividad 8.6.4
### Estudiando la diversidad de experiencias de los migrantes

A los estudiantes se les presenta el documental *Taxi Dreams* de PBS (en inglés), y ellos ven clips y entrevistas con trece taxistas de la ciudad de Nueva York. Las entrevistas incluyen sus motivos y motivaciones para mudarse a la ciudad de Nueva York y un resumen de las experiencias que han tenido (desde positivas a negativas).
Utilizando esto como base, los estudiantes utilizarán medios virtuales para conectarse con jóvenes en diferentes escuelas. Examinarán las formas en que se trata a los inmigrantes en sus sociedades, los estereotipos y generalizaciones que se hacen sobre los inmigrantes y el grado en que se han asimilado en sus sociedades.

Con base en esta actividad, los estudiantes escribirán una publicación de blog sobre "El estado de los migrantes" y crearán un collage en línea de imágenes que representan la experiencia de los inmigrantes en diferentes países del mundo.

Alternativamente, los estudiantes también podrían trabajar en la exploración de algunos inmigrantes famosos en los Estados Unidos y examinar sus contribuciones únicas al desarrollo de la sociedad en los Estados Unidos a lo largo de los años.

## Actividad 8.6.5
## Estudiando el papel de las Naciones Unidas en relación a los refugiados

En esta unidad, los estudiantes revisan la Declaración Universal de los Derechos Humanos (DUDH) y se les presenta el rol del Alto Comisionado de las Naciones Unidas para los Refugiados y el concepto de los derechos de los refugiados. Además, los estudiantes se dividen en dos grupos que debatirán los pros y los contras de la inmigración y la necesidad de una política de inmigración en particular. Los estudiantes examinan cada lado del debate y los problemas asociados con la inmigración ilegal, el drenaje de recursos, etc. Se les puede presentar un dilema relacionado con la inmigración (por ejemplo, dados los factores de presión existentes en casos de migración forzada, ¿cuáles podrían ser los factores de atracción y qué pueden hacer los gobiernos frente a éstos?).

No se busca entrar en una gran profundidad, ya que implica un mayor orden de comprensión. En cambio, la atención se centra en ayudar a los estudiantes a comprender que existen ventajas y desventajas para cada política. El docente debe ser sensible y extremadamente cuidadoso para garantizar que ningún grupo en particular sea estigmatizado de ninguna manera.

## Recursos 8.6

*El recurso a continuación se encuentra en inglés, como referencia para los maestros que podrán adaptar lo que consideren pertinente para sus contextos:*

- http://www.pbs.org/independentlens/newamericans/newamericans.html

El Curso Mundial: Octavo grado

| | |
|---|---|
| **Unidad** | 8.7 |
| **Tema** | La Ruta de la Seda: una mirada profunda al intercambio cultural y los efectos de la migración en el arte, la música, el comercio y los sistemas de creencias |
| **Subtemas** | Literatura, visual, música y danza; desarrollo económico; cultura: historia mundial y religiones mundiales; hábitos de trabajo y mente: innovación y creatividad; ética: diversidad religiosa y marcos éticos; e CIC: interpersonal (diversas perspectivas culturales) |
| **Región** | China |
| **Duración** | Seis semanas |

**Metas y objetivos**

1. **Aprender** cómo las relaciones entre civilizaciones se traducen en influencia artística.
2. **Motivar** a los estudiantes a identificar el arte y la espiritualidad como elementos comunes a través de diversos grupos culturales, como aspectos comunes de la experiencia humana.
3. **Actuar** investigando más a fondo cómo diversas creaciones artísticas reflejan la influencia intercultural y examinar cómo los intercambios culturales, económicos y tecnológicos se refuerzan mutuamente.

**Habilidades y conocimientos**

1. Los estudiantes aprenderán sobre los puntos de contacto entre civilizaciones que fueron el resultado de la migración, incluidos los intercambios culturales, económicos y tecnológicos.
2. Los estudiantes aprenderán sobre la influencia de España y de la influencia judía, musulmana y católica a través de España en América Latina (éste puede ser un proyecto de investigación independiente para los estudiantes).

**Recursos adicionales**

Los planes de lecciones se basan en la unidad de currículo "Along the Silk Road". Hay muchos recursos en línea sobre este tema, como los siguientes:

- http://msh.councilforeconed.org/lessons.php?lid=68366
- "The Music of Strangers: Yo-Yo Ma and The Silk Road Ensemble" es una película documental sobre la vitalidad del intercambio musical y una visión de conexión global a través del arte y la cultura, en el espíritu de la Ruta de la Seda. Un plan de estudios basado en la película en el nivel de la escuela secundaria está disponible en www.silkroadproject.org

Empoderar Ciudadanos Globales

**Unidad** 8.8
**Tema** Poblaciones modernas: El caso de China y la India
**Subtemas** Riesgo global: sociedad y salud y conflicto
**Región** China e India
**Duración** Seis semanas

**Metas y objetivos**

1. **Aprender** a describir la composición moderna de la población (por etnia, raza, cultura, crecimiento y migración) en India y China y describir algunas cuestiones de política relacionadas con la población (por ejemplo, políticas sobre inmigración, fuerza de trabajo, sostenibilidad ambiental, crecimiento de la población, igualdad, educación y movilidad).
2. **Motivar** a los estudiantes a entender la distribución actual de personas en todo el mundo y cuestionar las políticas actuales con respecto a la equidad.
3. **Actuar** creando un proyecto que integre al menos dos problemas de población.

**Habilidades y conocimientos**

1. Los estudiantes describirán la composición moderna de la población (por etnia, raza, cultura, crecimiento y migración) en India y China y algunos asuntos de política relacionados con la población (por ejemplo, políticas sobre inmigración, fuerza de trabajo, sostenibilidad ambiental, crecimiento de la población, igualdad, educación y movilidad).
2. Los estudiantes evaluarán las oportunidades y los desafíos de varios problemas de la población (por ejemplo, inmigración, crecimiento o disminución de la población, explosión demográfica, integración versus asimilación y mezcla cultural).
3. Los estudiantes usarán información de diversas fuentes primarias y secundarias para evaluar las políticas de población.
4. Los estudiantes sintetizarán diferentes puntos de vista sobre las políticas de población y sus desafíos y oportunidades.
5. Los estudiantes juzgarán las políticas y los desafíos de la población de acuerdo con los estándares de equidad, viabilidad y legitimidad.

## Actividad 8.8.1
## La historia de la población de India y China

El docente divide la clase en dos grupos. Uno se enfocará en India y el otro se enfocará en China.

Los estudiantes trabajarán en grupos de cuatro para investigar los patrones históricos de migración en India y China. Deben producir mapas y tablas similares, así como explicaciones narrativas de las tendencias en su país asignado. Seguido de esto, entrarán en grupos más grandes para presentar la información que aprendieron sobre su país a los otros grupos que investigaron el mismo país, intercambiar información y profundizar su comprensión de los conceptos a través de la discusión.

Luego, se reagruparán en grupos mixtos (es decir, grupos de estudiantes que estudiaron China y estudiantes que estudiaron India) y presentarán la información que aprendieron. Más adelante, compararán la historia del cambio de población en China con la de India usando una tabla simple.

Algunos datos clave están disponibles aquí (recurso en inglés): www.un.org/esa/population.

## Actividad 8.8.2
## Desafíos demográficos en India y China

El docente guiará una discusión sobre los muchos desafíos de población enfrentados por India y China. Estos desafíos deberían incluir la pobreza, la educación, la urbanización y la salud.

La mayoría de los estudiantes elegirán un desafío de su interés y trabajarán en grupos para
1. Identificar la causa del desafío y qué parte de la población juega en el desafío
2. Identificar intentos previos para resolver el desafío y juzgar su efectividad
3. Proponer algunas soluciones políticas para el desafío.

Un pequeño grupo de estudiantes investigará el panorama general en cada país. En lugar de centrarse en un problema, realizarán una investigación sobre el estado actual de la gobernanza y sobre los desafíos generales en cada nación. En la cumbre simulada, estos estudiantes actuarán como un cuerpo de toma de decisiones para cada nación y elegirán la propuesta más atractiva de los grupos. Este grupo debe investigar los recursos proporcionados por los gobiernos, así como por ONGs y organizaciones sociales.

**Actividad 8.8.3**
**Cumbre simulada**

Cada grupo representará a su país en una cumbre simulada sobre los desafíos que enfrentan los países. Los estudiantes serán ubicados en grupos de acuerdo con el desafío que investigaron (ya sea en India o China). Tendrán que preparar una presentación sobre su desafío y posibles soluciones de política.

Durante la cumbre, cada grupo dará una breve presentación sobre su desafío y posibles soluciones. Habrá una sesión de preguntas y respuestas después de cada presentación. Los pocos estudiantes que conforman el cuerpo de toma de decisiones (ver arriba en la actividad 8.8.2) presentan al grupo su investigación sobre los límites de los recursos en la nación. Los estudiantes regresan a grupos pequeños para defender su desafío y solución de política y por qué su desafío debe ser una prioridad. Los estudiantes deben prepararse para abogar fuertemente por su solución de política pública.

De vuelta en la configuración de la cumbre con todos los estudiantes del salón, los estudiantes explican por qué se debe priorizar su solución de desafío y política. El cuerpo de toma de decisiones debería reunirse para discutir las propuestas y luego tomar una decisión. También deben preparar una justificación para su decisión. Presentarán su decisión a la clase como una decisión final.

Para informar sobre la cumbre, solicite a los alumnos sus reflexiones sobre este proyecto. Hágales las siguientes preguntas: ¿Cuáles fueron algunos de los desafíos y oportunidades? ¿Cómo se sintió esperar una decisión después de hacer tantos preparativos? ¿Qué aprendiste de esta experiencia?

**Recursos 8.8**

*Los recursos a continuación se encuentran en inglés, como referencia para los maestros que podrán adaptar lo que consideren pertinente para sus contextos:*

- Una lista de enlaces a fuentes sobre datos demográficos estadounidenses e internacionales
  http://www.ala.org/ala/mgrps/rts/magert/publicationsab/demdata.cfm

## El Curso Mundial
## De grado noveno a grado doceavo

El Curso Mundial en los grados noveno al doceavo tiene dos componentes: un capítulo curricular y un proyecto individual. Para estos grados, el Curso Mundial busca cultivar una mayor autodirección por parte del estudiante de modo tal que sea éste quien determine qué estudiar, por qué y cómo. Por esta razón, el proyecto individual es el ancla de las actividades de este nivel, con el componente curricular siendo el elemento que ofrece la base intelectual necesaria para ayudar a los estudiantes a desarrollar ese proyecto. Esperamos que el componente curricular ofrezca suficientes oportunidades para la personalización, con los estudiantes siendo protagonistas a la hora de ayudar a desarrollar el programa de estudio. Por esta razón, los cursos de duración semestral se presentan con menos detalle que para los grados anteriores.

**El componente curricular** incorpora cinco estudios a profundidad, de un semestre de duración, sobre los principales procesos que impulsan la globalización, sus respectivos desafíos, el progreso pasado en relación con esos desafíos y el progreso actual frente a cada uno de ellos. Cada estudiante elegirá al menos dos de estos cursos semestrales, pero puede tomar más si así lo desea. Los cursos semestrales se describen en las siguientes secciones. Estos cursos deben ser similares a los cursos de nivel universitario y anticipamos que a medida que los estudiantes y sus docentes los completen plenamente, recurrirán a cursos existentes de nivel universitario para identificar contenido relevante que pueda complementarlos. Esperamos que haya abundantes oportunidades de personalización en este nivel, y que los estudiantes que estudian el mismo tema accedan a diferentes recursos y contenidos de maneras que sean más directamente relevantes a sus intereses y al proyecto en el que los estudiantes deberían estar trabajando en la escuela secundaria.

El estudio de cada uno de los desafíos será la base del trabajo en el curso de un semestre. El estudio de caso incluye la enseñanza y el aprendizaje sobre lo siguiente: las habilidades y los conocimientos necesarios para abordar los desafíos asociados con ese proceso y diversas formas de pensar sobre el desafío, como los tipos de preguntas que se deben hacer o los marcos de referencia a través de los cuales se pueden estudiar y analizar estas cuestiones.

## El Curso Mundial: De grado noveno a grado doceavo

**El componente del proyecto independiente (o grupal)** se enfoca en un proyecto final (individual o grupal) de varios años de trabajo sobre un tema que los estudiantes identificarán al final de su año de noveno grado, después de tomar los dos cursos semestrales. Este proyecto incluye una investigación independiente, una pasantía con un mentor y / o una organización que trabaja en el tema, el desarrollo y la implementación de un plan de acción para ayudar a abordar el problema y una presentación final de último año al resto de la comunidad escolar sobre la experiencia. Los estudiantes serán organizados en grupos de asesoramiento con compañeros que están interesados en problemas similares y serán supervisados durante los grados 10 a 12 por un asesor asignado y posiblemente por mentores externos. Este proyecto se puede ejecutar individualmente o en grupos. El objetivo es ayudar a los estudiantes a usar sus talentos e intereses para enfrentar los desafíos globales.

- Ejemplos de proyectos / problemas incluyen los siguientes:
    - Al trabajar con tecnologías emergentes, los estudiantes identificarán (al final del curso semestral) una tecnología emergente que creen que podría abordar un desafío global relevante. Esta es la actividad final del curso semestral. Luego identificarán empresas, universidades u otras organizaciones que trabajen en los temas relevantes; encontrarán y podrán hacer una pasantía; finalmente, escribirán un reporte final que resuma su contribución al tema a través de su rol con la organización o universidad.
    - Al trabajar en el tema de los países en conflicto o los desafíos geopolíticos, los estudiantes identificarán las organizaciones que trabajan en el tema de la comprensión entre religiones (u otros grupos de identidad) en su ciudad. Deberán mapear lo que hacen; ubicarán brechas, particularmente para estudiantes de secundaria; formarán un club de estudiantes en su escuela con otros estudiantes para desarrollar el entendimiento entre religiones (u otros grupos de identidad) y aprovecharán los recursos de otras organizaciones para educar a otros estudiantes sobre el tema.
    - Al trabajar en el tema de los desafíos de salud, los estudiantes encontrarán organizaciones trabajando

en el tema del SIDA en Sudáfrica, harán una pasantía con ellos y desarrollarán un proyecto / libro de arte que luego venderán para recaudar dinero para una organización que se encuentre identificada por realizar un trabajo efectivo.

A medida que los estudiantes trabajen en sus proyectos independientes, también se desempeñarán como entrenadores o mentores para los estudiantes que se encuentran en los cinco cursos semestrales. Esto servirá al doble propósito de aprovechar la experiencia de los estudiantes más avanzados para enseñar los cursos y, al mismo tiempo, ayudará a mantener a estos mismos estudiantes involucrados en un curso estructurado, lo que les dará la oportunidad de profundizar el estudio del tema que están explorando en su proyecto. Debido a que es probable que estos proyectos sean interdisciplinarios, un estudiante que trabaje en su proyecto independiente podrá servir como recurso en múltiples cursos semestrales. En otras palabras, no deberá ser mentor solo en el curso semestral específico en el que se originó el proyecto. De esta manera, los estudiantes maximizarán su oportunidad de explorar las dimensiones interdisciplinarias de su proyecto. Por ejemplo, un estudiante podría iniciar un proyecto para estudiar los factores que impulsan el desempleo juvenil en el curso semestral de conflicto. Este proyecto podría evolucionar hacia el uso de tecnologías de la información para establecer contactos entre candidatos y opciones laborales, o a brindar ayuda para que los candidatos fortalezcan sus habilidades mediante la participación en cursos gratuitos (de código abierto). En este caso, el estudiante podría presentar su proyecto a los estudiantes en el curso de tecnología emergente, así como en el curso de conflicto. Incluso, este mismo proyecto podría desarrollar algunos componentes que serían de interés en el curso de desarrollo económico. Eventualmente, el problema en el que el estudiante está trabajando conducirá al estudio e integración del conocimiento de varias disciplinas relevantes para el problema.

El Curso Mundial: De grado noveno a grado doceavo

## El Curso Mundial
## Curso semestral para la escuela secundaria / escuela superior
## El medio ambiente

En este curso de un semestre de duración, los estudiantes se aproximan al mundo tal como es, como podría ser y como debería ser. Usan habilidades de mapeo para representar el mundo natural y el mundo moldeado por el ser humano tal como lo es hoy, en un esfuerzo por comprender los desafíos que la humanidad actualmente enfrenta y enfrentará como resultado de la destrucción del medio ambiente. Los estudiantes leerán un libro de ficción (como el de *Oryx y Crake*, de Margaret Atwood) y un libro de no ficción (como el de *Primavera Silenciosa*, de Rachel Carson). Harán uso del pensamiento sistémico para comprender y predecir escenarios para el futuro si la degradación ambiental continúa sin control. Finalmente, trabajarán juntos para diseñar un plan para evitar el desastroso futuro que predijeron.

### Descripción general de las unidades

1) El mundo tal como es
2) El mundo como podría ser: planificación de escenarios, parte 1
3) El mundo como debería ser: planificación de escenarios, parte 2

El Curso Mundial: De grado noveno a grado doceavo

## Empoderar Ciudadanos Globales

| | |
|---|---|
| **Unidad** | E.1 |
| **Tema** | El mundo tal cual es |
| **Subtemas** | CIC: intrapersonal (curiosidad sobre asuntos globales); ética: compromiso con la igualdad y el valor del potencial humano; hábitos de trabajo y de la mente: innovación y creatividad; conocimiento: economía, comercio y demografía (desarrollo económico y pobreza); cultura: geografía; política; riesgo global: medio ambiente y globalización; artes: literatura; habilidades: habilidades de investigación y analíticas (evaluar las fuentes de información, el uso de evidencia, el enlace local-global y la comunicación creativa); y resolución de problemas globales: producir medios, consumo crítico y el uso de la tecnología |
| **Región** | Global |
| **Duración** | Seis semanas |

**Metas y objetivos**

1. **Aprender** sobre el mundo natural y el que ha sido creado por el ser humano.
2. **Motivar** a los estudiantes a esforzarse por comprender qué amenaza al medio ambiente natural y cómo esas amenazas pueden minimizarse.
3. **Actuar** como protectores y cuidadores del medio ambiente.

**Habilidades y conocimientos**

1. Los estudiantes aprenderán en detalle sobre las principales amenazas al mundo natural.
2. Los estudiantes utilizarán las matemáticas, la ciencia y las habilidades de investigación para generar información sobre el mundo natural.
3. Los estudiantes practicarán habilidades de mapeo y elaboración de gráficas.
2. Los estudiantes obtendrán un conocimiento profundo sobre seis temas ambientales.

## Resumen

El propósito de esta unidad es emplear distintos métodos y medios para representar el mundo tal y como es hoy en día.

### Actividad E.1.1
### Entendiendo la vida sostenible

Descargar el plan "Entendiendo la vida sostenible" y desarrollar la clase de 60 minutos de duración
- http://cdn.worldslargestlesson.globalgoals.org/2016/07/3-Understanding-Sustainable-Living_Es.pdf.

Estudiar los Objetivos de Desarrollo Sostenible 11–15
- http://www.un.org/sustainabledevelopment/es/

### Actividad E.1.2
### Mapeando el mundo

Los estudiantes comienzan esta unidad mirando de cerca el mundo de hoy. Completan una serie de actividades de mapeo que los desafía a trazar y mapear lo siguiente:

1. Concentración de agua dulce versus agua salada
2. Desiertos y bosques
3. Animales en peligro de extinción y plantas
4. Recursos energéticos
5. Zonas climáticas
6. Población

Los estudiantes crean mapas, tablas y gráficos que juntos deberían dar una imagen del mundo tal como es hoy. Dedican una semana a cada tema, utilizando múltiples fuentes para reunir información y métodos múltiples para compartir diferentes aspectos de cada tema.

Por ejemplo, para el tema 1, los estudiantes pueden hacer un mapa que muestre los cuerpos principales de agua dulce y los principales cuerpos de agua salada, señalando qué países tienen acceso a cada uno y cuáles no tienen acceso a ninguno. Los estudiantes también pueden crear un gráfico que muestre la proporción de agua dulce a agua salada en el planeta. Pueden hacer tablas que indiquen los métodos principales que utilizan las personas para acceder al agua dulce en todo el mundo. Los estudiantes pueden hacer una breve investigación de dónde proviene el agua dulce que ellos consumen (por ejemplo, si es de un nivel freático) y cómo les llega a sus hogares.

Un lugar con información en español en el cual los estudiantes pueden empezar su exploración en: ([https://knoema.es/atlas](https://knoema.es/atlas)).

**Actividad E.1.3**
*Primavera Silenciosa*

Los estudiantes leen el libro *Primavera Silenciosa* de Rachel Carson (o uno similar) fuera de la clase en preparación para las siguientes dos unidades.

El Curso Mundial: De grado noveno a grado doceavo

| | |
|---|---|
| **Unidad** | E.2 |
| **Tema** | El mundo como podría ser: planificación de escenarios, parte 1 |
| **Subtemas** | CIC: intrapersonal (curiosidad sobre asuntos globales y habilidades de resolución de conflictos); ética: confianza en las instituciones, ruptura de la confianza en las instituciones, valores comunes, compromiso con la igualdad, el valor del potencial humano, la importancia de los acuerdos globales y el compromiso de apoyar los derechos humanos; hábitos de trabajo y mente: innovación y creatividad; conocimiento: economía, comercio y demografía (desarrollo económico y pobreza); cultura: geografía; política; riesgo global: medio ambiente y globalización; artes: literatura; habilidades: habilidades de investigación y análisis (evaluar fuentes de información, uso de evidencia, enlace local-global y comunicación creativa); y resolución de problemas global: construcción de escenarios, estudios futuros, producción de medios, consumo crítico y uso de tecnología |
| **Región** | Global y China |
| **Duración** | Ocho semanas |

**Metas y objetivos**

1. **Aprender** a utilizar el pensamiento sistémico y la planificación de escenarios para visualizar nuestro futuro ambiental.
2. **Motivar** a los estudiantes a utilizar sus habilidades razonamiento crítico para pensar acerca de un escenario y el futuro probable.
3. **Actuar** para prevenir un futuro potencialmente desastroso.

**Habilidades y conocimientos**

1. Los estudiantes utilizarán las matemáticas y la ciencia para calcular los riesgos y hacer proyecciones sobre el futuro.
2. Los estudiantes usarán el pensamiento sistémico para establecer conexiones entre las elecciones humanas, los fenómenos naturales y el medioambiente.

El Curso Mundial: De grado noveno a grado doceavo

**Resumen**

El propósito de esta unidad es ayudar a los estudiantes a pensar sobre el futuro y hacia dónde podrían conducir las tendencias actuales.

**Actividad E.2.1**
*Oryx y Crake*

Los estudiantes comienzan a leer (y continúan leyendo a lo largo de esta unidad) *Oryx y Crake*, de Margaret Atwood, o un texto similar. Este libro, que trata sobre un futuro ficticio, ayudará a los estudiantes a pensar creativamente sobre cómo podría ser el futuro.

**Actividad E.2.2**
**¿Cuáles son los problemas?**

Los estudiantes vienen a clase con artículos e ideas sobre los temas más urgentes e interesantes del medio ambiente. Evalúan los artículos en términos de la información que aprendieron en su análisis del mundo tal como es (actividad E.1.1) y durante la lectura de *Primavera Silenciosa* (actividad E.1.2). Combinando las tres fuentes de conocimiento, los estudiantes identifican riesgos ambientales tales como la escasez de agua dulce, la desertificación y la erosión, el clima extremo, el cambio climático, las elecciones de energía, la pérdida de biodiversidad, entre otros. La clase discute estos problemas e intenta crear vínculos entre ellos, tal vez dibujando diagramas de flujo que muestren, por ejemplo, cómo la sequía, la erosión y la pérdida de biodiversidad están interrelacionadas.

**Actividad E.2.3**
**Un marco para comprender los problemas: desarrollando el pensamiento sistémico**

El medio ambiente es un sistema delicado, y cuando una variable se altera, se inicia una cadena de cambios en el sistema. Para poder pensar en abordar un problema ambiental, los estudiantes deben comprender los sistemas y practicar el pensamiento sistémico.

Los estudiantes serán introducidos al concepto de pensamiento sistémico a través del estudio del nexo alimentos-energía-agua: la producción de alimentos requiere agua y energía, la extracción y distribución de agua requiere energía y la producción de energía requiere agua. Demostrarán su comprensión del concepto creando diagramas que muestren las interconexiones entre estos tres procesos y dando una presentación interactiva (tal vez basándose en algo similar a una máquina "Rube Goldberg") que muestre cómo el agua, la energía y la comida interactúan. El docente puede sugerir, si así lo desea, el cuerpo humano como una representación micro-cósmica de esta dinámica global.

**Actividad E.2.4**
**Estudio de caso: la represa de las Tres Gargantas de China**

El docente dirigirá la clase a través de un estudio de la represa de las Tres Gargantas de China. Usando una o más fuentes (las sugerencias se incluyen a continuación), el docente diseñará una actividad de caso que guíe a la clase a través de los diversos dilemas y escenarios relacionados con la decisión de construir (y la oposición a construir) la presa de las Tres Gargantas. Por ejemplo, el docente puede presentar primero la clase con el siguiente escenario: hay inundaciones regulares y mortales en el Valle del Río Chang Jing, y las necesidades de energía de China están creciendo a un ritmo rápido.

Posteriormente, el docente podría preguntar a la clase sobre posibles soluciones. Los estudiantes pueden sugerir una presa. Cuando lo hagan, el docente revelará el razonamiento del gobierno chino para la construcción de una presa, que incluye los siguientes hechos:

1. Una presa emite una pequeña cantidad de gases de efecto invernadero
2. Una presa evitaría las inundaciones crónicas y mortales que afectan a la región
3. Una presa proporcionaría electricidad para mantener el ritmo de las crecientes necesidades energéticas de China.

De esta manera, la clase aprenderá acerca de cómo algunas soluciones aparentemente amigables hacia el medio ambiente pueden generar problemas ambientales. También practicarán sobre cómo pensar y comprender el rol de la represa en un sistema social, político y ambiental más amplio.

**Recursos**

- *El proyecto de las Tres Gargantas de China: Su historia y sus consecuencias.* En: Red de Revistas Científicas de América Latina y el Caribe, España y Portugal:
http://www.redalyc.org/html/586/58611186001/
- *Impactos sobre la biodiversidad del embalse de las Tres Gargantas en China.* En: Ecosistemas: Revista científica y técnica de ecología y medio ambiente
https://www.revistaecosistemas.net/index.php/ecosistemas/article/viewFile/488/466.

**Actividad E.2.5**
**Planificación de escenarios, parte 1**

Los estudiantes miran la lista de problemas que trajeron a clase durante la primera actividad y se les pide que piensen en cómo se verá el sistema ambiental si los problemas continúan en el mismo curso (bueno o malo). Los estudiantes escribirán un informe creativo que describa el escenario, usando proyecciones científicas reales siempre que sea posible. Los estudiantes compartirán sus escenarios con la clase y discutirán los pasos que se deben seguir para evitar o mejorar los escenarios que describieron.

Empoderar Ciudadanos Globales

| | |
|---|---|
| **Unidad** | E.3 |
| **Tema** | El mundo como debería ser: planificación de escenarios, parte 2 |
| **Subtemas** | CIC: interpersonal (trabajo en equipos interculturales); ICC: intrapersonal (curiosidad sobre asuntos globales y habilidades de resolución de conflictos); ética: confianza en las instituciones, ruptura de la confianza en las instituciones, valores comunes, compromiso con la igualdad, valoración del potencial humano, importancia de los acuerdos globales y compromiso con el apoyo a los derechos humanos; hábitos de trabajo y mente: innovación y creatividad; conocimiento: economía, comercio y demografía (desarrollo económico y pobreza); cultura: geografía; política; riesgo global: medio ambiente y globalización; habilidades: habilidades de investigación y análisis (evaluar fuentes de información, uso de evidencia, enlace local-global y comunicación creativa); y resolución de problemas global: construcción de escenarios, estudios futuros, producción de medios, consumo crítico y uso de la tecnología |
| **Región** | Global |
| **Duración** | Cuatro semanas |

**Metas y objetivos**

1. **Aprender** a usar el pensamiento sistémico y la planificación de escenarios para crear un futuro que sea de nuestro agrado.
2. **Motivar** a los estudiantes a utilizar las habilidades de razonamiento crítico para decidir cómo crear el futuro que desean.
3. **Actuar** trayendo vida al futuro ambiental que desean.

**Habilidades y conocimientos**

1. Los estudiantes usarán un pensamiento creativo y visionario para diseñar un futuro saludable para nuestro mundo.
2. Los estudiantes desarrollarán sus habilidades de planificación.

## Resumen

El propósito de esta unidad es ayudar a los estudiantes a utilizar las habilidades de planificación para que algo suceda.

## Actividad E.3.1
## Elaborando un plan

Usando las ideas que surgieron en la discusión en clase sobre los escenarios generados por los mismos estudiantes, los estudiantes ahora trabajarán en equipos (pueden ser equipos internacionales, si es posible en el contexto de la escuela y si el docente lo elige) para diseñar un plan detallado para evitar o mejorar un escenario que elijan del trabajo del grupo. El docente deberá, recurrentemente, hacer preguntas a cada grupo del tipo "¿Cómo lograrás que las personas cambien su comportamiento?" y "¿Cómo lograrás que los gobiernos se adhieran a los acuerdos ambientales?" Por ejemplo, los pasos pueden incluir trabajar con agencias internacionales de protección ambiental para abogar por sanciones contra los contaminadores corporativos y gubernamentales. El producto de esta actividad será un plan de trabajo detallado sobre cómo lograr los resultados deseados, el cual incluya elementos de acción, roles y responsabilidades, presupuestos proyectados, entre otros.

## Actividad E.3.2:
## Planificación de escenarios, parte 2

Una vez que los estudiantes han elaborado un plan como grupo, escriben nuevos escenarios de forma individual en función del nuevo futuro que esperan crear. Luego, los grupos comparten sus visiones y discuten cómo, incluso con el mismo plan, difieren (o son iguales) sus ideas sobre cómo podría ser el futuro. Compartirán estos informes con estudiantes de otras partes del mundo.

**Recursos:**

*Algunos de los recursos a continuación se encuentran en inglés, como referencia para los maestros que podrán adaptar lo que consideren pertinente para sus contextos:*

- Brown, L. 1988. "Analyzing the Demographic Trap" in *State of the World*, 1987. eds. L. Brown and others. New York: W. W. Norton. Pages 20–37 of the PDF.
- Diamond, Jared. 2005. *Collapse: How Societies Choose to Fail or Succeed*. New York: Penguin Books. Chapters 1 and 2.
- Programa de las Naciones Unidas para el medio ambiente: http://www.unenvironment.org/es
- Charlas TED (todos los vídeos permiten configurar los subtítulos a español):
    o Soluciones innovadoras a los problemas del agua: http://www.ted.com/talks/rob_harmon_how_the_market_can_keep_streams_flowing.html
    o Icebergs que se derriten: http://www.ted.com/talks/camille_seaman_haunting_photos_of_ice.html
    o Ser vegetariano una vez a la semana: http://www.ted.com/talks/graham_hill_weekday_vegetarian.html
    o Hans Rosling sobre el crecimiento demográfico: http://www.ted.com/talks/hans_rosling_on_global_population_growth.html
    o Polución plástica: http://www.ted.com/talks/dianna_cohen_tough_truths_about_plastic_pollution.html
    o Salvando el océano (http://www.ted.com/talks/greg_stone_saving_the_ocean_one_island_at_a_time.html)

El Curso Mundial: De grado noveno a grado doceavo

**El Curso Mundial**
**Curso semestral para la escuela secundaria / escuela superior**
**Sociedad y salud pública**

En el curso sobre sociedad y salud pública, los estudiantes comenzarán por explorar sus necesidades individuales de salud personal. Luego se expandirá la discusión a la naturaleza pública de la salud, a través de una investigación del mapa de cólera de John Snow. Compararán la salud pública de 1900 y la de hoy. Considerarán los avances que se han logrado en salud pública, y también explorarán la posibilidad de seguir una carrera en el sector de la salud pública. Luego, los estudiantes ampliarán su comprensión de la salud pública para incluir los vínculos entre la salud, la educación y la economía a través de exploraciones múltiples. Los estudiantes también leerán *Montañas tras las montañas* de Tracy Kidder, una historia personal sobre el campo de la salud pública. Los estudiantes utilizarán estudios a nivel de país y de temas especiales para desarrollar una comprensión de los avances y desafíos de salud a escala global. Los estudiantes crearán, planificarán y ejecutarán una campaña de servicio público sobre un tema de la sociedad y la salud.

Descripción general de las unidades

1) Salud personal
2) Salud pública (¿Qué es lo público de la salud pública?)
3) Vínculo literario: *Montañas tras las montañas* y estudios de contexto
4) La salud y la riqueza de las naciones
5) Un proyecto de aprendizaje experiencial[11]

---

[11] Por favor, consulte la nota en la descripción detallada de esta unidad para obtener sugerencias sobre el calendario de este proyecto.

El Curso Mundial: De grado noveno a grado doceavo

**Unidad** SSP.1
**Tema** Salud personal
**Subtemas** CIC: interpersonal (empatía) e CIC: intrapersonal (ética)
**Región** No aplica
**Duración** Tres semanas

**Metas y objetivos**

1. **Aprender** sobre la salud pública a través de una exploración de la salud personal, sobre lo que uno necesita para estar sano en general y, en particular, sobre un tema único relacionado con la salud personal.
2. **Motivar** en los estudiantes el deseo de mantener la salud personal para gozar de una alta calidad de vida y mostrar compasión por los otros que enfrentan desafíos de salud.
3. **Evaluar** la salud personal, la medida en que las necesidades de salud personal se encuentran satisfechas y los recursos de salud.

**Habilidades y conocimientos**

1. Los estudiantes comprenderán ampliamente sus propias necesidades de salud personales (físicas y emocionales).
2. Los estudiantes compilarán y organizarán información sobre salud personal de una variedad de fuentes.
3. Los estudiantes explicarán y describirán información clave con respecto a un tema de interés en el área de la salud.
4. Los estudiantes identificarán y explorarán los vínculos entre los múltiples componentes de la salud.

**Resumen**

En esta unidad, los estudiantes comenzarán su exploración de la salud comenzando con la salud personal e individual. Entrevistarán a miembros de su familia y a su médico personal con respecto a problemas de salud. Recopilarán investigaciones sobre un tema de interés de salud en una hoja informativa para compartir con sus pares. Los estudiantes también comenzarán a explorar algunos de los vínculos importantes entre los diferentes aspectos de la salud que serán explorados con mayor profundidad en las unidades posteriores.

## Actividad SSP 1.1
### ¿Qué necesitas para estar sano?

Los estudiantes investigan qué necesitan como individuos para estar saludables. Los estudiantes comienzan escribiendo una reflexión en sus diarios sobre lo que necesitan para estar física y emocionalmente saludables. Los estudiantes luego entrevistarán a sus padres o tutores para determinar lo que ellos creen que necesitan para estar saludables. Los estudiantes usan sus reflexiones para escribir una lista de preguntas sobre su salud personal para consultar con su pediatra o médico de familia. Luego entrevistan al médico para obtener más conocimiento clínico de sus necesidades personales.

## Actividad SSP 1.2
### Educar a otros sobre la salud personal

Los estudiantes deben usar esta lista y otra información que encuentren disponible para crear una hoja de información (de una página de largo) que educará a otros sobre *un tema* de interés que surgió en su exploración de la salud personal. Los temas que los estudiantes eligen deben variar y deben abarcar desde la atención prenatal hasta el ejercicio, la nutrición, la vacunación, los exámenes médicos, la salud dental, la salud física, la salud emocional, la salud mental, etc. Sin embargo, es importante enfatizar que los temas deberán referirse a la salud personal en lugar de a la salud pública, que se abordará más adelante en el curso. Los estudiantes deben usar la biblioteca y los recursos en línea para encontrar al menos cinco fuentes de información para desarrollar su hoja de información. La información no debe ser personal para el estudiante sino más bien una exploración de un tema de salud personal que sea de su interés (esto es importante porque esta hoja de información se compartirá). Los estudiantes deben reunirse en grupos de cuatro o cinco para compartir sus hojas de información. Deben leer las hojas y proporcionar comentarios el uno al otro. Los estudiantes deben usar sus borradores y los comentarios para refinar sus hojas y crear una breve presentación para la clase.

## Actividad SSP 1.3
## Mapeo de la salud: ¿Qué tan saludable te encuentras?

Existe una multitud de evaluaciones personales disponible a través de internet que permiten evaluar la salud de un individuo. Los estudiantes deben explorarlas, tomar dos o tres de ellas, y tomar notas sobre las preguntas que se le hacen. Luego los estudiantes se agrupan en cuatro o cinco para compartir las preguntas que se les piden (no sus respuestas). Como resultado, generan una larga lista de componentes de la salud. Los estudiantes también deben analizar qué componentes de la salud se quedan fuera (generalmente la vacunación y la atención materna / prenatal y, en ocasiones, la salud mental).

Tenga en cuenta que los estudiantes no comparten la información sobre su propia salud personal, sino que informan los tipos de preguntas que se formulan en los cuestionarios y las preguntas que quedan excluidas, y luego pasan a establecer los vínculos. Los estudiantes no deben compartir información sobre las respuestas dadas en su propio cuestionario salud, especialmente si no son saludables y desean mantener esa información privada. Dicho esto, esta unidad se desarrolla desde la salud personal hasta la salud pública, y es probable que el estado de salud de los estudiantes se discuta en una conversación o actividad en algún momento. El docente debe estar preparado para manejar estas situaciones potencialmente delicadas.

Los estudiantes usarán un software de mapas mentales para intercambiar ideas sobre los vínculos entre los múltiples componentes de la salud, como el acceso a la atención prenatal, los recursos económicos, los recursos naturales, las vitaminas, el agua potable, el saneamiento y la higiene. Los estudiantes deben informar sobre los vínculos que mapearon, y cuando los estudiantes realicen sus presentaciones, los otros deberán agregar los vínculos que sean relevantes y que hayan sido mencionados por sus compañeros a su propio trabajo.

El Curso Mundial: De grado noveno a grado doceavo

Empoderar Ciudadanos Globales

| | |
|---|---|
| **Unidad** | SSP.2 |
| **Tema** | Salud pública (¿Qué es lo público de la salud pública?) |
| **Subtema** | CIC: interpersonal (identidad y cultura propias, identidades y culturas de los demás y empatía); ética; hábitos de trabajo y hábitos mentales: intercambio cultural; geografía; historia mundial; riesgo global: sociedad y salud; y habilidades investigativas y analíticas |
| **Región** | Londres |
| **Duración** | Tres semanas |

**Metas y objetivos**

1. **Aprender** a comprender los cambios históricos en las perspectivas que han existido en torno a la salud pública, así como sobre diversos tratamientos y problemas de salud, para entender el impacto de los avances en la salud pública en las poblaciones y para explorar los aspectos culturales de los problemas de salud.
2. **Motivar** a los estudiantes a ser sensibles a los problemas de salud pública, así como desarrollar en ellos un interés por la ampliación de conocimientos y perspectivas sobre la salud pública a lo largo del tiempo.
3. **Evaluar** el rol de la información en los avances en salud pública y demostrar una comprensión sobre su importancia en las presentaciones de clase.

**Habilidades y conocimiento**

1. Los estudiantes comprenderán los cambios en las perspectivas sobre la salud pública, así como los cambios en la comprensión de los problemas de salud.
2. Los estudiantes evaluarán el impacto de los avances en la comprensión de la salud pública.
3. Los estudiantes establecerán conexiones respecto a la disponibilidad de información y su relación con los avances en la salud pública.
4. Los estudiantes recopilarán, evaluarán y presentarán información sobre un avance particular en la salud pública que les interese.

El Curso Mundial: De grado noveno a grado doceavo

5. Los estudiantes examinarán las normas y expectativas culturales en torno a problemas de salud pública.

**Resumen**

En esta unidad, los estudiantes comenzarán con una exploración histórica de la salud pública. Examinarán el mapa de cólera elaborado por John Snow para establecer la conexión entre la información, el acceso a la información y los avances en la salud pública. Explorarán las perspectivas históricas y modernas sobre cuestiones de salud pública, así como los aspectos culturales de los problemas de salud pública.

**Actividad SSP2.1**
**¿Qué es lo público de la salud pública?**

Comparta con los estudiantes la siguiente imagen del mapa de cólera de John Snow (http://www.ph.ucla.edu/epi/snow/snowmap1_1854_lge.htm)[12], asegurándose de que no hay claves o leyendas del mapa visibles. Pídale a los estudiantes que compartan sus primeras ideas sobre el propósito de este mapa. Los estudiantes deberían tener en cuenta que hay gráficos de barras a lo largo de las calles de la ciudad. Una vez que se den cuenta de que el mapa documenta muertes, comparta con los estudiantes que documenta aquellas ocasionadas por cólera. Pídales a los estudiantes que hagan observaciones sobre las áreas en las que hay una concentración de muertes y en las cuales no las hay (las muertes se agrupan alrededor de una de las bombas de agua de la ciudad y están ausentes del área cercana a la cervecería). Pídales a los estudiantes que sugieran a partir de sus propias ideas cómo se utilizó el mapa para avanzar en el conocimiento de la propagación de la enfermedad.

En la siguiente página web (en inglés) existen algunos recursos que pueden servir de apoyo para la actividad:

---

[12] La página a la que dirige el vínculo está en inglés, pero para este ejercicio lo importante es la imagen. Para quienes quieran explorar o trabajar el contenido en español, se les sugiere explorar esta página: http://elzo-meridianos.blogspot.com.co/2015/05/el-mapa-del-colera-de-john-snow.html

https://www.nationalgeographic.org/activity/mapping-london-epidemic/

**Actividad complementaria para trabajar desde el área de ciencias**

En esta página se puede encontrar información de calidad para promover proyectos desde el área de ciencias relacionadas con el contenido de esta unidad:
https://www.cdc.gov/spanish/

**Actividad SSP2.2**
**Antes y ahora: La salud pública en 1900 y hoy en día**

El siguiente sitio web ofrece una comparación histórica interesante entre la salud pública en los años 1900 y hoy. Los avances en las herramientas, así como en el pensamiento se hacen evidentes. Esta es una excelente introducción a la historia de la salud pública (recurso en inglés):

https://www.thirteen.org/edonline/lessons/1900house/index.html

Para quienes deseen trabajar con un material en español, el siguiente documento presenta una interesante síntesis sobre los avances en salud pública del siglo XX:

https://parto-nacimiento.wikispaces.com/file/view/La+medicina+social%2Cla+salud+publica+y+el+siglo+XX.pdf

**Actividad SSP2.3**
**¿Cuáles son algunos de los avances que han mejorado la salud pública?**

Los estudiantes investigan de forma independiente los avances en salud pública sobre alguna enfermedad infecciosa y luego los presentan a la clase. A pesar de que son solo un componente de los temas asociados a la salud pública, las enfermedades infecciosas se emplearán porque el conocimiento sobre este tipo de enfermedades ha cambiado significativamente en los últimos cien años. Los estudiantes deben presentar tanto la comprensión histórica y moderna de la enfermedad infecciosa y explicar cómo los dos entendimientos han afectado la salud pública. Los temas secundarios que pueden surgir incluyen preparación internacional, inmunización, saneamiento, higiene, generación de conciencia, enfermedad y guerra, detección, diagnóstico y tratamiento.

**Actividad SSP2.4**
**¿Cuáles son algunos de los componentes culturales de la salud pública?**

Después de sus presentaciones, los estudiantes deben reflexionar, ya sea con la totalidad de la clase o en grupos pequeños, sobre los elementos de la salud que son o han pasado a formar parte de la cultura. Algunas ideas para pensar incluyen la naturaleza cultural de la higiene personal, el espacio personal y la distancia, y la preparación de alimentos.

Empoderar Ciudadanos Globales

| | |
|---|---|
| **Unidad** | SSP.3 |
| **Tema** | *Montañas tras las montañas* |
| **Subtemas** | CIC: interpersonal (identidad y cultura propias, identidades y culturas de los demás y empatía); ética; geografía; desarrollo económico; pobreza; riesgo global: sociedad y salud; y habilidades investigativas y analíticas |
| **Región** | Haití, Rusia y Perú |
| **Duración** | Seis semanas |

**Metas y objetivos**

1. **Aprender** a comprender las cuestiones de salud pública de manera exhaustiva mediante un análisis de la literatura y relacionar sus hallazgos con un compromiso personal con cuestiones de salud pública. Utilizar los contextos presentados en *Montañas tras las montañas* como casos de estudio sobre las complejidades de los temas de salud problemas y cómo varían éstos según el contexto.
2. **Motivar** en los estudiantes el deseo de promover temas de salud pública y trabajar para disminuir el impacto de la pobreza en la salud.
3. **Evaluar** las políticas de salud pública y sus impactos en las vidas de diversas personas.

**Habilidades y conocimiento**

1. Los estudiantes evaluarán la historia personal de una persona comprometida con la pobreza y los problemas de salud pública.
2. Los estudiantes explorarán la conexión entre la pobreza y la salud.
3. Los estudiantes recopilarán, organizarán y presentarán información sobre la variedad de contextos de salud presentados en *Montañas tras las montañas*.
4. Los estudiantes evaluarán y explorarán carreras en salud pública.

## Resumen

En esta unidad, los estudiantes analizarán el perfil del Dr. Farmer, un personaje comprometido con la salud y la erradicación de la pobreza que nos es presentado en el libro de Tracy Kidder, *Montañas tras las montañas* que (https://www.casadellibro.com/libro-montanas-tras-las-montanas-un-hombre-dispuesto-a-curar-al-mundo/9788494645334/5185488). Tenga en cuenta que el libro tiene 306 páginas. Luego, los estudiantes explorarán y presentarán información sobre los contextos presentados en este libro, que pueden verse como estudios de caso sobre la intersección entre salud, cultura, economía y política. Los estudiantes luego explorarán distintas carreras profesionales en salud pública, principalmente conectando y hablando con individuos que han hecho sus propias carreras en este sector.

## Actividad SSP3.1
*Montañas tras las montañas*

Tenga en cuenta que esta actividad puede desarrollarse de forma paralela con las siguientes dos actividades.

Los estudiantes deben el libro *Montañas tras las montañas* de Tracy Kidder. Para planes de clase (en inglés), vea los siguientes enlaces:

- http://www.webenglishteacher.com/kidder.html
- http://www.bookrags.com/Mountains_Beyond_Mountains

Las siguientes son algunas preguntas para discusión, reflexión o elaboración de ensayos:

1. ¿Cuáles son los posibles significados de la metáfora de las "montañas tras las montañas"? ¿Cuál es la relación entre esta metáfora y la salud?
2. ¿Cuál es la relación entre la pobreza y la salud que se presenta en este libro? ¿Estás de acuerdo o en desacuerdo con lo presentado? ¿Por qué?
3. ¿Qué aprendiste sobre el personaje de Dr. Farmer?
4. ¿Cómo evolucionaron las ideas de Farmer sobre la justicia a lo largo del tiempo?

## Actividad SSP3.2
## Aproximarse y comprender los contextos presentados en el libro

Los estudiantes deben preparar informes sobre los contextos de salud pública presentes en el libro. Los estudiantes deben trabajar en grupos pequeños para preparar estos informes. Cada grupo debe investigar uno de los siguientes contextos para la salud pública: Haití; poblaciones carcelarias en Rusia; y barrios marginales en Lima, Perú. Las presentaciones deben responder las siguientes preguntas:

1. ¿Cuáles eran los desafíos de salud presentes en estos contextos en el momento en que se escribió el libro? ¿Cuáles son algunos de los desafíos de salud actuales?
2. ¿Cómo describirías los antecedentes históricos de estos desafíos de salud?
3. ¿Cuál fue la perspectiva histórica con respecto a estos desafíos? ¿Cuál es la perspectiva moderna con respecto a estos desafíos?
4. ¿Cuál es la relación entre la salud y la pobreza en estos contextos?

## Actividad SSP3.3
## Carreras profesionales en el sector de la salud pública

Utilizando el siguiente recurso como punto de partida, los estudiantes deben explorar las profesiones en el campo de la salud pública:

- https://medlineplus.gov/spanish/ency/article/001933.htm

Luego, cada estudiante debe elegir una carrera para explorar a profundidad. Posteriormente, los estudiantes realizarán una feria sobre carreras profesionales en el sector de la salud, y ese día, presentarán información sobre sus profesiones a sus compañeros de clase. Lo siguiente es muy importante: para prepararse, los estudiantes deben entrevistar a profesionales en el campo que hayan seleccionado, así como investigar los requisitos educativos, las oportunidades de trabajo y otra información relevante al campo de su selección. La conexión personal con las personas que trabajan en el campo de la salud pública es clave para esta actividad.

El Curso Mundial: De grado noveno a grado doceavo

## Empoderar Ciudadanos Globales

**Unidad**      SSP.4
**Tema**        La salud y la riqueza de las naciones
**Subtemas**    CIC: interpersonal (identidad y cultura propias, identidades y culturas de los demás y empatía); ética: compromiso con la igualdad y el compromiso de apoyar los derechos humanos; geografía; riesgo global: sociedad y salud; y habilidades investigativas y analíticas
**Región**      Uganda y global
**Duración**    Tres semanas

### Metas y objetivos

1. **Aprender** a comprender los problemas de la salud pública, en particular la conexión entre la salud y la riqueza de las naciones; comprender, evaluar y usar indicadores de salud pública; evaluar un problema de salud pública a través de un estudio de caso detallado de un brote de Ébola en Uganda; y recopilar, evaluar y presentar información sobre un tema en salud pública.
2. **Motivar** en los estudiantes un compromiso con la justicia en lo que respecta a las políticas de salud pública a nivel nacional.
3. **Evaluar** las complejidades de las políticas nacionales de salud y sus vínculos inextricables con la riqueza a través del uso de indicadores de salud pública y mediante la presentación de información sobre los desafíos de salud pública.

### Habilidades y conocimiento

1. Los estudiantes comprenderán y articularán la conexión entre riqueza y salud a nivel nacional.
2. Los estudiantes evaluarán y harán uso de indicadores nacionales de salud pública.
3. Los estudiantes evaluarán los desafíos de salud pública a nivel nacional.
4. Los estudiantes compilarán, organizarán y presentarán información sobre un tema de salud pública.

El Curso Mundial: De grado noveno a grado doceavo

**Resumen**

En esta unidad, los estudiantes examinarán la salud pública a nivel nacional. Primero, explorarán la conexión entre la salud y la riqueza de las naciones. Evaluarán y usarán una variedad de indicadores de salud y (si el tiempo lo permite) exhibirán sus propias investigaciones sobre estos indicadores usando el software StatPlanet. Los estudiantes analizarán cuestiones de salud pública a nivel nacional, al igual que un estudio de caso sobre un brote de Ébola en Uganda. Los estudiantes aplicarán lo que aprenden en esta unidad a la exploración de un tema especial en salud pública.

**Actividad SSP4.1**
**La salud y la riqueza de las naciones**

Los estudiantes emplearán el software de Gapminder (recurso en inglés) para describir la conexión entre la economía y la salud de las naciones:

- http://www.gapminder.org/

Los estudiantes definen los indicadores que se usan en la página y evalúan su importancia. Los estudiantes deben investigar la variedad de indicadores de salud disponibles a través de este software.

Como recurso alternativo en español, los estudiantes se pueden dirigir a:

- https://knoema.es/atlas

**Actividad SSP4.2**
**Desafíos mundiales de la salud**

Los estudiantes revisan el Objetivo de Desarrollo Sostenible para una vida sana y el bienestar y usan el sitio web de la Organización Mundial de la Salud para investigar individualmente los desafíos de salud de diferentes naciones en diferentes continentes. Tenga en cuenta que cada estudiante debe elegir un país de una lista de países (cuatro o cinco de cada uno de los continentes) y que el docente debe asegurarse de que se seleccionen todos los países. Los estudiantes luego forman grupos de acuerdo a sus continentes y discuten los desafíos de salud y los desafíos que se comparten. Reunidos como una clase completa, pasarán luego a comparar los desafíos en todo el mundo.

Para examinar las metas del Objetivo de Desarrollo Sostenible para una vida sana y el bienestar para todos, los estudiantes pueden ingresar a:

- http://www.un.org/sustainabledevelopment/es/health/

- Como una posible extensión de esta actividad los estudiantes pueden utilizar el software de StatPlanet, presentando sus hallazgos utilizando mapas interactivos: http://www.sacmeq.org/statplanet/.

**Actividad SSP4.3**
**Respuestas ante brotes modernos: El caso del Ébola en Uganda**

Los estudiantes ven el siguiente video para aprender más sobre la respuesta de los Centros para el Control y la Prevención de Enfermedades, a los brotes de ciertos males (en inglés):

- https://www.cdc.gov/cdctv/diseaseandconditions/outbreaks/responding-to-outbreaks.html

Los estudiantes usan lo visto en el video como un modelo para simular la respuesta a un brote dentro de la escuela.

Como una posible extensión de esta actividad, el Curso Mundial podría desarrollar un trabajo conjunto con el área / departamento de ciencias de la escuela y utilizar este plan detallado que simula el uso del método científico para investigar un brote de enfermedad ficticio en la escuela (en inglés):

- https://www.cdc.gov/careerpaths/scienceambassador/lesson-plans/index.html

**Actividad SSP4.4**
**Temas sobre sociedad y salud**

## El Curso Mundial: De grado noveno a grado doceavo

Los estudiantes amplían su comprensión de la sociedad y la salud mediante investigaciones grupales sobre los siguientes temas especiales: envejecimiento de la población, aumento de la población (naciones en desarrollo) y declinación demográfica (naciones desarrolladas), pobreza y hambre, urbanización, planificación urbana y saneamiento, migración y equidad y escasez de recursos.

**Recursos para el docente**

- Lesson Planet: unidades sobre salud pública (en inglés): http://www.lessonplanet.com/lesson-plans/public-health

**Recursos**

- Organización Mundial de la Salud: http://www.who.int/es/
- Centros para el Control y la Prevención de Enfermedades: https://www.cdc.gov/Spanish/
- Global Health Council (en inglés): http://www.globalhealth.org/

## Empoderar Ciudadanos Globales

| | |
|---|---|
| **Unidad** | SSP.5 |
| **Tema** | Proyecto de campaña de concientización |
| **Subtemas** | CIC: interpersonal (identidad y cultura propias, identidades y culturas de los demás y empatía); ética: compromiso con la igualdad y el compromiso de apoyar los derechos humanos; riesgo global: sociedad y salud; y habilidades investigativas y analíticas |
| **Región** | No aplica |
| **Duración** | Tres semanas |

Tenga en cuenta que tres semanas es una estimación de cuánto tiempo debe durar la parte de esta unidad en horario de clase. Sin embargo, es importante que el docente comience esta unidad más temprano en el semestre para que los estudiantes puedan trabajar en su propio problema de salud pública mientras aprenden sobre ello en clase. Algunos componentes del proyecto se pueden asignar como tarea desde el comienzo del semestre, para que los estudiantes vayan avanzando paulatinamente. Sin embargo, el objetivo es que el semestre se finalice con el cierre de esta unidad.

### Metas y objetivos

1. **Aprender** a comprender los componentes de una campaña de concientización y aplicar este entendimiento al desarrollo de un proyecto de campaña.
2. **Motivar** en los estudiantes el deseo de abogar por la generación de conciencia sobre los problemas de salud pública.
3. **Evaluar** las complejidades de los problemas de salud pública a través del desarrollo y la ejecución de una campaña de concientización sobre la salud pública.

### Habilidades y conocimientos

1. Los estudiantes comprenderán los componentes de una campaña de concientización y aplicarán esa comprensión al desarrollo de un proyecto de campaña.
2. Los estudiantes evaluarán la efectividad de las distintas campañas de concientización y aplicarán esa comprensión a sus propios proyectos de campaña.

3. Los estudiantes reflexionarán sobre sus experiencias personales trabajando con el propósito de generar conciencia sobre un problema de salud pública.

**Resumen**

En esta unidad, los estudiantes actuarán a partir del conocimiento que tienen y han ido desarrollando sobre un problema de salud pública y crearán una campaña de concientización sobre la salud pública. Los objetivos de este proyecto son que los estudiantes se vean a sí mismos como actores y defensores de la equidad y la justicia en cuestiones de salud pública, y que participen en un proyecto que les permita contribuir a la salud pública de manera significativa. Durante el desarrollo de este proyecto, los estudiantes deberán lidiar con las complejidades asociadas al tema que han elegido y reflexionar sobre los desafíos y éxitos alcanzados durante la campaña, prestando atención tanto al camino (o proceso) como a los logros y efectos después de la finalización del proyecto.

**Actividad SSP5.1**
**Un proyecto de aprendizaje experiencial**

Los estudiantes crean un proyecto de aprendizaje experiencial en el cual abordan un problema de salud global. La idea es que encuentren un proyecto que pueda tener un impacto en la forma en que las personas se comportan, en las políticas públicas en torno a la salud pública o en el acceso de la comunidad a la atención médica y la información sobre salud. Los estudiantes deben poder elegir un tema de interés y deben formar grupos en la clase en torno a ese tema. Por ejemplo, podrían elegir como tema la tendencia a resistir ciertos tratamientos médicos y antibióticos, contaminación del agua y alimentos, conductas de riesgo, estilos de vida sedentarios, acceso a servicios de vacunación o prevención de enfermedades, abuso de sustancias, salud mental, acceso a atención preventiva o atención aguda, o acceso a comida saludable de costo asequible. Al llegar a este punto, los estudiantes estarán equipados para explorar no solo el problema en sí, sino también los vínculos entre el tema y la economía, la cultura, la historia, el acceso a los recursos y la equidad.

Para esta campaña, los estudiantes deberán:

1. Crear un video educativo / un anuncio de servicio público;
2. Crear una "hoja informativa" de dos páginas con información, recursos y una lista de referencias; y
3. Planificar, ejecutar y reflexionar sobre una actividad de servicio relacionada con el tema de su elección.

El Curso Mundial: De grado noveno a grado doceavo

## El Curso Mundial
## Curso semestral para la escuela secundaria / escuela superior
## Conflictos globales y resoluciones

### Descripción general de las unidades

1. Introducir los marcos conceptuales para pensar acerca de los conflictos, incluyendo cómo se generan y cómo se pueden resolver, e introducir a los estudiantes a otros conflictos globales y sus causas.
   A. Anatomía de un conflicto
   B. Elecciones en un conflicto internacional, con enfoque en cuestiones de seguridad en Asia (opcional)
   C. Teoría de la guerra justa y la Segunda Guerra Mundial
   D. *Una agenda para la paz*
   E. Individuos, sociedad civil y respuestas al conflicto

2. Estudio de caso de Israel y Palestina: conflictos y resoluciones en el Medio Oriente

3. La recuperación del conflicto: Justicia Transicional (opcional)

### Grupos continuos de lectura guiada

Ya sea con toda la clase o en grupos de cuatro o cinco estudiantes, los estudiantes leerán libros de manera conjunta y se reunirán regularmente para discutir (con preguntas orientadoras por parte del docente) las secciones que han leído. Uno de los objetivos de estos grupos de lectura es complementar el contenido del curso con historias de interés humano sobre cómo los conflictos afectan a las personas y cómo las personas, incluidos los niños, reaccionan al conflicto. Los estudiantes serán invitados regularmente a hacer conexiones entre lo que están aprendiendo de estos libros y las discusiones que están teniendo sobre el contenido del curso.

Si los estudiantes forman grupos, podrían cambiar de grupo cada tres a seis semanas, lo cual les permitiría interactuar con tantos compañeros como sea posible en grupos pequeños y facilitaría la oportunidad de confrontar y resolver las diferencias de opinión que probablemente surgirán (y por lo tanto, practicar uno de los temas del semestre, resolución de conflictos).

El docente puede elegir libros que coincidan con la región en particular que se está estudiando en este momento o que ampliarán el alcance del conocimiento de diferentes partes del mundo por parte de los estudiantes, y los libros deben continuar extrayendo los temas comunes de conflictos y resoluciones. Las siguientes son algunas recomendaciones, pero otras, por supuesto, pueden ser agregadas:

1) *Éxodo* de León Uri (Israel/Palestina)
2) *El cielo y la tierra* de Le Ly Hayslip (Vietnam)
3) *Las cosas que llevaban los hombres que lucharon* de Tim O'Brien (Vietnam)
4) *Un largo camino: memorias de un niño soldado* de Ishmael Beah (Sierra Leona)
5) *Amaneceres en Jenin* de Susan Abulhawa (Palestina/ Israel)
6) *Saboreando el cielo: una infancia palestina* de Ibtisam Barakat (Palestina)

**Evaluación**

El proyecto de cierre constará de una serie de notas informativas preparadas por grupos de estudiantes sobre diversos conflictos y dará lugar a simulaciones de intentos de resolución de conflictos de todo un día. Las notas informativas incluirán:

1. La historia del conflicto, incluidas las principales incidencias de enfrentamientos y los diferentes intentos por resolver el conflicto;
2. Una lista de las partes interesadas y sus afectaciones y demandas; y
3. Las consecuencias económicas, sociales, culturales, personales, entre otras, del conflicto y una explicación de a quién afecta.

Empoderar Ciudadanos Globales

| | |
|---|---|
| **Unidad** | CGR.1 |
| **Tema** | Anatomía de un conflicto |
| **Subtema** | CIC: intrapersonal (habilidades de resolución de conflictos); ICC: interpersonal (empatía); hábitos del trabajo y de la mente: innovación y creatividad; política; y riesgo global: conflicto |
| **Región** | Todas / cualquiera |
| **Duración** | Una semana |

## Metas y objetivos

1. **Aprender** que los conflictos tienen diferentes elementos y componentes, que los conflictos pueden tener resultados positivos y negativos, y que estos resultados pueden determinar si un conflicto es constructivo o destructivo.
2. **Motivar** a los estudiantes a comprender que las personas pueden responder a los conflictos de diferentes maneras y que esas respuestas pueden conducir a la resolución o al escalamiento de algunos componentes del conflicto, a la creación de nuevos conflictos o a la ausencia de cambios en el conflicto original.
3. **Actuar** mediante la aplicación del marco de análisis y estudio a los conflictos actuales tal como se presentan en los medios (por ejemplo, un periódico).

## Habilidades y conocimiento

1. Los estudiantes analizarán ejemplos de conflictos y reconocerán las formas en que son similares y diferentes.
2. Los estudiantes reconocerán que diferentes personas pueden ver la misma situación de manera diferente.
3. Los estudiantes reconocerán que el conflicto es una característica común de la experiencia humana.
4. Los estudiantes desarrollarán distintas definiciones del concepto de "conflicto".

## Presentación Resumen

A partir de los materiales desarrollados por el Programa sobre Educación Intercultural de la Universidad de Stanford (SPICE por sus siglas en inglés) y el Proyecto de Seguridad Internacional y Control de

Armas, esta unidad hace una introducción a los conflictos internacionales.

**Actividad CGR.1.1**

Los estudiantes comparten unos con otros las razones por las cuales están interesados en tomar el Curso Mundial (en caso de que en la escuela sea una asignatura optativa), y se les pide que escriban sobre un conflicto que hayan experimentado o visto, tomando nota de las personas involucradas, las causas y consecuencias del conflicto, y cómo los afectó a ellos y a otros. Esta dinámica inicia una discusión sobre la naturaleza y el impacto del conflicto.

Los estudiantes luego ven clips de películas y programas de televisión con diferentes escenas de conflicto que ilustran los distintos tipos que se pueden observar en la realidad; los clips que se enumeran a continuación están basados en la oferta disponible en los Estados Unidos, pero una búsqueda rápida en la web por parte del docente fácilmente arrojará clips de programas y películas de otros países que siguen el mismo tema:

  i. Un clip de la serie de televisión por cable *Glee* sobre cómo un personaje enfrenta dos objetivos, creencias o acciones diferentes que están en conflicto entre sí. Alternativamente se puede emplear un clip de la película *El Discurso del Rey* o alguna de las puestas en escena de *Hamlet* (conflicto intrapersonal)
  ii. Un clip de la serie de televisión por cable *The Office* sobre conflicto entre individuos (conflicto interpersonal)
  iii. Un clip de la serie de televisión por cable *Modern Family* sobre un conflicto dentro de un grupo, como una familia (conflicto intragrupal)
  iv. Un clip de la serie *Lost* sobre un conflicto entre dos grupos diferentes o, alternativamente, un clip de una película que introduzca la idea de la identidad étnica que separa a dos grupos. Esto servirá como una guía para discusiones posteriores sobre el conflicto palestino-israelí, entre otros (conflicto intergrupal)
  v. Un clip de cualquier variedad de películas de superhéroes para ilustrar un conflicto entre dos o más naciones o un clip de *Trece días* (conflicto internacional)

vi. Un clip de cualquier variedad de películas de superhéroes o documentales sobre el medio ambiente u otros temas (*The Cove?*) para ilustrar problemas, acciones o valores que tienen partes en conflicto que no pertenecen a naciones o grupos discretos (conflicto global)

Al analizar los videos de la lista anterior, los estudiantes hablan sobre cómo saben que hay un conflicto y sobre las causas del conflicto y sus impactos, incluyendo cualquier posible impacto positivo (enfatizando la idea de que no todos los conflictos son negativos y que los conflictos no deben evitarse, sino que deben verse como parte de la vida cotidiana), y explorando posibles conexiones personales.

Los videos pueden complementarse con imágenes de, por ejemplo, accidentes automovilísticos, conflictos en deportes, heridas de guerra, peleas entre hermanos o protestas para involucrar visualmente a los estudiantes (siguiendo el currículo SPICE). A los estudiantes se les puede pedir que creen su propia puesta en escena con un diálogo para explicar las causas y las consecuencias de uno de los conflictos que se muestran en las imágenes. Los estudiantes podrán elegir si desean resolver el conflicto en sus actuaciones o no.

Como trabajo para la casa, se les pide a los estudiantes que traigan a la clase más ejemplos de conflictos que se ajusten a las categorías anteriores.

Una actividad alternativa o complementaria sería realizar la siguiente simulación producida por las Iniciativas de Manejo de Conflictos de la Universidad de Colorado y el Consorcio de Investigación de Conflictos (en inglés):

- http://www.colorado.edu/conflict/civil_rights/simulations/racial_conflict/

Una opción en español es el siguiente proyecto que propone distintas formas de aproximarse a uno de los conflictos más intensos de América Latina (el caso colombiano):

- http://www.reconstruccion.co/#overview

## Actividad CGR.1.2
## Análisis de conflictos

El docente elige un conflicto basado en un evento actual y trae una copia de un artículo de periódico que da cuenta del conflicto (por ejemplo, un artículo sobre algún tipo de crisis fiscal o económica, un artículo sobre el conflicto en Sudán, una columna de opinión sobre un tema controvertido, etc.). Los estudiantes exploran los cinco elementos del conflicto definidos en el plan de estudios SPICE: (1) participantes (y sus sentimientos y reacciones); (2) objetivos; (3) interrupción (evidencia visible u otras señales de que hay un conflicto); (4) métodos de gestión / resolución; y (5) resultados. Luego, los estudiantes analizan el evento para identificar los cinco elementos.

Los estudiantes aplican el marco a los otros ejemplos de conflictos discutidos en la clase del día anterior.

Luego se les pide a los estudiantes que apliquen este marco a un conflicto que han experimentado personalmente y que lo discutan. (El ejemplo de SPICE involucra a un estudiante que está tratando de estudiar para un examen mientras un hermano menor ve la televisión a volumen muy alto). El docente podría complicar continuamente la situación. Utilizando el ejemplo de SPICE, el docente podría presentar el hecho de que existe un historial de conflicto entre los hermanos que involucra el volumen del televisor, que uno de ellos tuvo un mal día antes de la interacción, que la televisión es para una tarea escolar, y así sucesivamente.

A lo largo de la unidad, se alienta a los estudiantes a plantear preguntas que aún no han sido resueltas y preguntas sin respuesta sobre el conflicto (como preguntas sobre eventos imprevistos, si los objetivos son siempre claros, si los participantes reconocerán que existe un conflicto, la historia detrás del conflicto, etc.) y se les anima a evitar la simplificación de situaciones complejas.

## Actividad CGR 1.3
## Resolución y gestión de los conflictos y sus resultados

Los estudiantes comienzan a aprender la diferencia entre las categorías generales de manejo y resolución de conflictos al hacer una lluvia de ideas de una lista de métodos de resolución que ya conocen. (La lista del currículo SPICE incluye negociación, votación, fuerza / violencia, compromiso, manipulación, litigación, presión como boicotear, protestar y golpear, denegar el poder, amenazas e intimidación, competencia y retiro). Las listas también deben incluir quién podría usar esos métodos (ej., gobiernos, individuos u otros grupos). Los estudiantes también deben examinar en qué situaciones son relevantes y en qué situaciones no son relevantes. Use los ejemplos de conflictos que los alumnos trajeron a clase como parte de la tarea de la noche anterior.

Los estudiantes discuten si hay conflictos que no pueden ser manejados ni resueltos y por qué esto podría ser así.

Cubra los siguientes puntos del currículo SPICE:
    a. Métodos reactivos en comparación con métodos proactivos para la resolución de conflictos
    b. Maneras unilaterales, bilaterales o multilaterales para gestionar o resolver un conflicto
    c. Métodos violentos en comparación con métodos no violentos
    d. Métodos que se pueden usar simultáneamente o en etapas
    e. Métodos que buscan el encuentro de un terreno común, que fomentan el cambio social, que operan a través de las instituciones, etc.
    f. Otras categorías (invite a los estudiantes a pensar en ellas)

Algunos extractos de los siguientes libros serían buenos complementos para la actividad y alentarían a los estudiantes a hablar sobre las diferencias entre los resultados de ganar-ganar, ganar-perder y perder-perder:

- *Obtenga el sí: El arte de negociar sin ceder*, por Fisher, Ury y Patton
- *Conversaciones difíciles: cómo hablar de los asuntos importantes* por Stone, Patton, y Heen

Pídales a los estudiantes que utilicen algunos de los conflictos en los que han estado trabajando o actuando o algunos de los conflictos que presentaron como ejemplos en días anteriores para crear varios sketches que muestren cómo se pueden resolver los conflictos (o no) utilizando los diversos métodos de resolución posibles discutidos anteriormente. En todos los casos se debe alentar a los estudiantes a que hablen sobre los sentimientos que están involucrados para cada una de las partes interesadas (por ejemplo, el deseo de una resolución rápida, el miedo a la escalada del conflicto, la ansiedad por la incertidumbre, el hambre de poder, etc.) y los valores (por ejemplo, el orgullo nacional, la no violencia, el deseo de mantener la tradición, etc.) que podrían influir y determinar sus elecciones y decisiones.

Una actividad adicional para toda la clase se basaría en la lectura de un fragmento del "Diálogo de los Melos" de Tucídides y en una puesta en escena por parte de los estudiantes en la que actuarían como los atenienses y los melianos para tratar de negociar un final diferente al conflicto (idea tomada de la capacitación de la IAF):

- https://helenosylatinos.wordpress.com/2011/04/03/dialogo-de-los-melios/.

La mitad de los estudiantes tomaría parte en la actividad de juego de roles, y la otra mitad observaría y reflexionaría sobre ella. Luego, las mitades cambiarían de roles, el segundo grupo intentaría otra resolución y el primer grupo miraría y luego discutiría sus observaciones. O la clase podría dividirse en dos grupos de melianos y dos grupos de atenienses y luego se emparejarían y se les pediría representar sus posiciones y realizar sus respectivas negociaciones, una tras otra. Toda la clase luego analizaría la escena, discutiendo los pros y los contras (y las similitudes y diferencias) de las dos escenas que se desarrollaron.

Alternativamente, utilizando las notas de fondo del currículo SPICE (en inglés) (http://spice.stanford.edu/catalog/10027/), los estudiantes examinan el siguiente conflicto entre Rusia y Japón, con un enfoque específico en la disputa de los "Territorios del Norte". En esta lección, los estudiantes recibirán los antecedentes históricos sobre los "Territorios del Norte" y sobre cómo las islas que conforman los "Territorios del Norte" llegaron a ser una barrera para las relaciones ruso-japonesas. Se les pedirá a los estudiantes que caractericen cuatro perspectivas principales sobre el tema: japonés, ruso, estadounidense y ainu (pueblo indígena). Luego aplican su conocimiento sobre el tema en un tribunal internacional simulado.

Los estudiantes luego aplican al conflicto los marcos que han aprendido hasta el momento (identificando los elementos) y generan posibles resoluciones o técnicas de gestión.

**Recursos**

- https://docs.google.com/document/d/1HyvXlIJthMbS1_fxQ7IkjShkZGREHGcDCxEa1VKIM9Q/edit
- http://spice.stanford.edu/catalog/10096/ (en inglés)
- http://spice.fsi.stanford.edu/catalog (en inglés)

El Curso Mundial: De grado noveno a grado doceavo

## Empoderar Ciudadanos Globales

**Unidad**  CGR.2 (Opcional)
**Tema**  Elecciones en un conflicto internacional: cuestiones de seguridad en Asia
**Subtema**  CIC: intrapersonal (habilidades de resolución de conflictos); CIC: interpersonal (empatía); hábitos de trabajo y hábitos mentales: innovación y creatividad; cultura: historia mundial; política; y riesgo global: conflicto
**Región**  Asia
**Duración**  Dos semanas

Tenga en cuenta que en la página http://www.cfr.org/ puede encontrar módulos académicos –en inglés– sobre temas de conflicto en otras partes del mundo que se pueden usar si se desea tener una región distinta a Asia como foco de esta unidad.

### Metas y objetivos

1. **Aprender** sobre varios casos de conflicto en Asia y los diversos tipos de resolución y gestión internacional de conflictos.
2. **Motivar** a los estudiantes a preguntar por qué y cuándo un método es elegido por los participantes de un conflicto sobre otros métodos.
3. **Actuar** trabajando eficazmente en grupos pequeños y grandes, y gestionando conflictos.

### Habilidades y conocimientos

1. Los estudiantes obtendrán experiencia en la identificación, análisis y comprensión de conflictos.
2. Los estudiantes analizarán los resultados positivos y negativos de métodos particulares de resolución y manejo de conflictos.
3. Los estudiantes aprenderán a interpretar y usar datos para llegar a conclusiones sobre conflictos complejos.
4. Los estudiantes reconocerán que es necesario entender los contextos geográficos e históricos de un conflicto para comprender la situación actual.

5. Los estudiantes aprenderán habilidades para generar y mejorar la conciencia sobre estos temas y comunicarlos efectivamente.

**Resumen**

Basado en parte en una publicación del currículo SPICE, esta unidad examina varios estudios de casos de conflicto internacional con un enfoque en asuntos de seguridad en Asia, incluyendo los siguientes: (1) bases militares estadounidenses en Okinawa (2) la Península Coreana (3) Camboya, y (4) los efectos del conflicto a largo plazo.

**Actividad CGR.2.1**

Esta actividad consta de cuatro partes. El objetivo de las partes 1, 2 y 3 es proporcionar a los estudiantes un marco conceptual para tratar los problemas de seguridad internacional. Los estudiantes desarrollan una definición de seguridad y conflicto, y también aprenden varios métodos de manejo y resolución de conflictos. Los estudiantes también descubren cómo los conflictos internacionales afectan sus vidas personales y por qué el mantenimiento de la seguridad internacional es un asunto importante.

**Actividad CGR.2.2**

Esta actividad examina el caso de las bases militares de los EE. UU. en Okinawa, Japón. Los estudiantes examinarán los conflictos que surgen por la presencia de estas bases militares desde distintas perspectivas. Los estudiantes incorporan estas perspectivas en juegos de roles para presentaciones frente a la clase. Después de los juegos de roles, la clase considera opciones para resolver o gestionar los conflictos que rodean las bases militares de EE. UU. en Okinawa.

**Actividad CGR.2.3**

Esta actividad presenta a los estudiantes los problemas de seguridad relacionados con la Península de Corea. Los estudiantes se dividirán para representar distintos países: China, Corea del Sur, Corea del Norte, Japón, Rusia y los Estados Unidos. Luego participan en el desarrollo de periódicos que presentan las perspectivas de cada uno estos países, según el grupo al que hayan sido asignados.

**Actividad CGR.2.4**

Esta actividad se basa en una aproximación al caso de Camboya y el desafío de resolver conflictos violentos de larga duración. Los estudiantes aprenden sobre la mediación multilateral y la cooperación como un medio para influir en la seguridad interna. También examinan el rol de la misión multidimensional de mantenimiento de la paz de las Naciones Unidas a Camboya en 1992.

**Recurso**

- http://spice.stanford.edu/catalog/10027/ (en inglés)
- Para un recurso en español con información de diferentes conflictos, consultar:
    o http://www.ieee.es/Galerias/fichero/docs_investig/2016/DIEEEINV06-2016_Geopolitica_BasesMilitaresxIIx_JavierGilPerez.pdf
    o http://cnnespanol.cnn.com/2017/03/16/tension-en-el-norte-de-asia-cual-es-el-pais-mas-fuerte-militarmente/
    o http://www.scielo.org.co/pdf/rci/n77/n77a04.pdf

El Curso Mundial: De grado noveno a grado doceavo

Empoderar Ciudadanos Globales

**Unidad** CGR.3
**Tema** Teoría de la guerra justa y la Segunda Guerra Mundial
**Subtemas** CIC: intrapersonal (habilidades de resolución de conflictos); CIC: interpersonal (empatía); hábitos de trabajo y hábitos mentales: innovación y creatividad; cultura: historia mundial y tradiciones filosóficas; política; y riesgo global: conflicto
**Región** Japón y los Estados Unidos
**Duración** Tres semanas

## Metas y objetivos

1. **Aprender** los principios de la teoría de la guerra justa.
2. **Motivar** a los alumnos a comprender las complejidades de hacer evaluaciones éticas y de determinar si un acto de guerra o una guerra en sí es "justa".
3. **Actuar** participando en un juicio simulado sobre el bombardeo de los Estados Unidos a Hiroshima, para determinar si el acto fue justo.

## Habilidades y conocimientos

1. Los estudiantes comprenderán la base de los acuerdos internacionales, como los Convenios de Ginebra, que regulan la conducta de las naciones en tiempos de guerra.
2. Los estudiantes aprenderán los seis principios de una guerra justa ("jus ad bellum").

## Resumen

Los estudiantes estudiarán con detenimiento la Segunda Guerra Mundial y discutirán los componentes de la teoría de la guerra justa y cómo se aplica a los conflictos.

## Actividad CGR.3.1

En esta lección, los alumnos leerán el discurso que pronunció el presidente de los Estados Unidos, Franklin D. Roosevelt, ante el Congreso, que condujo a la declaración de guerra contra Japón (el discurso del "día que vivirá en la infamia"). El objetivo es que los estudiantes evalúen si Roosevelt logró presentar el caso en términos de una guerra justa:

- http://www.pbs.org/thewar/downloads/just_war.pdf (recurso en inglés).

Un clip en español del discurso, junto con otros materiales se encuentra en:

- https://www.ushmm.org/wlc/es/media_fi.php?ModuleId=10005762&MediaId=3248#

**Actividad opcional**

Utilice el siguiente plan de clase sobre guerras justas, que incluye una actividad de juego de roles con respecto a la decisión de entrar en la Guerra de Corea y también una evaluación de la masacre de My Lai durante la Guerra de Vietnam:

- http://www.yale.edu/ynhti/curriculum/units/2002/3/02.03.01.x.html (en inglés)
- Un recurso en español que da información sobre la Guerra de Corea se encuentra aquí: http://www.elmundo.es/la-aventura-de-la-historia/2015/08/21/55d7191746163f902e8b4586.html

**Actividad CGR.3.2**

Los estudiantes se dividen en varios roles y toman parte en un juicio simulado del bombardeo de Hiroshima por parte de los Estados Unidos. Aplicando discusiones y conceptos introducidos en la unidad, debaten si el bombardeo de Hiroshima para terminar la Segunda Guerra Mundial estaba justificado.

Los posibles roles incluyen abogados para la defensa y la fiscalía, un juez, un alguacil y testigos.

**Actividad opcional CGR.3.3**

Los estudiantes toman un discurso más contemporáneo hecho por un presidente sobre un acto de guerra (por ejemplo, el discurso del presidente Bush después del 11 de septiembre o el discurso del presidente Obama sobre el aumento de la presencia de tropas en Afganistán) y lo comparan con el discurso de Roosevelt.

También evalúan una guerra más contemporánea sobre la base de la teoría de la guerra justa y discuten / debaten los términos mediante los cuales se toman tales decisiones.

**Recursos**

- https://www.educ.ar/recursos/20003/la-segunda-guerra-mundial-1939-1945
- http://recursostic.educacion.es/multidisciplinar/wikididactica/index.php/Segunda_Guerra_Mundial
- http://recursostic.educacion.es/secundaria/edad/4esohistoria/quincena9/index_quincena9.htm
- http://www.elmundo.es/la-aventura-de-la-historia/2015/08/21/55d7191746163f902e8b4586.html

El Curso Mundial: De grado noveno a grado doceavo

## Empoderar Ciudadanos Globales

| | |
|---|---|
| **Unidad** | CGR.4 |
| **Tema** | *Una agenda para la paz*: El rol de las Naciones Unidas y el movimiento por los derechos humanos |
| **Subtemas** | CIC: intrapersonal (curiosidad sobre asuntos globales); ética: confianza en las instituciones, pérdida de confianza en las instituciones, valores compartidos, la importancia de los tratados internacionales y compromiso con la defensa de los derechos humanos; trabajo y hábitos mentales: innovación y creatividad; cultura: historia mundial; política; y riesgo global: conflicto |
| **Región** | Todas / cualquiera |
| **Duración** | Una semana |

### Metas y objetivos

1. **Aprender** el papel de una organización internacional como las Naciones Unidas en la resolución y / o gestión de conflictos.
2. **Motivar** a los estudiantes a determinar si las organizaciones internacionales pueden ser efectivas en la resolución de conflictos y de qué manera.
3. **Actuar** participando en una simulación de una cumbre internacional.

### Habilidades y conocimientos

1. Los estudiantes obtendrán una mejor comprensión de los conceptos de conflicto y paz.
2. Los estudiantes explorarán la historia de las Naciones Unidas, especialmente sus primeros años de existencia.
3. Los estudiantes comprenderán los principales eventos y actores involucrados en el movimiento por los derechos humanos.

### Resumen

Los estudiantes analizan los conceptos de paz y conflicto a través de las actividades de las Naciones Unidas. Estudian cómo esta organización internacional ha intentado cumplir sus objetivos de mantener y garantizar la paz.

## Actividad CGR.4.1

Se les pide a los estudiantes que apliquen la Declaración Universal de Derechos Humanos a algunos de los conflictos presentados en unidades anteriores. Deben responder las siguientes preguntas: ¿Qué derechos se violan en estas situaciones? ¿Cómo se puede garantizar que los derechos humanos se protejan en este tipo de situaciones? ¿Quién, (si es que alguien), es responsable de defender estos derechos?

Se recuerda a los estudiantes (en caso de ser estudiantes que han completado el currículo del Curso Mundial de kínder a octavo grado) las condiciones en las que se fundó la ONU para establecer el contexto histórico de la unidad y la historia del movimiento por los derechos humanos.

Extractos de libros como *La invención de los derechos humanos* de Lynn Hunt pueden ser un buen complemento para esta unidad. El libro en español también está disponible:
https://www.casadellibro.com/libro-la-invencion-de-los-derechos-humanos/9788483831854/1611605

## Actividad CGR.4.2

Los estudiantes definirán "conflicto" y "paz" para establecer un marco de referencia para los siguientes bloques de la presente unidad.

## Actividad CGR.4.3

Los estudiantes estudian las tres áreas de enfoque de las Naciones Unidas: el mantenimiento de la paz; el desarrollo y la ayuda humanitaria; y el medio ambiente, en el marco de la paz y el conflicto.

**Actividad CGR.4.4**

Usando fuentes primarias del currículo SPICE, los estudiantes analizan el impacto de las misiones de paz de la ONU. Pueden debatir la efectividad de la ONU después de leer una variedad de artículos y columnas de opinión sobre el papel de la ONU en situaciones de conflicto. Entre sus opciones, considere requerir que los estudiantes lean el siguiente documento:

- https://www.upeace.org/uploads/file/5.Rojas%20Aravena-AnuarioCEIPAZ2015-16.pdf

Luego pueden recrear la conferencia en la que se establece la Carta de las Naciones Unidas en San Francisco y, con base en lo que discutieron durante su debate sobre la eficacia de la ONU, proponer enmiendas y otros cambios.

**Recursos**

- http://spice.stanford.edu/catalog/10009/ (en inglés)
- https://www.amnesty.org/es/what-we-do/armed-conflict/
- https://www.hrw.org/es/topic/international-justice
- http://www.un.org/es/sections/what-we-do/protect-human-rights/index.html

El Curso Mundial: De grado noveno a grado doceavo

## Empoderar Ciudadanos Globales

**Unidad** CGR.5
**Tema** Individuos, sociedad civil y respuestas al conflicto
**Subtemas** CIC: interpersonal (empatía y etiqueta); hábitos de trabajo y hábitos mentales: innovación y creatividad; cultura: historia mundial; política; riesgo global: conflicto; y ética: compromiso con los derechos humanos
**Región** Todas / cualquiera
**Duración** Dos semanas

### Metas y objetivos

1. **Aprender** cómo varias personas y sociedades civiles han respondido a distintos conflictos.
2. **Motivar** a los estudiantes a encontrar personas y organizaciones con las que sienten afinidad en términos de temas y métodos de resolución de conflictos.
3. **Actuar** escribiendo cartas (por correo electrónico) a algunas de las diversas personas y organizaciones identificadas y discutidas en esta unidad.

### Habilidades y conocimientos

1. Los estudiantes repasarán y aprenderán nuevas habilidades de investigación.
2. Los estudiantes repasarán y continuarán perfeccionando sus habilidades con respecto al trabajo grupal.
3. Los estudiantes revisarán y aumentarán sus habilidades de presentación.

### Resumen

En grupos, los estudiantes estudiarán organizaciones que trabajan por la paz y la resolución de conflictos y los informarán al resto de la clase. También estudiarán individualmente la biografía de un constructor de paz, se comunicarán con él (o sus parientes vivos) y luego compartirán su trabajo y sus hallazgos a la clase.

El Curso Mundial: De grado noveno a grado doceavo

**Actividad CGR.5.1**

En grupos, los estudiantes investigarán las siguientes organizaciones y compartirán sus hallazgos con la clase, identificando en cada caso, al menos, lo siguiente: la historia de la organización, sus objetivos, su efectividad (ejemplos y evaluación), las oportunidades y desafíos que enfrenta como organización, su presupuesto y fuente de ingresos, sus principales donantes, su lista de clientes y otra información de interés. Se alentará a los estudiantes a ponerse en contacto con la organización directamente para obtener información adicional y posiblemente para agendar entrevistas (en la medida de lo posible, aprovechando los recursos tecnológicos disponibles en la escuela) con representantes de las organizaciones.

Algunas ideas sobre las preguntas a realizar a los representantes de las organizaciones incluyen las siguientes:

1. En su opinión, ¿cuáles son las diferencias entre la construcción de la paz, el mantenimiento de la paz y el establecimiento de la paz, y cómo se ve trabajando en esas áreas?
2. ¿Tiene usted un marco para comprender cómo se generan, se gestionan y resuelven los conflictos? Si es así, ¿podría compartirlo con nosotros?
3. ¿Cuáles son las formas concretas en las que estudiantes como nosotros se pueden involucrar en estos temas?
4. ¿Qué fue lo que lo llevo a usted a interesarse, preocuparse y trabajar en estos temas?
5. ¿Cuáles son las habilidades que uno necesita para ser efectivo en esta área?
6. ¿También ha trabajado en otras organizaciones en este tema? Si es así, ¿en cuáles? ¿Cómo los compararías (por ejemplo, organizaciones gubernamentales, no gubernamentales o internacionales)?

La siguiente es una lista (en inglés) de algunas organizaciones que se pueden contactar (algunas pueden tener presencia solo en algunos países). Es importante tener esta lista solo como referencia, pues en cada contexto puede haber presencia de otras organizaciones relevantes.

1. Asociación Mundial para la Prevención de Conflictos Armados: http://www.gppac.net/
2. Crisis Management Initiative: Every Peace Matters, que fue fundada por un ganador del Premio Nobel: http://www.cmi.fi/
3. Ciudadanos por la acción global: http://globalsolutions.org/blog/2011/02/diplomacy-action-us-unesco-civil-society
4. Plan de clase "Learning to Give" con una lista de organizaciones que trabajan en temas globales: http://learningtogive.org/lessons/unit68/lesson1.html

Si alguna de estas organizaciones tiene presencia en el área (ciudad, región) en la que se está desarrollando el Curso Mundial, los estudiantes pueden contemplar la posibilidad de invitar a un representante a que comparta una presentación en la escuela.

**Actividad CGR.5.2**

Individualmente, los estudiantes investigarán a un ganador del Premio Nobel de la Paz (ver la lista de perfiles sugeridos). Posteriormente, ofrecerán una presentación abordando la siguiente información sobre el ganador del Premio Nobel de la Paz:

1. Sus principales logros
2. El país y el contexto de su trabajo
3. Infancia (donde creció, su familia y antecedentes, etc.)
4. Principales factores que lo motivan a hacer lo que hace (modelos, fe, valores, experiencias, sueños, etc.)
5. Principales desafíos personales, políticos y de otro tipo y cómo los superó
6. Otros datos de curiosos / de interés

De acuerdo al criterio del docente y sus estudiantes, la presentación puede tomar muchas formas; no tiene por qué ser solo un discurso breve. Considere las siguientes alternativas:

1. Cuatro o cinco estudiantes pueden formar un panel moderado, hacerse pasar por los ganadores y responder preguntas.
2. Los estudiantes pueden tener entrevistas al estilo de un programa de opinión / televisión.

3. Los estudiantes pueden llevar a cabo un simulacro de premiación donde los logros se leen en voz alta y los "ganadores" dan un breve discurso.
4. Los estudiantes pueden organizar una "recepción" para las celebridades que hacen la paz. Deberán asistir personificando a los laureados quienes investigaron y tendrán una lista de preguntas que luego deberán responder sobre otras tres o cuatro personalidades con las cuales interactuaron durante la "recepción".
5. Se les puede pedir a los estudiantes que utilicen tantas imágenes como puedan (por ejemplo, una serie de imágenes de sitios web, revistas o libros que ilustran los puntos principales de su presentación) para "narrar" la vida de su personaje.
6. Los estudiantes pueden trabajar individualmente o en grupos para producir un video del perfil de su personaje.
7. Si hay disponibles películas biográficas de las personas que estudiaron, se puede alentar a los estudiantes a que incluyan fragmentos como parte de sus presentaciones.

La siguiente es la lista de perfiles sugeridos de premios Nobel de Paz:

1. Liu Xiaobo (2010)
2. Muhammad Yunus (2006)
3. Wangari Muta Maathai (2004)
4. Shirin Ebadi (2003)
5. Jimmy Carter (2002)
6. Kim Dae-Jung (2000)
7. Médecins Sans Frontières (1999)
8. La Campaña Internacional para la Prohibición de Minas (ICBL) y Jody Williams (1997)
9. Yasser Arafat, Shimon Peres y Yitzhak Rabin (1994)
10. Nelson Mandela and Frederik Willem de Klerk (1993)
11. Rigoberta Menchú Tum (1992)
12. Aung San Suu Kyi (1991)
13. El Dalai Lama, Tenzin Gyatso (1989)
14. Desmond Mpilo Tutu (1984)
15. Lech Walesa (1983)
16. Oficina del Alto Comisionado de las Naciones Unidas para los Refugiados (UNHCR) (1981)
17. Amnistía Internacional (1977)

**Recursos**

- http://www.excelsior.com.mx/global/2016/10/07/1121175
- http://www.nobelpeacelaureates.org/teach_peace.html (en inglés)
- http://www.amazon.com/Peacemakers-Winners-Nobel-Oxford-Profiles/dp/0195103165 (en inglés)

El Curso Mundial: De grado noveno a grado doceavo

Empoderar Ciudadanos Globales

| | |
|---|---|
| **Unidad** | CGR.6 |
| **Tema** | Conflictos y resoluciones en el Medio Oriente |
| **Subtemas** | CIC: (diversas perspectivas culturales y la empatía) interpersonales; CIC: intrapersonales (habilidades de resolución de conflictos); ética: la diversidad religiosa; de trabajo y de la mente hábitos: la innovación y la creatividad y la variación dentro de los grupos culturales; la cultura: la historia del mundo y las tradiciones filosóficas; política; y riesgo global: conflictos |
| **Región** | Medio Oriente |
| **Duración** | Ocho semanas |

**Metas y objetivos**

**Aprender** hechos históricos, culturales, geográficos, y otros sobre el Medio Oriente, y de que forma el conflicto afecta a las personas, incluyendo los niños. Aprender también a determinar y clasificar los factores que contribuyen al quiebre entre los dos grupos musulmanes en Irak. Y aprender que existe diversidad entre grupos de personas, aun cuando estos grupos estén definidos por la geografía, religión, u otras categorías.
**Motivar** a estudiantes a pensar en formas de resolver o gestionar los conflictos.
**Actuar** al participar en simulacro de una cumbre sobre diversos conflictos regionales del mundo actual.

**Habilidades y conocimientos**

1. Los estudiantes aprenderán de diversas perspectivas sobre el mismo conflicto.
2. Los estudiantes serán capaces de enumerar las preocupaciones de que los suníes y chiíes tendrá que abordar antes de poder curar su distanciamiento.

**Resumen**

Los estudiantes aprenden primero "cómo el Medio Oriente llegó a ser así" viendo y discutiendo un documental, y leyendo y discutiendo un artículo. Aprenden acerca de la diversidad dentro del grupo musulmán, así como la diversidad dentro del estado de Israel y el estudio de la región a través de la geografía, la demografía y la importancia del agua como recurso. Los estudiantes profundizan en los antecedentes históricos del conflicto entre Israel y Palestina, y examinan cómo el conflicto afecta a familias e individuos. Los estudiantes revisan las diferentes perspectivas sobre el conflicto y luego participan en una cumbre simulacro de conflictos en diversas partes del mundo.

**Actividad CGR.6.1**
**Cómo el medio oriente llegó a como está hoy**

Los estudiantes ven la película de cine *Promesas* (en inglés) y discuten las preguntas y problemas que se plantean en la película: http://www.pbs.org/pov/promises/. La película también se encuentra disponible en español en: https://vimeo.com/17230443.

El tráiler de la película (en inglés) se puede encontrar en la siguiente página:

- http://www.youtube.com/watch?v=ySJaH7OXzOA.

El siguiente es el sitio web de la película:

- http://www.promisesproject.org/film.html.

El siguiente es un resumen de la película que se encuentra en su página web:

*PROMESAS* sigue el viaje de uno de los realizadores de la película, el israelí-estadounidense BZ Goldberg. BZ viaja a un campo de refugiados palestinos y a un asentamiento israelí en Cisjordania, y también a los barrios más conocidos de Jerusalén, donde se encuentra con siete niños palestinos e israelíes. Aunque los niños viven a sólo 20 minutos de diferencia, sus mundos son completamente diferentes; los obstáculos físicos, históricos y emocionales entre ellos son profundos.

*PROMESAS* explora la naturaleza de estos límites y cuenta la historia de unos niños que se atrevieron a cruzar las líneas para conocer a sus vecinos. En lugar de centrarse en los acontecimientos políticos, los siete niños que aparecen en *Promesas* ofrecen un retrato humano y a veces humorístico sobre el conflicto palestino-israelí.

*PROMESAS*, una película de Justine Shapiro, BZ Goldberg y Carlos Bolado como co-director y editor, fue realizada entre 1995-2000.

Duración total, 106 minutos.
Diálogo en árabe, hebreo e inglés con subtítulos en inglés.

**Los niños**

Los siete niños destacados en *Promesas* fueron filmados durante más de cuatro años cuando tenían entre 9-12 años:

- Yarko y Daniel. Gemelos israelíes seculares que viven en Jerusalén.
- Faraj. Un niño refugiado palestino que vive en el campo de refugiados de Deheishe en Cisjordania.
- Sanabel. Una chica refugiada palestina que vive en el campo de refugiados de Deheishe en Cisjordania.
- Shlomo. Un niño judío ultra-ortodoxo viviendo en el barrio judío de la ciudad vieja de Jerusalén.
- Mahmoud. Un niño palestino que vive en el este de Jerusalén.
- Moishe y su hermana Raheli quienes viven en el asentamiento Beit El en Cisjordania.

Los estudiantes leerán un breve artículo como una introducción a una visión general de la historia de Oriente Medio después de la Segunda Guerra Mundial.

A continuación, harán una línea de tiempo de los eventos clave y plantearán preguntas sobre lo que leen en el artículo. En grupos, investigarán las respuestas a estas preguntas utilizando el Internet y otras fuentes.

**Actividad CGR.6.2**
**Diversidad musulmana**

Consulte la siguiente lección (en inglés), que introduce el conflicto entre suníes y chiíes:

- http://www.morningsidecenter.org/teachable-moment/lessons/sunni-shiite-conflict

Para información en español sobre en conflicto entre suníes y chiíes se puede consultar este recurso:

- http://www.bbc.com/mundo/noticias/2016/01/160104_suni tas_chiitas_diferencias_iran_arabia_saudita_aw

Utilizando una lección del programa de grandes decisiones del Council of Foreign Relations (Consejo de Relaciones Internacionales), los estudiantes aprenderán sobre la diversidad musulmana.

**Actividad CGR.6.3**
**Israel: Diversidad e Identidad**

Presentar las diversas identidades culturales, religiosas y étnicas de la población de Israel, incluyendo los Ashkenazim, Mizrahim, los árabes israelíes, y los drusos. Discutir la historia del sionismo, la creación de Israel, y la lucha política actual entre judíos religiosos y seculares.

**Actividad CGR.6.4**
**Entendiendo al Medio Oriente a través de la geografía y la demografía**

Usar los siguientes recursos (en inglés):

- http://teachmideast.org/teaching_tools/digital-resources-for-teachers/
- http://ncmideast.org/outreach/teaching/

Se pueden utilizar los siguientes recursos en español para ampliar la comprensión de este tema:

- http://www.vanguardia.com/mundo/338204-el-conflicto-del-oriente-medio-en-15-preguntas
- https://actualidad.rt.com/actualidad/171682-mapas-oriente-medio-conflictos

**Actividad CGR.6.5**
**Agua en el Medio Oriente**

*National Geographic* produjo este plan de clase (en inglés) sobre el agua y el petróleo en el Medio Oriente:

https://secure.lcisd.org/Departments/Academics/Curriculum/SocialStudies/socialstudiesinformation/SampleLessons/images/Oil%20&%20water%20in%20Mideast%20lesson%20plan.pdf

Para recursos en español que ayudan a ampliar la comprensión de este tema, se pueden consultar:

- http://www.iemed.org/anuari/2010/earticles/Rico_Agua_es.pdf
- https://elpais.com/elpais/2015/05/06/planeta_futuro/1430929784_606731.html

**Actividad CGR.6.6**
**Retratos del conflicto de Israel y Palestina**

Explora el conflicto a través de los ojos de dos familias quienes sufrieron la tragedia personal y la pérdida (recurso en inglés):

- http://www.cfr.org/israel/crisis-guide-israeli-palestinian-conflict/p13850

Los siguientes recursos en español pueden apoyar a ampliar la comprensión de este tema:

- https://elpais.com/tag/conflicto_arabe_israeli/a
- https://elcomercio.pe/mundo/oriente-medio/bbc-8-preguntas-entender-pelean-israelies-palestinos-noticia-520151

El Curso Mundial: De grado noveno a grado doceavo

**Actividad culminante / Proyecto final (una semana para una serie de cuatro simulaciones)**

1. El proyecto final será una serie de notas informativas preparadas por grupos de estudiantes sobre diversos conflictos, que a su vez conducirán a simulaciones de todo el día para buscar una resolución a los conflictos. Se animará a los estudiantes a pensar acerca de los métodos gubernamentales y no gubernamentales para gestionar y / o resolver los conflictos.
2. Las notas informativas incluirán lo siguiente:
    a. Un análisis del conflicto utilizando los marcos presentados anteriormente en el semestre, incluyendo una historia del conflicto, las principales incidencias de choques, y los diversos intentos de resolver el conflicto
    b. Una lista de los actores y sus quejas y exigencias
    c. Las consecuencias económicas, sociales, culturales, personales y de otro tipo a partir del conflicto y las poblaciones que son afectadas
3. Considerar los siguientes cuatro temas posibles para las simulaciones:
    a. Libia
    b. Israel / Palestina
    c. Corea del Norte
    d. Sudán
4. El quinto día de la semana puede ser dedicado a una discusión acerca las oportunidades para la acción personal, tales como las siguientes:
https://www.facinghistory.org/books-borrowing/darfur-now (recurso en inglés).

**Opcional**

La organizacion *Facing History and Ourselves* también tiene unidades y un marco de justicia transicional (reconstrucción, reparación y reconciliación) sobre los conflictos en Sudáfrica, Ruanda, Irlanda del Norte que pueden ser relevantes para estas lecciones.

**Otros recursos**

*Los recursos a continuación se encuentran en inglés, como referencia para los maestros que podrán adaptar lo que consideren pertinente para sus contextos:*

- Comité de los Amigos Estadounidenses para el Servicio: http://afsc.org/resource/faces-hope-learn-about-palestinian-israeli-conflict
- Libro de Joseph Nye: http://www.alibris.com/search/books/qwork/11896747/used/Understanding%20Global%20Conflict%20and%20Cooperation%3A%20An%20Introduction%20to%20Theory%20and%20History
- Más información de conflictos internacionales: http://www.lessonplanet.com/search?keywords=international+conflicts&media=lesson
- Recursos de *Envision* para los docentes sobre la globalización: http://www.globalenvision.org/teachers
- Lectura opcional: https://www.ddooss.org/libros/Philip_Dick.pdf

El Curso Mundial: De grado noveno a grado doceavo

## El Curso Mundial
**Curso semestral para la escuela secundaria / escuela superior**
**Desarrollo económico: crecimiento y desarrollo en América Latina**

En este curso que se lleva a cabo a lo largo de un semestre, los estudiantes aprenden acerca de las dependencias de la economía mundial a través del comercio internacional, la inversión y los tipos de cambio. Los estudiantes cuestionan su papel en el crecimiento y el desarrollo y tratan de encontrar nuevos enfoques holísticos para el desarrollo. Los estudiantes también consideran preguntas sobre si el desarrollo humano y la democracia son las condiciones o precedentes para el crecimiento económico, o si, por el contrario, son algunas de las consecuencias del crecimiento económico. A través del uso de historias personales, conceptos económicos básicos y fuentes de datos, la unidad tiene como objetivo proporcionar a los estudiantes una oportunidad de conectar tendencias macroeconómicas con lo personal. Cada unidad tiene una actividad basada en datos y una actividad basada en el proyecto final. Esta unidad de un semestre de duración se deriva de la introducción de cursos de desarrollo de la economía a nivel universitario y se basa en gran parte del programa de economía de Advanced Placement (AP). La unidad no tiene como objetivo sustituir el plan de estudios de economía AP, sino más bien servir como un manual para despertar el interés de los estudiantes en aprender más sobre algunos de los conceptos económicos más difíciles presentados en el programa de AP.

### Descripción general de las unidades

La unidad se divide en tres partes, cada una de las cuales dura seis semanas:
1. Comercio Internacional
2. Tipos de cambio, la IED y la crisis argentina
3. Una aproximación más allá del crecimiento económico y el rol de las instituciones en el crecimiento

El Curso Mundial: De grado noveno a grado doceavo

## Empoderar Ciudadanos Globales

| | |
|---|---|
| **Unidad** | DE.1 |
| **Tema** | Comercio Internacional |
| **Subtemas** | CIC: interpersonal (empatía y el trabajo en equipos interculturales); CIC: intrapersonal (la curiosidad por los asuntos globales); la ética: la confianza en las instituciones, pérdida de confianza en las instituciones, y la importancia de los pactos mundiales; desarrollo económico; y la pobreza |
| **Región** | América Latina |
| **Duración** | Seis semanas |

**Metas y objetivos**

1. **Aprender** sobre el comercio internacional y los conceptos de libre comercio y el comercio justo.
2. **Motivar** a los estudiantes a aprender sobre el funcionamiento del comercio internacional y sobre la forma en que puede ser una herramienta potente y eficiente que pueda construir puentes y crear desigualdades al mismo tiempo.
3. **Actuar** como agentes informados que pueden defender su postura cuando escuchan ideas falsas sobre el comercio (por ejemplo, resultados comerciales en el desempleo).

**Habilidades y conocimientos**

1. Los alumnos identificarán una conexión personal entre la pobreza a nivel mundial / regional y a nivel individual.
2. Los estudiantes aprenderán sobre diferentes índices de pobreza y desigualdad (por ejemplo, el coeficiente de Gini y la curva de Lorenz).
3. Los estudiantes utilizarán estadísticas y conjuntos de datos sobre el comercio internacional para justificar y confirmar sus propias hipótesis intuitivas.
4. Los estudiantes examinarán las políticas comerciales proteccionistas en América Latina y el uso de acuerdos de libre comercio.
5. Los estudiantes analizarán los ganadores y perdedores en el debate de la globalización a través de estadísticas, historias personales, y conceptos básicos de economía.

## El Curso Mundial: De grado noveno a grado doceavo

**Resumen**

La unidad comienza con una introducción a los conceptos del crecimiento sostenible e inclusivo, la pobreza y la desigualdad en América Latina, y los estudiantes leen varios artículos e informes acerca de estos temas en la actualidad. La unidad se centra en el comercio internacional, por qué existe el comercio entre naciones, los conceptos de ventaja comparativa y absoluta, y la cuestión de si el comercio es realmente un ingrediente importante para el crecimiento para los países de la región.

**Actividad DE.1.1**
**Crecimiento sostenible**

Estudiar el Objetivo de Desarrollo Sostenible (ODS) 8, crecimiento sostenido, inclusivo y sostenible; empleo completo y productivo, y trabajo decente para todos:

- http://www.un.org/sustainabledevelopment/es/economic-growth/

**Actividad DE.1.2**
**Pobreza y desigualdad**

Los estudiantes comienzan por ver fragmentos del documental *El fin de la pobreza*: https://vimeo.com/69464025 (con subtítulos en español).

Después de ver la película, los estudiantes discuten lo que encontraron alarmante en la película y algunas de las características comunes de la pobreza en las diferentes partes del mundo. Los estudiantes discuten específicamente las diferencias en la pobreza en los distintos países de América Latina que se muestran en el documental.

El docente entonces introduce el concepto de la pobreza a los estudiantes. Se discuten las siguientes preguntas:

1. ¿Cómo se define la "pobreza"? ¿Cómo se mide?
2. ¿Cuáles son los puntos de referencia de uno y dos dólares al día para medir la pobreza?
3. ¿Qué significa "pobreza absoluta"?

Usando porciones del siguiente plan de clase (en inglés) por parte del Consejo para Educación Económica, los estudiantes aprenden sobre la curva de Lorenz y sobre cómo se calcula el coeficiente Gini:

- http://www.econedlink.org/lessons/index.php?lid=885&type=educator (en inglés)
- http://www.icesi.edu.co/cienfi/images/stories/pdf/glosario/curva-lorenz.pdf
- http://www.icesi.edu.co/cienfi/images/stories/pdf/glosario/coeficiente-gini.pdf

Los estudiantes avanzados y el docente pueden leer la siguiente información para entender los antecedentes:

https://www.cepal.org/deype/mecovi/docs/TALLER6/20.pdf

Luego, los estudiantes recolectan datos sobre los índices de pobreza y desigualdad en América Latina y, con base en sus análisis, escriben un artículo de opinión sobre el descenso de la pobreza y la desigualdad en la región. Los estudiantes pueden optar por elegir un país o un grupo de países de la región. En particular, los estudiantes deben centrarse en las diferencias en las medias de las tendencias.

Una alternativa, si se cuenta con el tiempo necesario, es que los estudiantes también exploren unas de las encuestas de hogares demográficas utilizadas en países latinoamericanos para examinar cómo se mide la pobreza utilizando diferentes indicadores.

**Recursos**

- http://repositorio.cepal.org/bitstream/handle/11362/40668/4/S1600946_es.pdf

**Actividad DE.1.3**
**La nueva promesa de América Latina**

Como introducción al semestre y a su enfoque en el desarrollo económico de países latinoamericanos, los estudiantes leen los siguientes artículos y reportes en torno al crecimiento de América Latina entre los años 2008 y 2011:

- Un artículo en *The Economist* (en inglés) sobre el renacimiento económico de América Latina en la última década y los posibles obstáculos para el crecimiento: http://www.economist.com/node/16990967
- Un breve resumen de un informe de Brookings (en inglés) sobre cómo la demografía, la desaceleración del crecimiento de China, y el nivel de ahorro global encaminan el crecimiento en América Latina: https://www.brookings.edu/opinions/latin-americas-decade-a-once-in-a-lifetime-opportunity/

Se pueden complementar estos recursos en inglés con información en español disponible de los mismos temas:

- http://repositorio.cepal.org/bitstream/handle/11362/2993/1/S1100240_es.pdf
- https://publications.iadb.org/bitstream/handle/11319/301/La%20d%C3%A9cada%20de%20Am%C3%A9rica%20Latina%2c%20una%20oportunidad%20real..pdf?sequence=1&isAllowed=y

Tener en cuenta estos reporten pueden arrojar más preguntas con respecto a, por ejemplo, la crisis de la deuda de América Latina y algunas cuestiones en torno a las fluctuaciones del tipo de cambio. Los estudiantes deben ser informados que van a obtener respuestas a algunas de sus preguntas a medida que avanzan a través del plan de estudios y respuestas a otras en clases de economía más avanzada.

Se les pedirá a los estudiantes revisar estos artículos y dividirse en grupos. Cada grupo escogerá unos países latinoamericanos, recolectará información de esos países, y analizará las tendencias históricas desde 1970 hasta la actualidad en cada país:

1. PIB
2. La tasa de crecimiento
3. Porcentaje del PIB atribuido a los sectores primarios (agricultura y los recursos naturales), al sector secundario (manufacturero), y al sector terciario (servicios) a través del tiempo
4. Nivel de las exportaciones e importaciones a través del tiempo

5. Socios comerciales
6. Tasas de desempleo e inflación

Con base en su análisis, los estudiantes presentarán al resto de la clase sus observaciones sobre los momentos donde hubo altos, bajos, y anomalías en los datos. También examinarán si el comercio ha cambiado a lo largo del tiempo, si ha permanecido igual y si hay cambios en el tipo de mercancía que es importada o exportada en la región.

Los estudiantes también recogerán datos similares sobre las "economías de los tigres" del Este de Asia (Hong Kong, Singapur, Taiwán y Corea del Sur) y harán comparaciones entre las tendencias observadas en los países de América Latina y las observados en el Este de Asia.

Lo que sigue es una lista de fuentes de datos y otras fuentes útiles de información sobre la economía de América Latina:

- Datos y estadísticas sobre América Latina por parte del Banco Mundial:
  http://www.bancomundial.org/es/region/lac
- La oficina de América Latina de la OECD:
  http://www.oecd.org/dev/americas/perspectivaseconomicas deamericalatina.htm

**Actividad DE.1.4**
**Entendiendo el libre comercio y la ventaja comparativa**

Utilizando el ejemplo de Bob y Ann, quienes están varados en una isla y trabajando para sobrevivir intercambiando entre sí, los estudiantes son introducidos a los conceptos de la ventaja absoluta y ventaja comparativa.

Los siguientes planes de clase (en inglés) introducen el concepto de ventaja comparativa:

- http://www.flatworldknowledge.com/pub/international-trade-theory-and/199668

El Curso Mundial: De grado noveno a grado doceavo

- http://www.econlib.org/library/Enc/ComparativeAdvantage.html# web-199668
- http://www.imf.org/external/np/exr/center/students/hs/think/lesson4.pdf

Estos se pueden complementar con recursos similares en español:

- https://www.legiscomex.com/bancoconocimiento/a/abccomercio-ventaja-comparativa/abccomercio-ventaja-comparativa.asp
- http://www.icesi.edu.co/revistas/index.php/publicaciones_icesi/article/view/640/640

Después de que hayan desarrollado una comprensión de las ventajas comparativas, los estudiantes ampliarán aún más su concepto de la ventaja comparativa hacia el concepto de libre comercio entre las naciones y llevarán a cabo un análisis detallado de los datos que recogieron en la actividad anterior.

En este análisis, los estudiantes aprenderán sobre las correlaciones (este aprendizaje será dirigido por el docente) y extraerán correlaciones y asociaciones entre las tasas de crecimiento, los incrementos en el PIB, las tasas de desempleo y los niveles de comercio en América Latina. El objetivo es entender si el nivel de vida ha realmente incrementado a causa del comercio en la región o únicamente en determinados países con mayores niveles de comercio.

Por último, utilizando el caso de América Latina, los estudiantes escribirán un documento detallando su posición respecto a cómo el comercio internacional puede resultar en mayores beneficios para todos. Los estudiantes pueden consultar el siguiente artículo (en inglés) como un ejemplo de lo que podría esperarse:

- http://www.econedlink.org/lessons/docs_lessons/575_international_trade1.pdf

**Recursos para docentes**

- http://www.crawfordsworld.com/rob/ape/APEBrueNotes/APEBrue18.html (en inglés)

- Plan de clase: "¿Por qué los países hacen comercio?": http://www.globalization101.org/teacher/trade (en inglés)
- http://www20.iadb.org/intal/catalogo/PE/2015/15148.pdf

**Actividad DE.1.5**
**¿Genera el libre comercio ganancias para todos?**

Los estudiantes volverán a examinar algunos de los problemas que vieron cuando conocieron el concepto de libre comercio y ahora examinarán los casos de comercio restringido y el proteccionismo numéricamente. En particular, los estudiantes examinarán de cerca las diferentes formas en que el comercio entre países puede ser restringido por medio de cuotas, tarifas, embargos y restricciones voluntarias de exportación.

La siguiente es una lista de los planes de clase de muestra y lecturas (en inglés) en torno a una comprensión conceptual del proteccionismo:

- Un recurso para los estudiantes que se basa en el embargo comercial de EE.UU. con Cuba y examina por qué algunos agricultores estadounidenses están abogando que el embargo con Cuba sea eliminado:
    - http://www.econedlink.org/lessons/index.php?lid=529&type=educator
    - http: //www.globalization101. org / index.php? file = tema y pass1 = subs & id = 14
- Un recurso justificando el proteccionismo dado que puede salvar puestos de trabajo
http://www.econlib.org/library/Enc/FreeTrade.html

Estos recursos se pueden complementar con otros similares en español:

- https://www.bde.es/f/webbde/Secciones/Publicaciones/PublicacionesBCE/BoletinMensualBCE/09/Fic/bm0902-4.pdf
- https://www.debate.com.mx/mundo/Gran-interes-de-agricultura-de-Estados-Unidos-con-Cuba-20141219-0025.html
- https://dialnet.unirioja.es/descarga/articulo/5744445.pdf

El Curso Mundial: De grado noveno a grado doceavo

Los alumnos se dividirán en grupos y escogerán países en la región de América Latina que han tenido experiencia con las políticas proteccionistas (por ejemplo, la prohibición en Brasil de la exportación de arroz en 2008 para proteger a sus consumidores domésticos y la tarifa en 2009 impuesta por México a las importaciones de Estados Unidos como respuesta a las políticas proteccionistas de Estados Unidos). Posteriormente presentarán los perfiles de cada país a la clase, respondiendo a las siguientes preguntas:

1. ¿Qué es la industrialización por sustitución de importaciones?
2. ¿Qué es la industrialización orientada a la exportación? ¿Cómo se relaciona con el comercio? ¿Qué causó el cambio a esta estrategia?
3. ¿Cuál es la historia del proteccionismo en este país en particular?
4. ¿Quién se beneficia del proteccionismo en ese país?
5. ¿Quién pierde con el proteccionismo, y quién se perjudica?
6. ¿Hay motivos no económicos (por ejemplo, razones políticas como violaciones de derechos humanos o la proliferación nuclear) que podrían estar impulsando una política proteccionista?
7. ¿Pueden equilibrarse diferentes intereses, o es una o la otra opción?
8. ¿Cuáles son las opiniones políticas actuales sobre el proteccionismo en ese país?
9. ¿Qué aspecto de esta problemática encuentras más convincente? ¿Por qué?

Los estudiantes podrán ver una selección de las siguientes películas:

1. *El Síndrome de Seattle*, un documental sobre las protestas en la cumbre de la OMC en Seattle y si las protestas son la mejor manera de llevar una agenda justa a la mesa: http://www.bullfrogfilms.com/catalog/lsss.html
2. *Vida: la historia hasta ahora*, un documental sobre cómo la economía globalizada afecta a la población local: http://www.bullfrogfilms.com/catalog/ls1.html
3. *La economía de la felicidad*, un documental sobre la economía de la localización:

https://www.youtube.com/watch?v=4r06_F2FIKM (con subtítulos en español)
4. Un video de Noam Chomsky hablando sobre la globalización: https://www.youtube.com/watch?v=2ERlCx6CxqU

Como actividad final, los estudiantes realizan investigación de fondo sobre varios acuerdos de libre comercio como el TLCAN / NAFTA (Tratado de libre Comercio de América del Norte), el TLCCA / TCAFTA (Tratado de Libre Comercio de Centro América), y el Mercosur (acuerdo económico y político entre Argentina, Brasil, Paraguay y Uruguay para promover el libre comercio y el movimiento fluido de bienes, personas, y la moneda).

Utilice el siguiente enlace (haga clic en la pestaña que dice "Plan de clase de Acuerdos Comerciales") para un plan de clase (en inglés) alrededor del TLC y sus ventajas y desventajas:

- http://www.globalization101.org/index.php?file=issue&pass1=subs&id=19

En un simulacro de una cumbre política, los estudiantes representarán a diferentes países, defenderán sus intereses, y equilibrarán las diferentes perspectivas para negociar un acuerdo de comercio justo y para debatir de si el comercio es de hecho un impulso al crecimiento.

El Curso Mundial: De grado noveno a grado doceavo

Empoderar Ciudadanos Globales

**Unidad** DE.2
**Tema** Tasa de cambio y la IED
**Subtemas** CIC: interpersonal (empatía y el trabajo en equipos interculturales); CIC: intrapersonal (la curiosidad por los asuntos globales); la ética: la confianza en las instituciones; y el desarrollo económico
**Región** América Latina, con un enfoque en Argentina
**Duración** Seis semanas

## Metas y objetivos

1. **Aprender** cómo las fluctuaciones del tipo de cambio influyen en el crecimiento económico a través de la inversión extranjera directa (IED).
2. **Motivar** a los estudiantes a examinar en profundidad el mercado financiero internacional y sus complejidades.
3. **Actuar** como estudiantes conscientes que entienden que la globalización tiene sus ventajas y desventajas, y lo que la pérdida de confianza en las instituciones puede causar.

## Habilidades y conocimientos

1. Los estudiantes aprenderán acerca de los conceptos económicos fundamentales en torno a los tipos de cambio, los distintos tipos de inversión y sus determinantes, paridades de poder adquisitivo, y el índice Big Mac.
2. Los estudiantes se examinarán cómo las fluctuaciones en el mercado financiero internacional podrían influir en el crecimiento y el desarrollo.
3. Los estudiantes se darán cuenta de y estarán informados sobre el Consenso de Washington y su papel en la crisis argentina.
4. Los estudiantes aprenderán acerca de la ruptura de la confianza en las instituciones en el caso de la crisis argentina a través del estudio de historias personales.

## Resumen

A través de esta unidad, los estudiantes aprenden acerca de los conceptos económicos básicos asociados con el mercado de intercambio internacional y de cómo las fluctuaciones son dinámicas y afectan al comercio, la inversión y el crecimiento general en los países.

## Actividad DE.2.1
## Cotizaciones de tipo de cambio

Utilizando subastas y simulaciones como se indica en los planes de lecciones por parte del FMI, los estudiantes aprenden acerca de la oferta y la demanda de divisas y cómo se determinan los tipos de cambio. Utilice los siguientes planes de clase (en inglés):

- http://www.imf.org/external/np/exr/center
- http://www.imf.org/external/np/exr/center/students/hs/think/lesson7.pdf/students/hs/think/lesson7.pdf

A través de estos planes de clase y sus lecciones, los estudiantes también obtienen una comprensión conceptual de los tipos de cambio fijos y flexibles y los diversos factores que causan cambios en las tasas de los cambios flexibles.

Tenga en cuenta que, sobre la base de las simulaciones, el docente puede construir circunstancias que obligan a los estudiantes a pensar más acerca de los factores que causan cambios en las tasas de cambio flexibles.

Los estudiantes pueden visitar http://www.xe.com/es que tiene un registro de los tipos de cambio entre diferentes países desde 1995, y examinar algunas de las tendencias en las tasas de cambio de los países de América Latina.

**Recursos para docentes**

- Un recurso explicando el tema de manera sencilla (en español) http://edis.ifas.ufl.edu/fe572
- Plan de clase por parte del Consejo para la Educación Económica (en inglés) sobre los tipos de cambio: http://www.econedlink.org/lessons/index.php?lid=342&type=educator

## Actividad DE.2.2
## Comercio, tipos de cambio, y la paridad del poder adquisitivo (el Índice Big Mac)

Utilizando el siguiente plan de clase del Consejo para la Educación Económica (en inglés), los estudiantes aprenden acerca de cómo los tipos de cambio afectan a los niveles de comercio: http://www.econedlink.org/lessons/index.php?lid=342&type=educator. Los estudiantes también aprenden acerca de los conceptos de apreciación y depreciación utilizando el plan de clase.

Cada estudiante escoge un país de la región y recoge información sobre el tipo de cambio dentro de ese país, en comparación con el de los Estados Unidos. Utilizando datos sobre el valor de la moneda, el estudiante estima si la moneda se ha apreciado o depreciado y predice el efecto de esos cambios en las importaciones y exportaciones en el país.

Los estudiantes posteriormente remiten a los datos iniciales que recogieron y ponen atención en los niveles y tipo de importación y exportación de sus países para ver cómo podrían haber cambiado debido a las fluctuaciones de la moneda.

Alternativamente, los estudiantes pueden examinar los datos del indicador Big Mac y examinan si la moneda del país que escogieron está sobrevalorada o subvalorada, y lo cerca que realmente está a la paridad del poder adquisitivo.

## Actividad DE.2.3
## Inversiones extranjeras en América Latina

El plan de lección de *Globalization101* de las inversiones extranjeras en América Latina es muy recomendable.

Los estudiantes comienzan navegando a través de algunos de los contenidos en este sitio web. La siguiente es una lista de las preguntas que deben responder y enlaces a las páginas (en inglés) en las que pueden encontrar esas respuestas:
1. ¿Cuáles son los diferentes tipos de inversión extranjera?: http://www.globalization101.org/what-are-the-different-kinds-of-foreign-investment/

2. ¿Cuáles son las diferencias entre la IED y las inversiones de cartera?: http://www.globalization101.org/differences-between-portfolio-and-direct-investment/
3. ¿Cómo se relacionan la globalización y el aumento de la inversión financiera?: http://www.globalization101.org/globalization-may-increase-inequality/

**Actividad opcional**

http://www.globalization101.org/teacher/investment (recurso en inglés)

1. Esta actividad muestra a una empresa estadounidense que fabrica diferentes tipos de ropa. La compañía está considerando invertir en un país extranjero específicamente en América Central, ya que sabe que esos países han negociado recientemente un tratado de libre comercio con Estados Unidos. Los estudiantes deben analizar la información relacionada con todos los países de América Central y recomendar una decisión sobre qué país debería ser seleccionado para invertir por parte de la empresa. La empresa cuenta con suficiente capital para invertir en un único país. El escenario se describe en el documento 4.
2. Leer el escenario en el documento 4 a la clase o proporcionar una copia del documento 4 a cada estudiante. Actuar como el gerente de la empresa, y preguntar a los estudiantes en primer lugar sobre los posibles beneficios y los costos asociados con una inversión en un país de América Central. Luego pida a los alumnos que enumeren los criterios principales incluyendo los criterios económicos, legales, políticos, y tecnológicos relacionados con cada país que necesitan ser considerados antes de una decisión acerca de dónde invertir. Con el fin de evitar un ejercicio excesivamente extenso y complejo, se puede pedir a los estudiantes seleccionar sólo los cinco o seis más variables más importantes. Los estudiantes pueden responder oralmente en clase como grupo o individualmente en un escrito en clase o tarea.
3. Los estudiantes pueden hacer investigación adicional sobre los países de América Central que han firmado el tratado de libre

comercio (Guatemala, Honduras, El Salvador, Nicaragua y Costa Rica) utilizando los siguientes enlaces:

- El sitio del FMI: http://www.imf.org/external/spanish/index.htm
- La página web del BID: http://www.iadb.org/es
- En la página de enlaces Auladeeconomia.com: http://www.auladeeconomia.com/links2.htm
- La sección de enlaces en Globalization101.org así como de otras organizaciones internacionales

4. Una vez que los estudiantes han seleccionado las variables que se van a revisar para cada país y recopilado la información de cada uno, puede pedirles que hagan una comparación utilizando la siguiente tabla:

|           | País      |          |             |           |            |
|-----------|-----------|----------|-------------|-----------|------------|
| Variables | Guatemala | Honduras | el Salvador | Nicaragua | Costa Rica |
|           |           |          |             |           |            |
|           |           |          |             |           |            |
|           |           |          |             |           |            |
|           |           |          |             |           |            |
|           |           |          |             |           |            |

5. A continuación, pida a los estudiantes que tomen una decisión. Deben estudiar los posibles riesgos asociados a su decisión.
6. Pregúnteles cómo su decisión cambiaría si invertir en China fuera una opción.
7. También pregunte a los estudiantes considerar cómo su decisión cambiaría si la empresa quisiera instalar un centro de atención a clientes en los Estados Unidos en lugar de la fabricación de ropa.
8. Por último, los estudiantes deben hacer una serie de conclusiones con respecto a los beneficios, costos y riesgos para las empresas cuando invierten en el extranjero, y decidir cuál de esos factores determinan sus decisiones con respecto a las inversiones en otras naciones.

## Actividad 4
## El Consenso de Washington y la crisis argentina (1999-2002)

Los estudiantes forman un grupo de lectura y se les pide leer partes de los siguientes libros, y luego discutir y presentar sus puntos de vista sobre los textos:

- *El viento de los Cien Días: Cómo Washington manejó malamente la globalización,* por Jagdish Bhagwati
- *La globalización y sus descontentos,* por Joseph Stiglitz
- *El fin de la pobreza: posibilidades económicas para nuestro tiempo,* de Jeffrey Sachs
- *La esquiva búsqueda de crecimiento: las aventuras y desventuras de los economistas en los trópicos,* por William Easterly

Después de leer los capítulos seleccionados en estos libros, se les pide a los estudiantes presentar en clase un estudio de caso de un país que se vio afectado por las reformas del Consenso de Washington (positiva y negativamente). Los estudiantes deben responder a las siguientes preguntas:

1. ¿Qué fue el Consenso de Washington?
2. ¿Cuáles fueron las recomendaciones de política hechas por el consenso para el país?
3. ¿Por qué fueron algunas de las recomendaciones fracasos o éxitos en ese país?
4. ¿Cómo fue la región de Latinoamérica afectada específicamente por el consenso?

Se les pide a los estudiantes a continuación ver los archivos de diferentes periódicos y revistas que informaron sobre la crisis argentina. Utilizar las siguientes fuentes:

- http://www.scielo.cl/scielo.php?script=sci_arttext&pid=S0717-68212003012100049
- http://content.time.com/time/world/article/0,8599,189393,00.html (en inglés)
- https://www.theguardian.com/world/2001/dec/20/argentina1 (en inglés)

Los estudiantes posteriormente pueden ver el siguiente documental (en inglés):

- *The Take*, una historia acerca de cómo el colapso económico en Argentina afectó a la clase media y alta y dio lugar al desempleo (https://www.youtube.com/watch?v=qwwivk5LV1o, con subtítulos en español)

**Actividad final**

Los estudiantes se dividen en dos grupos y utilizan estas fuentes, así como su conocimiento de los mercados de cambio monetario y los conceptos en torno a la fuga de capital para completar una actividad final.

Un grupo crea un reporte en forma de vídeo en la crisis argentina, la situación en el país durante los nueve días en que se cerraron los bancos, y la pérdida de confianza en la moneda del país por parte de la población y los inversionistas.

El segundo grupo crea un reporte en forma de vídeo de cómo respondió el gobierno argentino a la crisis.

El Curso Mundial: De grado noveno a grado doceavo

## Empoderar Ciudadanos Globales

| | |
|---|---|
| **Unidad** | DE.3 |
| **Tema** | La pobreza y la desigualdad en América Latina y la Economía Política de crecimiento |
| **Subtemas** | CIC: interpersonal (trabajo en equipos interculturales y empatía); CIC: intrapersonal (la curiosidad por los asuntos globales); la ética: la confianza en las instituciones; desarrollo económico; pobreza; y la política: gobierno) |
| **Región** | América Latina y Asia (Bután) |
| **Duración** | Seis semanas |

### Metas y objetivos

1. **Conocer** diversos enfoques alternativos acerca del crecimiento y el desarrollo y el papel de la política en el crecimiento y el desarrollo.
2. **Motivar** a los estudiantes a cuestionar y examinar sus propias interpretaciones y entendimiento del crecimiento dentro de contextos culturales.
3. **Actuar** como agentes informados que entienden que el crecimiento no se produce de manera aislada y que varios factores se entrelazan para determinar cómo los países crecen y cómo las disparidades convergen o divergen.

### Habilidades y conocimientos

1. Los estudiantes examinarán la importancia del desarrollo del capital humano en el crecimiento económico y el desarrollo, y su papel en la experiencia de América Latina a través de datos.
2. Los estudiantes aprenderán sobre redes de seguridad social y el uso de los programas de transferencias monetarias condicionadas (TMC) en el tratamiento de alivio de la pobreza.
3. Los estudiantes reflexionarán sobre nuevos enfoques para el desarrollo y sus usos prácticos.
4. Los estudiantes abordarán la relación entre la política y la economía y la importancia de una gobernanza fuerte para promover el crecimiento.

## Resumen

En esta unidad, los estudiantes van más allá de las medidas tradicionales de crecimiento económico y buscan abordar lo que el desarrollo inclusivo e integral podría significar. Los estudiantes también examinan la interrelación entre economía y política y tratan de comprender el papel de la democracia en la experiencia de crecimiento de América Latina.

### Actividad DE.3.1
### Estudio del ODS 10: Reducir la desigualdad dentro y entre los países

Utilizar el siguiente enlace:

- http://www.un.org/sustainabledevelopment/es/inequality/

### Actividad DE.3.2
### Invirtiendo en el capital humano de la región

En esta actividad, los estudiantes escogen un país y se les solicita recolectar la siguiente información sobre el mismo: el progreso del país en los ODS de educación y de salud; las tasas históricas de acceso a la educación y los servicios de salud; y las variaciones históricas en dicho acceso a raíz de la globalización. (Use los datos que los estudiantes han recogido a lo largo del año sobre las tasas de crecimiento y desarrollo.)

### Recursos

- *Escuelas desiguales, oportunidades desiguales: Los desafíos para la igualdad de oportunidades en las Américas*, de Fernando Reimers: https://www.amazon.com/Distintas-Diferentes-Oportunidades-Los-Oportunidades-Latinoamerica/dp/8471337231
- Capítulo 5 "Desigualdad de oportunidades en el desempeño educacional en cinco países de América Latina", publicado en el informe del Banco Mundial de 2008: *Desigualdad de Oportunidades en América Latina y el Caribe*: http://siteresources.worldbank.org/LACINSPANISHEXT/Resources/Book_IOH.pdf

- *Cantidad sin calidad: un balance sobre la educación en América Latina:*
  www.oei.es/historico/quipu/Informe_preal2006.pdf

Con base en su análisis, los estudiantes deben tratar de abordar la cuestión de si un mayor crecimiento permite mayor capital humano, o si mayores tasas de desarrollo del capital humano permiten mayores tasas de crecimiento.

El docente introduce los estudiantes a los conceptos de subvenciones y transferencias monetarias condicionadas (TMC). Los estudiantes realizan investigaciones de fondo y presentan a la clase sobre el uso de redes de seguridad social como una estrategia de reducción de la pobreza y el uso de las TMC en los países de su elección. Los estudiantes deben tratar de responder a algunas de las siguientes preguntas:

1. ¿Cuándo se introdujeron las TMC? ¿Por qué?
2. ¿Cuáles son las condiciones que van con las TMC? ¿Qué pretenden hacer?
3. ¿Cuáles han sido las experiencias con las TMC hasta ahora? ¿El programa considera exitoso?

Los estudiantes pueden utilizar los siguientes recursos (en inglés):

- http://www.economist.com/node/4408187
- http://www.economist.com/node/181376

**Actividad DE.3.3**
**¿Es el crecimiento todo que importa para el desarrollo?**

Los estudiantes leen los capítulos inicial y final del texto de Amartya Sen *Desarrollo y libertad* como una introducción a los conceptos de capacidades y libertad como elementos clave del desarrollo.

Los estudiantes también examinan algunas formas alternativas que los países y las agencias están trabajando para ir más allá de sólo el crecimiento económico. Los estudiantes pueden ser divididos en diferentes grupos y presentar en grupos sobre los diferentes enfoques que se utilizan para examinar el desarrollo. Algunos temas pueden incluir los siguientes:

1. Bhután y su experiencia con la "felicidad nacional bruta", incluyendo si esta idea es extensible y lo que el "bienestar subjetivo" implica como un indicador del desarrollo
2. Una comparación del *Informe sobre el desarrollo mundial* y el *Informe de Desarrollo Humano*:
    o http://documents.worldbank.org/curated/en/658821 468186546535/pdf/102724-WDR-WDR2016Overview-SPANISH-WebResBox-394840B-OUO-9.pdf
    o http://hdr.undp.org/sites/default/files/HDR2016_SP_Overview_Web.pdf
3. La estabilidad y la paz como indicadores del desarrollo
4. Acemoglu, Johnson y Robinson (2001) sobre el papel de la geografía y de las instituciones en el desarrollo (en inglés): https://economics.mit.edu/files/4127

Los estudiantes pueden cuestionar si la tesis principal de su tema es fuerte, relevante y práctica en contextos actuales y si estos nuevos enfoques para el desarrollo se pueden ampliar. ¿Creen que hay lagunas? Si es así, ¿cuáles son ser esas lagunas, y cómo se puede definir y medir el desarrollo integral e inclusivo?

**Actividad DE.3.4**
**La economía política del crecimiento y desarrollo en América Latina**

Los estudiantes comienzan leyendo los siguientes documentos (en inglés):
- Un artículo sobre la economía política de América Latina y su papel en el crecimiento y desarrollo de la región: http://www.economist.com/node/16964114
- Un artículo sobre la democracia y el crecimiento en América Latina: http://foreign.senate.gov/imo/media/doc/Reid_Testimony.pdf (un recurso adicional en español está disponible en https://www.americaeconomia.com/node/136351)
- Un artículo sobre la necesidad de tratar diversos asuntos de gobernanza en Panamá (la economía de América Latina de más rápido crecimiento):

Empoderar Ciudadanos Globales

http://www.economist.com/node/18959000

Luego, los estudiantes usan estos artículos para responder a unas de las siguientes preguntas:

1. ¿Es la democracia un precedente necesario (en otras palabras, una condición) para el crecimiento?
2. ¿Cuál podría ser la influencia de los regímenes sobre el crecimiento?
3. ¿Cuáles han sido las experiencias históricas de diferentes países de la región?
4. ¿Cómo influyen las tasas de criminalidad y la deuda pública en la confianza del inversionista y el fluyo del IED?
5. ¿Cuál es el papel de la corrupción y las economías informales en el crecimiento?
6. ¿Qué experiencias de crecimiento y desarrollo han tenido los países con regímenes distintos de las democracias?

**Opción 1**

Los estudiantes pueden utilizar un conjunto de datos de los flujos de IED junto con datos de importantes acontecimientos políticos en un país de su elección para examinar los cambios en el tiempo y las asociaciones entre la política y la economía. Los estudiantes también pueden mapear las tasas de crecimiento con características político-régimen, como se ha hecho por el Proyecto Polity IV (recurso en inglés):
http://www.systemicpeace.org/polity/polity4.htm

**Opción 2**

Los estudiantes pueden entrevistar al jefe de inversiones de alguna corporación multinacional que tenga operaciones en América Latina o en otra parte del mundo sobre algunos de los factores que él o ella considera al decidir dónde invertir. Al mismo tiempo, el jefe de asuntos económicos de un consulado de uno de los países BRIC podría ser invitado a dar una presentación sobre algunas de las reformas e incentivos que está realizando el gobierno para atraer a inversionistas y para continuar la restauración de la confianza de los inversionistas.

El Curso Mundial: De grado noveno a grado doceavo

**El Curso Mundial**
**Curso semestral para la escuela secundaria / escuela superior**
**Tecnología, innovación y globalización**

Este curso de un semestre examina la relación entre los avances tecnológicos y sociales y cómo la aceleración de la innovación tecnológica causa el cambio social y puede abordar algunos de los desafíos más críticos a nivel global. Los estudiantes examinarán diversas tecnologías emergentes y discutirán sus implicaciones sociales, sus posibles usos y las consecuencias de estos desarrollos para la globalización.

El Curso Mundial: De grado noveno a grado doceavo

|  |  |
|---|---|
| **Unidad** | TIG.1 |
| **Tema** | La maravilla de la innovación y el mundo de los inventores |
| **Subtemas** | CIC: intrapersonal (la curiosidad por los asuntos globales); ética: valores comunes; hábitos de trabajo y de la mente: la innovación y la creatividad; conocimiento: la política; habilidades de investigación y análisis; la evaluación de los asuntos globales: evaluar las fuentes, el uso de pruebas, y la comunicación creativa; y el problema mundial de problemas: los estudios futuros, la construcción de escenarios, y el uso de la tecnología |
| **Región** | Todas / cualquiera |
| **Duración** | Tres semanas |

**Metas y objetivos**

1. **Aprender** a apreciar la invención como un proceso continuo que subyace en las mejoras a la calidad de vida y analizar la invención como el producto de las personas trabajando en contextos que apoyan la innovación.
2. **Motivar** a los estudiantes a sentir curiosidad por las nuevas tecnologías y por anticipar su posible impacto social.
3. **Evaluar** las principales innovaciones tecnológicas del siglo XX y demostrar una comprensión de cómo el proceso de innovación tecnológica mejora el bienestar.

**Habilidades y conocimientos**

1. Los estudiantes identificarán las principales innovaciones tecnológicas emergentes en el siglo XXI.
2. Los estudiantes explicarán y describirán las posibles consecuencias sociales de al menos una importante innovación tecnológica emergente, las tecnologías que reemplazó, los costos y los beneficios asociados a ella, y cómo puede ser utilizada para hacer frente a uno de los retos mundiales señalados en los Objetivos de Desarrollo Sostenible (ODS).

# El Curso Mundial: De grado noveno a grado doceavo

**Resumen**

Esta unidad introduce el tema de la invención y examina la forma en que aborda los retos sociales. Utilizando episodios de *Decano de la invención* de Planet Green TV, en donde el inventor Dean Kamen analiza las tecnologías emergentes, los estudiantes examinarán algunas de las innovaciones tecnológicas actuales y discutirán sus aplicaciones. Finalmente, examinarán las contribuciones de Kamen como inventor.

**Actividad TIG.1.1**

En grupos pequeños los estudiantes seleccionan uno de los episodios que aparecen en *Decano de la invención*: https://www.youtube.com/playlist?list=PL4AE9E9BA9E4E522F (recurso en inglés) y estudian una invención de su elección. Los estudiantes podrían centrarse en microbots, los órganos y cuerpos biónicos, cerebros cableados, robots, la energía, el movimiento, o el vuelo, por ejemplo. Un recurso alternativo en español se encuentra en el programa "Científico por un día": http://www.todoesciencia.gov.co/todo_es_ciencia/cientifico_dia

Para cada innovación, los estudiantes preparan un informe que responde a las siguientes preguntas:

1. ¿Cuáles son los beneficios de esta innovación tecnológica?
2. ¿Qué tecnologías anteriores sustituye, mejora o amplía?
3. ¿Cuáles son los costos de esta innovación?
4. ¿Cómo estos costos en comparación con los beneficios?
5. ¿De qué manera puede esta innovación resolver algunos de los retos mundiales señalados en los Objetivos de Desarrollo Sostenible?
6. ¿Qué rol tuvieron el gobierno y/o el sector privado en apoyar a esta innovación?
7. ¿Qué obstáculos enfrentará esta innovación al irse a escala?

**Actividad TIG.1.2**

Los estudiantes presentarán y discutirán sus informes en clase. En esta discusión, examinarán las similitudes y diferencias en las formas en que cada invento genera un quiebre o una ruptura en el enfoque tradicional existente para hacer frente a un problema. Se examinará cómo las tecnologías emergentes han apoyado la invención y las instituciones que han apoyado a lo mismo.

**Actividad TIG.1.3**
**El mundo de los inventores y la vida de Dean Kamen**

Los estudiantes leerán el libro *Reinventing the Wheel: A story of genius, innovation and grand ambition* (en inglés): https://www.amazon.com/Reinventing-Wheel-Genius-Innovation-Ambition-ebook/dp/B06XHCN3P4.

A continuación, escribirán un documento que resume las reflexiones del argumento principal del libro y el análisis de las contribuciones de Dean Kamen a la sociedad. Se examinará de qué manera Kamen se benefició de factores sociales (por ejemplo, las regulaciones, el acceso al capital, u otras innovaciones) que apoyan su trabajo.

El docente podría complementar esta actividad con los siguientes videos de entrevistas y discursos de Kamen (en inglés)

- o http://www.youtube.com/watch?v=rNgqQNovWTc
- o http://www.youtube.com/watch?v=uHwCPHcKAqY
- o http://www.youtube.com/watch?v=bjV11FZXq7E
- o http://www.youtube.com/watch?v=AoY1cItRiHA

Estos recursos se pueden complementar con los siguientes en español:

- https://www.libertaddigital.com/ciencia-tecnologia/ciencia/2015-11-24/dean-kamen-el-inventor-mas-grande-vivo-1276562243/
- https://www.ted.com/talks/dean_kamen_the_emotion_behind_invention?language=es

El Curso Mundial: De grado noveno a grado doceavo

Empoderar Ciudadanos Globales

| | |
|---|---|
| **Unidad** | TIG.2 |
| **Tema** | Desarrollos tecnológicos y sociedad |
| **Subtemas** | CIC: intrapersonal (curiosidad por los asuntos globales); ética: valores comunes; hábitos de trabajo y mente: innovación y creatividad; conocimiento: política (riesgos globales); habilidades de investigación y análisis; evaluación de los asuntos globales: evaluar fuentes, uso de evidencia, y comunicación creativa; solución de problemas globales: estudios futuros, construcción de escenarios y el uso de la tecnología |
| **Región** | Todas / cualquiera |
| **Duración** | Tres semanas |

**Metas y objetivos**

1. **Aprender** a reconocer la invención como una fuerza que da forma a la vida y la historia de la humanidad, entender la relación entre el desarrollo científico y tecnológico y la innovación, y entender la innovación como un proceso global que a menudo se basa en invenciones anteriores e intentos erróneos de invención.
2. **Motivar** a los estudiantes a contribuir a la evolución de las tecnologías existentes y a la aplicación de estas tecnologías a los problemas sociales que son importantes para ellos.
3. **Actuar** al demostrar comprensión de la evolución histórica de una de las principales tecnologías del siglo XX.

**Habilidades y conocimientos**

1. Los alumnos reconocerán los principales avances tecnológicos del siglo XX.
2. Los estudiantes identificarán las formas en que esos desarrollos construyeron sobre innovaciones anteriores.
3. Los estudiantes explicarán las principales contribuciones sociales avanzadas por al menos una de esas innovaciones.

## El Curso Mundial: De grado noveno a grado doceavo

**Resumen**

En esta unidad, los estudiantes examinan el desarrollo histórico de varias tecnologías, comenzando con una lección dirigida por el docente acerca de la historia de la informática. Posteriormente completan un proyecto de investigación independiente sobre la historia de algunas de las principales tecnologías del siglo XX.

**Actividad TIG.2.1**
**La historia de la computadora**

En esta actividad el docente dirigirá la clase en una discusión de la historia de la computadora, comenzando con el diseño del matemático inglés Charles Babbage de la "máquina analítica" en 1884. El docente presentará una línea de tiempo que muestra la historia de las computadoras, y la discusión examinará cómo el desarrollo de la electrónica, la miniaturización de los procesadores, las reducciones en los costos, y el aumento de la potencia de procesamiento y la memoria han dado forma al desarrollo de nuevas aplicaciones. La clase discutirá a continuación los múltiples usos de las computadoras en la vida moderna y cómo diversas actividades han cambiado como resultado de la introducción de las computadoras. Este análisis de los cambios podría centrarse en el efecto de los equipos en los hospitales, bancos, escuelas, administraciones de la ciudad, animaciones y composiciones musicales y actuaciones.

**Actividad TIG.2.2**
**La evolución de las computadoras**

En pequeños grupos de dos o tres, los estudiantes discutirán cómo las computadoras han evolucionado a lo largo de los últimos treinta años y considerarán la forma en que estos cambios han afectado sus usos. Los estudiantes investigarán las predicciones hechas acerca de las computadoras hace treinta años y las compararán con los desarrollos reales. Podrían, por ejemplo, mirar a los periódicos que discutieron las computadoras en los últimos años. También imaginarán los posibles cambios que las computadoras podrían sufrir en el futuro. Cada equipo presentará un informe a la clase.

**Recursos**

- *The history of computers*, por Les Freed (en inglés)
- Una cronología de las computadoras personales: http://pctimeline.info/ (en inglés)
- https://www.wikiwand.com/es/Historia_del_hardware
  http://en.wikipedia.org/wiki/History_of_computer_hardware

**Actividad TIG.2.3**
**¿Cómo evoluciona la tecnología?**

Los estudiantes discutirán la siguiente charla sobre cómo evoluciona la tecnología (video en inglés con subtítulos en español):
https://www.ted.com/talks/kevin_kelly_on_how_technology_evolves/transcript?language=es

**Actividad TIG.2.4**
**Historia de los inventos más importantes del siglo XX (proyecto de investigación independiente)**

Individualmente o en parejas, los alumnos estudiarán la historia de los desarrollos tecnológicos más importantes del siglo XX, según lo establecido por la Academia Nacional de los Estados Unidos de Ingeniería:

1. Electrificación
2. Automóviles
3. Aviones
4. Suministro de agua y distribución
5. Electrónica
6. Radios y televisores
7. Agricultura mecanizada
8. Informática
9. Teléfonos
10. Aire acondicionado y refrigeración
11. Carreteras
12. Naves espaciales
13. El internet
14. Aparatos para producir imágenes (*imaging*)
15. Aparatos para el hogar

16. Tecnologías para la salud
17. Derivados del petróleo y tecnologías petroquímicas
18. Láser y fibras ópticas
19. Tecnologías nucleares
20. Ciencia de materiales

Para su proyecto los estudiantes identificarán las contribuciones de la innovación, sus aplicaciones económicas y sociales, los factores que han contribuido al desarrollo, el papel desempeñado por el gobierno y por el sector privado en la creación de la invención, cómo la invención ha construido sobre invenciones anteriores, y las posibles formas en que este desarrollo podría evolucionar en el futuro.

Los estudiantes prepararán una presentación en PowerPoint que resume los resultados de su investigación, la presentarán en una exposición de su clase, y lo pondrán en una plataforma en línea.

**Recursos**

*Los recursos a continuación se encuentran en inglés, como referencia para los maestros que podrán adaptar lo que consideren pertinente para sus contextos:*

- Los recursos del Instituto Franklin "Historia de la Ciencia y Tecnología": https://www.fi.edu/history-of-science-and-technology
- Líneas de tiempo que muestran la historia de los inventos: http://inventors.about.com/od/timelines/Timelines_of_Invention_and_Technology.htm

Éstos se pueden complementar con otros recursos en español:

- https://www.fayerwayer.com/2010/12/inventos-y-logros-tecnologicos-a-traves-del-tiempo-lo-mejor-de-cada-decada/
- https://www.edu.xunta.es/espazoAbalar/sites/espazoAbalar/files/datos/1464945204/contido/12_la_historia_de_la_tecnologa.html

## Empoderar Ciudadanos Globales

| | |
|---|---|
| **Unidad** | TIG.3 |
| **Tema** | Tecnologías emergentes y globalización |
| **Subtemas** | CIC: intrapersonal (la curiosidad por los asuntos globales); ética: valores comunes; hábitos de trabajo y de la mente: innovación y creatividad; conocimiento: política (riesgos globales); habilidades de investigación y análisis; evaluación de los asuntos globales: evaluar fuentes, el uso de evidencia y comunicación creativa; solución de problemas globales: estudios futuros, construcción de escenarios, y uso de la tecnología |
| **Región** | Todas / cualquiera |
| **Duración** | Doce semanas |

### Metas y objetivos

1. **Aprender** el papel que las tecnologías emergentes desempeñan como motores de la globalización y la forma en que pueden ser utilizadas para tratar algunos de los desafíos globales más significativos.
2. **Motivar** a los estudiantes para hacer frente a los retos globales a través de la creación de instituciones sociales, por ejemplo, las empresas, las empresas sociales, y otros que aprovechan las tecnologías emergentes.
3. **Evaluar** las principales tecnologías emergentes, sus beneficios y sus usos posibles para abordar desafíos globales significativos.

### Habilidades y conocimientos

1. Los estudiantes reconocerán las principales contribuciones a la salud humana y el bienestar avanzado por la biotecnología, bioinformática, interfaces cerebro-computadora y de la neurotecnología, la energía y los sistemas ambientales, la informática y las redes, la nanotecnología y la robótica y la inteligencia artificial.
2. Los estudiantes identificarán los usos actuales de estas tecnologías emergentes.
3. Los estudiantes explicarán y describirán los beneficios básicos y los usos potenciales de las tecnologías emergentes para abordar desafíos globales y las barreras para universalizar el acceso a estos beneficios.

El Curso Mundial: De grado noveno a grado doceavo

**Resumen**

En esta unidad, los estudiantes examinarán el papel de la tecnología de la información, la biotecnología, la bioinformática, interfaces cerebro-computadora y la neurotecnología, la energía y los sistemas ambientales, la nanotecnología y la robótica y la inteligencia artificial, en apoyar al proceso de globalización y para hacer frente a los retos globales actuales. Para cada una de estas tecnologías emergentes, los estudiantes examinarán las ideas y conceptos centrales, las contribuciones al bienestar humano habilitadas por la tecnología, las posibles aplicaciones económicas de la tecnología, y los retos para extender estos beneficios universalmente.

**Actividad TIG.3.1**
**Internet, informática, redes y comunicaciones**

Los estudiantes discutirán los usos de internet para las comunicaciones, las empresas y los gobiernos.

Los estudiantes leerán la siguiente página acerca de la informática en red y la nube: http://comofuncionaque.com/como-funciona-la-nube/

Luego, los estudiantes verán el video "United Breaks Guitars" (en inglés con subtítulos en español):
https://www.youtube.com/watch?v=W2OlujL3_xo y discutirán las implicaciones de contar con información sin límites en internet sin para ejercer y entender el liderazgo.

## Actividad TIG.3.2
## Acceso abierto y derechos de autor

El docente discutirá como el internet ha permitido y facilitado la colaboración mundial y como esa colaboración es ejemplificada por el uso del acceso abierto o de fuentes libres (open-source software). Aprenderán sobre Linus Benedict Torvalds, quien comenzó la creación de Linux, un sistema operativo de código abierto que está siendo desarrollado por una colaboración global de voluntarios.

Los estudiantes aprenderán acerca de "copyleft", o la liberación de ciertos derechos de autor, de dominio público, de las licencias Creative Commons y de código abierto licencias, y sobre los derechos de autor, también conocido como "software de código cerrado." Verán una presentación de PowerPoint por Larry Lessig que se basa en su libro *Free Culture*:
http://www.worcel.com/archivos/6/Cultura_libre_Lessig.pdf

Los estudiantes examinarán críticamente el caso de las fuentes abiertas y el caso de la propiedad intelectual y los derechos de autor como motores de la innovación y la creatividad en los negocios:
http://www.wipo.int/publications/es/index.html

http://www.wipo.int/publications/es/search.jsp?lang=ES&q=propiedad+intelectual
http://www.wipo.int/publications/es/details.jsp?id=3995&plang=ES

## Actividad TIG.3.3
## Tecnología de la información y globalización: Implicaciones económicas y sociales

En esta sesión de clase, el docente se enfoca en examinar el impacto de las tecnologías de la información en las estructuras industriales, la fuerza laboral, y los mercados financieros.
También se invita a discutir cómo la tecnología puede ayudar a abordar los problemas más grandes de la humanidad.

Los estudiantes discutirán la siguiente charla TED sobre grandes problemas de la humanidad y consideran cómo la tecnología puede ayudar a resolverlos (video en inglés con subtítulos en español):

El Curso Mundial: De grado noveno a grado doceavo

- http://www.ted.com/talks/nick_bostrom_on_our_biggest_problems.html

**Recursos**

*Los recursos a continuación se encuentran en inglés, como referencia para los maestros que podrán adaptar lo que consideren pertinente para sus contextos:*

- http://www.globalization101.org/issue_main/technology
- Castells, Manuel. 1999. "Información, Tecnología y Desarrollo Social." Naciones Unidas.

También se pueden complementar con los siguientes recursos en español:

- www.oei.es/historico/oeivirt/temasvol2.pdf
- http://www.sem-wes.org/sites/default/files/revistas/rem7_6.pdf

**Actividad TIG.3.4**
**Introducción a la biotecnología, la bioinformática y el cuidado de la salud**

El docente proporcionará una introducción general a la biotecnología, ofreciendo una definición del campo y cubriendo la biología molecular, el ADN, la recombinación de ADN, la ingeniería genética y células madre, la clonación, y terapia de genes.

Luego el docente muestra clips de un vídeo que ilustra algunas aplicaciones contemporáneas de la biotecnología. El docente puede mostrar videos sobre los alimentos modificados genéticamente (http://www.agrobio.org/biotecnologia-definicion-y-aplicaciones/), la regeneración de nuestros cuerpos a través de la tecnología médica (http://www.ted.com/talks/alan_russell_on_regenerating_our_bodies.html) o el ADN plegado (https://www.ted.com/talks/paul_rothemund_details_dna_folding?language=en).
Los estudiantes discuten el video y consideran posibles aplicaciones de estas tecnologías en el futuro.

**Recursos**

- Una guía curricular para un curso introductorio de un semestre en la biotecnología a nivel de escuela secundaria (en inglés): https://www.amazon.com/Biotechnology-Comprehensive-Curriculum-Semester-Community/dp/1419683004

**Actividad TIG.3.5**
**Avanzando la salud global a través de la biotecnología**

En esta actividad dirigida por los estudiantes, los estudiantes seleccionarán una aplicación emergente para la salud de la biotecnología y discutirán las actuales formas en que esta aplicación contribuye a la salud mundial. Los estudiantes examinarán las barreras que deben ser abordadas para lograr que los beneficios de esta tecnología estén disponibles para todos. Los siguientes recursos proveen una variedad de ejemplos de las aplicaciones de la biotecnología a la salud mundial.

**Recursos**

*Los recursos a continuación se encuentran en inglés, como referencia para los maestros que podrán adaptar lo que consideren pertinente para sus contextos:*

- http://www.technologyreview.com/video/?vid=689
- https://www.ted.com/talks/juan_enriquez_shares_mindboggling_new_science?language=en
- https://www.ted.com/talks/juan_enriquez_on_genomics_and_our_future?language=en
- *Evolving Ourselves*, por Juan Enriquez y Steve Gullans (en inglés)

**Actividad TIG.3.6**
**Introducción a interfaces del cerebro-computadora, neurotecnología y medicina**

El docente explicará cómo funcionan las interfaces cerebro-computadora (recurso en inglés):

- http://computer.howstuffworks.com/brain-computer-interface.htm

Posteriormente, compartirá y discutirá con los estudiantes el siguiente video de CBS (recurso en inglés):

- http://www.cbsnews.com/stories/2008/10/31/60minutes/main4560940.shtml.

Empezando por una discusión de la ciencia básica, el docente procederá a discutir las aplicaciones contemporáneas de las interfaces cerebro-computadora. Los estudiantes pueden ver un vídeo de la investigación DEKA y de los brazos robóticos:

- http://www.youtube.com/watch?v=R0_mLumx-6Y

**Recursos**

*Los recursos a continuación se encuentran en inglés, como referencia para los maestros que podrán adaptar lo que consideren pertinente para sus contextos:*

- http://www.technologyreview.com/video/?vid=689
- http://www.youtube.com/watch?v=NIG47YgndP8&search=brain

Para concluir esta actividad, cada alumno individualmente escribirá un ensayo corto que resume los temas de las interfaces cerebro-computadora y neurotecnología. Los estudiantes escribirán un ensayo breve que resume la historia y el estado actual de las interfaces cerebro-computadora y discutirán sus aplicaciones actuales. Se identificarán los grupos de población en el mundo contemporáneo que se beneficiarían de las aplicaciones de esta tecnología y se analizarán los obstáculos actuales para extender los beneficios de esta tecnología de forma universal.

## Actividad TIG.3.7
## Discutir sobre la energía y sistemas ambientales

Los estudiantes verán y discutirán la TED Talk de Al Gore (video en inglés con subtítulos en español):

- https://www.ted.com/talks/al_gore_warns_on_latest_climate_trends?language=en

Este video proporciona conocimientos básicos sobre la crisis de la energía y el calentamiento global. Los estudiantes luego analizarán las ventajas y desventajas de las diferentes soluciones tecnológicas que se han desarrollado para hacer frente a estos desafíos, tales como la energía eólica, la iniciativa del MIT para poder generar energía al caminar (http://www.media.mit.edu/resenv/power.html), la energía nuclear (estudiando los casos de Three Mile Island y Chernobyl), la energía geotérmica, la energía hidroeléctrica, y los combustibles fósiles.

## Actividad TIG.3.8
## Convertir los residuos en energía

Los estudiantes verán el video "Gonzo para el guano" y escribirán de forma individual un breve ensayo que analiza las ventajas y desventajas de esta tecnología y las probables consecuencias económicas y sociales de la adopción de las tecnologías de este tipo a gran escala.

## Recursos

*El recurso a continuación se encuentra en inglés, como referencia para los maestros que podrán adaptar lo que consideren pertinente para sus contextos:*

- "Gonzo para el guano": http://nealusatin.com/tv/dean-of-invention-gonzo-for-guano-act-2/

## Actividad TIG.3.9.
## Introducción a la Nanotecnología

El docente presenta el campo de la nanotecnología y algunas aplicaciones contemporáneas de la misma.

El Curso Mundial: De grado noveno a grado doceavo

**Recursos**

*Los recursos a continuación se encuentran en inglés, como referencia para los maestros que podrán adaptar lo que consideren pertinente para sus contextos:*

- http://www.technologyreview.com/video/?vid=689
- http://www.nanotecnologia.cl/aplicaciones-de-la-nanotecnologia/

**Actividad TIG.3.10**
**Introducción a la robótica y a la inteligencia artificial**

Estudiantes examinarán la evolución de Kismet, la inteligencia artificial, el aprendizaje de máquinas y robots.

En grupos pequeños los estudiantes pasarán tiempo investigando el trabajo del grupo de inteligencia artificial del MIT de Kismet, que está documentado en varios videos (en inglés): http://www.ai.mit.edu/projects/sociable/videos.html. El siguiente enlace da información adicional del tema en español: https://www.youtube.com/watch?v=EP8zN0CKQnI.

El docente entonces facilitará un debate sobre la robótica y la inteligencia artificial.
Los estudiantes también pueden ver los siguientes vídeos (en inglés), que pueden servir como introducción al campo de la robótica:

- http://www.youtube.com/watch?v=QKyDrUonp98
- http://www.youtube.com/watch?v=Iqf5hHdphX4

**Watson. Superordenador de IBM**

Los estudiantes verán el siguiente video (en inglés) de CBS sobre Watson y sobre los esfuerzos en curso para utilizarlo en temas de salud pública:

- http://www.youtube.com/watch?v=950fbQfdoj8&feature=fvst

También se puede consultar la siguiente liga con información del tema en español:

- https://www.youtube.com/watch?v=WMnASdda1w4

El docente entonces facilitará un debate sobre los resultados positivos y negativos de usar las computadoras para reducir los errores en el diagnóstico, y los estudiantes reflexionarán sobre la posibilidad de que el diagnóstico utilizando los robots y máquinas pueda extender estos servicios universalmente.

El Curso Mundial: De grado noveno a grado doceavo

## Empoderar Ciudadanos Globales

| | |
|---|---|
| **Unidad** | TIG.4 |
| **Tema** | La aceleración del cambio tecnológico y el futuro |
| **Subtemas** | Trabajo y hábitos mentales: innovación y creatividad; conocimiento: política (riesgos globales); habilidades analíticas y de investigación; conocimiento y medición de temas globales: evaluar validez de diferentes fuentes, utilizar evidencia, y comunicación creativa; resolución de problemas globales: estudios del futuro, construcción de escenarios y el uso de la tecnología. |
| **Región** | Todas / cualquiera |
| **Duración** | Cuatro semanas |

**Metas y objetivos**

1. **Aprender** a entender el ritmo exponencial del desarrollo tecnológico, las implicaciones de esta aceleración en nuestra capacidad para hacer frente a los desafíos sociales, y el concepto de singularidad propuesto por Ray Kurzweil.
2. **Motivar** a los estudiantes a participar en la utilización de la tecnología para hacer frente a los propósitos sociales que son importantes para ellos.
3. **Evaluar** el desarrollo de un concepto que busca enfrentar un desafío mundial y se basa en una tecnología emergente.

**Habilidades y conocimientos**

1. Los alumnos reconocerán la naturaleza exponencial del desarrollo tecnológico y la capacidad de los pequeños grupos de personas para diseñar soluciones innovadoras para los desafíos globales a través de enfoques tales como la XPRIZE.
2. Los estudiantes identificarán el concepto de singularidad.
3. Los estudiantes explicarán y describirán las formas en las que un desafío global actual puede ser mejorado o resuelto mediante el uso de una tecnología emergente.

El Curso Mundial: De grado noveno a grado doceavo

**Resumen**

En esta unidad, los estudiantes examinan cambios en la velocidad del desarrollo tecnológico, discuten el concepto de singularidad, examinan enfoques alternativos para estimular la innovación tecnológica, y desarrollan una idea para hacer frente a un desafío global usando una tecnología emergente.

**Actividad TIG.4.1**
**Discusión sobre la película *Hombre Trascendente***

Esta película presenta las ideas y contribuciones de Ray Kurzeil y se basa en su libro *La singularidad está cerca*: https://itunes.apple.com/mx/movie/el-hombre-trascendental-transcendent-man/id1004816397

Los estudiantes ven y discuten la película, centrándose en particular en el concepto del crecimiento exponencial de la tecnología de la información y en la noción de que esto resultará en la fusión de los seres humanos con las máquinas. La película examina los avances en la genética y la posibilidad de que la genética nos permitirá volver a programar la biología, eliminar las enfermedades y prolongar la vida. Los estudiantes también participarán en un debate sobre las preocupaciones planteadas por los críticos de la película.

**Recursos para el docente**

- Kurzweil, Ray. 2005. *La singularidad está cerca: Cuando los humanos trascienden la biología.* Nueva York: Viking. (Disponible en español).

**Actividad TIG.4.2**
**Retos globales e innovación tecnológica**

Ésta es una actividad de investigación destinada a ser realizada en el salón de clase. Para comenzar, los estudiantes ven una charla de TED sobre los retos más importantes que enfrenta la humanidad (video en inglés con subtítulos en español):

- http://www.ted.com/talks/nick_bostrom_on_our_biggest_problems.html

El docente presenta el marco económico para la medición de riesgos globales (http://www.oliverwyman.com/content/dam/oliver-wyman/v2/publications/2017/jan/Global-Risk-Report-2017_ES.pdf)y presenta los mayores riesgos:

Riesgos económicos

1. Volatilidad del precio de los alimentos
2. Aumentos de precio del petróleo
3. Caída importante en el dólar estadounidense
4. Deterioro en la economía china (de más del 6%)
5. Crisis fiscal
6. Colapso del precio de los activos
7. Rechazo a la globalización por parte de los países desarrollados
8. Rechazo a la globalización por parte de los países en vías de desarrollo
9. Carga de la regulación
10. Baja inversión en infraestructura

Riesgos geopolíticos:

11. Terrorismo internacional
12. Proliferación nuclear
13. Irán
14. Corea del Norte
15. Inestabilidad en Afganistán
16. Delincuencia transnacional y corrupción
17. Israel y Palestina
18. Irak
19. Falta de gobernabilidad global

Riesgos medioambientales:

20. Clima extremo

21. Sequía y desertificación
22. Escasez de agua
23. Catástrofes nacionales (ciclones)
24. Catástrofes nacionales (terremotos)
25. Catástrofes nacionales (inundaciones en islas)
26. Catástrofes nacionales (inundaciones en las costas)
27. Contaminación del aire
28. Pérdida de la biodiversidad

Riesgos de la sociedad:

29. Pandemias
30. Enfermedades infecciosas
31. Enfermedades crónicas
32. Regímenes de responsabilidad
33. Migración

Riesgos tecnológicos:

34. Quiebre en la infraestructura de información crítica
35. Toxicidad de nano partículas
36. Fraude/pérdida de datos

Los estudiantes examinan en un debate de todo el grupo cómo cada uno de estos riesgos globales se relaciona con una tecnología emergente y la medida en que se puede gestionar el riesgo y cómo.

Los estudiantes revisan los conceptos de diseño para el cambio (*Design for Change*)
http://www.dfcworld.com/SITE y pensamiento de diseño (*Design Thinking*) y discuten la siguiente TED Talk de Tim Brown (video en inglés con subtítulos en español):
- https://www.ted.com/talks/tim_brown_urges_designers_to_think_big?language=en

Luego, individualmente o en grupos pequeños, los estudiantes seleccionan uno de los Objetivos de Desarrollo Sostenible y analizan cómo el área problemática que aborda el objetivo (por ejemplo, pobreza, hambre, salud, educación, etc.) ha sido abordada en el pasado por desarrollos tecnológicos. Los estudiantes luego discuten cómo las tecnologías emergentes pueden ayudar a enfrentar el desafío. Los estudiantes hacen una presentación oral al resto de la clase sobre este tema.

**Actividad TIG.4.3**
**Tecnología e innovación para todos: el premio XPRIZE**

El docente facilitará una discusión en la clase sobre el XPRIZE, un proceso para estimular la innovación que utiliza la habilidad de grupos relativamente pequeños de individuos para encontrar soluciones a problemas sociales a través del conocimiento y la tecnología. El docente presentará a la Fundación XPRIZE y a la XCHALLENGE, sus orígenes, y su búsqueda para encontrar soluciones innovadoras al viaje en el espacio y a la limpia de derrames de petróleo.

Los estudiantes responderán las siguientes preguntas:
1. ¿Cuál es el valor de la competencia como proceso para estimular la innovación?
2. ¿Porqué es que pequeños grupos de personas pueden producir nuevos diseños que hasta hace poco sólo podían ser producidos por empresas grandes y gobiernos?
3. ¿Cuáles son las consecuencias negativas de dar premios económicos únicamente a los ganadores de las competencias?
4. ¿Cuáles retos son más posibles de resolver utilizando procesos como el XCHALLENGE, y cuáles retos son menos probables de ser resueltos por procesos parecidos? ¿Porqué?
5. ¿Cuáles competencias de la Fundación XPRIZE están actualmente en curso? ¿Podrían imaginar los estudiantes participar en alguna de ellas? ¿Qué es lo que necesitarían para producir un diseño competitivo?

**Actividad TIG.4.4.**
**Pensando sobre el proceso para enfrentar un reto global a través de la tecnología emergente**

En grupos pequeños, los estudiantes seleccionarán un desafío global (por ejemplo, uno de los desafíos identificados en los Objetivos de Desarrollo Sostenible). Luego, los estudiantes diseñarán un concepto para apoyar el desarrollo de soluciones al desafío utilizando algunas de las tecnologías emergentes. El concepto podría involucrar a un negocio, una empresa social, una organización sin fines de lucro u otra institución social que desarrollaría e implementaría una intervención para afectar este desafío social utilizando algunas de las tecnologías emergentes cubiertas en el curso.

Estos diseños se presentarán en un "festival de innovación", una celebración de innovación abierta a padres y miembros de la comunidad. Ésta será una oportunidad para invitar a inventores de la comunidad local a conectarse con los estudiantes.

## Conclusión y nuevos comienzos

La ciudadanía global es un proceso continuo del desarrollo de nuestra capacidad para encontrar sentido a nosotros mismos y a quienes nos rodean en un mundo cada vez más interdependiente. La educación para la ciudadanía global es, por lo tanto, un recorrido más que un destino, ya que siempre estamos en el proceso de convertirnos en ciudadanos globales. Es así que esperamos que el Curso Mundial que hemos ofrecido en este libro ofrezca una hoja de ruta para comenzar ese camino en por lo menos dos maneras.

Para los estudiantes, confiamos en que el Curso Mundial proporciona una base para comenzar a recorrer el camino que les hará convertirse en ciudadanos globales atentos y comprometidos, personas a las que "nada humano les será ajeno", para usar las palabras de Terencio. El Curso Mundial permite adquirir y desarrollar conocimientos, habilidades y disposiciones fundamentales para ser curiosos sobre el mundo en el que vivimos y sobre nuestro propio lugar en él. Esperamos que brinde también la confianza de que cada uno de nosotros tiene una opción, muchas opciones de hecho, sobre cómo enfrentar el cambio y la complejidad de la creciente interdependencia global que afecta y afectará nuestras vidas. Hemos diseñado este curso con confianza de que la ciudadanía global que engendrará será una que abraza las posibilidades de trabajar con otros para mejorar el mundo.

Para los docentes, el Curso Mundial es una invitación a unirse a otros en un proceso de reinvención de la educación. Queremos que contribuyan a hacerla más relevante y significativa para abordar los serios desafíos globales que compartimos, de modo que permita crear oportunidades de aprendizaje y desarrollo para que nuestros estudiantes puedan construir el futuro. Guardamos la esperanza de que este sea un futuro mejor que el presente en el que hoy vivimos. Tal proceso de reinventar la educación requiere esfuerzos serios y concertados de muchas personas. Necesita involucrar a estudiantes, madres y padres y miembros de la comunidad, y muchos docentes y aquellos que apoyan su trabajo. El marco que hemos ofrecido en este libro está destinado a apoyar dicho proceso de reinvención y colaboración. Hemos utilizado una licencia de *Creative Commons* para difundir este libro de tal forma que permita la colaboración más profunda posible entre los docentes como profesionales que sabemos que construirán sobre las unidades que ofrecemos aqui. Para tener éxito a nivel mundial en educar a todos los estudiantes para que sean ciudadanos globales empoderados, necesitaremos desarrollar formas efectivas de colaboración sin precedentes que produzcan inteligencia colectiva sobre cómo hacer esto. Este libro es solo un pequeño paso en ese ambicioso y necesario esfuerzo global para alinear la educación con las aspiraciones reflejadas en la Declaración Universal de los Derechos Humanos y en los Objetivos de Desarrollo Sostenible.

Concluimos este libro con la profunda esperanza de que a partir de estos comienzos surgirá un mundo en el que todos podamos vivir en paz y armonia con los demás y con todas las formas de vida en esta tierra.

www.ingramcontent.com/pod-product-compliance
Lightning Source LLC
Chambersburg PA
CBHW070523090426
42735CB00013B/2857